Das betriebsverfassungsrechtliche Verbot parteipolitischer Betätigung im Betrieb

Schriften zum Arbeitsrecht und Wirtschaftsrecht

Herausgegeben von Abbo Junker

Band 96

PL ACADEMIC RESEARCH

Peter Illes

Das betriebsverfassungsrechtliche Verbot parteipolitischer Betätigung im Betrieb

PL ACADEMIC RESEARCH

Bibliografische Information der Deutschen Nationalbibliothek
Die Deutsche Nationalbibliothek verzeichnet diese Publikation in der DeutschenNationalbibliografie; detaillierte bibliografische Daten sind im Internet über http://dnb.d-nb.de abrufbar.

Zugl.: Leipzig, Univ., Diss., 2015

15
ISSN 1433-4666
ISBN 978-3-631-67081-1 (Print)
E-ISBN 978-3-653-06332-5 (E-Book)
DOI 10.3726/978-3-653-06332-5

PL Academic Research ist ein Imprint der Peter Lang GmbH.

Peter Lang – Frankfurt am Main · Bern · Bruxelles · New York · Oxford · Warszawa · Wien

Diese Publikation wurde begutachtet.

www.peterlang.com

Vorwort

Die vorliegende Arbeit wurde von der Juristenfakultät der Universität Leipzig als Dissertation angenommen. Die mündliche Verteidigung fand im Juni 2015 statt. Rechtsprechung und Literatur konnten bis einschließlich Januar 2015 berücksichtigt werden.

Bei der Erstellung der Arbeit ist mir Hilfe und Unterstützung von vielen Seiten zuteil geworden. Mein besonderer Dank gilt zunächst meinem Doktorvater Prof. Dr. Burkhard Boemke für die hervorragende Betreuung der Arbeit. Er gab mir die Anregung für dieses hochinteressante Thema und stand mir während der Erstellung der Dissertation jederzeit mit seiner Unterstützung und seinem wertvollen Rat zur Seite. Herzlich bedanken möchte ich mich auch bei Herrn Prof. Dr. Abbo Junker für die Aufnahme meiner Arbeit in die von ihm herausgegebene Reihe „Schriften zum Arbeitsrecht und Wirtschaftsrecht".

Philipp Schenderlein und Ingmar Dathe danke ich für die Durchsicht der Arbeit und die zahlreichen konstruktiven Hinweise. Bedanken möchte ich mich auch bei Luisa Wagner für das Korrekturlesen des Manuskriptes.

Besonderer Dank gebührt meiner Frau Henriette Illes für die Geduld, die liebevolle Begleitung, die Unterstützung und den Glauben an meinen Erfolg. Sie hatte stets ein offenes Ohr und war mein engster Ratgeber.

Mein größter Dank gilt meinen Eltern Dr. Patrizia Rubini Illes und Prof. Dr. Dr. h.c. Peter Illes. Ohne sie wäre die Arbeit nicht entstanden. Sie gaben mir den endgültigen Anstoß für den Beginn der Promotion und waren stets Vorbilder. Ihnen widme ich dieses Buch als Zeichen meiner tiefsten Verbundenheit.

Berlin, im September 2015
Peter Illes

Inhaltsverzeichnis

§ 1 Einleitung

I. Problemstellung

Schon immer war die Versuchung groß, allgemeine politische Themen in die betriebliche Arbeitswelt hineinzutragen. Zu diesem Schluss gelangt man unweigerlich, wenn man die zahlreichen Gerichtsentscheidungen betrachtet, die in den vergangenen Jahrzehnten im Zusammenhang mit politischen Meinungsäußerungen im Betrieb ergangen sind. Dabei mögen sich die Erscheinungsformen politischer Betätigung im Laufe der Zeit gewandelt haben, die Intension der Akteure aber blieb immer dieselbe. Stets ging es darum, eine aktuelle, in der Öffentlichkeit kontrovers diskutierte Frage, auch im Betrieb zu thematisieren. Offensichtlich gilt hier die Devise, dass das, was die Menschen im Privaten bewegt, auch aus dem Arbeitsleben nicht gänzlich ferngehalten werden kann. Die Entscheidungen der Gerichte können insoweit als Spiegel der allgemeinen gesellschaftlichen Debatte betrachtet werden. Besonders deutlich wird dieser Aspekt, wenn man beispielhaft zwei Entscheidungen des BAG gegenüberstellt, die zeitlich knapp 25 Jahre auseinanderliegen. Während das BAG in den 1980er Jahren[1] – also mitten in der Zeit des kalten Krieges – über die Zulässigkeit der Verteilung von Flugblättern durch den Betriebsrat zur Frage der Stationierung amerikanischer Mittelstreckenraketen in Deutschland zu entscheiden hatte, ging es in einem Beschluss aus dem Jahr 2010[2] unter anderem um einen vom Betriebsrat am schwarzen Brett veröffentlichten, mit „Nein zum Krieg" überschriebenen Aufruf gegen den Irakkrieg.

Vor diesem Hintergrund stellt sich die Frage, ob und gegebenenfalls inwieweit der Betrieb für eine solche „Politisierung" offen ist. Gilt der Arbeitsplatz im Betrieb als „politikfreie Zone"[3], endet gar die Demokratie „am Werkstor"[4]? Oder ist der Betrieb ein Ort, an dem sich die allgemeine gesellschaftliche Debatte über politischen Themen frei und ungehindert entfalten darf?

Zumindest für den Bereich der Betriebsverfassung findet sich auf diese Frage eine –auf den ersten Blick – eindeutige Antwort. Nach § 74 Abs. 2 S. 3 BetrVG haben Arbeitgeber und Betriebsrat jede parteipolitische Betätigung im Betrieb zu unterlassen. Zugleich stellt der zweite Halbsatz der Bestimmung klar, dass die Behandlung von Angelegenheiten tarifpolitischer, sozialpolitischer, umweltpolitischer und wirtschaftlicher Art, die den Betrieb oder seine Arbeitnehmer unmittelbar betreffen, hierdurch nicht berührt wird. Erst bei näherer Betrachtung zeigt sich, dass die Anwendung des § 74 Abs. 2 S. 3 BetrVG im Einzelfall zahlreiche offene Fragen und Probleme mit sich bringt. So trifft das Gesetz insbesondere keine Aussage darüber,

1 BAG 12.06.1986 – 6 ABR 67/84, DB 1987, 1898.
2 BAG vom 17.03.2010 – 7 ABR 95/08, NZA 2010, 1133 ff.
3 Vgl. den Beitrag von Berg in: FS Gnade, 215 (215).
4 So die überspitzte Formulierung in Buchner, ZfA 1982, 49 (49).

was unter parteipolitischer Betätigung zu verstehen ist, sodass unklar bleibt, welche konkreten Verhaltensweisen untersagt sind. In der Folge ist seit jeher umstritten, ob § 74 Abs. 2 S. 3 BetrVG ein umfassendes, allgemeines Politikverbot begründet, oder ob das Gesetz vielmehr zwischen verbotener parteipolitischer Betätigung auf der einen und grundsätzlich erlaubter allgemeinpolitischer Betätigung auf der anderen Seite unterscheidet. Das BAG hat diese Frage jüngst in einer Entscheidung aus dem Jahr 2010[5] im letzteren Sinne beantwortet und ist damit von seiner bisherigen jahrzehntelangen Rechtsprechung abgerückt. Folgt man dieser Ansicht, so schließt sich die Frage an, ob der Betriebsrat im Rahmen seines Mandats als Zwangsrepräsentant der Belegschaft überhaupt uneingeschränkt zur Abgabe allgemeinpolitischer Stellungnahmen berechtigt sein kann.

Schwierigkeiten ergeben sich nicht nur bei der Bestimmung der sachlichen Reichweite des § 74 Abs. 2 S. 3 BetrVG. Fraglich ist ferner, ob lediglich Arbeitgeber und Betriebsrat oder darüber hinaus auch weitere Personen und Gremien unter den Anwendungsbereich des Verbots fallen. Schließlich ist in jüngerer Vergangenheit zunehmend die Problematik der Durchsetzung des § 74 Abs. 2 S. 3 BetrVG in den Fokus der wissenschaftlichen Auseinandersetzung gerückt. Unklar ist in diesem Zusammenhang unter anderem, ob das parteipolitische Betätigungsverbot einen Unterlassungsanspruch gegenüber den Verbotsadressaten begründet. Auch in diesem Punkt hat das BAG[6] zuletzt seine langjährige Rechtsprechung aufgegeben.

Die vorliegende Arbeit setzt sich mit dem aus § 74 Abs. 2 S. 3 BetrVG folgendem betriebsverfassungsrechtlichen Verbot parteipolitischer Betätigung im Betrieb auseinander. Sie beschränkt sich damit auf die durch das Kollektivarbeitsrecht gezogenen Grenzen politischer Meinungsäußerungen. Hiervon zu unterscheiden sind die arbeitsvertraglichen Grenzen, also die Frage nach der Zulässigkeit politischer Betätigungen im Arbeitsverhältnis.[7] Dieser Themenbereich wird in der vorliegenden Arbeit nur überblicksweise behandelt, soweit es für das Verständnis des § 74 Abs. 2 S. 3 BetrVG von Bedeutung ist.

II. Ziel und Gang der Untersuchung

1. Ziel der Untersuchung

Das Verbot parteipolitischer Betätigung blickt auf eine lange und bewegte Geschichte zurück.[8] Seit der erstmaligen gesetzlichen Normierung in § 51 S. 2 BetrVG 1952

5 BAG 17.03.2010 – 7 ABR 95/08, NZA 2010, 1133 (1336 f.).
6 BAG 17.03.2010 – 7 ABR 95/08, NZA 2010, 1133 (1335 f.).
7 Vgl. hierzu z. B. Preis/Stoffels, RdA 1996, 210; Zielke, Politische Betätigung von Arbeitnehmern; Zum übergeordneten Themenkreis „arbeitsvertragliche Grenzen der Meinungsfreiheit“ vgl. z. B. Kissel, NZA 1988, 145 (149 ff.); Rieble/Wiebauer, ZfA 2010, 63 (78 ff.).
8 Zur historischen Entwicklung und Entstehungsgeschichte siehe unten: § 2 I.

besteht Streit über dessen Auslegung.[9] Während des Gesetzgebungsverfahrens zum BetrVG 1972 war das Verbot Gegenstand heftiger politischer Kontroversen.[10] Und auch nach der Verankerung in der bis heute nahezu unverändert geltenden Vorschrift des § 74 Abs. 2 S. 3 BetrVG 1972 setzte sich die Diskussion über die Interpretation des Verbots fort.[11] Dies führte dazu, dass § 74 Abs. 2 S. 3 BetrVG recht schnell zum Gegenstand höchstrichterlicher Rechtsprechung wurde. Dabei stammen die Entscheidungen, die das Verständnis des § 74 Abs. 2 S. 3 BetrVG über lange Jahre prägten, aus den 1970er[12] und 1980er[13] Jahren. In dieser Zeit entstanden auch zwei Dissertationen zum parteipolitischen Betätigungsverbot.[14] In den folgenden Jahren kehrte – zumindest was die Rechtsprechung betrifft – merklich Ruhe ein. Fast schien es so, als wären die Probleme im Umfeld des § 74 Abs. 2 S. 3 BetrVG im Wesentlichen geklärt. Erst im Jahr 2010 hat das BAG in einer Grundsatzentscheidung zu § 74 Abs. 2 S. 3 BetrVG eine weitreichende Richtungsänderung vorgenommen und seine bisherige Rechtsprechung in weiten Teilen aufgegeben.[15] Dies hat in der Literatur eine wahrlich beeindruckende Flut an Reaktionen und Stellungnahmen ausgelöst.[16]

Es sind nunmehr über 25 Jahre vergangen, seitdem das Verbot parteipolitischer Betätigung im Betrieb einer umfassenden wissenschaftlichen Untersuchung unterzogen worden ist.[17] Vor dem Hintergrund einer sich stetig fortentwickelnden Rechtslehre und Rechtswirklichkeit, vor allem aber aufgrund des grundsätzlichen Wandels in der Rechtsprechung, erscheint eine Neubearbeitung und Neubewertung der Thematik notwendig. Dies zu leisten, ist das Ziel der vorliegenden Arbeit. Im Rahmen einer umfassenden Untersuchung des § 74 Abs. 2 S. 3 BetrVG sollen nicht

---

9 Zu § 51 S. 2 BetrVG 1952 vgl. Behnes, Die politische Tätigkeit im Arbeitsverhältnis unter Berücksichtigung des öffentlichen Dienstverhältnisses.

10 Hierzu siehe unten: § 2 I 7.

11 Siehe z. B.: Glaubitz, BB 1972, 1277; Gnade, ArbRdGgw, Bd. 14 (1977), S. 59; Oetker, BlStSozArbR 1983, 321; Vollmer, Grenzen der politischen Betätigung im Betrieb, 1977.

12 BVerfG 28.04.1976 – 1 BvR 71/73, NJW 1976, 1627; BAG 13.09.1977 – 1 ABR 54/76, DB 1977, 2452; BAG 21.02.1978 – 1 ABR 54/76, DB 1978, 1547.

13 BAG 12.06.1986 – 6 ABR 67/84, DB 1987, 1898.

14 Hofmann, Das Verbot parteipolitischer Betätigung im Betrieb (1984); Rüttgers, Das Verbot parteipolitischer Betätigung im Betrieb (1979).

15 BAG 17.03.2010 – 7 ABR 95/08, NZA 2010, 1133 ff.

16 Vgl. u. a. Bauer/Willemsen, NZA 2010, 1089 ff.; Burger/Rein, NJW 2010, 3613 ff.; zu Dohna-Jaeger, ArbuR 2011, 428 ff.; Husemann, AP Nr. 12 zu § 74 BetrVG 1972; Ilbertz, ZBVR online 2010, Nr. 9, 13 ff; Reichold, RdA 2011, 58 ff.; Schöne, SAE 2011, 184 ff.; Ulrici, jurisPR-ArbR, 37/2010 Anm. 1; Wiebauer, BB 2010, 3091 ff.; Wortmann, ArbRB 2011, 212 ff.

17 Vgl. die Dissertation von Hoffmann, Das Verbot parteipolitischer Betätigung im Betrieb. Kurz vor Fertigstellung der vorliegenden Arbeit erschien die Dissertation von Husemann, Das Verbot der parteipolitischen Betätigung, Zur Auslegung des § 74 Abs. 2 S. 3 BetrVG. Diese beschränkt sich allerdings auf die Auslegung des Begriffs der Parteipolitik und beleuchtet somit lediglich einen eng umgrenzten Teilbereich des § 74 Abs. 2 S. 3 BetrVG.

nur Inhalt und Reichweite des parteipolitischen Betätigungsverbots bestimmt, sondern darüber hinaus auch die möglichen Konsequenzen einer Verbotsverletzung systematisch dargestellt und bewertet werden.

2. Gang der Untersuchung

In einem ersten Teil der Arbeit sollen zunächst die dogmatischen Grundlagen erarbeitet werden, die für eine methodisch korrekte Auslegung des parteipolitischen Betätigungsverbots von Bedeutung sind (§§ 2–3). Hierzu gehört zum einen die Untersuchung der historischen Entwicklung und der Entstehungsgeschichte des § 74 Abs. 2 S. 3 BetrVG (§ 2 I). Zum anderen sollen der Normzweck (§ 2 II) sowie die systematische Stellung des § 74 Abs. 2 S. 3 BetrVG in der Betriebsverfassung (§ 2 III) ermittelt werden. Darüber hinaus muss das Spannungsverhältnis zwischen § 74 Abs. 2 S. 3 BetrVG und dem Grundrecht der Meinungsfreiheit aus Art. 5 Abs. 1 GG näher beleuchtet werden (§ 3). In diesem Zusammenhang ist insbesondere der Frage nachzugehen, ob und gegebenenfalls inwieweit sich das Verbot parteipolitischer Betätigung als Beschränkung der grundrechtlich geschützten Meinungsfreiheit der Verbotsadressaten darstellt und welche Konsequenzen sich hieraus für die Auslegung des § 74 Abs. 2 S. 3 BetrVG ableiten lassen.

In einem zweiten Teil der Arbeit sollen Inhalt und Reichweite des Verbots parteipolitischer Betätigung in den Blick genommen werden (§ 4–7). Dabei kann auf die bereits im ersten Teil herausgearbeitet dogmatischen Grundlagen zurückgegriffen werden. Von Interesse ist zum einen der persönliche Anwendungsbereich des § 74 Abs. 2 S. 3 BetrVG, also die Frage, welcher Adressatenkreis von dem Verbot erfasst wird (§ 4). Zum anderen soll der sachliche und räumliche Anwendungsbereich des Verbots bestimmt werden, was in erster Linie eine vertiefende Auseinandersetzung mit den Begriffen „parteipolitisch“, „Betätigung“ und „im Betrieb“ erfordert (§ 5). Ferner ist danach zu fragen, welche Bedeutung der Bestimmung des § 74 Abs. 2 S. 3 HS. 2 BetrVG für das Verständnis des parteipolitischen Betätigungsverbots zukommt (§ 6). Schließlich sollen die Besonderheiten bei der in § 45 S. 1 HS. 2 BetrVG angeordneten Geltung des Verbots parteipolitischer Betätigung in der Betriebsversammlung analysiert werden (§ 7).

Der dritte Teil der Arbeit beschäftigt sich mit der Durchsetzung des Verbots parteipolitischer Betätigung im Betrieb (§§ 8–10). Dabei sollen die unterschiedlichen rechtlichen Reaktionsmöglichkeiten für den Fall einer Verbotsverletzung herausgearbeitet und bewertet werden. Die Untersuchung erfolgt jeweils getrennt für die wichtigsten Adressaten des parteipolitischen Betätigungsverbots, also den Betriebsrat als Gremium (§ 8), das einzelne Betriebsratsmitglied (§ 9) und den Arbeitgeber (§ 10).

1. Teil: Allgemeine Grundlagen

§ 2 Gesetzliche Regelung

I. Historische Entwicklung und Entstehungsgeschichte des § 74 Abs. 2 S. 3 BetrVG

1. Bedeutung der geschichtlichen Betrachtung

Wenn im Folgenden die geschichtliche Entwicklung des Verbots parteipolitischer Betätigung im Betrieb und die Entstehungsgeschichte des § 74 Abs. 2 S. 3 BetrVG näher beleuchtet werden, so geschieht dies aus zwei Gründen. Zum einen soll eine Auseinandersetzung mit den historischen Gegebenheiten dazu beitragen, ein besseres Verständnis für das betriebsverfassungsrechtliche Verbot parteipolitischer Betätigung im Betrieb und die in diesem Zusammenhang bestehenden unterschiedlichen Interessenlagen der einzelnen gesellschaftlichen Gruppierungen herzustellen. Zum anderen soll bereits an dieser Stelle eine Grundlage für den späteren Hauptteil der Arbeit geschaffen werden, in dem es unter anderem um die Bestimmung des Inhalts und der Reichweite des § 74 Abs. 2 S. 3 BetrVG gehen wird. Bei der in diesem Zusammenhang notwendigen Auslegung der Norm wird auch auf die nachfolgenden Ausführungen zur Historie zurückzugreifen sein.[18]

Die Entwicklung des betriebsverfassungsrechtlichen Verbots parteipolitischer Betätigung im Betrieb ist untrennbar verbunden mit der Geschichte der Betriebsverfassung selbst. Die folgenden Ausführungen enthalten deshalb zugleich einen groben Überblick über die historischen Grundlagen des Betriebsverfassungsrechts in Deutschland. Für die Zeit nach 1949 beschränkt sich die Darstellung dabei auf die rechtliche Situation in der BRD. Die Gesetzesentwicklung in der DDR[19] verlief völlig losgelöst von der Entwicklung des BetrVG in der Bundesrepublik und ist deshalb für die vorliegende Arbeit nicht von Bedeutung.

2. Zeit bis Ende des ersten Weltkrieges

Die Anfangsjahre der im 19. Jahrhundert in Deutschland einsetzenden Industrialisierung waren durch das Fehlen jeglicher Mitbestimmung der Arbeitnehmer im Betrieb gekennzeichnet.[20] In dieser Zeit, in der es in Deutschland überhaupt erstmals zur Entstehung klassischer Industriebetriebe kam, war der Begriff des Betriebsfriedens noch völlig unbekannt.[21] Der Fabrikherr übernahm die althergebrachte

18 Zur historischen Auslegung vgl. Schwacke, Juristische Methodik, S. 88 f. und 97 ff.

19 Zur Entwicklung der Betriebsverfassung in der DDR vgl. Husemann, Das Verbot der parteipolitischen Betätigung, S. 75 ff.; Oetker, ROW 1984, 60 ff.; Wiese, JuS 1994, 99 (105).

20 Vgl. Germelmann, Der Betriebsfrieden, S. 27; Willoweit, JuS 1977, 573 (576 f.).

21 Germelmann, Der Betriebsfrieden, S. 27.

Hausgewalt des Hausvaters und Handwerksmeisters und es kam zu einer ganz selbstverständlichen Übertragung des ständischen Herrschaftsgefälles auf die Beziehung von Unternehmer und Arbeiter.[22] Demnach sah der Arbeitgeber in seinen Fabrikarbeitern auch keine gleichgeordneten Vertragspartner sondern vielmehr „Quasi-Untergebene“[23], deren Verhaltenspflichten im Betrieb durch privatautonom festgesetzte Fabrikordnungen geregelt waren. Diese Fabrikordnungen bedurften zwar meist noch einer behördlichen Mitwirkung, faktisch bestimmte der Arbeitgeber deren Inhalt aber allein.[24]

Bereits in diesen frühindustriellen Zeiten des patriarchalischen Arbeitsverhältnisses[25] war der Gedanke, dass der Betrieb – insbesondere von Seiten der Arbeitnehmerschaft – als Ort für politische Betätigungen genutzt werden könnte, nicht unbekannt.[26] Ausdrückliche gesetzliche Bestimmungen gab es jedoch über einen langen Zeitraum nicht.[27] So war es dem Fabrikherrn ohne Weiteres möglich, seine erdrückende wirtschaftliche Überlegenheit gegenüber den Arbeitnehmern auszuspielen. Dabei finden sich in den ersten Fabrikordnungen zunächst kaum Bestimmungen, in denen den Arbeitnehmern eine politische Betätigung im Betrieb ausdrücklich untersagt wird. Stattdessen wurde generell ein Arbeitsklima geschaffen, welches den Fabrikarbeitern politische Aktivitäten im Betrieb praktisch unmöglich machte. Typisch war ein bis ins kleinste Detail geregelter Arbeitsablauf, der – unter Androhung drakonischer Strafen – jegliche spontane oder solidarische Verhaltensweisen unter den Arbeitnehmern unterdrückte.[28] So untersagte beispielsweise die Fabrikordnung der in Augsburg gelegenen Kattunfabrik Schöppler & Hartmann den Arbeitern „mit Anderen Besprechungen zu pflegen oder Possen zu treiben, weil dadurch die Aufmerksamkeit auf die Arbeit gestört wird“.[29] In den Sälen der Augsburger Baumwollfeinspinnerei sollte gar „vollkommenes Schweigen“ herrschen.[30]

22 Vgl. Reichold, Betriebsverfassung als Sozialprivatrecht, S. 22; Willoweit, JuS 1977, 573 (574).
23 Reichold, Betriebsverfassung als Sozialprivatrecht, S. 24.
24 Reichold, Betriebsverfassung als Sozialprivatrecht, S. 23.
25 Vgl. Reichold, Betriebsverfassung als Sozialprivatrecht, S. 24, der von einem patriarchalisch-fürsorglichen Arbeitsverhältnis spricht.
26 Gnade, ArbRdGgw, Bd. 14 (1977), S. 59 (60).
27 Gnade, ArbRdGgw, Bd. 14 (1977), S. 59 (60).
28 Fischer, Industrialisierung, sozialer Konflikt und politische Willensbildung in der Stadtgemeinde, S. 122.
29 Fabrikordnung der Kattunfabrik Schöppler & Hartmann (1865), hier zit. nach Fischer, Industrialisierung, sozialer Konflikt und politische Willensbildung in der Stadtgemeinde, S. 123.
30 Fabrikgesetze der Augsburger Baumwollfeinspinnerei (1856), hier zit. nach Fischer, Industrialisierung, sozialer Konflikt und politische Willensbildung in der Stadtgemeinde, S. 123.

Mit dem Erstarken der sozialistischen Arbeiterbewegung in der zweiten Hälfte des 19. Jahrhunderts sah sich die Großindustrie zunehmend mit einer sich politisch formierenden Industriearbeiterschaft konfrontiert. Infolgedessen wurde eine politische Betätigung der Arbeitnehmer im Betrieb verstärkt als reale Bedrohung empfunden. Viele Arbeitgeber machten ihren Fabrikarbeitern nun deutlich, dass politische Aktivitäten in ihren Betrieben nicht erwünscht seien. So hieß es beispielsweise in der Fabrikordnung der Rheinischen Dynamit-Fabrik von 1885 ausdrücklich: „Sozialdemokratische Bestrebungen und Neigungen werden nicht geduldet."[31] Die politische Bevormundung der Arbeitnehmer[32] wurde dabei vor allem mit dem Mittel der Kündigung durchgesetzt. Hier nutzten die Arbeitgeber den Umstand aus, dass noch bis Ende des 1. Weltkrieges die freie Kündbarkeit des Arbeitsverhältnisses als selbstverständlich galt.[33] Als Folge dessen mussten z. B. Arbeitnehmer, die bestimmte, dem Arbeitgeber missliebige politischen Zeitungen bezogen, ohne weiteres mit einer Kündigung rechnen.[34]

Noch lange Zeit konnten die Fabrikherren auf diese Weise davon profitieren, dass der Gesetzgeber keinerlei Vorgaben im Bezug auf den Umgang mit politischer Betätigung im Betrieb machte. Als im Laufe des 19. Jahrhunderts die ersten zaghaften Versuche der gesetzlichen Verankerung einer Belegschaftsvertretung einsetzten, wurde die Problematik der politischen Betätigung im Betrieb zunächst noch konsequent ausgeklammert. In dem Entwurf einer einheitlichen Gewerbeordnung für das Deutsche Reich[35], den der volkswirtschaftliche Ausschuss der verfassunggebenden Nationalversammlung in den Jahren 1848/49 in der Frankfurter Paulskirche vorlegte und der gemeinhin als einer der ersten geistigen Vorläufer unserer heutigen Betriebsverfassung angesehen wird[36], sucht man vergebens nach Bestimmungen zur Regelung politischer Betätigungen im Betrieb. Nicht anders verhielt es sich mit dem Arbeiterschutzgesetz vom 01.06.1891[37], welches die fakultative Errichtung von Arbeiterausschüssen vorsah und damit erstmals eine normative Regelung zur

31 Abgedruckt in: Flohr, Arbeiter nach Maß, S. 127 ff. (P 5). Diese Bestimmung muss auch im Zusammenhang mit dem von 1878 bis 1890 geltenden sog. Sozialistengesetz gesehen werden, welches sozialistische und sozialdemokratische Organisationen und deren Bestrebungen im Deutschen Reich verbot.

32 Gnade, ArbRdGgw, Bd. 14 (1977), S. 59 (61).

33 Vgl. Preis in: A/P/S, Kündigungsrecht, 1. Teil, A Rn. 2.

34 Vgl. dazu: Gnade, ArbRdGgw, Bd. 14 (1977), S. 59 (61); Hofmann, Das Verbot parteipolitischer Betätigung, S. 27.

35 Abgedruckt in: Haßler, Verhandlungen, S. 853 ff., 921 ff.; zum Entstehungsprozess: Teuteberg, Geschichte der industriellen Mitbestimmung in Deutschland, S. 94 ff.

36 So z. B.: Behnes, Die politische Tätigkeit im Arbeitsverhältnis, S. 4; Gnade, ArbRdGgw, Bd. 14 (1977), S. 59 (60); Preis, Kollektivarbeitsrecht, § 144 I 1 (S. 481); Reichold, Betriebsverfassung als Sozialprivatrecht, S. 20; Wiese, JuS 1994, 99 (99).

37 RGBl S. 261 ff.

betrieblichen Mitbestimmung[38] enthielt. Und auch die nächsten Stufen auf dem Weg zu einer Betriebsverfassung in Deutschland brachten keine gesetzliche Regelung zur politischen Betätigung im Betrieb: Noch vor Ausbruch des ersten Weltkrieges kam es im Bergbau durch die Neufassung der Berggesetze in Bayern (1900)[39], Preußen (1905[40] sowie 1909[41]) und Sachsen (1909)[42] zur Einführung von obligatorischen Arbeiterausschüssen.[43] Diese, zunächst nur für Bergwerksbetriebe geltende Regelung der Mitwirkungsrechte, wurde unter dem Eindruck der Kriegsereignisse in erheblichem Maße erweitert. Nach dem Gesetz über den vaterländischen Hilfsdienst vom 05.12.1916[44] mussten in allen für die Kriegsführung oder die Volksversorgung bedeutsamen Betrieben mit in der Regel mindestens fünfzig beschäftigten Arbeitern ständige Arbeiterausschüsse errichtet werden.[45] Damit waren bis zum Ende des ersten Weltkrieges die Voraussetzungen für die Entwicklung einer Betriebsverfassung geschaffen[46]; eine gesetzliche Bestimmung über den Umgang mit Politik im Betrieb existierte jedoch nach wie vor nicht.

3. Entwicklung in der Weimarer Republik

Die unmittelbaren Grundlagen des modernen Betriebsverfassungsrechts liegen in den Anfängen der Weimarer Republik.[47] Zwar war bis zum Ende des ersten Weltkrieges – zumindest für einzelne Wirtschaftskreise – eine Belegschaftsvertretung gesetzlich vorgeschrieben worden; zwingende Mitbestimmungsrechte sah jedoch auch das Gesetz über den vaterländischen Hilfsdienst vom 05.12.1916 nicht vor. Dies sollte sich in der Zeit der Weimarer Republik ändern. Dabei lässt sich jedoch vorwegnehmen, dass auch die Entwicklung bis 1933 keine ausdrückliche gesetzliche Bestimmung zur politischen Betätigung im Betrieb brachte.

Bereits kurze Zeit nach Beendigung des ersten Weltkrieges wurde die Einführung von Betriebsvertretungen allgemein gesetzlich festgelegt. Nach der vom Rat

38 Vgl. Reichold, Betriebsverfassung als Sozialprivatrecht, S. 125 ff; Wiese, JuS 1994, 99 (100).
39 Berggesetz für das Königreich Bayern i.d.F. des Änderungsgesetzes vom 30.06.1900, GVBl S. 745 ff.
40 Preußisches Allgemeines Berggesetz i.d.F. des Änderungsgesetzes vom 14.07.1905, GS Preußen S. 307 ff.
41 Preußisches Allgemeines Berggesetz i.d.F. des Änderungsgesetzes vom 28.07.1909, GS Preußen S. 677 ff.
42 Berggesetz für das Königreich Sachsen i.d.F. des Änderungsgesetzes vom 12.2.1909, GVBl S.123 ff.
43 Vgl. Reichold, Betriebsverfassung als Sozialprivatrecht, S. 177 ff.; Wiese, JuS 1994, 99 (100).
44 RGBl S. 1333 ff.
45 Vgl. Germelmann, Der Betriebsfrieden, S. 30 f.; Wiese, JuS 1994, 99 (100 f.).
46 Gamillscheg, ArbuR 1991, 272 (273); Richardi in: Richardi, BetrVG, Einleitung Rn. 9.
47 Preis, Kollektivarbeitsrecht, § 144 I 1 (S. 482).

der Volksbeauftragten erlassenen Tarifvertragsverordnung vom 23.12.1918[48] musste nunmehr in allen Betrieben und Verwaltungen mit mindestens zwanzig Arbeitnehmern eine betriebliche Interessenvertretung errichtet werden.[49] Dabei sprach der Gesetzgeber – in Anlehnung an die bis dahin verwendete Terminologie – zunächst noch von „Arbeiter-„ bzw. „Angestelltenausschüssen". Schon bald machte sich aber die rasche Verbreitung des Rätegedankens in Deutschland bemerkbar. Als es wenige Monate später zur Verankerung der betrieblichen Mitwirkung in der Weimarer Reichsverfassung vom 11.08.1919[50] kam, sah Art. 165 WRV zur sozialen und wirtschaftlichen Interessenvertretung der Arbeiter und Angestellten ein Rätesystem auf betrieblicher (Betriebsarbeiterräte) und überbetrieblicher Ebene (Bezirksarbeiterräte und Reichsarbeiterrat) vor.[51] In Ausführung des Art. 165 WRV wurde schließlich das Betriebsrätegesetz vom 04.02.1920[52] erlassen, welches erstmalig eine eigenständige und ausführliche Regelung der betrieblichen Mitbestimmung beinhaltete.[53] Den in allen Betrieben, Geschäften und Verwaltungen mit in der Regel mindestens zwanzig beschäftigten Arbeitnehmern zu bildenden Betriebsräten bzw. Arbeiter- und Angestelltenräten wurden zahlreiche Aufgaben und Befugnisse zugewiesen.[54] Echte Mitbestimmungsrechte bestanden bei sozialen und personellen Angelegenheiten.[55]

Mit der Einführung einer allgemeinen betrieblichen Interessenvertretung gewann die Problematik der politischen Betätigung im Betrieb an praktischer Bedeutung. Es war absehbar, dass die neu gegründeten Betriebsräte versuchen würden, bei gegebenem Anlass politische Aktivitäten im Betrieb zu entfalten. Und so lagen dem Reichsarbeitsgericht im Jahr 1929 dann auch zwei Fälle zur Entscheidung vor, welche die Zulässigkeit bzw. die Konsequenzen politischer Tätigkeiten von Betriebsratsmitgliedern im Betrieb zum Gegenstand hatten.[56] Zwar enthielt das Betriebsrätegesetz keine ausdrückliche Bestimmung zur politischen Betätigung im Betrieb; allerdings entwickelte das Reichsarbeitsgericht[57] in Übereinstimmung mit dem Schrifttum[58] ein betriebliches Politikverbot aus der allgemeinen betriebsverfassungsrechtlichen Friedenspflicht. Diese fand ihre gesetzliche Grundlage in § 66 Nr. 3

---

48 Verordnung über Tarifverträge, Arbeiter- und Angestelltenausschüsse und Schlichtung von Arbeitsstreitigkeiten, RGBl S. 1456.

49 Vgl. Wiese, JuS 1994, 99 (101).

50 Verfassung des Deutschen Reichs vom 11.08.1919, RGBl. 1383 ff.

51 Gnade, ArbRdGgw, Bd. 14 (1977), S. 59 (61); Wiese, JuS 1994, 99 (101).

52 RGBl. S. 147 ff.

53 Wiese, JuS 1994, 99 (101).

54 Vgl. Reichold, Betriebsverfassung als Sozialprivatrecht, S. 261 ff.

55 Die Mitbestimmungsrechte waren allerdings zunächst noch recht schwach ausgeprägt, vgl. hierzu im Einzelnen Wiese, JuS 1994, S. 99 (101 f.).

56 RAG 10.07.1929, Bensh. Slg. Bd. 6 Nr. 77, 320; RAG 21.12.1929, Bensh. Slg. Bd. 7 Nr. 99, 444.

57 RAG 10.07.1929, Bensh. Slg. Bd. 6 Nr. 77, 320; RAG 21.12.1929, Bensh. Slg. Bd. 7 Nr. 99, 444.

58 Flatow/Kahn-Freund, BRG, § 66 Anm. 6.3. b; Mansfeld, BRG, § 66 Anm. 7a.

BRG, wonach dem Betriebsrat die Aufgabe zukam, „den Betrieb vor Erschütterungen zu bewahren". Einen Unterfall[59] der allgemeinen betriebsverfassungsrechtlichen Friedenspflicht enthielt § 66 Nr. 6 BRG. Demnach hatte der Betriebsrat „das Einvernehmen innerhalb der Arbeitnehmerschaft sowie zwischen ihr und dem Arbeitgeber zu fördern". Aus den Regelungen des § 66 Nr. 3 und § 66 Nr. 6 BRG wurde unter anderem die Pflicht des Betriebsrats gefolgert, selbst alles zu unterlassen, was die Ruhe und den Frieden im Betrieb gefährden könnte.[60] Diese Pflicht sah das Reichsarbeitsgericht jedenfalls dann als verletzt an, wenn ein Betriebsratsmitglied politische oder gewerkschaftliche Tätigkeit im Betrieb entfaltete und damit eine Störung und Belästigung anders gesinnter Arbeiter verbunden war.[61] Hervorzuheben ist dabei, dass das betriebsverfassungsrechtliche Politikverbot in der Zeit der Weimarer Republik nach der Rechtsprechung des Reichsarbeitsgerichts als konkreter Gefährdungstatbestand ausgestaltet war.[62] Anders als beim heute geltende § 74 Abs. 2 S. 3 BetrVG, bedurfte es stets eines Nachweises, dass der Betriebsfrieden im Einzelfall konkret gestört wurde.[63] Ferner galt das Politikverbot nicht nur im Betrieb selbst; es reichte bis unmittelbar vor die Tore des Werkes. So nahm das Reichsarbeitsgericht eine gröbliche Verletzung der aus § 66 Nr. 3 BRG erwachsenden allgemeinen Friedenspflicht in einem Fall an, in dem ein Betriebsratsmitglied vor dem Werkstor Flugblätter verteilt hatte, in denen die Belegschaft zum politischen Massenstreik und zur Stilllegung des Betriebes aufgefordert wurde.[64] „Diese Tätigkeit", so das Reichsarbeitsgericht, könne „nicht anders beurteilt werden, wie wenn der Antragsgegner im Betrieb selbst zur Niederlegung der Arbeit und zum Verlassen des Betriebes aufgefordert hätte."[65] Im konkreten Fall wurde das Betriebsratsmitglied in Folge seiner politischen Betätigung aus dem Betriebsrat ausgeschlossen.

4. Entwicklung im Nationalsozialismus

Wenn man bedenkt, dass die Rechtsstrukturen der modernen Betriebsverfassung Ausfluss eines Verfassungsstaates und eines sozialen Rechtsstaates sind[66], so erscheint es nur folgerichtig, dass mit der Machtübernahme der Nationalsozialisten im Jahr 1933 ein Bruch in der Entwicklung der betrieblichen Mitbestimmung eintrat. In der Vorstellungswelt der Nationalsozialisten war für eine Betriebsverfassung, wie

59 Vgl. Flatow/Kahn-Freund, BRG, § 66 Anm. 6.1.; Mansfeld, BRG, § 66 Anm. 7a.
60 RAG 21.12.1929, Bensh. Slg. Bd. 7 Nr. 99, 444 (445); Mansfeld, BRG, § 66 Anm. 4a und 7a.
61 RAG 10.07.1929, Bensh. Slg. Bd. 6 Nr. 77, 320 (321).
62 Vgl. Oetker, BlStSozArbR 1983, 321 (321).
63 RAG 21.12.1929, Bensh. Slg. Bd. 7 Nr. 99, 444 (445).
64 RAG 21.12.1929, Bensh. Slg. Bd. 7 Nr. 99, 444 (445).
65 RAG 21.12.1929, Bensh. Slg. Bd. 7 Nr. 99, 444 (445).
66 Reichold, Betriebsverfassung als Sozialverfassung, S. 336.

sie das aus der Weimarer Zeit stammende Betriebsrätegesetz vorsah, kein Raum.[67] Stattdessen war in allen wichtigen Lebensbereichen die Etablierung des sog. Führerprinzips vorgesehen. Auf betrieblicher Ebene geschah dies durch das Gesetz zur Ordnung der nationalen Arbeit vom 20.01.1934 (AOG)[68], welches das Betriebsrätegesetz vom 04.02.1920 außer Kraft setzte. Mehr als alle anderen arbeitsrechtlichen Gesetze aus der Zeit des Dritten Reichs war das AOG von nationalsozialistischen Ideologien geprägt.[69] Danach entschied der Unternehmer als „Führer des Betriebs" (vgl. § 1 AOG) in allen durch das Gesetz geregelten betrieblichen Angelegenheiten (vgl. § 2 Abs. 1 AOG) und erließ einseitig die sog. Betriebsordnung (vgl. §§ 26 ff. AOG). Der Betriebsführer hatte für das Wohl der „Gefolgschaft" – wie die Belegschaft genannt wurde (vgl. § 1 AOG) – zu sorgen; diese hatte ihm die in der Betriebsgemeinschaft begründete Treue zu halten (vgl. § 2 Abs. 2 AOG). Zwar sah § 5 Abs. 1 AOG für Betriebe mit in der Regel mindestens 20 Beschäftigten einen sog. Vertrauensrat vor, der sich aus Belegschaftsvertretern (den sog. Vertrauensmänner) und dem Betriebsführer als Vorsitzenden zusammensetzte. Allerdings hatte die Belegschaft auf die Auswahl der Vertrauensmänner keinen Einfluss.[70] Auch hatte der Vertrauensrat keine Mitbestimmungsrechte, sondern lediglich Beratungs- bzw. Anhörungsrechte und war deshalb mit den bisherigen Betriebsräten in keiner Weise vergleichbar.[71] Überhaupt konnte der Vertrauensrat bereits aufgrund seiner Struktur nicht mehr als Organ der Belegschaft, sondern nur noch als „Organ des Betriebes"[72] bezeichnet werden.

Eine ausdrückliche Bestimmung zur politischen Betätigung im Betrieb enthielt das Gesetz zur Ordnung der nationalen Arbeit nicht. Eine solche Regelung erübrigte sich auch, waren doch in der Ideologie des Nationalsozialismus abweichende politische Auffassungen generell nicht vorgesehen. Für den Betrieb verdeutlichte dies die Norm des § 1 AOG, wonach der Betriebsführer und die Gefolgschaft „gemeinsam zur Förderung der Betriebszwecke und zum gemeinsamen Nutzen von Volk und Staat" arbeiteten. Insoweit erfolgte eine Parallelisierung von Betriebs- und Staatswohl[73]; hinter beiden Begriffen verbargen sich letztlich die politischen Weltanschauungen des Nationalsozialismus. Erlaubt war demzufolge nur das, was der nationalsozialistischen Partei diente.[74] Wer sich den politischen Vorstellungen der NSDAP wiedersetzte, musste mit Sanktionen rechnen. So wurde mit der Einführung eines sozialen

67 Gnade, ArbRdGgw, Bd. 14 (1977), S. 59 (63); Hofmann, Das Verbot parteipolitischer Betätigung, S. 32.
68 RGBl I, S. 45 ff.
69 Sünner, zur Entwicklung des Arbeitsrechts, S. 71.
70 Richardi in: Richardi, BetrVG, Einleitung, Rn. 12.
71 Rüthers, ArbuR 1970, 97 (99); Wiese, JuS 1994, 99 (102).
72 Reichold, Betriebsverfassung als Sozialprivatrecht, S. 343.
73 Reichold, Betriebsverfassung als Sozialprivatrecht, S. 341; Stolleis, Gemeinwohlformeln, S. 131.
74 Gnade, ArbRdGgw, Bd. 14 (1977), S. 59 (63).

Ehrengerichtsverfahrens in den §§ 35 ff. AOG ein „Gesinnungsstrafrecht“[75] geschaffen, dessen Zweck insbesondere darin bestand, politisch unerwünschte Handlungen der Belegschaft zu bestrafen.[76] Nach § 36 Abs. 1 Nr. 2 AOG wurden Gefährdungen des Arbeitsfriedens durch böswillige Verhetzung der Gefolgschaft oder durch Zuwiderhandeln gegen den Gemeinschaftsgeist innerhalb der Betriebsgemeinschaft als Verstöße gegen die „soziale Ehre“ geahndet. Eine solche Gefährdung des Arbeitsfriedens wurde beispielsweise in einem Fall angenommen, in dem ein Arbeitnehmer weder mit dem „Deutschen Gruß“, d.h. dem „Heil Hitler“, grüßte, noch bei dem Absingen der Nationalhymne auf einer Betriebsfeier den rechten Arm erhob und nicht mitsang.[77] Auch an weiteren Stellen des AOG hatte sich die nationalsozialistische Staatspartei die Möglichkeiten der politischen Einflussnahme gesichert. Ein eindrucksvolles Beispiel hierfür ist die Vorschrift des § 8 AOG, wonach die Voraussetzungen für die Wählbarkeit zum Vertrauensmann des Betriebes nicht allein eine Auszeichnung mit „vorbildliche(n) menschlichen Eigenschaften“ und das „jederzeit rückhaltlos(e)“ Eintreten „für den nationalen Staat“ waren. Darüber hinaus musste der Kandidat auch Mitglied in der Deutschen Arbeitsfront (DAF) – einer nach dem Führerprinzip aufgebauten und strikt hierarchisch gegliederten NS-Organisation[78] – sein. Die besonders enge Anbindung des DAF an das nationalsozialistische Regime kam u.a. dadurch zum Ausdruck, dass deren „Führer“, Robert Ley, zugleich Stabsleiter der politischen Organisation der NSDAP war.[79]

5. Neuanfang nach 1945

Mit der Unterzeichnung der bedingungslosen Kapitulation aller deutschen Truppen am 8. Mai 1945 endete die nationalsozialitische Schreckensherrschaft. Der Zusammenbruch des Dritten Reichs hatte zur Folge, dass das Gesetz zur Ordnung der nationalen Arbeit hinfällig geworden war.[80] Obwohl es erst durch das Kontrollratsgesetz Nr. 40 vom 30.11.1946[81] ausdrücklich aufgehoben wurde, bildeten sich bereits unmittelbar nach dem Einmarsch der alliierten Besatzungstruppen in fast

---

75 Reichold, Betriebsverfassung als Sozialprivatrecht, S. 341; Spohn, Betriebsgemeinschaft und Volksgemeinschaft, S. 104.
76 Rüthers, ArbuR 1970, 97 (101).
77 REG, ARS 32 II S. 58. Weitere Beispiele, in denen die Rechtsprechung eine Gefährdung des Arbeits- bzw. Betriebsfriedens annahm in: Germelmann, Der Betriebsfrieden, S. 38 ff.
78 Hachtmann, VfZ 2005, 43 (46).
79 Sünner, Zur Entwicklung des Arbeitsrechts, S. 63. Weiter Beispiele für die organisatorische Einbindung der NSDAP in das AOG: Hofmann, Das Verbot parteipolitischer Betätigung im Betrieb, S. 33 (Zur Aufstellung der Liste der Vertrauensmänner); Sünner, Zur Entwicklung des Arbeitsrechts, S. 77 f. (zu den Reichstreuhändern der Arbeit).
80 Wiese, JuS 1994, 99 (102).
81 Amtsblatt des Kontrollrats Nr. 12, S. 229.

allen industriellen Ballungsgebieten Deutschlands Betriebsvertretungen.[82] Diese ersten Betriebsräte waren in der Regel noch nicht durch Belegschaftswahlen legitimiert; es handelte sich zumeist um Personen, die aufgrund ihrer gewerkschaftlichen Vergangenheit und ihrer Gegnerschaft zum Nationalsozialismus das Vertrauen der Belegschaft besaßen.[83] Erst das für ganz Deutschland geltende Kontrollratsgesetz Nr. 22 vom 10.04.1946[84] regelte als Rahmengesetz in 13 kurzen und allgemein gehaltenen Artikeln die Wahl, den Status und die Aufgaben der neuen Betriebsräte.[85] In den Jahren 1948 bis 1950 erließen die meisten westdeutschen Bundesländer[86] schließlich eigene landesrechtliche Betriebsrätegesetze, die teilweise nicht unerheblich voneinander abwichen.[87] Die meisten dieser Landesgesetze enthielten keine Regelungen zur politischen Betätigung im Betrieb.[88] Eine Ausnahme bildete das bayerische Betriebsrätegesetz vom 25.10.1950[89]. Dessen § 52 S. 2 enthielt – erstmals in der deutschen Geschichte – ein ausdrückliches betriebsverfassungsrechtliches Verbot parteipolitischer Betätigung im Betrieb. Danach hatte sich der Betriebsrat „in seiner Amtsführung jeder parteipolitischen Werbung oder Tätigkeit zu enthalten." Gem. § 57 Abs. 2 bay. BRG galt dieses Verbot auch für den Arbeitgeber.

6. § 51 S. 2 Betriebsverfassungsgesetz 1952

Die bei der Gründung der Bundesrepublik Deutschland bestehende Rechtszersplitterung auf dem Gebiet der betrieblichen Mitbestimmung wurde durch das Betriebsverfassungsgesetz vom 11.10.1952 (BetrVG 1952)[90] beseitigt. Das BetrVG 1952 knüpfte im Grundsatz an das Weimarer Betriebsrätegesetz von 1920 an, führte jedoch in einigen Punkten zu einer Erweiterung der Mitwirkungsrechte.[91] Insgesamt blieb es aber weit hinter den Erwartungen der Gewerkschaften zurück, die sich insbesondere

---

82 Milert/Tschirbs, Von den Arbeiterausschüssen zum Betriebsverfassungsgesetz, S. 56.
83 Milert/Tschirbs, Von den Arbeiterausschüssen zum Betriebsverfassungsgesetz, S. 56.
84 Amtsblatt des Kontrollrats Nr. 6, S. 133.
85 Milert/Tschirbs, Von den Arbeiterausschüssen zum Betriebsverfassungsgesetz, S. 56.
86 Eine Ausnahme bildeten lediglich Nordrhein-Westfalen, Niedersachsen und Hamburg.
87 Richardi in: Richardi, BetrVG, Einleitung Rn. 15; Wiese, JuS 1994, 99 (102). Zu der Landesgesetzgebung unter dem KRG-Gesetz Nr. 22: Reichold, Betriebsverfassung als Sozialprivatrecht, S. 360 ff.
88 Behnes, Die politische Tätigkeit im Arbeitsverhältnis, S. 7 f.; Gnade, ArbRdGgw, Bd. 14 (1977), S. 59 (64); vgl. auch Hofmann, Das Verbot parteipolitischer Betätigung, S. 35.
89 Bayerisches Betriebsrätegesetz vom 25.10.1950, GVBl. S 227, in der Fassung vom 03.07.1951, GVBl. S. 89.
90 BGBl. I, S. 681.
91 Vgl. Milert/Tschirbs, Von den Arbeiterausschüssen zum Betriebsverfassungsgesetz, S. 73; Sünner, Zur Entwicklung des Arbeitsrechts, 129 f.

ein Mitbestimmungsrecht des Betriebsrats bei allen wirtschaftlich maßgeblichen Entscheidungen erhofft hatten.[92]

Neu war, dass das BetrVG 1952 erstmals auf bundesrechtlicher Ebene ein ausdrücklich normiertes Verbot parteipolitischer Betätigung im Betrieb beinhaltete. So hieß es in § 51 S. 2 BetrVG 1952: „Arbeitgeber und Betriebsrat haben jede parteipolitische Betätigung im Betrieb zu unterlassen." Damit bildet § 51 S. 2 BetrVG 1952 die unmittelbare Vorgängernorm des heute geltenden § 74 Abs. 2 S. 3 BetrVG 1972, wenngleich sich beide Vorschriften in ihrer systematischen Stellung innerhalb der Betriebsverfassung unterscheiden.[93] So ordnete der Gesetzgeber des BetrVG 1952 das Verbot parteipoltischer Betätigung seinerzeit nicht etwa der in § 49 Abs. 2 S. 1 BetrVG 1952 geregelten allgemeinen Friedenspflicht zu; das Verbot war vielmehr Bestandteil des allgemeinen betriebsverfassungsrechtlichen Gleichbehandlungsgrundsatzes in § 51 S. 1 BetrVG 1952. Diese rechtssystematische Einordnung wurde seinerzeit als „nicht besonders glücklich" [94] bezeichnet. So sahen das BAG[95] und die herrschende Lehre[96] in dem Verbot parteipolitischer Betätigung - entgegen der rechtssystematischen Stellung im Gesetz – eine Konkretisierung der allgemeinen Friedenspflicht des § 49 Abs. 2 BetrVG 1952. Bereits 1955 stellte das BAG hierzu fest: „Mit Recht hat das Landesarbeitsgericht in diesem Zusammenhang ausgeführt, dass das ausdrückliche Verbot parteipolitischer Betätigung im Betrieb für Arbeitgeber und Betriebsrat (§ 51 Satz 2 BetrVG) nur ein besonderer Anwendungsfall, ein Ausschnitt des § 49 Abs. 2 Satz 1 BetrVG ist. Die Verletzung der Unterlassungspflicht aus § 51 S. 2 BetrVG bedeutet grundsätzlich auch eine Verletzung der aus § 49 Abs. 2 S. 1 BetrVG sich ergebenden Pflicht. Das Verbot, eine parteipolitische Betätigung im Betrieb zu unterlassen, ist nur deshalb noch einmal besonders hervorgehoben, weil eine solche Betätigung erfahrungsgemäß in besonderem Maße geeignet ist, den Betriebsfrieden zu gefährden."[97]

Bemerkenswert erscheint überdies, dass das BAG[98] bereits früh den persönlichen Anwendungsbereich des § 51 S. 2 BetrVG 1952 – entgegen dem ausdrücklichen Wortlaut der Norm – auf alle Arbeitnehmer des Betriebes erweiterte. Dem schloss

---

92 Vgl. Richardi in: Richardi, BetrVG, Einleitung Rn. 16 f. Zur konfliktgeladenen Entstehungsgeschichte des BetrVG 1952: Milert/Tschirbs, Von den Arbeiterausschüssen zum Betriebsverfassungsgesetz, S. 70 ff.; Wiese, JuS 1994, 99 (103).

93 Zur systematischen Stellung des § 74 Abs. 2 S. 3 BetrVG 1972 siehe unten: § 2 II.

94 So Behnes, Die politische Tätigkeit im Arbeitsverhältnis, S. 11.

95 BAG 04.05.1955 – 1 ABR 4/53, E 1, 359 (363); BAG 13.01.1956 – 1 AZR 167/55, E 2, 266 (271).

96 Behnes, Die politische Tätigkeit im Arbeitsverhältnis, S. 11 f.; Dietz, BetrVG (4. Aufl.), § 51 Rn. 15; Fitting/Kraegeloh/Auffarth, BetrVG (9. Aufl.), § 51 Rn. 21; Hueck/Nipperdey, Lehrbuch des Arbeitsrechts II (6. Aufl.) S. 821; Löffler, NJW 1964, 1100 (1107); Neumann-Duesberg, ArbRdGgw, Bd. 3 (1965), 101 (108); a.M.: Richardi, NJW 1962, 1374 (1374); Säcker, ArbuR 1965, 353 (358 f.).

97 BAG 04.05.1955 – 1 ABR 4/53, E 1, 359 (363).

98 BAG 13.01.1956 – 1 AZR 167/55, E 2, 266 (271).

sich die h.L.[99] an. Die Erweiterung des betriebsverfassungsrechtlichen Verbots parteipolitischer Betätigung auf alle Arbeitnehmer des Betriebs wurde damit begründet, dass der hinter § 51 S. 2 BetrVG 1952 stehende Grundsatz der Erhaltung des Betriebsfriedens verlange, dass sowohl Arbeitgeber als auch Betriebsrat keinerlei parteipolitische Betätigung im Betrieb dulden. Eine solche Verpflichtung zum Einschreiten setze voraus, dass für alle Betriebsangehörigen eine entsprechende Unterlassungspflicht bestehe; auch die Arbeitnehmer hätten sich folglich nach dem Gesetz der politischen Betätigung im Betrieb zu enthalten.[100] Nur wenige hielten dem entgegen, dass der Wortlaut des § 51 S. 2 BetrVG 1952 allein Arbeitgeber und Betriebsrat als Normadressaten nannte.[101]

Ein grundsätzliches Verbot der Behandlung politischer Angelegenheiten auf der Betriebsversammlung folgerte das BAG aus § 44 BetrVG 1952. Nach dieser Vorschrift durften auf der Betriebsversammlung nur solche Angelegenheiten behandelt, erörtert und beraten werden, die den Betrieb und seine Arbeitnehmer berühren. Fragen der allgemeinen Politik seien als Thema einer Betriebsversammlung demnach grundsätzlich ausgeschlossen.[102] Wie es nicht zum Aufgabenbereich des Betriebsrats gehöre, so könne es auch nicht Sache der Betriebsversammlung sein, politische Resolutionen zu fassen.[103] Das BAG betonte, dass es die Pflicht der an der Betriebsversammlung teilnehmenden Betriebsratsmitglieder sei, für die Beachtung dieses Grundsatzes zu sorgen.[104]

7. § 74 Abs. 2 S. 3 Betriebsverfassungsgesetz 1972

Das BetrVG 1952 bildete über knapp zwanzig Jahre die gesetzliche Grundlage der Betriebsverfassung in der Bundesrepublik Deutschland. Obwohl sich das Gesetz während dieser Zeit in der Praxis bewährt hatte, bestand Ende der sechziger Jahre weitgehend Einigkeit darüber, dass die mittlerweile eingetretene Fortentwicklung der technischen, wirtschaftlichen und sozialen Verhältnisse eine Reform des BetrVG notwendig machte.[105] Bereits während der Zeit der großen Koalition unter Bundeskanzler Kurt Georg Kiesinger waren von der CDU/CSU-, der SPD- sowie der FDP-Fraktion jeweils eigene Gesetzesentwürfe zur Erneuerung des BetrVG eingebracht

---

99 Dietz, BetrVG (4. Aufl.), § 51 Rn. 16b; Fitting/Kraegeloh/Auffarth, BetrVG (9. Aufl.), § 51 Rn. 21; Hueck/Nipperdey, Lehrbuch des Arbeitsrechts II (6. Aufl.), S. 821; Molitor, BB 1954, 134 (135); ders., BB 1955, 167.

100 Hueck/Nipperdey, Lehrbuch des Arbeitsrechts II (6. Aufl.), S. 821.

101 So z.B. Galperin/Siebert, BetrVG (4. Aufl.), § 51 Rn. 9; Neumann-Duesberg, NJW 1964, 1697 (1701).

102 BAG 04.05.1955 – 1 ABR 4/53, E 1, 359 (359 f.).

103 BAG 04.05.1955 – 1 ABR 4/53, E 1, 359 (361).

104 BAG 04.05.1955 – 1 ABR 4/53, E 1, 359 (359).

105 Fitting, BetrVG, Einleitung, Rn. 7; Wiese, JuS 1994, 99 (103).

worden.[106] Als es im Jahr 1969 zur Bildung der sozialliberalen Koalition kam, kündigte der neue Bundeskanzler Willy Brandt in seiner unter dem Motto „Mehr Demokratie wagen“ stehenden Regierungserklärung vom 28.10.1969 eine umfassende Reform des BetrVG auf Grundlage der zuvor eingereichten Gesetzesentwürfe an.[107]

Der am 01.10.1970 vorgelegte Entwurf des Bundesministeriums für Arbeit und Sozialordnung für ein neues Betriebsverfassungsgesetz[108] enthielt zunächst kein Verbot parteipolitischer Betätigung im Betrieb. Auch in dem kurze Zeit später am 03.12.1970 verabschiedeten Regierungsentwurf[109], der das Ergebnis des zwischenzeitlich durchgeführten Koalitionsgesprächs beinhaltete, war ein mit § 51 S. 2 BetrVG 1952 vergleichbares absolutes Verbot parteipolitischer Betätigung nicht vorgesehen. Stattdessen hieß es nunmehr in § 74 Abs. 2 S. 2 des Entwurfs: „Arbeitgeber und Betriebsrat haben Betätigungen, einschließlich politischer Betätigungen, durch die der Arbeitsablauf oder der Friede des Betriebs beeinträchtigt werden, zu unterlassen.“ Ein Verbot parteipolitischer Betätigung sollte demnach nur dann bestehen, wenn der Arbeitsablauf oder der Betriebsfrieden bereits beeinträchtigt, d. h. konkret geschädigt ist. Diese Bestimmung wurde in der Literatur zum Teil heftig kritisiert. Zum einen wurde angeführt, dass sie in keiner Weise geeignet sei, die Betriebe vor einer schweren Schädigung durch politische Radikalisierung zu schützen, weil als Voraussetzung für ein erfolgreiches Einschreiten immer erst einmal nachgewiesen werden müsse, dass ein Schaden bereits irreparabel eingetreten sei.[110] Zum anderen sei es ein „verfassungsrechtliches Novum“, dass ein Privater gesetzlich verpflichtet werde, die politische Betätigung eines anderen zu finanzieren, habe doch letztlich der Arbeitgeber die Kosten der Betriebsratstätigkeit zu tragen.[111] Überdies könne mit dieser Regelung auch nicht mehr die Neutralität des Betriebsrats gewährleistet werden.[112]

Auch der Bundesrat[113], der am 29.01.1971 zum Regierungsentwurf Stellung nahm, kritisierte die vorgesehene Regelung des § 74 Abs. 2 S. 2 und verlangte stattdessen ein absolutes Verbot parteipolitischer Betätigung im Betrieb. Jede parteipolitische Betätigung des Arbeitgebers und des Betriebsrats im Betrieb bringe die Gefahr einer Störung des Betriebsfriedens mit sich und solle deshalb nicht nur dann untersagt werden, wenn – wie in § 74 Abs. 2 des Regierungsentwurfs vorgesehen – im Einzelfall Anhaltspunkte für eine Beeinträchtigung des Arbeitsablaufs oder des

---

106 CDU/CSU-Entwurf vom 02.11.1967, BT-Drucks. V/2234; SPD-Entwurf vom 16.12.1968, BT-Drucks. V/3658; FDP-Entwurf vom 20.03.1969, BT-Drucks. V/4011.

107 BT-Prot. Bd. 71, S. 28 f.

108 Vgl. RdA 1970, 357 ff.

109 Vgl. RdA 1971, 33 ff.

110 Galperin, Der Regierungsentwurf eines neuen Betriebsverfassungsgesetzes, S. 27; ähnlich Buchner, AG 1971, 135 (140).

111 Hanau, BB 1971, 485 (486).

112 Buchner, AG 1971, 135 (140).

113 BR-Drucks. 715/70 (Beschluss vom 29.01.1971, Ziff. 14).

Betriebsfriedens bestünden.[114] Dies lasse sich in der Praxis ohnehin oft nur schwer absehen, weshalb eine eindeutige Regelung vorzuziehen sei.[115] Die Bedenken des Bundesrats fanden bei der Bundesregierung zunächst keinen Anklang.[116]

Zur entscheidenden Wende kam es, als am 14.10.1971 der federführende Ausschuss für Arbeit und Sozialordnung seinen schriftlichen Bericht über den Regierungsentwurf eines Betriebsverfassungsgesetzes vorlegte.[117] Darin hieß es: „Nach eingehender Prüfung und Abwägung gelangte der Ausschuss insbesondere aufgrund der Ausführungen von Sachverständigen und aufgrund zahlreicher Hinweise aus der Praxis einmütig zu der Ansicht, dass es im Interesse des Betriebsfriedens und der Zusammenarbeit im Betrieb vorzuziehen sei, parteipolitische Betätigung von Arbeitgeber und Betriebsrat im Betrieb nicht zuzulassen."[118] Der vom Ausschuss vorgeschlagene Wortlaut für ein Verbot parteipolitischer Betätigung im Betrieb[119] wurde letztendlich vom Gesetzgeber in § 74 Abs. 2 S. 3 BetrVG 1972 übernommen.

Seit der Verkündung des BetrVG 1972 am 18.01.1972[120] blieb die Vorschrift des § 74 Abs. 2 S. 3 BetrVG im Wesentlichen unberührt. Zwar gab es zwischenzeitlich durchaus Bestrebungen, das Verbot inhaltlich zu verändern. Beispielhaft genannt sei hier der von der SPD-Fraktion in der 11. Legislaturperiode eingebrachter Entwurf eines Gesetzes zum Ausbau und zur Änderung der betrieblichen Mitbestimmung – Betriebsverfassungsgesetz 1988.[121] Der Entwurf sah in § 74 Abs. 2 S. 4 ein Verbot parteipoltischer Betätigung mit abgeändertem Wortlaut vor. Demnach sollten im Betrieb nur noch „jede Werbung zugunsten politischer Parteien sowie sonstige Betätigungen, die dazu bestimmt sind, die Ziele politischer Parteien unmittelbar zu fördern", verboten sein.[122] Die SPD-Fraktion begründete ihren Änderungsvorschlag damit, dass die Rechtsprechung durch ihre weite Auslegung des § 74 Abs. 2 S. 3 BetrVG die an sich notwendige politische Meinungsäußerung im Betrieb unnötigerweise eingeschränkt habe. Mit der Änderung solle deshalb klargestellt werden, dass nicht jede allgemeinpolitische Betätigung untersagt sei, sondern nur das bewusste und nachhaltige Eintreten für oder gegen eine politische Partei.[123] Der Entwurf der SPD-Fraktion ist jedoch nicht Gesetz geworden. Die stattdessen auf Grundlage eines Entwurfs der FDP- und der Unionsfraktion ergangene Novelle vom 20.12.1988[124] ließ die Vorschrift des § 74 Abs. 2 S. 3 BetrVG unberührt.

---

114 BR-Drucks. 715/70 (Beschluss vom 29.01.1971, Ziff. 14).
115 BR-Drucks. 715/70 (Beschluss vom 29.01.1971, Ziff. 14).
116 Vgl. zu BT-Drucks. VI/1786 (Gegenäußerung der Bundesregierung zu der Stellungnahme des Bundesrates, Ziff. 6.).
117 BT-Drucks. VI/2729; zu BT-Drucks. VI/2729.
118 Zu BT-Drucks. VI/2729, S. 10.
119 BT-Drucks. VI/2729, S. 33.
120 BGBl. I, 13.
121 BT-Drucks. 11/2995.
122 BT-Drucks. 11/2995, 19.
123 BT-Drucks. 11/2995, S. 45.
124 BGBl. I, S. 2312.

Eine geringfügige Änderung des § 74 Abs. 2 S. 3 BetrVG brachte das unter der rot-grünen Bundesregierung erlassenen Gesetz zur Reform des Betriebsverfassungsgesetzes vom 23.07.2001 mit sich.[125] So wurde im zweiten Halbsatz des § 74 Abs. 2 S. 3 BetrVG nach dem Wort „sozialpolitischer" ein Komma und das Wort „umweltpolitischer" eingefügt. Damit wollte der Gesetzgeber klarstellen, dass trotz des grundsätzlichen Verbots der parteipolitischen Betätigung im Betrieb, die Behandlung von Angelegenheiten umweltpolitischer Art, die den Betrieb oder seine Arbeitnehmer unmittelbar betreffen, zulässig ist.[126] Insoweit entsprach die Änderung einer wesentlichen Zielsetzung des Reformgesetzes, nämlich dem gewachsenen Bewusstsein der Arbeitnehmer für den betrieblichen Umweltschutz Rechnung zu tragen.[127] Im Schrifttum wurde zum Teil kritisiert, dass die Bestimmung – im Kontext mit den übrigen Umweltschutzbestimmungen – auf ein allgemeines Umweltschutzmandat des Betriebsrats hinauslaufe.[128]

II. Systematische Stellung des § 74 Abs. 2 S. 3 BetrVG in der Betriebsverfassung

1. Gesetzessystematik

Die das Verbot parteipolitischer Betätigung beinhaltende Vorschrift des § 74 BetrVG bildet den Anfang des ersten Abschnitts im vierten Teil des BetrVG. Der vierte Teil des BetrVG trägt die amtliche Überschrift „Mitwirkung und Mitbestimmung der Arbeitnehmer". Er umschreibt den Aufgabenbereich des Betriebsrats, d.h. das Gebiet, in dem die Arbeitnehmer zur Mitwirkung und Mitbestimmung an der Betriebsleitung berufen sind.[129] Der mit „Allgemeines" überschriebene erste Abschnitt des vierten Teils enthält wiederum Vorschriften über die Art und Weise, wie der Betriebsrat seine Mitwirkungs- und Mitbestimmungsrechte zu verwirklichen hat.[130]

§ 74 BetrVG konkretisiert und ergänzt das Gebot der vertrauensvollen Zusammenarbeit nach § 2 Abs. 1 BetrVG[131], welches wegen seiner grundlegenden Bedeutung für die gesamte Betriebsverfassung gleich zu Beginn des Gesetzes geregelt worden ist.[132] Die Vorschrift bestimmt in drei Absätzen allgemeine Grundsätze für die Zusammenarbeit zwischen Betriebsrat und Arbeitgeber. In dem hier interessierenden

---

125 BGBl. I, S. 1852.

126 BT-Drucks. 14/5741, S. 45.

127 BT-Drucks. 14/5741, S. 25 Ziff. 9 und S. 30 Ziff. 8.

128 So zum gleichlautenden Referentenentwurf: Schiefer/Korte, NZA 2001, 71 (81).

129 Richardi in: Richardi, BetrVG, Vorbem. zum vierten Teil Rn. 1.

130 Richardi in: Richardi, BetrVG, Vorbem. zu § 74 Rn. 1.

131 Fitting, BetrVG, § 74 Rn. 1 und § 2 Rn. 1; Kreutz in: GK-BetrVG, § 74 Rn. 1; Löwisch/Kaiser, BetrVG, § 74 Rn. 1; Richardi in: Richardi, BetrVG, § 74 Rn. 2; Worzalla in: H/W/G/N/R/H, BetrVG, § 74 Rn. 1.

132 Begründung des Regierungsentwurfs zu §§ 2, 74 BetrVG, BR-Drucks. 715/70, S. 35 und S. 46.

zweiten Absatz des § 74 BetrVG kommt der allgemeinen betriebsverfassungsrechtlichen Friedenspflicht des § 74 Abs. 2 S. 2 BetrVG eine zentrale Bedeutung zu. Demnach haben Arbeitgeber und Betriebsrat Betätigungen zu unterlassen, durch die der Arbeitsablauf oder der Frieden des Betriebs beeinträchtigt werden. Unmittelbar im Anschluss daran hat der Gesetzgeber in § 74 Abs. 2 S. 3 BetrVG das Verbot parteipolitischer Betätigung im Betrieb geregelt. Damit weist § 74 Abs. 2 S. 3 BetrVG eine systematische Zuordnung zur betriebsverfassungsrechtlichen Friedenspflicht auf und unterscheidet sich insoweit von der Vorgängernorm des § 51 S. 2 BetrVG 1952, die seinerzeit noch als Bestandteil des allgemeinen betriebsverfassungsrechtlichen Gleichbehandlungsgrundsatzes in § 51 S. 1 BetrVG 1952 geregelt war.[133]

2. Bewusste Entscheidung des Gesetzgebers

Im Schrifttum wird teilweise die Auffassung vertreten, die Verankerung des Verbots parteipolitischer Betätigung im Rahmen der Bestimmung über die betriebsverfassungsrechtliche Friedenspflicht sei nicht das Ergebnis einer bewusste Wertungsentscheidung des Gesetzgebers, sondern reiner Zufall.[134] Der gesetzessystematische Standortwechsel im Verhältnis zur Vorgängernorm des § 51 S. 2 BetrVG 1952 erkläre sich daraus, dass die parteipolitische Betätigung nach dem Regierungsentwurf zum BetrVG 1972 ursprünglich nur verboten werden sollte, soweit durch sie der Arbeitsablauf oder der Frieden des Betriebes beeinträchtigt werden.[135] Wegen der gleichen tatbestandlichen Voraussetzungen von allgemeiner Friedenspflicht und dem Verbot parteipolitischer Betätigung sei es zweckmäßig gewesen, die bislang getrennten Vorschriften zu vereinigen. Nachdem der Gesetzgeber sich dann aber doch dazu entschieden habe, ein – terminologisch mit § 51 S. 2 BetrVG 1952 identisches – absolutes Verbot parteipolitischer Betätigung im Betrieb in das BetrVG 1972 aufzunehmen, sei eine „systematische Rückstellung“ unterblieben.

Ziel dieser Auffassung ist es, das Bestehen einer besonderen Nähe zwischen dem Verbot parteipolitischer Betätigung im Betrieb und dem betriebsverfassungsrechtlichen Gleichbehandlungsgrundsatz aus § 75 Abs. 1 BetrVG mit gesetzessystematischen Erwägungen zu begründen. Unabhängig davon, ob § 74 Abs. 2 S. 3 BetrVG auch den Zweck verfolgt, den betriebsverfassungsrechtlichen Gleichbehandlungsgrundsatz im Sinne einer parteipolitischen Neutralität von Arbeitgeber und Betriebsrat zu schützen[136], kann den oben dargestellten systematischen Erwägungen allerdings nicht gefolgt werden. Die Aussage, der Gesetzgeber habe eine „systematische Rückstellung“ auf den Stand des BetrVG 1952 schlichtweg vergessen, nachdem er sich doch dazu entschieden habe, ein absolutes Verbot parteipolitischer

133 Siehe dazu oben: § 2 I 6.
134 So Richardi in: Richardi, BetrVG, § 74 Rn. 58; ähnlich Oetker, BlStSozArbR 1983, 321 (322).
135 Siehe dazu oben: § 2 I 7.
136 Die Frage soll an dieser Stelle nicht vorweggenommen werden (hierzu siehe unten: § 2 III 4.).

Betätigung in das BetrVG 1972 aufzunehmen, erweist sich bei genauer Betrachtung als bloße Unterstellung. Im Gegenteil: gerade weil das Verbot parteipolitischer Betätigung im Gesetzgebungsverfahren zum BetrVG 1972 so heftig umkämpft war und gerade weil es inhaltlich so häufig überarbeitet wurde[137], erscheint es fernliegend, dass der Gesetzgeber einen derart grundlegenden systematischen Aspekt einfach übersehen hat. Im Übrigen war der systematische Standort des § 51 S. 2 BetrVG 1952 unmittelbar im Anschluss an den betriebsverfassungsrechtlichen Gleichbehandlungsgrundsatz in § 51 S. 1 BetrVG 1952 äußerst umstritten. Seinerzeit ordnete die herrschende Meinung das Verbot parteipolitischer Betätigung als Konkretisierung der betriebsverfassungsrechtlichen Friedenspflicht ein und sah die Gesetzessystematik des § 51 S. 2 BetrVG 1952 als verfehlt an.[138] Es ist deshalb wahrscheinlicher, dass der Gesetzgeber bei der Konzeption des BetrVG 1972 gerade diesem Umstand Rechnung tragen wollte.[139] Im Ergebnis ist demnach davon auszugehen, dass der Gesetzgeber sich bewusst dazu entschieden hat, das Verbot parteipolitischer Betätigung im Betrieb im Anschluss an die Bestimmung über die betriebsverfassungsrechtliche Friedenspflicht zu verankern.

III. Sinn und Zweck des § 74 Abs. 2 S. 3 BetrVG

1. Bedeutung des Normzwecks für die weitere Arbeit

Im Laufe der Zeit hat sich eine lebhafte Debatte darüber entwickelt, welchem Sinn und Zweck das Verbot parteipolitischer Betätigung im Betrieb dient. Dabei stammen einige Theorien noch aus der Zeit des § 51 S. 2 BetrVG 1952 und wurden für die Vorschrift des § 74 Abs. 2 S. 3 BetrVG 1972 einfach übernommen. Andere wiederum sind erst im Zusammenhang mit der seit 1972 geltenden Rechtslage neu entwickelt worden. Der Streit über den Verbotszweck wird nicht zuletzt deshalb so intensiv geführt, weil diesem eine wesentliche Bedeutung für die Auslegung der dem Wortlaut nach recht klaren Vorschrift des § 74 Abs. 2 S. 3 BetrVG zukommt. Oftmals werden die unterschiedlichen Zwecklehren dabei als Argument für die Notwendigkeit einer weiten Auslegung des § 74 Abs. 2 S. 3 BetrVG angeführt. Für die vorliegende Arbeit bedeutet dies, dass zunächst Klarheit über den Normzweck des § 74 Abs. 2 S. 3 BetrVG geschaffen werden muss, bevor Inhalt und Reichweite des Verbots bestimmt werden können.

---

137 Allein zur Vorbereitung des schriftlichen Berichts des federführenden Ausschusses für Arbeit und Sozialordnung, dessen Formulierungsvorschlag zu § 74 Abs. 2 S. 3 BetrVG übernommen wurde, sind unter anderem in vier öffentlichen Informationssitzungen 137 Sachverständige aus den Kreisen der Arbeitgeber und Arbeitnehmer, der Kichern, der Presse, der freien Wohlfahrtspflege, der Kunst und der Wissenschaft gehört worden (vgl. zu BT-Drucks. VI/2729, S. 3).

138 Siehe oben: § 2 I 6.

139 So auch Hofmann, Das Verbot parteipolitischer Betätigung, S. 43.

2. Schutz des Betriebsfriedens und des Arbeitsablaufs

In Rechtsprechung[140] und Literatur[141] besteht im Ausgangspunkt Einigkeit darüber, dass das Verbot des § 74 Abs. 2 S. 3 BetrVG dem Schutz des Betriebsfriedens und des Arbeitsablaufs dient. So geht die ganz herrschende Meinung davon aus, dass es sich bei der Vorschrift des § 74 Abs. 2 S. 3 BetrVG um eine Konkretisierung der allgemeinen betriebsverfassungsrechtlichen Friedenspflicht aus § 74 Abs. 2 S. 2 BetrVG handelt, wonach Arbeitgeber und Betriebsrat Betätigungen zu unterlassen haben, durch die der Arbeitsablauf oder der Frieden des Betriebs beeinträchtigt werden.[142] Eine Politisierung des Betriebs führe erfahrungsgemäß leicht zu Spaltungen und Gegensätzen innerhalb der Arbeitnehmerschaft mit der Folge, dass Betriebsklima und Arbeitsablauf darunter leiden.[143] Jede einseitige Stellungnahme des Arbeitgebers oder eines Betriebsorgans könne von anderen Betriebsangehörigen als eine Herausforderung aufgefasst werden, die der notwendigen Zusammenarbeit im Betrieb abträglich sei, weshalb der Betrieb aus dem Meinungsstreit einzelner Gruppen herausgehalten werden solle.[144]

Dieser herrschenden Meinung ist ohne Weiteres zuzustimmen. Zu Recht wird als Argument zunächst die historische Entwicklung des Verbots parteipolitischer Betätigung im Betrieb angeführt.[145] Bereits in der Zeit der Weimarer Republik hatte das Reichsarbeitsgericht in Übereinstimmung mit dem Schrifttum ein Verbot parteipolitischer Betätigung aus der allgemeinen betriebsverfassungsrechtlichen Friedenspflicht hergeleitet.[146] Zudem kann auch der Wille des Gesetzgebers herangezogen werden. So hat der Ausschuss für Arbeit und Sozialordnung, auf den die Regelung zurückgeht, in seinem Bericht über den Regierungsentwurf eines Betriebsverfassungsgesetzes vom 14.10.1971 den Betriebsfrieden und die Zusammenarbeit

---

140 BVerfG 28.04.1976 – 1 BvR 71/73, juris, Rn. 27; BAG 13.09.1977 – 1 ABR 67/75, juris, Rn. 34; BAG 12.06.1986 – 6 ABR 67/84, juris, Rn. 33; BAG 17.03.2010 – 7 ABR 95/08, juris, Rn. 40.

141 Bauer/Willemsen, NZA 2010, 1089 (1090); Berg in: D/K/K/W, BetrVG, § 74 Rn. 54; Derleder, ArbuR 1988, 17 (22 ff.); Fitting, BetrVG, § 74 Rn. 37; Hofmann, Das Verbot parteipolitischer Betätigung, S. 40 f.; v. Hoyningen-Huene in: MüArbR II, § 214 Rn. 24; Husemann, Das Verbot der parteipolitischen Betätigung, S. 195 ff.; Kania in: ErfK, BetrVG, § 74 Rn. 21; Koch in: Schaub, ArbRHdb, § 230 Rn. 16; Kreutz in: GK-BetrVG, § 74 Rn. 98; Löwisch/Kaiser, § 74 Rn. 28; Wiese in: FS 50 Jahre BAG, 1125 (1140).

142 Hofmann, Das Verbot parteipolitischer Betätigung, S. 40 f.; Kreutz in: GK-BetrVG, § 74 Rn. 98; Oetker, BlStSozArbR 1983, 321 (322); Richardi in: Richardi, BetrVG, § 74 Rn. 58; Rüttgers, Das Verbot parteipolitischer Betätigung im Betrieb, S. 27; Worzalla in: H/W/G/N/R/H, BetrVG, § 74 Rn. 32.

143 BAG 12.06.1986 – 6 ABR 67/84, juris, Rn. 33.

144 BAG 12.06.1986 – 6 ABR 67/84, juris, Rn. 33 unter Bezugnahme auf Galperin/Löwisch, BetrVG, § 74 Rn. 19.

145 So Hofmann, Das Verbot parteipolitischer Betätigung, S. 40 f.

146 Siehe oben: § 2 I 3.

im Betrieb ausdrücklich als durch § 74 Abs. 2 S. 3 BetrVG zu schützende Rechtsgüter genannt.[147] Dass der Verbotszweck des § 74 Abs. 2 S. 3 BetrVG in der Wahrung des Betriebsfriedens und des Arbeitsablaufs liegt, folgt schließlich auch aus der systematischen Stellung des Verbots unmittelbar im Anschluss an die Regelung zur betriebsverfassungsrechtliche Friedenspflicht in § 74 Abs. 2 S. 2 BetrVG.[148]

Unter Arbeitsablauf i.S.v. § 74 Abs. 2 BetrVG ist dabei die tatsächliche Verrichtung der Arbeit zur Verwirklichung des Betriebszwecks im Rahmen der Betriebsorganisation zu verstehen.[149] Eine Beeinträchtigung des Arbeitsablaufs liegt vor, wenn die Arbeit zwischenzeitlich gar nicht mehr oder nur noch eingeschränkt erledigt wird.[150] Der Betriebsfrieden bezeichnet dagegen das störungsfreie Zusammenleben und Zusammenwirken zwischen den Betriebspartnern sowie allgemein zwischen den Betriebsangehörigen.[151] Da es sich hierbei um einen offenen Begriff handelt, sind für die Frage, wann eine Beeinträchtigung vorliegt, die Wertungen des BetrVG heranzuziehen.[152] Dabei wird zwischen einer formellen und einer materiellen Seite unterschieden. Eine Verletzung des formellen Betriebsfriedens ist anzunehmen, wenn Arbeitgeber und Betriebsrat das gesetzlich vorgesehene Verfahren für die Beilegung von Meinungsverschiedenheiten nicht beachten.[153] In materieller Hinsicht ist der Betriebsfrieden verletzt, wenn eine Auseinandersetzung geführt wird, die nicht unmittelbar ihre Grundlage im Betriebsgeschehen hat.[154]

3. Schutz der Meinungs- und Wahlfreiheit der Arbeitnehmer des Betriebes

a) Rechtsprechung und herrschende Lehre

Als das BVerfG im Jahr 1976 über die Verfassungsmäßigkeit des § 74 Abs. 2 S. 3 BetrVG zu befinden hatte, ließ es mit der Aussage, die Vorschrift diene „vornehmlich der Gewährleistung des Betriebsfriedens“[155] durchblicken, dass neben dem Schutz

---

147 Siehe oben: § 2 I 7.

148 So auch Hofmann, Das Verbot parteipolitischer Betätigung, S. 42; Kreutz, BlStSozArbR 1972, 44 (49).

149 Richardi in: Richardi, BetrVG, § 74 Rn. 47.

150 Rieble/Wiebauer, ZfA 2010, 63 (114).

151 Fitting, BetrVG, § 74 Rn. 31; Kania in: ErfK, BetrVG, § 74 Rn. 20; Preis in: W/P/K, BetrVG, § 74 Rn. 24.

152 Germelmann, Der Betriebsfrieden, S. 96 f. und 154; Richardi in: Richardi, BetrVG, § 74 Rn. 48; Rieble/Wiebauer, ZfA 2010, 63 (115); Worzalla in: H/W/G/N/R/H, BetrVG, § 74 Rn. 39.

153 Germelmann, Der Betriebsfrieden, S. 94 f. und 155; Kreutz in: GK-BetrVG, § 74 Rn. 139; Richardi in: Richardi, BetrVG, § 74 Rn. 48; Rieble/Wiebauer, ZfA 2010, 63 (115).

154 Germelmann, Der Betriebsfrieden, S. 95 und 155; Richardi in: Richardi, BetrVG, § 74 Rn. 48.

155 BVerfG 28.04.1976 – 1 BvR 71/73, juris, Rn. 27.

des Betriebsfriedens durchaus weitere Verbotszwecke denkbar seien. Es blieb jedoch bei dieser bloßen Andeutung. Das BVerfG äußerte sich nicht zu einem konkreten weiteren Normzweck des § 74 Abs. 2 S. 3 BetrVG. Gleichwohl wird diese Entscheidung des Gerichts von der herrschenden Meinung zur Unterstreichung eines weiteren Normzwecks des § 74 Abs. 2 S. 3 BetrVG herangezogen. So hat das BAG[156] bereits mehrfach festgestellt, dass das absolute Verbot parteipolitischer Betätigung nicht allein den Sinn habe, den Betriebsfrieden zu wahren. Vielmehr sei im Bereich des betriebsverfassungsrechtlich organisierten Betriebes auch deshalb eine strikte parteipolitische Neutralität einzuhalten, weil die Arbeitnehmer des Betriebs im Kollektiv der Arbeitnehmerschaft, dem sie sich nicht entziehen können, in ihrer Meinungs- und Wahlfreiheit als Staatsbürger nicht beeinflusst werden sollen.

Hinter dieser Auffassung des BAG, der sich das Schrifttum in weiten Teilen[157] angeschlossen hat, steht der Gedanke, dass der Arbeitnehmer im Betrieb einer besonders schwierigen Situation ausgesetzt sei.[158] Einerseits stehe er zu seinem Arbeitgeber in einem Abhängigkeitsverhältnis, was diesen – sofern er parteipolitisch aktiv ist – zu einer Einflussnahme verlocken könne. Zum anderen sei der Arbeitnehmer auch in das Kollektiv der Belegschaft eingebunden, sodass es ihm nicht ohne weiteres möglich sei, von einer vielleicht vom Betriebsrat formulierten Mehrheitsmeinung der Kollegen abzuweichen, ohne sich zugleich dem Vorwurf der Solidaritätsverletzung auszusetzen. Hinzu komme noch, dass gerade Meinungsäußerungen des Betriebsrats mit einem gewissen „Amtsbonus"[159] ausgestattet seien, was die Möglichkeit der politischen Einflussnahme erleichtere und die Drucksituation für den Arbeitnehmer noch weiter verstärke. Aus diesem Grund bestimme § 74 Abs. 2 S. 3 BetrVG, dass weder der Arbeitgeber noch der Betriebsrat die Arbeitnehmer in bestimmter Richtung parteipolitisch beeinflussen sollen. In diesem Zusammenhang spricht das BAG von einem „parteipolitischen Neutralitätsgebot".[160]

---

156 Im Anschluss an Löwisch, DB 1976, 676 (676): BAG 13.09.1977 – 1 ABR 67/75, juris, Rn. 36; BAG 21.02.1978 – 1 ABR 54/76, juris, Rn. 74; BAG 12.06.1986 – 6 ABR 67/84, juris, Rn. 33.

157 Bauer/Willemsen, NZA 2010, 1089 (1091); Buchner, ZfA 1982, 49 (60 f.); Hanau, Anm. zu BAG EzA § 45 BetrVG 1972 Nr. 1, S. 20; v. Hoyningen-Huene in: MüArbR II, § 214 Rn. 24; Kissel, NZA 1988, 145 (147); Koch in: Schaub, ArbRHdb, § 230 Rn. 16; Löwisch/Kaiser, BetrVG, § 74 Rn. 28; Oetker, BlStSozArbR 1983, 321 (322); Rüttgers, Das Verbot parteipolitischer Betätigung, S. 24 f.; Schmidt in: ErfK, GG, Art. 5 Rn. 42; Sowka/Krichel, DB 1989, Beil. Nr. 11 S. 5; Wiese, in FS 50 Jahre BAG, 1125 (1142).

158 Vgl. dazu Löwisch, DB 1976, 676 (676).

159 BAG 12.06.1986 – 6 ABR 67/84, juris, Rn. 41. Ähnlich schon Hanau, Anm. zu BAG EzA § 45 BetrVG 1972 Nr. 1, S. 20, der in diesem Zusammenhang auf die besonderen Möglichkeiten und die soziale Machtstellung von Arbeitgeber und Betriebsrat im Betrieb hinweist, weshalb die politische Willensbildung der Arbeitnehmer besonders gefährdet sei.

160 Vgl. etwa BAG 12.06.1986 – 6 ABR 67/84, juris, Rn. 41. Neuerdings spricht das BAG generell vom „parteipolitischen Neutralitätsgebot", wenn es das Verbot

b) Gegenauffassung

Die Auffassung der herrschenden Meinung, § 74 Abs. 2 S. 3 BetrVG schütze auch die staatsbürgerliche Meinungs- und Wahlfreiheit, ist in der Literatur zum Teil[161] auf Kritik gestoßen. Es sei zwar richtig, dass die Beachtung des Verbots unter anderem auch bewirke, dass die Meinungs- und Wahlfreiheit der Arbeitnehmer im Betrieb gewahrt bleibe.[162] Diese Wirkung sei aber kein eigenständiges Regelungsziel. Eine solche Zielsetzung lasse sich weder entstehungsgeschichtlich noch systematisch belegen. Teilweise[163] wird die „Konstruktion" einer durch Art. 5 Abs. 1 GG geschützten negativen Meinungsfreiheit, als Recht des einzelnen Arbeitnehmers, nicht mit Meinungsäußerungen anderer konfrontiert zu werden, auch grundsätzlich in Frage gestellt. Selbst wenn man eine solche Rechtsposition anerkenne, sei aber die Auffassung der herrschenden Meinung jedenfalls deshalb fehlerhaft, weil sie – ohne eine verfassungsrechtlich gebotene Abwägung – der negativen Meinungsfreiheit gegenüber der positiven Meinungsfreiheit den Vorrang einräume.[164] Richtigerweise könne die negative Meinungsfreiheit von vornherein nur eine untergeordnete Rolle spielen, denn ausdrücklich geschützt sei durch Art. 5 Abs. 1 S. 1 GG nur das Recht, seine Meinung frei zu äußern und zu verbreiten.[165] Im Übrigen habe eine parteipolitische Betätigung der Betriebspartner in den meisten Fällen gar keine Beeinträchtigung der negativen Meinungsfreiheit der Arbeitnehmer zur Folge, weil es an der hierfür notwendigen Druck- bzw. Zwangsausübung auf deren Meinungsbildung fehle.[166] So würden die Arbeitnehmer mit einer parteipolitischen Betätigung der Betriebspartner häufig gar nicht in Berührung kommen, etwa dann, wenn ein Betriebsratsmitglied allein auf der Betriebsratssitzung parteipolitisch agitiere. Weiter könne man von einer Beeinflussung der Meinungs- und Wahlfreiheit der Arbeitnehmer kaum noch sprechen, wenn diese ohnehin bereits der Meinung sind, die mit der parteipolitischen Betätigung zum Ausdruck gebracht werde. Speziell für die nach § 45 S. 1 HS. 2 i.V.m. § 74 Abs. 2 S. 3 BetrVG untersagte parteipolitische

---

parteipoltischer Betätigung aus § 74 Abs. 2 S. 3 BetrVG meint, vgl. BAG 17.03.2010 – 07 ABR 95/08, juris, Rn. 24, 28, 37, 40.

161 Berg in: D/K/K/W, § 74 Rn. 54; Derleder, ArbuR 1988, 17 (23); Hofmann, Das Verbot parteipolitischer Betätigung, S. 45 ff.; Husemann, Das Verbot der parteipolitischen Betätigung, S. 202 ff.; Kreutz in: GK-BetrVG, § 74 Rn. 100.

162 So Kreutz in: GK-BetrVG, § 74 Rn. 100.

163 So Derleder, ArbuR 1988, 17 (23), in diese Richtung auch Husemann, Das Verbot der parteipolitischen Betätigung, S. 203 f., der das Recht der Arbeitnehmer, „in Ruhe gelassen zu werden" lediglich über Art. 2 Abs.1 GG geschützt sieht.

164 Derleder, ArbuR 1988, 17 (23).

165 Hofmann, Das Verbot parteipolitischer Betätigung, S. 46 f.; vgl. auch Derleder, ArbuR 1988, 17 (23), der das Recht, keine fremde Meinung hören zu müssen gerade für den Bereich dichtester sozialer Vernetzung ggü. der positiven Meinungsäußerungsfreiheit als Nachrangig ansieht; zustimmend Husemann, Das Verbot der parteipolitischen Betätigung, S. 204.

166 Vgl. dazu Hofmann, Das Verbot parteipolitischer Betätigung, S. 46 f.

Betätigung in der Betriebsversammlung werde die negative Meinungsfreiheit zudem bereits dadurch gewahrt, dass für die Arbeitnehmer keine Teilnahmeverpflichtung bestehe und sie die Betriebsversammlung jederzeit verlassen könnten. Auch bestehe die Möglichkeit, sich gegen eine parteipolitische Betätigung auf der Betriebsversammlung mittels der Geschäftsordnung zu wehren.

c) Stellungnahme

aa) Mittelbare Drittwirkung der Grundrechte

Wenn hier von dem Schutz der Meinungsfreiheit der Arbeitnehmer im Betrieb als eigenständiger Regelungszweck des § 74 Abs. 2 S. 3 BetrVG die Rede ist, so geschieht dies vor dem Hintergrund, dass die Grundrechte nach heute ganz herrschender Meinung im Verhältnis zwischen Privaten keine unmittelbare Wirkung entfalten.[167] Dies folgt bereits aus Art. 1 Abs. 3 GG, wonach nur die öffentliche Gewalt an die Grundrechte gebunden ist. Gleichwohl besteht Einigkeit darüber, dass die Grundrechte als Ausdruck einer objektiven Werteordnung mittelbar auch Einfluss auf die Rechtsbeziehungen zwischen Privaten haben.[168] Diese mittelbare Drittwirkung der Grundrechte hat das BVerfG erstmals im Lüth-Urteil[169] an Art. 5 Abs. 1 S. 1 GG erläutert. Das Grundrecht der Meinungsfreiheit ist demnach mittelbar auch im Verhältnis zwischen Privaten zu beachten, nämlich wenn es um die Ausgestaltung, Anwendung und Auslegung zivilrechtlicher Normen geht.[170] In diesem Sinne ist es also ohne Weiteres denkbar, dass § 74 Abs. 2 S. 3 BetrVG als zivilrechtliche Norm den Zweck verfolgt, im Rahmen der mittelbaren Drittwirkung der Grundrechte im Privatrecht die Meinungsfreiheit der Arbeitnehmer im Betrieb vor Beeinträchtigungen durch parteipolitische Betätigungen der Betriebspartner zu schützen.[171]

bb) Bestimmung des Normzwecks

Den Kritikern der herrschenden Meinung ist zunächst insoweit zuzustimmen, als sich jedenfalls in der Entstehungsgeschichte des § 74 Abs. 2 S. 3 BetrVG kein Hinweis darauf finden lässt, dass das Verbot auch die staatsbürgerliche Meinungs- und

---

167 Vgl. nur Schmidt in ErfK, GG, Art. 1 Rn. 15 ff. Eine Ausnahme bildet Art. 9 Abs. 3 GG, siehe Art. 9 Abs. 3 S. 2 GG.

168 BVerfG 15.01.1958 – 1 BvR 400/51, juris, Rn. 25 ff.; BVerfG 23.04.1986 – 2 BvR 487/80, juris, Rn. 25; BVerfG 07.02.1990 – 1 BvR 26/84, juris, Rn. 46; vgl. auch BAG 27.02.1985 – GS 1/84, E 48, 122 (138, 139 unter I 2b); Herdegen in: Maunz/Dürig, GG, Art. 1 Abs. 3 Rn. 59 ff.; Schmidt in: ErfK, GG, Einl. Rn. 2; Wiese in: FS 50 Jahre BAG, 1125 (1129).

169 BVerfG 15.01.1958 – 1 BvR 400/51, juris, Rn. 25 ff.

170 BVerfG 15.01.1958 – 1 BvR 400/51, juris, Rn. 26 ff.; Schmidt in: ErfK, GG, Art. 5 Rn. 4.

171 Zur mittelbaren Drittwirkung als Fall der staatlichen Schutzpflicht in Bezug auf Grundrechtsbeeinträchtigungen zwischen Privaten Herdegen in: Maunz/Dürig, Art. 1 Abs. 3 Rn. 64; Schmidt in: ErfK, GG, Einl. Rn. 35 ff.

Wahlfreiheit der Arbeitnehmer des Betriebs schützen möchte. Zudem spricht die systematische Stellung der Norm tendenziell eher dafür, dass allein der Betriebsfrieden und der Arbeitsablauf geschützt werden sollen. Auf der anderen Seite erscheint es jedoch nicht völlig fernliegend, dass der Gesetzgeber mit einer betriebsverfassungsrechtlichen Norm zumindest auch den Schutz subjektiver staatsbürgerlicher Rechte des einzelnen Arbeitnehmers im Betrieb bezweckt. Dies zeigt bereits ein Blick auf die Vorschriften des § 75 Abs. 1 und Abs. 2 BetrVG, die sich ebenfalls im ersten Abschnitt des vierten Teils des BetrVG befinden. Letztlich ist aber ohnehin zu berücksichtigen, dass in aller Regel weder die Entstehungsgeschichte einer Norm noch deren systematischer Standort im Gesetz den Normzweck exakt zu bestimmen pflegen.[172] Die historische und die systematische Auslegung sind zwar wichtige, nicht aber abschließende Kriterien zur Ermittlung der ratio legis. Stattdessen ist in erster Linie danach zu fragen, welche konkrete Interessenlage die jeweilige Normierung regeln soll und welche Wertentscheidungen der Regelung zu Grunde liegen.[173] Dabei kann dem Gesetzgeber unterstellt werden, dass er mit seiner abstrakten Normierung durch Beachtung und Abwägung der berührten Interessen einen bestmöglichen, d.h. gerechten und zweckmäßigen Interessenausgleich beabsichtigt hat.[174] Im Folgenden soll deshalb zunächst herausgearbeitet werden, inwieweit parteipolitische Betätigungen der Betriebspartner die Meinungsfreiheit der Arbeitnehmer des Betriebs gefährden. Sodann ist im Rahmen eine Interessenabwägung zu überprüfen, ob der Gesetzgeber mit dem Verbot des § 74 Abs. 2 S. 3 BetrVG zumindest auch den Schutz dieses Rechtsguts bezwecken wollte.

cc) Gefährdung der Meinungsfreiheit der Arbeitnehmer des Betriebs

Nach nahezu unbestrittener Auffassung beinhaltet das Grundrecht der Meinungsfreiheit gem. Art. 5 Abs. 1 S. 1 GG nicht nur eine positive, sondern auch eine negative Komponente. Neben dem Recht, seine Meinung frei zu äußern und zu verbreiten[175] genießt demnach auch das Recht, keine Meinung zu haben oder diese nicht zu äußern, grundrechtlichen Schutz.[176] Geschützt ist darüber hinaus richtigerweise auch die Freiheit, sich der Meinungsäußerung anderer zu entziehen bzw. nicht ungewollt

172 Zippelius, Juristische Methodenlehre, S. 41 f.
173 Schwacke, Juristische Methodik, S. 101.
174 Schwacke, Juristische Methodik, S. 101.
175 Zum sachlichen Schutzbereich der positiven Meinungsfreiheit siehe unten: § 3 II 1.
176 BVerfG 15.12.1983 – 1 BvR 209/83, juris, Rn. 143; Bethge in: Sachs, GG, Art. 5 Rn. 38a; Degenhart in: BK, Art. 5 Abs. 1 und 2 Rn. 158; Jarass in: Jarass/Pieroth, GG, Art. 5 Rn. 11; Merten, DÖV 1990, 761 (761 ff.); ders. in: Merten/Papier, HGR II, § 42 Rn. 90 ff.; Schmidt in: ErfK, GG, Art. 5 Rn. 8; Schmidt-Jortzig in: Isensee/Kirchhof, HStR VII, § 162 Rn. 31; Schulze-Fielitz in: Dreier, GG, Art. 5 I, II Rn. 74; Sodan in: Sodan, GG, Art. 5 Rn. 8; Starck in: v. Mangoldt/Klein/Starck, GG, Art. 5 Abs. 1, 2 Rn. 17 f.; Wendt in: v. Münch/Kunig, GG I, Art. 5 Rn. 18.

mit einer fremden Meinungsäußerung konfrontiert zu werden.[177] Der Menschenwürdeansatz des Grundgesetzes schließt für den Einzelnen das Recht ein, „in Ruhe gelassen zu werden".[178] Das BVerfG betont im Zusammenhang mit dem negativen Schutzbereich der Grundrechte den Schutzanspruch des Einzelnen, sich nicht gegen seinen Willen einer ihn bedrängenden Inanspruchnahme oder Beeinflussung seitens anderer Personen mit deren Gedankenwelt aussetzen lassen zu müssen.[179] Es liegt auf der Hand, dass parteipolitische Betätigungen eines Betriebspartners die Arbeitnehmer des Betriebs in ihrer in diesem Sinne verstandenen negativen Meinungsfreiheit tangieren können.

Immer dann, wenn sich Arbeitgeber oder Betriebsrat mit ihrer parteipolitischen Betätigung nicht an die Beschäftigten im Betrieb, sondern an die außerbetriebliche Öffentlichkeit wenden[180], rückt zudem ein weiterer Aspekt der negativen Meinungsfreiheit in den Vordergrund. Art. 5 Abs. 1 S. 1 GG schützt den Einzelnen auch davor, eine fremde Meinung als eigene zugeschrieben zu bekommen.[181] Fallen bei Interviews oder Presseerklärungen des Betriebsrats auf dem Betriebsgelände parteipolitische Äußerungen, so wird für die Öffentlichkeit sehr schnell der Eindruck entstehen, der Betriebsrat spreche für alle Arbeitnehmer im Betrieb und die Äußerungen seien

177 Buchner, ZfA 1982, 49 (73); wohl auch Schmidt-Jortzig in: Isensee/Kirchhof, HStR VII, § 162 Rn. 31 („Recht, in Ruhe gelassen zu werden"); Wendt in: v. Münch/Kunig, GG I, Art. 5 Rn. 18. Teilweise wird das Recht, nicht mit Meinungsäußerungen anderer konfrontiert zu werden, auch unter den Schutzbereich der negativen Informationsfreiheit gefasst, so Degenhart in: BK, Art. 5 Abs. 1 und 2 Rn. 160 und 310; Hanau, Anm. zu BAG EzA § 45 BetrVG 1972 Nr. 1, S. 20. Gegen ein durch Art. 5 Abs. 1 GG geschütztes Recht, nicht mit Meinungsäußerungen anderer konfrontiert zu werden, dagegen Hufen, StaatsR II, § 25 Rn. 42; Kempff, Grundrechte, S. 62; vgl. ferner Michael/Morlok, GR, § 9 Rn. 217, die ein solches Recht dem Schutzbereich der Art. 2 Abs. 1, Art. 1 Abs. 1 GG (Allgemeinen Persönlichkeitsrecht) zuordnen; zustimmend Husemann, Das Verbot der parteipolitischen Betätigung, S. 167 ff.; für einen Abwehranspruch aus Art. 1 GG Bäumer, BlStSozArbR 1981, 337 (337 und 341).

178 Schmidt-Jortzig in: Isensee/Kirchhof, HStR VII, § 162 Rn. 31; vgl. auch BVerfG 02.03.1977 – 2 BvR 1319/76, juris, Rn. 19, allerdings in Bezug auf das enge Zusammenleben in einer Kaserne unter Rückgriff auf das allgemeine Persönlichkeitsrecht der Soldaten (Art. 2 Abs. 1, 1 Abs. 1 GG).

179 BVerfG 02.03.1977 – 2 BvR 1319/76, juris, Rn. 19. Diese Feststellung trifft das BVerfG im Zusammenhang mit der Vorschrift des § 15 Abs. 2 S. 3 Soldatengesetz, die es Soldaten verbietet, innerhalb der dienstlichen Unterkünfte und Anlagen als Werber für eine politische Gruppe zu wirken, indem sie Ansprachen halten, Schriften verteilen oder als Vertreter einer politischen Organisation arbeiten. Den Schutzanspruch leitete es dabei nicht aus Art. 5 Abs. 1 GG sondern aus Art. 2 Abs. 1, 1 Abs. 1 GG ab.

180 Vgl. zur Presserklärung des Betriebsrats Müller-Boruttau, NZA 1996, 1071 ff.

181 BVerfG 22.01.1997 – 2 BvR 1915/91, juris, Rn. 47; Merten in: Merten/Papier, HGR II, § 42 Rn. 102; vgl. auch Ulrici, jurisPR-ArbR 37/2010 Anm. 1, unter C II. 2. b.

innerhalb der Belegschaft allgemeiner Konsens. Denn in der öffentlichen Wahrnehmung ist der Betriebsrat legitimer Vertreter und Sprachrohr der Arbeitnehmer des Betriebs. Seine Stellungnahmen werden deshalb mit der Belegschaft in Verbindung gebracht.[182] Dem einzelnen Arbeitnehmer wird damit unter Umständen gegen seinen Willen eine fremde parteipolitische Meinung als eigene zugeschrieben, ohne dass er sich effektiv dagegen zur Wehr setzten könnte.

Was darüber hinaus vielfach nicht hinreichend berücksichtigt wird, ist, dass parteipolitische Betätigungen der Betriebspartner nicht etwa nur eine Gefahr für die negative Meinungsfreiheit der Arbeitnehmer des Betriebs darstellen. Vielmehr ist auch die positive Meinungsäußerungsfreiheit zumindest mittelbar gefährdet. Dies wird deutlich wenn man sich folgende Situation beispielhaft vor Augen führt: Ein Arbeitnehmer führt während der Mittagspause ein persönliches Gespräch mit seinen Kollegen. Während der Unterhaltung kommen auch explizit parteipolitische Fragestellungen zur Sprache. Wird die Belegschaft in diesem Betrieb regelmäßig mit parteipolitischen Agitationen der Betriebspartner konfrontiert, so wird sich der einzelne Arbeitnehmer in einer solchen Situation genau überlegen, ob er seine vom Betriebsrat bzw. vom Arbeitgeber abweichende politische Meinung äußert oder ob er nicht doch besser schweigt, um so den Vorwurf einer Solidaritätsverletzung oder sonstige mögliche Nachteile abzuwenden. Es bedarf einigen Mut, eine politische Meinung offen auszusprechen und zu verteidigen, die dem widerspricht, was der Arbeitgeber oder der Betriebsrat in ihren regelmäßigen parteipolitischen Agitationen vertreten. Zumindest aber wird die Hemmschwelle für eine freie politische Meinungsäußerung wesentlich höher sein. Selbst wenn der Arbeitnehmer seine abweichende Meinung äußert, wird er seine Worte kaum frei und unbefangen wählen, sondern sie den politischen Gegebenheiten im Betrieb anpassen.

dd) Interessenabwägung

Ausgehend von dem Gedanken, dass eine parteipolitische Betätigung der Betriebspartner eine Gefahr für die (positive und negative) Meinungsfreiheit der Arbeitnehmer im Betriebs darstellt, ist auf einer zweiten Stufe danach zu fragen, ob der Gesetzgeber mit der Vorschrift des § 74 Abs. 2 S. 3 BetrVG zumindest auch den Schutz dieses Rechtsguts bezwecken wollte. Um diese Frage beantworten zu können, muss ermittelt werden, welche Wertungsentscheidung der Gesetzgeber dem Verbot parteipolitischer Betätigung vernünftigerweise zu Grunde legen musste. Dies bedeutet, dass im Rahmen des § 74 Abs. 2 S. 3 BetrVG die Meinungsfreiheit der Arbeitnehmer und das Interesse der Betriebspartner an einer freien parteipolitischen Betätigung im Betrieb gegeneinander abzuwägen sind. Dabei kann an dieser Stelle zunächst noch offen bleiben, ob sich neben dem Arbeitgeber auch der Betriebsrat als Organ der Betriebsverfassung bzw. die Betriebsratsmitglieder in ihrer amtlichen Eigenschaft auf das Grundrecht aus Art. 5 Abs. 1 S. 1 GG berufen

---

182 So auch Ulrici, jurisPR-ArbR 37/2010 Anm. 1, unter C II. 2. b.

können.[183] Selbst wenn man davon ausgeht, dass parteipolitische Äußerungen des Betriebsrats durch Art. 5 Abs. 1 S. 1 GG geschützt sind, sprechen gute Gründe dafür, eine überwiegende Schutzwürdigkeit der Meinungsfreiheit der Arbeitnehmer des Betriebs anzunehmen.

Zum einen ist die Meinungsfreiheit der Arbeitnehmer des Betriebs in einem Punkt betroffen, in dem sie aus Sicht des demokratischen Parteienstaates als besonders schutzwürdig erscheint. Denn die freie Meinungsbildung in parteipolitischer Hinsicht ist ganz entscheidend für die Frage, wie der Arbeitnehmer als Staatsbürger seine politische Wahlentscheidung treffen wird. Kurzum: es geht um die politische Macht im Staat. Das meint die herrschende Meinung damit, wenn sie neben der Meinungsfreiheit auch die Wahlfreiheit als Schutzgut feststellt.

Eine besondere Schutzwürdigkeit der Arbeitnehmer folgt zudem auch aus dem Umstand, dass sie sich der parteipolitischen Betätigung der Betriebspartner in vielen Fällen nicht entziehen können, ohne zugleich ihre Leistungspflicht zu verletzen.[184] Der Arbeitnehmer hat in den meisten Fällen keine Wahl: er ist in aller Regel arbeitsvertraglich dazu verpflichtet, seine Arbeitsleistung innerhalb des Betriebes zu erbringen. Allein diese gezwungene örtliche Anwesenheit garantiert eine gesteigerte Aufmerksamkeit und gegebenenfalls auch eine erhöhte Gefahr der parteipolitischen Indoktrination. Die Argumentation der Gegenauffassung, wonach die Arbeitnehmer häufig mit einer parteipolitischen Betätigung der Betriebspartner gar nicht ein Berührung kämen, etwa dann, wenn ein Betriebsratsmitglied auf der Betriebsratssitzung agitiere, kann dagegen nicht überzeugen. Dabei wird nämlich verkannt, dass die übrigen Betriebsratsmitglieder, die dieser Agitation ausgesetzt sind, wegen §§ 7, 8 BetrVG zugleich auch Arbeitnehmer des Betriebs sind. Sie haben in dieser Situation keine Möglichkeit, sich der parteipolitischen Betätigung ihres Betriebsratskollegen zu entziehen.

Wenn darauf hingewiesen wird, dass zumindest auf der Betriebsversammlung die Meinungsfreiheit der Arbeitnehmer gewahrt werde, weil die Teilnahme freiwillig sei und gegebenenfalls im Rahmen der Geschäftsordnung gegen die parteipolitische Agitation vorgegangen werden könne, wird gerade der entscheidende Punkt in der Argumentation der herrschenden Meinung übersehen. Der Arbeitnehmer befindet sich in einer besonderen Drucksituation: es gehört einige Überwindung dazu, sich öffentlich auf einer Betriebsversammlung gegen die vom Betriebsrat formulierte parteipolitische Meinungsäußerung zu stellen und im Wege der Geschäftsordnung gegen die Agitation vorzugehen. Dies gilt umso mehr, wenn man berücksichtigt, dass die Mitglieder des Betriebsrats eine besondere Stellung im Betrieb einnehmen, weil sie in aller Regel das Vertrauen der Belegschaft besitzen. Vor allem der Betriebsratsvorsitzenden ist häufig eine allseits geachtete und respektierte Machtinstanz, die

183 Hierzu siehe unten: § 3 II 3 und 4.

184 BAG 13.09.1977 – 1 ABR 67/75, juris, Rn. 36; BAG 21.02.1978 – 1 ABR 54/76, juris, Rn. 74; BAG 12.06.1986 – 6 ABR 67/84, juris, Rn. 33; Löwisch, DB 1976, 676 (676); Rieble/Wiebauer, ZfA 2010, 63 (110).

einen erheblichen Einfluss auf den betrieblichen Meinungsbildungsprozess nehmen kann.[185] Erscheint der Arbeitnehmer dagegen erst gar nicht auf der Betriebsversammlung oder verlässt er sie während einer parteipolitischen Stellungnahme, so gerät er gegenüber seinen Kollegen möglicherweise in einen Rechtfertigungszwang.

Eine große Rolle spielt nicht zuletzt, dass die Arbeitnehmer des Betriebs in der öffentlichen Wahrnehmung oftmals mit den Stellungnahmen des Betriebsrats in Verbindung gebracht werden und sie damit Gefahr laufen, dass ihnen eine fremde parteipolitische Meinung als eigene zugeschrieben wird. Dem kann sich der einzelne Arbeitnehmer mit Blick auf die gesetzlich vorgeschriebene Zwangsrepräsentation auch nur schwerlich entziehen. Das alle Arbeitnehmer der Meinung sind, die durch die parteipolitische Betätigung eines Betriebspartners zum Ausdruck gebracht wird, ist dagegen allenfalls in kleinen Betrieben und auch dort nur in Ausnahmefällen denkbar.

Im Ergebnis überwiegt die staatsbürgerliche Meinungs- und Wahlfreiheit der Arbeitnehmer im Betrieb gegenüber den Interessen der Adressaten des parteipolitischen Betätigungsverbots. Es ist deshalb mit der herrschenden Meinung davon auszugehen, dass § 74 Abs. 2 S. 3 BetrVG auch dem Schutz dieser Rechtsgüter zu dienen bestimmt ist.

4. Schutz des betriebsverfassungsrechtlichen Gleichbehandlungsgrundsatzes

a) Das Verbot als Ausgestaltung und Sicherung des in § 75 Abs. 1 BetrVG enthaltenen Neutralitätsgrundsatzes

Teilweise[186] wird vertreten, dass das Verbot parteipolitischer Betätigung im Betrieb nicht nur eine Konkretisierung der betriebsverfassungsrechtlichen Friedenspflicht sei, sondern darüber hinaus auch in enger Verbindung mit dem betriebsverfassungsrechtlichen Gleichbehandlungsgrundsatz in § 75 Abs. 1 BetrVG stehe. Diese von Richardi[187] begründete Auffassung geht auf die Zeit zurück, als das Verbot in § 51 S. 2 BetrVG 1952 geregelt war. Aus der systematischen Stellung unmittelbar im Anschluss an den betriebsverfassungsrechtlichen Gleichbehandlungsgrundsatz in § 51 S. 1 BetrVG 1952 wurde gefolgert, dass das parteipolitische Betätigungsverbot

185 Vgl. hierzu Rieble/Wiebauer, ZfA 2010, 63 (110 f.), die in diesem Zusammenhang Uwe Hück, den langjährigen Gesamtbetriebsratsvorsitzenden der Porsche AG, als anschauliches Beispiel nennen.

186 Bauer/Willemsen, NZA 2010, 1089 (1093); Blomeyer, ZfA 1972, 85 (120); Germelmann, Der Betriebsfrieden, S. 83 f.; Oetker, BlStSozArbR 1983, 321 (322); Richardi in: Richardi, BetrVG, § 74 Rn. 58 f.; bereits zu § 51 S. 2 BetrVG 1952: Hacker, DB 1963, 962 (962); Hueck/Nipperdey, Lehrbuch des Arbeitsrechts II/2 (7. Aufl.), S. 1347 f.; Richardi, NJW 1962, 1374 (1374); Säcker, ArbuR 1965, 353 (358 f.); ders. DB 1967, 2072 (2075).

187 Richardi, NJW 1962, 1374 (1374).

nicht allein der Wahrung des Betriebsfriedens, sondern zugleich auch der Ausgestaltung und dem Schutz des in § 51 S. 1 BetrVG 1952 enthaltenen Neutralitätsgebotes diene. Nur bei einer neutralen Amtsführung sei glaubhaft, dass der Betriebsrat seinen Verpflichtungen aus § 51 S. 1 BetrVG 1952, politisch Andersdenkende vor Diffamierungen und Diskriminierungen zu schützen, nachkomme.[188] Eine effektive Erfüllung des betriebsverfassungsrechtlichen Gleichbehandlungsgrundsatzes sei gar nicht denkbar, wenn der Betriebsrat gleichzeitig seine Amtsstellung dazu benutzen dürfte, abweichende politische Meinungen zu bekämpfen und für den eigenen Standpunkt tatkräftig zu werben.[189]

Dass das Verbot nunmehr in § 74 Abs. 2 BetrVG und damit im Rahmen der Bestimmung über die betriebsverfassungsrechtliche Friedenspflicht verankert sei, bedeute keine Änderung der materiellen Rechtslage, sondern sei zufällig, bedingt durch den Stand der Gesetzgebungsarbeiten, als es in das Gesetz eingefügt wurde.[190] Aus der Reformaufgabe bezüglich des parteipolitischen Betätigungsverbotes[191] sei die Schlussfolgerung zwingend, dass der Gesetzgeber das Betätigungsverbot aus § 51 S. 2 BetrVG 1952 nicht nur sprachlich, sondern auch nach der dahinter liegenden ratio legis unverändert übernommen habe.[192] Damit beinhalte das Verbot parteipolitischer Betätigung im Betrieb auch nach der heutigen Rechtslage für Arbeitgeber und Betriebsrat zugleich eine Neutralitätspflicht gegenüber allen Betriebsangehörigen. Dies bedeute im Rahmen von § 75 Abs. 1 BetrVG positiv, dass sie darüber zu wachen haben, dass jede unterschiedliche Behandlung der Betriebsangehörigen wegen ihrer politischen Betätigung oder Einstellung unterbleibe, und zur Sicherung dieses Gebots im Rahmen von § 74 Abs. 2 S. 3 BetrVG negativ, dass ihnen jede parteipolitische Betätigung im Betrieb verboten sei.[193] Diese systematische Verbindung sei für die Auslegung von erheblicher Bedeutung, denn wenn man das Verbot parteipolitischer Betätigung im Betrieb nicht allein aus der Sicherung der Friedenspflicht erkläre, sondern in enge Verbindung zum Neutralitätsgebot von Arbeitgeber und Betriebsrat bringe, erhalte die Bestimmung einen eigenständigen betriebsverfassungsrechtlichen Charakter.[194]

b) Stellungnahme

Der Streit um das Bestehen eines besonderen Zusammenhangs zwischen dem Verbot parteipolitischer Betätigung und dem betriebsverfassungsrechtlichen

---

188 Säcker, DB 1967, 2072 (2076).
189 Säcker, ArbuR 1965, 353 (359).
190 So Richardi in: Richardi, BetrVG, § 74 Rn. 58; ähnlich Blomeyer, ZfA 1972, 85 (120); siehe dazu bereits oben: § 2 II 2.
191 Zur Entstehungsgeschichte des § 74 Abs. 2 S. 3 BetrVG siehe oben: § 2 I 7.
192 Oetker, BlStSozArbR 1983, 321 (322).
193 Richardi in: Richardi, BetrVG, § 74 Rn. 59.
194 Richardi in: Richardi, BetrVG, § 74 Rn. 58 f.; ders. NJW 1962, 1374 (1374); Säcker, ArbuR 1965, 353 (358 f.); ders. DB 1967, 2075 (2075).

Gleichbehandlungsgrundsatz darf hinsichtlich seiner Auswirkungen für die Auslegung des § 74 Abs. 2 S. 3 BetrVG nicht überbewertet werden. Ein eigenständiger betriebsverfassungsrechtlicher Charakter des § 74 Abs. 2 S. 3 BetrVG ist nicht zwingend davon abhängig, ob man eine besondere Verbindung zu § 75 Abs. 1 BetrVG bejaht. Er folgt vielmehr bereits daraus, dass – wie oben festgestellt – der Verbotszweck des § 74 Abs. 2 S. 3 BetrVG gerade nicht nur in der Wahrung des Betriebsfriedens und des Arbeitsablaufs liegt. § 74 Abs. 2 S. 3 BetrVG möchte darüber hinaus auch die staatsbürgerliche Meinungs- und Wahlfreiheit der Arbeitnehmer im Betrieb schützen, woraus ein im Verhältnis zu § 74 Abs. 2 S. 2 BetrVG gänzlich eigenständiger Bedeutungsgehalt erwächst. Aus diesem Grund hat das BAG auch ausdrücklich offengelassen, ob das Verbot parteipolitischer Betätigung im Betrieb in enger Verbindung mit dem Gleichbehandlungsgrundsatz für Arbeitgeber und Betriebsrat in § 75 Abs. 1 BetrVG steht.[195] Eine eigenständige betriebsverfassungsrechtliche Bedeutung lässt sich überdies auch dann begründen, wenn man mit der herrschenden Meinung davon ausgeht, dass § 74 Abs. 2 S. 3 BetrVG den Normadressaten eine parteipolitische Betätigung schlechthin verbietet, d.h. unabhängig davon, ob im Einzelfall eine konkrete Gefahr, Störung oder gar Beeinträchtigung des Betriebsfriedens oder des Arbeitsablaufs vorliegt.[196] Anders als § 74 Abs. 2 S. 2 BetrVG, der eine konkrete Beeinträchtigung des Betriebsfriedens oder des Arbeitsablaufs verlangt, käme dem Verbot parteipolitischer Betätigung dann nämlich der Charakter eines abstrakten Gefährdungstatbestandes zu.

Bei genauer Betrachtung sprechen gleichwohl gute Gründe dafür, das Bestehen einer besonderen Verbindung zwischen dem parteipolitischen Betätigungsverbot und dem betriebsverfassungsrechtlichen Gleichbehandlungsgrundsatz zu verneinen.[197] Zwar mag ein solcher Zusammenhang unter der Geltung des BetrVG 1952 gesetzessystematisch gut zu begründen gewesen sein. Mit Erlass des BetrVG 1972 ist das systematische Argument allerdings entfallen. Der Gesetzgeber hat sich bewusst dazu entschieden, das Verbot parteipolitischer Betätigung im Betrieb im Anschluss an die Bestimmung über die betriebsverfassungsrechtliche Friedenspflicht zu verankern. Von einer Zufallsentscheidung bedingt durch den Stand der Gesetzgebungsarbeiten kann insoweit nicht die Rede sein.[198] Und auch aus einem weiteren Grund kann die vorstehende Auffassung nicht überzeugen. Wer § 74 Abs. 2 S. 3 BetrVG als Ausgestaltung und Konkretisierung des in § 75 Abs. 1 BetrVG enthaltenen Neutralitätsgrundsatzes sieht, geht offensichtlich davon aus, dass jede Verletzung des parteipolitischen Betätigungsverbotes notwendigerweise auch ein Verstoß gegen

195 BAG 12.06.1986 – 6 ABR 67/84, juris, Rn. 33; BAG 12.06.1986 – 6 AZR 559/84, juris, Rn. 21.

196 Zum Meinungsstand siehe unten: § 5 V.

197 So im Ergebnis auch Derleder, ArbuR 1988, 17 (24); Hofmann, Das Verbot parteipolitischer Betätigung, S. 43 ff.; Husemann, Das Verbot der parteipolitischen Betätigung, S. 211 f.; Kreutz in: GK-BetrVG, § 74 Rn. 99; Rüttgers, Das Verbot parteipolitischer Betätigung, S. 16 ff.

198 Siehe dazu oben: § 2 II 2.

den Gleichbehandlungsgrundsatz zur Folge haben wird. Dies trifft aber nicht zu. Es ist durchaus vorstellbar, dass sich Arbeitgeber oder Betriebsrat im Betrieb parteipolitisch betätigen, ohne zugleich politisch andersdenkende Belegschaftsangehörige zu diffamieren oder zu diskriminieren.[199] Wenn sich Arbeitgeber oder Betriebsrat aktiv in die politische Diskussion einmischen, muss dies nicht zwangsläufig zu einem unlösbaren Interessenkonflikt führen. Zwar mag die Beachtung des Gleichbehandlungsgrundsatzes für die Betriebspartner im Einzelfall eine größere Herausforderung sein, wenn ihnen eine parteipolitische Betätigung im Betrieb gestattet ist; unmöglich wäre dies aber gewiss nicht.[200]

Es erscheint insoweit richtig, im Zusammenhang mit § 74 Abs. 2 S. 3 BetrVG von einem „parteipolitisches Neutralitätsgebot" zu sprechen[201], als die Vorschrift den Normadressaten parteipolitische Betätigungen verbietet und damit ein parteipolitisch neutrales Verhalten voraussetzt. Der damit verfolgte Zweck liegt allerdings allein in der Wahrung des Betriebsfriedens und dem Schutz der Meinungs- und Wahlfreiheit der Arbeitnehmer des Betriebs. Eine besondere Verbindung zum betriebsverfassungsrechtlichen Gleichbehandlungsgrundsatz aus § 75 Abs. 1 BetrVG besteht nicht.

5. Fehlende Kompetenz der betriebsverfassungsrechtlichen Organe

a) Kein politisches Mandat des Betriebsrats

Als weiterer Normzweck des § 74 Abs. 2 S. 3 BetrVG wird zum Teil[202] die Bindung der betriebsverfassungsrechtlichen Organe an die ihnen kraft Gesetz zugewiesenen Kompetenzen angeführt. Der entscheidende Gedanke, der hinter § 74 Abs. 2 S. 3 BetrVG stehe, sei, dass die betriebsverfassungsrechtlichen Organe sich mit einer politischen Betätigung außerhalb ihrer Amtsaufgabe bewegen würden. Der Aufgabenbereich des Betriebsrats werde im BetrVG klar umrissen. Es sei anerkannt, dass seine funktionelle Zuständigkeit auf die sachlichen Bereiche der ihm zuerkannten Mitwirkungsrechte beschränkt sei. Zu diesen zähle jedoch nicht das Handeln für die Belegschaft im parteipolitischen Raum. Als Organ einer Zwangsverfassung sei der Betriebsrat an die ihm durch die Zwangsverfassung zugewiesenen Kompetenzen

---

199 Hofmann, Das Verbot parteipolitischer Betätigung, S. 44; Rüttgers, Das Verbot parteipolitischer Betätigung, S. 20.

200 So auch Derleder, ArbuR 1988, 17 (24); vgl. auch Hofmann, Das Verbot parteipolitischer Betätigung, S. 44; Rüttgers, Das Verbot parteipolitischer Betätigung, S. 20.

201 Vgl. etwa BAG 12.06.1986 – 6 ABR 67/84, juris, Rn. 41; BAG 17.03.2010 – 07 ABR 95/08, juris, Rn. 24, 28, 37, 40. Diese Bezeichnung verwendet das Gericht, obwohl es zuvor ausdrücklich offen gelassen hat, ob eine enge Verbindung zwischen § 74 Abs. 2 S. 3 BetrVG und § 75 Abs. 1 BetrVG besteht (vgl. Fn. 173).

202 Buchner, ZfA 1982, 49 (61 f.); zust. Oetker, BlStSozArbR 1983, 321 (322); vgl. auch Bauer/Willemsen, NZA 2010, 1089 (1091).

gebunden. Da das BetrVG ein allgemeines politisches Mandat nicht vorsehe, bedeute jede parteipolitische Betätigung des Betriebsrats eine Mandatsanmaßung.

b) Stellungnahme

aa) Begrenzung der Zuständigkeit des Betriebsrats auf Angelegenheiten mit unmittelbarem betrieblichen Bezug

Die vorstehende Auffassung geht zunächst im Grundsatz zutreffend davon aus, dass das BetrVG ein allgemeines politisches Mandat des Betriebsrats nicht vorsieht. Das BetrVG regelt sehr klar, wann der Betriebsrat im Interesse der Belegschaft tätig werden darf. Zuständig ist der Betriebsrat in all jenen Angelegenheiten, in denen sein Aufgabenbereich eröffnet ist. Seine Hauptaufgabe besteht in der Wahrnehmung der Beteiligungsrechte in sozialen (§§ 87 ff., 112 ff. BetrVG), technisch-organisatorischen (§§ 90 f. BetrVG), personellen (§§ 92 ff. BetrVG) und wirtschaftlichen Angelegenheiten (§§ 106 ff. BetrVG). Allerdings ist der Aufgabenbereich des Betriebsrats nicht auf die Ausübung dieser Beteiligungsrechte beschränkt; er hat vielmehr gem. § 2 Abs. 1 BetrVG mit dem Arbeitgeber ganz allgemein vertrauensvoll zum Wohle der Arbeitnehmer und des Betriebs zusammenzuarbeiten und gem. § 75 Abs. 1 S. 1 BetrVG gemeinsam mit ihm darüber zu wachen, dass alle im Betrieb tätigen Personen nach den Grundsätzen von Recht und Billigkeit behandelt werden.[203] § 80 Abs. 1 Nr. 1 bis 9 BetrVG nennt – gleichsam als Generalklausel für den ganzen Bereich seiner Tätigkeit – die allgemeinen Aufgaben, die der Betriebsrat unabhängig davon zu erfüllen hat, ob ein besonders ausgebildetes Beteiligungsrecht besteht.[204] Schließlich weist das BetrVG dem Betriebsrat einige rein organisatorische Aufgaben zu, etwa bei der Vorbereitung der Betriebsratswahlen (§§ 16 Abs. 1 BetrVG) oder bei der Einberufung und Durchführung der Betriebs- und Abteilungsversammlungen (§§ 42, 43 BetrVG).

Sämtlichen hier genannten Aufgaben ist gemein, dass sie in einem unmittelbaren Zusammenhang zu dem konkreten Betrieb stehen, für den der Betriebsrat gewählt worden ist. Daraus ist zu schließen, dass sich die Zuständigkeit des Betriebsrats allein auf die Angelegenheiten beschränkt, die den Betrieb oder seine Arbeitnehmer unmittelbar betreffen.[205] Das bedeutet wiederum, dass der Betriebsrat keine Zuständigkeit für allgemeine politische Fragestellungen ohne unmittelbaren betrieblichen

---

203 Richardi in: Richardi, BetrVG, Vorbem. zum Vierten Teil Rn. 2; vgl. auch Annuß in: Richardi, BetrVG, § 45 Rn. 9.

204 Thüsing in: Richardi, BetrVG, § 80 Rn. 1.

205 Bauer/Willemsen, NZA 2010, 1089 (1091); Gamillscheg, Kollektives Arbeitsrecht II, S. 693; Picker, RdA 2001, 259 (271 ff.); Rieble, ZIP 2001, 133 (140 f.); Rieble/Wiebauer, ZfA 2010, 63 (113); Ulrici, jurisPR-ArbR 37/2010 Anm. 1, unter C II. 2. a; Walker, ZfA 2004, 501 (523); Wiebauer, BB 2010, 3091 (3092).

Bezug besitzt.[206] Die allgemeine Politik gehört, sofern sie losgelöst vom betrieblichen Geschehen ist, schlichtweg nicht zum Aufgabenbereich des Betriebsrats.

Aus dem Umstand, dass der Betriebsrat keine Zuständigkeit für die allgemeine Politik besitzt, darf allerdings nicht gefolgert werden, dass das betriebsverfassungsrechtliche Mandat völlig unpolitisch wäre. Die Politik kann von dem betrieblichen Geschehen und damit vom Tätigkeitsbereich des Betriebsrats nicht gänzlich ferngehalten werden. Dass dies auch der Gesetzgeber erkannt hat, wird beispielsweise in § 80 Abs. 1 BetrVG deutlich. Hier werden dem Betriebsrat bestimmte Aufgaben zugewiesen, die zum Teil auch eine klare politische Relevanz besitzen, etwa die Förderung der Vereinbarkeit von Familie und Erwerbstätigkeit (Nr. 2b), die Bekämpfung von Rassismus und Fremdenfeindlichkeit im Betrieb (Nr. 7), die Förderung und Sicherung der Beschäftigung im Betrieb (Nr. 8) oder die Förderung des betrieblichen Umweltschutzes (Nr. 9 i.V.m. § 89 Abs. 3 BetrVG). Dabei kann jedoch bereits dem Wortlaut entnommen werden, dass in diesen Fällen immer ein unmittelbarer Bezug zum konkreten Betrieb bestehen muss.[207] Dass der Betriebsrat auch darüber hinaus bestimmte politische Angelegenheiten ansprechen darf, soweit diese den Betrieb oder seine Arbeitnehmer unmittelbar betreffen, stellt im Übrigen die Vorschrift im 2. HS. des § 74 Abs. 2 S. 3 BetrVG klar.[208]

bb) Die Zuständigkeitsbegrenzung als Folge der Zwangsverfasstheit

Der Grund für die strenge Begrenzung der Zuständigkeit des Betriebsrats auf die unmittelbaren betrieblichen Belange ist in den dogmatischen Grundlagen des BetrVG, insbesondere in dessen Charakter als Zwangsordnung, zu suchen. Hauptanliegen des BetrVG ist – neben dem Arbeitnehmerschutz[209] – die Teilhabe der Arbeitnehmer des Betriebs an den Entscheidungen, die sie am Arbeitsplatz unmittelbar berühren.[210] Durch ein ausdifferenziertes System der Beteiligungsrechte soll ein Ausgleich der zwischen Arbeitnehmer und Arbeitgeber bestehenden strukturellen Ungleichheit[211]

206 So auch Bauer/Willemsen, NZA 2010, 1089 (1091); Kreutz in: GK-BetrVG, § 74 Rn. 122; Müller-Boruttau, NZA 1996, 1071 (1074); Picker, RdA 2001, 259 (274); Rieble, ZIP 2001, 133 (141 f.); Rieble/Wiebauer, ZfA 2010, 63 (113); Walker, ZfA 2004, 501 (523); Wiebauer, BB 2010, 3091 (3092); Wiese in: FS 50 Jahre BAG, 1125 (1142).

207 Fitting, BetrVG, § 74 Rn. 63a; Kreutz in: GK-BetrVG, § 74 Rn. 122; Löwisch/Kaiser, BetrVG, § 74 Rn. 31; Wiebauer, BB 2010, 3091 (3092).

208 Eingehend zu der Vorschrift des § 74 Abs. 2 S. 3 HS. 2 BetrVG siehe unten: § 6.

209 BAG 11.07.1972 – 1 ABR 2/72, E 24, 349 (353); BAG 26.01.1988 – 1 AZR 531/86, E 57, 242 (255); BAG 04.07.1989 – 1 ABR 40/88, E 62, 233 (239); Gamillscheg, Kollektives Arbeitsrecht II, S. 22 ff.; Wiese in: GK-BetrVG, Einl. Rn. 77.

210 BAG 17.10.1989 – 1 ABR 100/88, E 63, 169 (175); BAG 23.07.1996 – 1 ABR 17/96, juris, Rn. 24; BAG 28.05.2002 – 1 ABR 32/01, E 101, 216 (221); Gamillscheg, Kollektives Arbeitsrecht II, S. 30; Koch in: ErfK, BetrVG, § 1 Rn. 1; Wiese in: GK-BetrVG, Einl. Rn. 79.

211 Vgl. Gamillscheg, Kollektives Arbeitsrecht II, S. 22; Koch in: ErfK, BetrVG, § 1 Rn. 1; Preis in: W/P/K, BetrVG, § 1 Rn. 4. Die Mitbestimmungskommission spricht

erreicht werden. Dabei geht das BetrVG aus nachvollziehbaren organisatorischen Gründen den Weg einer Zwangsrepräsentation.[212] Nicht dem einzelnen Arbeitnehmer werden bei den ihn betreffenden Angelegenheiten Beteiligungsrechte gewährt, denn dies würde den Betrieb vor kaum überwindbare organisatorische Probleme stellen.[213] Der Arbeitgeber soll und kann sich nicht mit jedem einzelnen Arbeitnehmer gesondert auseinandersetzen. Stattdessen sieht das BetrVG eine kollektive Interessenvertretung durch den Betriebsrat vor. Dem Betriebsrat, der durch betriebsinterne Wahlen demokratisch legitimiert ist und der die Beteiligungsrechte im eigenen Namen und unabhängig von Weisungen der Arbeitnehmer ausübt[214], obliegt es, zwischen den unterschiedlichen Interessen der Arbeitnehmer einen Ausgleich zu finden und die als gemeinsam definierten Interessen gebündelt gegenüber dem Arbeitgeber durchzusetzen.[215] Ein eigenes Entscheidungsrecht des Arbeitnehmers ist dagegen im Wesentlichen bei der Wahl des Betriebsrats vorgesehen. Hier entscheidet er alle vier Jahre durch Ausübung seines Wahlrechts über die grundsätzliche Linie seiner betrieblichen Interessenvertretung.[216]

Dieses durch das BetrVG propagierte System der kollektiven Interessenvertretung hat den Charakter einer Zwangsordnung, denn nur wenn sichergestellt ist, dass der Betriebsrat als Repräsentant aller Arbeitnehmer des Betriebs tätig wird, ist eine effektive und für den Arbeitgeber zugleich akzeptable Beteiligung der Belegschaft an den sie betreffenden Angelegenheiten möglich. Der einzelne Arbeitnehmer ist der Betriebsverfassung demnach unterworfen, sobald er Mitglied der Belegschaft geworden ist; anders als im überbetrieblichen Bereich, wo er der Gewerkschaft fernbleiben kann, gibt es insoweit „kein Entrinnen“.[217] Auch ist die Ausübung von Mitwirkungs- und Mitbestimmungsrechten des Betriebsrats unabhängig davon, ob ein im Einzelfall betroffener Arbeitnehmer den Betriebsrat mitgewählt hat oder im Zeitpunkt der Betriebsratswahl dem Betrieb bereits angehörte.[218] Schließlich ist ein Verzicht auf die Repräsentation nicht möglich. Ist der Betriebsrat einmal eingerichtet, so handelt er auch für die Arbeitnehmer, die seinen Schutz gar nicht wünschen;

in diesem Zusammenhang Vom „Ausgleich Einseitiger Machtstellungen“, BT-Drucks. VI/334 S. 65.

212 Die h.L. ordnet den Betriebsrat zu Recht als Repräsentanten der Belegschaft ein, vgl. dazu Franzen in: GK-BetrVG, § 1 Rn. 65 f. m.w.N.

213 Wiese in: GK-BetrVG, Einl. Rn. 73; ders., NZA 2006, 1 (2).

214 Dies ist auch der Grund, weshalb der Betriebsrat in Anlehnung an das Staatsrecht als „Repräsentant“ der Belegschaft bezeichnet wird, vgl. dazu Franzen in: GK-BetrVG, § 1 Rn. 65 f.; Jawad, Die rechtliche Stellung des Betriebsrats, S. 21 f.

215 Koch in: ErfK, BetrVG, § 1 Rn. 1; Wiese in: GK-BetrVG, Einl. Rn. 73; ders., NZA 2006, 1 (2); vgl. auch Gamillscheg, Kollektives Arbeitsrecht II, S. 26 ff.

216 Wiebauer, BB 2010, 3091 (3092).

217 Gamillscheg, Kollektives Arbeitsrecht II, S. 150.

218 LAG Hamburg 04.06.1985 – Sa 17/85, AuR 1986, 220.

sie werden auch solchen Entscheidungen unterworfen, die sie nicht billigen und die von Leuten getroffen werden, die sie nicht gewählt haben.[219]

Die im BetrVG vorgesehene Zwangsrepräsentation dient folglich nicht nur dem Arbeitnehmerschutz, sie greift auch in einem erheblichen Maße in die Rechte des einzelnen Arbeitnehmers ein. Dieser Eingriff erlangt seine Rechtfertigung einzig und allein aus den oben genannten Erwägungen. Nur wenn und soweit es der Realisierung des konkreten Zwecks der Betriebsverfassung – also dem Schutz der Arbeitnehmer und deren Teilhabe an den Entscheidungen, die sie am Arbeitsplatz unmittelbar berühren – dient, ist es dem einzelnen Arbeitnehmer zumutbar, in das Korsett des BetrVG gezwängt zu werden. Geht es dagegen um Angelegenheiten ohne unmittelbaren betrieblichen Bezug, besteht kein Erfordernis für eine Zwangsrepräsentation. Außerhalb der betrieblichen Interessenwahrnehmung, insbesondere auf dem Feld der allgemeinen Politik, muss es den Arbeitnehmern unbenommen bleiben, ihre Angelegenheiten als Staatsbürger selbstständig wahrzunehmen. Wünschen sie hier eine kollektive Interessenvertretung, so können sie sich ohne weiteres freiwillig privatrechtlich zusammenschließen.

cc) Verfassungsrechtliche Notwendigkeit der Zuständigkeitsbegrenzung

Die Richtigkeit dieser Überlegungen wird bestätigt, wenn man einen Blick auf die Zwangszugehörigkeiten im öffentlichen Recht wirft.[220] Gerade hier ist die Thematik besonders aktuell, weil das öffentliche Recht im Bereich der Personalkörperschaften zahlreiche Zwangsmitgliedschaften kennt, etwa bei der verfassten Studierendenschaft (AstA) oder den berufsständischen Kammern. Nach der ständigen Rechtsprechung des BVerfG[221] und der Verwaltungsgerichte[222] ist eine solche Zwangsmitgliedschaft nur dann mit den Grundrechten der Betroffenen vereinbar, wenn der öffentlich-rechtlicher Zweckverband zur Erfüllung begrenzter legitimer (öffentlicher) Zwecke nach dem Verhältnismäßigkeitsprinzip gebildet wird und er darüber hinaus seinen gesetzlich festgelegten Aufgabenbereich einhält. Den im Zwangsverband zusammengeschlossenen Individuen steht nämlich ein verfassungsrechtliches Abwehrrecht aus Art. 2 Abs. 1 GG gegen staatlichen Organisationszwang zu.[223] Es bewahrt den Einzelnen nicht nur vor Mitgliedschaft in einem „unnötigen" Verband, sondern auch davor, dass ein legitimer Zwangsverband Angelegenheiten

---

219 Gamillscheg, Kollektives Arbeitsrecht II, S. 151.

220 Vgl. dazu auch Oetker, BlStSozArbR 1983, 321 (322); Picker, RdA 2001, 259 (274); Plander, ArbuR 1993, 161 (166); Rieble, ZIP 2001, 133 (140 f.).

221 BVerfG 29.07.1959 – 1 BvR 394/58, juris, Rn. 48; BVerfG 07.12.2001 – 1 BvR 1806/98, juris, Rn. 35 ff., 51; BVerfG 13.12.2006 – 1 BvR 2084/05, juris, Rn. 32.

222 BVerwG 26.09.1969 – VII C 65.68, E 34, 69 (74); BVerwG 19.09.2000 – 1 C 29/99, juris, Rn. 11; BVerwG 23.06.2010 – 8 C 20/09, juris, Rn. 21 f.; OVG Berlin 25.05.1998 – 8 SN 24.98, juris, Rn. 11; HessVGH 05.02.2009 – 8 A 1559/07, juris, Rn. 52.

223 BVerwG 13.12.1979 – 7 C 58/78, juris, Rn. 19; OVG Berlin 25.05.1998 – 8 SN 24.98, juris, Rn. 12.

außerhalb des gesetzlich festgelegten Verbandszwecks wahrnimmt.[224] Daraus folgt, dass die verfasste Studierendenschaft kein allgemeinpolitisches Mandat für sich in Anspruch nehmen darf. Äußert sie sich zu allgemeinpolitischen Themen, die mit der Hochschulpolitik nicht in Verbindung stehen, kann der einzelne zwangsweise zugehörige Studierende auf Unterlassung klagen.[225] Das Gleiche gilt für die Kammerzugehörigen hinsichtlich der IHK.[226]

Diese Grundsätze lassen sich im Kern auf die Zwangsrepräsentation der Belegschaft durch den Betriebsrat übertragen. Zwar ist der Betriebsrat kein öffentlichrechtlicher Zweckverband und das BetrVG nach heute ganz herrschender Meinung[227] privatrechtlicher Natur. Entscheidend ist allerdings, dass es sich um ein staatlich geschaffenes Repräsentationsorgan handelt, welches kraft Gesetz im Betrieb zwangsweise zur Wahrnehmung der Belegschaftsinteressen berufen ist. Ein allgemeines politisches Mandat des Betriebsrats würde die einzelnen Arbeitnehmer demnach in ihrem Grundrecht aus Art. 2 Abs. 1 GG verletzen, weil der staatliche Organisationszwang in diesem Fall nicht mehr vom legitimen Zweck der Betriebsverfassung gedeckt wäre. Auch und gerade aus verfassungsrechtlicher Sicht ist es also konsequent, wenn das BetrVG die Zuständigkeit des Betriebsrats auf Angelegenheiten mit unmittelbarem Betriebsbezug beschränkt.

dd) § 74 Abs. 2 S. 3 BetrVG als Regelung über die Art und Weise der Kompetenzausübung

Wenn es also im Grundsatz zutrifft, dass der Betriebsrat kein allgemeines politisches Mandat für sich in Anspruch nehmen kann, so ist es dennoch nicht richtig, die Vorschrift des § 74 Abs. 2 S. 3 BetrVG als Ausdruck dieser begrenzten Zuständigkeit anzusehen. Dass der Betriebsrat keine Zuständigkeit für den Bereich der allgemeinen Politik besitzt, folgt bereits aus dem Umstand, dass es an einer diesbezüglichen expliziten Aufgabenzuweisung im BetrVG fehlt.[228] Einer ausdrücklichen Verbotsnorm in § 74 Abs. 2 S. 3 BetrVG hätte es insoweit nicht bedurft.[229] Überhaupt verkennt eine solche Sichtweise, dass das BetrVG im vierten Teil (§§ 74–113) zwischen Kompetenzzuweisungen auf der einen Seite, und der Frage, auf welche Art

224 BVerwG 13.12.1979 – 7 C 58/78, juris, Rn. 19; BVerwG 24.09.1981 – 5 C 53/79, juris, Rn. 11; BVerwG 19.09.2000 – 1 C 29/99, juris, Rn. 11; OVG Berlin 25.05.1998 – 8 SN 24.98, juris, Rn. 12; HessVGH 05.02.2009 – 8 A 1559/07, juris, Rn. 52.

225 OVG Berlin 25.05.1998 – 8 SN 24.98, juris, Rn. 12 ff.; HessVGH 25.07.2002 – 8 TG 228/02, VR 2003, 173; VG Hannover 05.05.2006 – 6 B 2834/06, juris, Rn. 16 ff.

226 BVerwG 19.09.2000 – 1 C 29/99, juris, Rn. 11; HessVGH 05.02.2009 – 8 A 1559/07, juris, Rn. 52.

227 Fitting, BetrVG, § 1 Rn. 262; v. Hoyningen-Huene in: MüArbR II, § 210 Rn. 16; Lobinger, RdA 2011, 76 f.; Richardi in: Richardi, BetrVG, Einl. Rn. 130 ff.; Wiese in: GK-BetrVG, Einl. Rn. 88 ff.

228 Siehe oben: § 2 III 5 b aa.

229 Hofmann, Das Verbot parteipolitischer Betätigung, S. 49.

und Weise diese Kompetenzen durchgesetzt werden dürfen auf der anderen Seite, unterscheidet.[230] Der Aufgabenbereich des Betriebsrats ist in den §§ 87–113 BetrVG (Wahrnehmung der Beteiligungsrechte) und in § 80 BetrVG (allgemeinen Aufgaben) geregelt.[231] Die Vorschrift des § 74 BetrVG enthält dagegen keine Aufgabenzuweisung. Sie bestimmt vielmehr – wie bereits der amtlichen Überschrift zu entnehmen ist – „Grundsätze der Zusammenarbeit" von Arbeitgeber und Betriebsrat. Die Norm ist Teil des Regelungskomplexes der §§ 74–79 BetrVG, der vorgibt, auf welche Art und Weise der Betriebsrat seine Beteiligungsrechte zu verwirklichen hat.[232] Dabei handelt es sich um allgemeine Verfahrensgrundsätze[233], die bestimmen, wie sich das Gesetz die Zusammenarbeit zwischen Betriebsrat und Arbeitgeber bei der Ausübung der Beteiligungsrechte vorstellt. Während sich die Betriebspartner gem. § 74 Abs. 1 BetrVG mindesten einmal im Monat besprechen (S. 1) und dabei mit dem ernstlichen Willen zur Einigung verhandeln sollen (S. 2), verbietet es § 74 Abs. 2 BetrVG den Betriebspartnern Maßnahmen des Arbeitskampfes zu ergreifen (S. 1), den Betriebsfrieden zu beeinträchtigen (S. 2) oder sich parteipolitisch zu betätigen (S. 3).

§ 74 Abs. 2 S. 3 BetrVG ist demnach keine Zuständigkeitsnorm, sondern betrifft allein das „Wie" der Betätigung betriebsverfassungsrechtlicher Organe.[234] Es erscheint damit richtig, das Verbot parteipolitischer Betätigung losgelöst von etwaigen Zuständigkeiten des Betriebsrats zu betrachten. Ein Verstoß gegen § 74 Abs. 2 S. 3 BetrVG ist deshalb ohne Weiteres auch dann möglich, wenn sich der Betriebsrat bei Gelegenheit seiner Aufgabenwahrnehmung parteipolitisch betätigt[235], etwa, wenn ein Betriebsratsmitglied während der Sprechstunde (§ 39 BetrVG) ein T-Shirt trägt, auf dem gut sichtbar Name und Logo einer politischen Partei aufgedruckt sind. Erscheint nun ein Arbeitnehmer und teilt dem Betriebsrat eine gegenwärtige Verletzung von Unfallverhütungsvorschriften im Betrieb mit (§§ 80 Abs. 1 Nr. 1, 89 Abs. 1 S. 1 BetrVG), so ließe sich nur schwerlich behaupten, der Betriebsrat habe während der Sprechstunde seinen Zuständigkeitsbereich verlassen. Damit wird deutlich, dass das Verbot parteipolitischer Betätigung nicht sicherstellen möchte, dass der Betriebsrat seinen gesetzlichen Zuständigkeitsbereich einhält. Es geht vielmehr um die Art und Weise, wie er die ihm zugewiesenen Kompetenzen wahrnimmt. Das

---

230 So zutreffend Hofmann, Das Verbot parteipolitischer Betätigung, 49 f.

231 Darüber hinaus hat der Betriebsrat auch verschiedene rein organisatorische Aufgaben, die jedoch aus systematischen Gründen nicht im vierten Teil geregelt sind (Vgl. z.B. § 16 Abs. 1 BetrVG oder §§ 42,43 BetrVG).

232 Hofmann, Das Verbot parteipolitischer Betätigung, S. 50; Richardi in: Richardi, BetrVG, § 74 Vorbem. Rn. 1.

233 Hofmann, Das Verbot parteipolitischer Betätigung, S. 50 f.

234 Hanau, BB 1971, 485 (488); Hofmann, Das Verbot parteipolitischer Betätigung, S. 50 f.; gegen eine Einordnung des § 74 Abs. 2 S. 3 BetrVG als Zuständigkeitsnorm auch Husemann, Das Verbot der parteipolitischen Betätigung, S. 210.

235 Hofmann, Das Verbot parteipolitischer Betätigung, S. 50; Wiebauer, BB 2010, 3091 (3093).

bedeutet allerdings nicht, dass eine parteipolitische Betätigung nicht auch mit einer gleichzeitig begangenen Kompetenzüberschreitung einhergehen kann.

Im Ergebnis ist damit festzuhalten, dass § 74 Abs. 2 S. 3 BetrVG nicht den Zweck verfolgt, die betriebsverfassungsrechtlichen Organe an die ihnen zugewiesenen Kompetenzen zu binden.

6. Wahrung der Chancengleichheit der politischen Parteien

Vereinzelt[236] wird die Auffassung vertreten, das Verbot parteipolitischer Betätigung im Betrieb bezwecke auch die Wahrung der Chancengleichheit der politischen Parteien. Ein solcher Verbotszweck lässt sich allerdings gesetzessystematisch kaum begründen. Zudem spricht auch die Entstehungsgeschichte des § 74 Abs. 2 S. 3 BetrVG dagegen, die Wahrung der Chancengleichheit der politischen Parteien als eigenständigen Normzweck anzuerkennen. In der historischen Entwicklung des Verbots ging es stets darum, den Betrieb vor einer Vereinnahmung durch den parteipolitischen Meinungskampf zu schützen. Die Parteien wurden demnach stets als Quelle möglicher Störungen im Betrieb gesehen; um ihren Schutz ging es zu keinem Zeitpunkt. Im Übrigen erscheinen die politischen Parteien auch wenig schutzwürdig. Denn wäre eine parteipolitische Betätigung der Betriebspartner im Betrieb generell gestattet, so wäre auch die Ausgangslage für alle politischen Parteien innerhalb des Betriebes grundsätzlich dieselbe. Die Wahrung der Chancengleichheit der politischen Parteien kann deshalb nicht als eigenständiger Verbotszweck des § 74 Abs. 2 S. 3 BetrVG angesehen werden.

7. Zusammenfassung

Im Ergebnis ist festzuhalten, dass der Verbotszweck des § 74 Abs. 2 S. 3 BetrVG in erster Linie in der Wahrung des Betriebsfriedens und des Arbeitsablaufs liegt. Darüber hinaus möchte § 74 Abs. 2 S. 3 BetrVG auch die staatsbürgerliche Meinungs- und Wahlfreiheit der Arbeitnehmer im Betrieb schützen. Weitere Verbotszwecke wie der Schutz des betriebsverfassungsrechtlichen Gleichbehandlungsgrundsatzes, die Bindung der betriebsverfassungsrechtlichen Organe an die ihnen zugewiesenen Kompetenzen oder die Chancengleichheit der politischen Parteien bestehen nach der hier vertretenen Auffassung dagegen nicht.

236 Gamillscheg, Kollektives Arbeitsrecht II, S. 707.

§ 3 Verhältnis des § 74 Abs. 2 S. 3 BetrVG zu dem Grundrecht der Meinungsfreiheit aus Art. 5 Abs. 1 S. 1 GG

I. Vorüberlegung: Spannungsverhältnis zwischen § 74 Abs. 2 S. 3 BetrVG und Art. 5 Abs. 1 S. 1 GG

Dass dem Grundrecht der Meinungsfreiheit aus Art. 5 Abs. 1 S. 1 GG bei der Auslegung des § 74 Abs. 2 S. 3 BetrVG eine große Bedeutung zukommt, ist bereits im vorhergehenden Kapitel dieser Arbeit deutlich geworden. So wurde herausgearbeitet, dass das Verbot parteipolitischer Betätigung auch den Zweck verfolgt, die Meinungsfreiheit der Arbeitnehmer im Betrieb zu schützen. Im Folgenden soll jedoch das Verhältnis zwischen § 74 Abs. 2 S. 3 BetrVG und Art. 5 Abs. 1 S. 1 GG noch aus einem anderen Blickwinkel heraus durchleuchtet werden, nämlich aus dem der Grundrechtsbeschränkung. Wenn man bedenkt, dass parteipolitische Betätigungen stets mit der ausdrücklichen oder stillschweigenden Kundgabe einer bestimmten (politischen) Meinung verbunden sind und das BetrVG in § 74 Abs. 2 S. 3 Arbeitgeber und Betriebsrat solche parteipolitischen Betätigungen im Betrieb untersagt, so scheint auf den ersten Blick die Schlussfolgerung zwingend, dass das Verbot eine Beschränkung der grundrechtlich geschützten Meinungsfreiheit der Betriebspartner darstellt. In diesem Fall bedarf es keines Rückgriffs auf die Konstruktion der mittelbaren Drittwirkung der Grundrechte. Zwar bleibt es dabei, dass das BetrVG ein privatrechtliches Gesetz ist und die Grundrechte im Verhältnis zwischen Privaten nur mittelbare Wirkung entfalten.[237] Geht es allerdings um staatliche Eingriffe, etwa in Form einer zwingenden Verbotsnorm, so kommt den Grundrechten auch im Privatrecht ihre klassische Abwehrfunktion zu. Auch der privatrechtliche Gesetzgeber ist – als Teil der staatlichen Gewalt – über Art. 1 Abs. 3 GG unmittelbar an die Grundrechte gebunden.[238] Greift also der Staat durch ein Gesetz in Grundrechte des betroffenen Adressatenkreises ein, so stellt sich die Frage, ob dieser Grundrechtseingriff verfassungsrechtlich gerechtfertigt ist und welche Auswirkungen die Grundrechtsbeschränkung auf die Auslegung des Gesetzes hat. Die privatrechtliche

237 Siehe dazu oben, § 2 III 3 c aa.

238 Clodius, Die Bedeutung der Grundrechte im Betriebsverfassungsgesetz, S. 15; Herdegen in: Maunz/Dürig, GG, Art 1 Abs. 3 Rn. 60 f.; Schmidt in: ErfK, GG, Einl. Rn. 10 f. Auch das BVerfG prüft zivilrechtliche Gesetze unmittelbar am Maßstab der Grundrechte, vgl. etwa BVerfG 01.03.1979 – 1 BvR 532/77, E 50, 290; BVerfG 16.11.1982 – 1 BvL 16/75, E 62, 256; BVerfG 30.05.1990 – 1 BvL 2/83, E 82, 126.

Verbotsnorm des § 74 Abs. 2 S. 3 BetrVG ist insoweit unmittelbar am Maßstab des Art. 5 Abs. 1 S. 1 GG zu überprüfen.[239]

Bei genauerem Hinsehen erweist sich die verfassungsrechtliche Ausgangslage allerdings als nicht so eindeutig, wie sie auf dem ersten Blick erscheint. Ein Eingriff in Art. 5 Abs. 1 S. 1 GG setzt nämlich voraus, dass sich die Adressaten des § 74 Abs. 2 S. 3 BetrVG auch auf den Schutz dieses Grundrechts berufen können. Mag die Grundrechtsberechtigung des Arbeitgebers noch ohne Weiteres zu bejahen sein, so stellt sich die Situation beim Betriebsrat völlig anders dar. Es ist umstritten, ob der Betriebsrat überhaupt die Fähigkeit besitzt, Träger von Grundrechten zu sein, sodass hier zunächst geklärt werden muss, ob und gegebenenfalls inwieweit der Betriebsrat und seine Mitglieder den Schutz des Art. 5 Abs. 1 S. 1 GG für sich in Anspruch nehmen können.

Das auf diese Weise verstandene Spannungsverhältnis zwischen § 74 Abs. 2 S. 3 BetrVG und Art. 5 Abs. 1 S. 1 GG soll im Folgenden einer genauen Untersuchung unterzogen werden.

II. Das Grundrecht der Meinungsfreiheit aus Art. 5 Abs. 1 S. 1 GG

1. Bedeutung und sachlicher Schutzbereich

Das Grundrecht der Meinungsfreiheit gilt als unmittelbarster Ausdruck der menschlichen Persönlichkeit und als eines der vornehmsten Menschenrechte überhaupt.[240] Das BVerfG betont, dass das Grundrecht „für eine freiheitlich-demokratische Staatsordnung schlechthin konstituierend" sei, denn es ermögliche erst die „ständige geistige Auseinandersetzung, den Kampf der Meinungen", als Lebenselement dieser Staatsform.[241] Der Demokratiebezug der Meinungsfreiheit folgt daraus, dass häufig auch politische Themen behandelt werden, was für den Informationsstand, die Meinungs- und Willensbildung der Bürger in einer Demokratie unerlässlich ist.[242]

---

239 Dies wird teilweise verkannt, vgl. etwa Hofmann, Das Verbot parteipolitischer Betätigung, S. 126, der bei der Überprüfung des Verhältnisses von § 74 Abs. 2 S. 3 BetrVG zu Art. 5 Abs. 1 S. 1 GG unnötigerweise auf die Rechtsfigur der mittelbaren Drittwirkung der Grundrechte zurückgreift.

240 BVerfG 15.01.1958 – 1 BvR 400/51, juris, Rn. 32; BVerfG 14.05.1985 – 1 BvR 233/81, juris, Rn. 63; Bethge in: Sachs, GG, Art. 5 Rn. 22; Jarass in: Jarass/Pieroth, GG, Art. 5 Rn. 3.

241 BVerfG 15.01.1958 – 1 BvR 400/51, juris, Rn. 32; BVerfG 14.05.1985 – 1 BvR 233/81, juris, Rn. 63; vgl. dazu auch BVerfG 11.05.1976 – 1 BvR 163/72, juris, Rn. 17; BVerfG 12.12.2000 – 1 BvR 1762/95, juris, Rn. 53; Bethge in: Sachs, GG, Art 5 Rn. 22; Jarass in: Jarass/Pieroth, GG, Art. 5 Rn. 3.

242 F. Schneider, Pressefreiheit, passim., hier zit. nach Starck in: v. Mangoldt/Klein/Starck, GG, Art. 5 Abs. 1, 2 Rn. 2.

Eine Kernbedeutung der Meinungsfreiheit liegt demnach darin, dass sie eine unabdingbare Voraussetzung für einen freien und offenen politischen Prozess bildet.[243]

Dem Wortlaut nach gewährleistet Art. 5 Abs. 1 S. 1 GG das Recht, seine Meinung in Wort, Schrift und Bild frei zu äußern und zu verbreiten. Dabei ist tragendes Merkmal der Meinung ihre Subjektivität.[244] Umfasst sind damit in erster Linie Werturteile, und zwar unabhängig davon, auf welchen Gegenstand sie sich beziehen und welchen Inhalt sie haben.[245] Weder kommt es auf den Wert, die Richtigkeit oder gar die Vernünftigkeit der Äußerung an[246], noch ist von Bedeutung, ob mit der Meinung öffentliche, insbesondere politische, oder rein private Zwecke verfolgt werden[247]. Gerade in Bezug auf die Streitkultur im politischen Meinungskampf hat das BVerfG festgestellt, dass auch abwertende, polemische oder übersteigerte Äußerungen vom grundrechtlich geschützten Meinungsbegriff umfasst sind.[248] Dasselbe gilt für Äußerungen, welche darauf abzielen, die grundgesetzliche Ordnung zu beseitigen.[249] Neben reinen Werturteilen sieht das BVerfG auch Tatsachenbehauptungen als geschützt an, sofern sie Voraussetzung für die Bildung von Meinungen sind.[250] Ausgenommen sind lediglich bewusst unwahre Tatsachenbehauptungen und solche, deren Unwahrheit bereits im Zeitpunkt der Äußerung unzweifelhaft feststeht.[251]

Art. 5 Abs. 1 S. 1 GG schützt grundsätzlich jede Form der Kundgabe der Meinung an die Mitmenschen; bei den in Art. 5 Abs. 1 S. 1 GG ausdrücklich genannten Kundgabemodalitäten des Äußerns und Verbreitens in Wort, Schrift und Bild handelt

243 BVerfG 19.07.1966 – 2 BvF 1/65, juris Rn. 115 ff.; BVerfG 11.05.1976 – 1 BvR 163/72, juris, Rn. 21.

244 Schmidt in: ErfK, GG, Art. 5 Rn. 5; Starck in: v. Mangoldt/Klein/Starck, GG, Art. 5 Abs. 1, 2 Rn. 22.

245 Pieroth/Schlink/Kingreen/Poscher, GR, Rn. 594; Starck in: v. Mangoldt/Klein/Starck, GG, Art. 5 Abs. 1, 2 Rn. 22.

246 BVerfG 14.03.1972 – 2 BvR 41/71, juris, Rn. 34 f.; BVerfG 22.06.1982 – 1 BvR 1376/79, juris, Rn. 15; Bethge in: Sachs, GG Art. 5 Rn. 25; Schmidt in: ErfK, GG, Art. 5 Rn. 5.

247 Jarass in: Jarass/Pieroth, GG, Art. 5 Rn. 5; Starck in: v. Mangoldt/Klein/Starck, GG, Art. 5 Abs. 1, 2 Rn. 22; Wendt in: v. Münch/Kunig, GG, Art. 5 Rn. 8.

248 BVerfG 22.06.1982 – 1 BvR 1376/79, juris, Rn. 13; BVerfG 09.10.1991 – 1 BvR 1555/88, juris, Rn. 44; BVerfG 13.04.1994 – 1 BvR 23/94, juris Rn. 26; BVerfG 10.10.1995 – 1 BvR 1476/91, juris, Rn. 108.

249 Z. B. nationalsozialistisches Gedankengut: BVerfG 04.11.2009 – 1 BvR 2150/08, juris, Rn. 49 f.

250 BVerfG 22.06.1982 – 1 BvR 1376/79, juris, Rn. 15; BVerfG 13.04.1994 – 1 BvR 23/94, juris, Rn. 27; BVerfG 24.03.1998 – 1 BvR 131/96, juris, Rn. 26; vgl. auch Grabenwarter in: Maunz/Dürig, GG, Art. 5 Rn. 48; Starck, in v. Mangoldt/Klein/Starck, GG, Art. 5 Abs. 1, 2 Rn. 26.

251 BVerfG 22.06.1982 – 1 BvR 1376/79, juris, Rn. 15; BVerfG 10.11.1998 – 1 BvR 1531/96, juris, Rn. 52; Bethge in: Sachs, GG, Art. 5 Rn. 28.

es sich nach allgemeiner Auffassung nur um beispielhafte Aufzählungen.[252] Eine Ausnahme bilden allein die Fälle, in denen eine Meinung durch Einsatz von Druck und Gewalt aufgezwungen werden soll.[253] Schließlich ist mit der Meinungskundgabe auch die Wahl ihres Ortes und ihrer Zeit geschützt.[254]

Es bleibt festzuhalten, dass die durch § 74 Abs. 2 S. 3 BetrVG untersagte parteipolitische Betätigung im Betrieb als Ausdruck des geistigen Kampfs der Meinungen grundsätzlich in jeder denkbaren Form und unabhängig von ihrem Inhalt durch Art. 5 Abs. 1 S. 1 GG geschützt ist. Eine Ausnahme bilden lediglich bewusst unwahre Tatsachenbehauptung und solche, deren Unwahrheit bereits im Zeitpunkt der Äußerung unzweifelhaft feststeht sowie ferner die Ausübung von Druck oder Gewalt bei der Meinungskundgabe.

2. Meinungsfreiheit des Arbeitgebers

Dem Wortlaut nach schützt Art. 5 Abs. 1 S. 1 GG nicht nur alle Deutschen i.S.v. Art. 116 GG, sondern jedermann. Handelt es sich bei dem Arbeitgeber um eine natürliche Person, so ist er unmittelbar vom persönlichen Schutzbereich des Art. 5 Abs. 1 S. 1 GG umfasst. Handelt es sich dagegen um eine juristische Person (etwa eine AG oder eine GmbH), so ergibt sich die Grundrechtsberechtigung über eine Anwendung des Art. 19 Abs. 3 GG. Die Meinungsfreiheit gehört nach allgemeiner Auffassung zu den Grundrechten, die im Sinne von Art. 19 Abs. 3 GG dem Wesen nach auch auf juristische Personen anwendbar sind.[255] Dasselbe gilt für den Fall, dass der Arbeitgeber eine teilrechtsfähige Personengesellschaft ist. Es entspricht der ganz herrschenden Meinung, dass sowohl die GbR als auch die OHG und die KG über Art. 19 Abs. 3 GG Träger von Grundrechten sein können.[256]

---

252 Bethge in: Sachs, GG, Art. 5 Rn. 44; Degenhart in: BK, Art. 5 Abs. 1 und 2 Rn. 142; Grabenwarter in: Maunz/Dürig, GG, Art. 5 Rn. 91; Jarass in: Jarass/Pieroth, GG, Art. 5 Rn. 12; Pieroth/Schlink/Kingreen/Poscher, GR, Rn. 600; Schmidt in: ErfK, GG, Art. 5 Rn. 9.

253 Bethge in: Sachs, GG, Art. 5 Rn. 34 ff.; Starck in: v. Mangoldt/Klein/Starck, GG, Art. 1 Abs. 1, 2 Rn. 33.

254 BVerfG 10.10.1995 – 1 BvR 1476/91, juris, Rn. 108; Jarass in: Jarass/Pieroth, GG, Art. 5 Rn. 9.

255 BVerfG 06.11.1968 – 1 BvR 501/62, E 24, 278 (282); BVerfG 24.05.2005 – 1 BvR 1072/01, juris, Rn. 47; Bethge in: Sachs, GG, Art. 5 Rn. 24; Grabenwarter in: Maunz/Dürig, Art. 5 Rn. 33; Jarass in: Jarass/Pieroth, GG, Art. 5 Rn. 14; Schaub, RdA 1979, 137 (138); Starck in: v. Mangoldt/Klein/Starck, Art. 5 Abs. 1, 2 Rn. 181.

256 Zur GbR: BVerfG 02.09.2002 – 1 BvR 1103/02, juris, Rn. 6; zur OHG bzw. KG: BVerfG 20.07.1954 – 1 BvR 459/52, juris, Rn. 15 f.; BVerfG 03.12.1997 – 2 BvR 882/97, E 97, 67 (76); BVerfG 30.07.2008 – 1 BvR 3262/07, E 121, 317, 370; vgl. auch Huber in: v. Mangoldt/Klein/Starck, GG, Art. 19 Abs. 3 Rn. 241; Jarass in: Jarass/Pierot, GG, Art. 19 Rn. 20; Sachs in: Sachs, GG, Art. 19 Rn. 64.

3. Meinungsfreiheit des Betriebsrats als Organ

a) Keine treuhänderische Wahrnehmung der Arbeitnehmergrundrechte

Während sich der Arbeitgeber ohne Weiteres auf den Schutz des Art. 5 Abs. 1 S. 1 GG berufen kann, stellt sich die Situation beim Betriebsrats als weitaus problematischer dar. Klar dürfte zunächst sein, dass der Betriebsrat jedenfalls nicht dazu befugt ist, die Grundrechte der Belegschaftsangehörigen im Sinne einer Stellvertretung „gleichsam gesammelt" wahrzunehmen.[257] Eine solche Sichtweise liefe faktisch auf eine Grundrechtsübertragung hinaus, die wohl kaum vom betriebsverfassungsrechtlichen Mandat gedeckt und überdies mit der Rechtsnatur der Grundrechte unvereinbar wäre. Grundrechte sind höchstpersönliche Freiheiten, die weder zur eigenen noch zur stellvertretenden Wahrnehmung an Dritte übertragen werden können.[258] Der Gedanke einer „Grundrechtsrepräsentation" verbietet sich daher im Grundsatz.[259] Dass eine gesammelte Wahrnehmung der Meinungsfreiheit aller Arbeitnehmer des Betriebs darüber hinaus auch völlig lebensfremd ist, wird deutlich, wenn man sich die häufig unüberschaubare Meinungsvielfalt im Betrieb vor Augen führt. Eine einheitliche „Kollektivmeinung"[260] der Belegschaft gibt es in aller Regel nicht. Im Ausgangspunkt besteht deshalb Einigkeit darüber, dass der Betriebsrat sich nur dann auf das Grundrecht der Meinungsfreiheit berufen kann, wenn er selbst Grundrechtsträger ist.

b) Grundrechtsfähigkeit des Betriebsrats

aa) Herrschende Lehre

Die Einbeziehung des Betriebsrats in den persönlichen Schutzbereich des Art. 5 Abs. 1 S. 1 GG setzt voraus, dass dieser als Organ überhaupt die Fähigkeit besitzt, Träger von Grundrechten zu sein. Diese Frage ist äußerst umstritten und wird überwiegend unter dem Stichwort der „Grundrechtsfähigkeit des Betriebsrats" behandelt; gleichbedeutend sind die Begriffe der „Grundrechtsberechtigung" oder

257 Für den Personalrat BVerfG 26.05.1970 – 2 BvR 311/67, juris, Rn. 29 ff.; zust. Bruder, Die Weitergabe von Insiderinformationen, S. 87; Wiese in: FS 50 Jahre BAG, 1125 (1126).

258 BVerfG 22.05.1963 – 1 BvR 78/56, juris, Rn. 44; Pieroth/Schlink/Kingreen/Poscher, GR, Rn. 120; Ridder, Die soziale Ordnung des Grundgesetzes, S. 69; generell gegen eine „Grundrechtstreuhand" durch die juristische Person: Mutius in: BK, Art. 19 Abs. 3 Rn. 32; Stern, StaatsR III/1, S. 1159 f.

259 Bethge, Die Grundrechtsberechtigung juristischer Personen, S. 96 f.; Klein, DVBl. 1981, 661 (667); Ridder, Die soziale Ordnung des Grundgesetzes, S. 69. Eine Grundrechtstreuhand hat das BVerfG nur ausnahmsweise für das elterliche Erziehungsrecht aus Art. 6 Abs. 2 S. 1 GG angenommen, vgl. BVerfG 09.02.1982 – 1 BvR 845/79, E 59, 360 (376 f.).

260 Rieble/Wiebauer, ZfA 2010, 63 (106).

der „Grundrechtsträgerschaft".[261] Ausgangspunkt ist dabei die Regelung des Art. 19 Abs. 3 GG, wonach die Grundrechte auch für inländische juristische Personen gelten, soweit sie ihrem Wesen nach auf diese anwendbar sind. Der Betriebsrat besitzt demnach dann die Fähigkeit, Träger von Grundrechten zu sein, wenn es sich bei ihm um eine juristische Person i.S.v. Art. 19 Abs. 3 GG handelt. Während bislang weder das BVerfG[262] noch das BAG[263] zu der Frage der Grundrechtsfähigkeit des Betriebsrats Stellung genommen haben, geht die wohl herrschende Lehre[264] davon aus, dass dem Betriebsrat als juristische Person über Art. 19 Abs. 3 GG im Rahmen seines gesetzlich festgelegten Zuständigkeitsbereichs Grundrechte zustehen können, soweit diese ihrem Wesen nach auf ihn anwendbar sind („partielle" bzw. „beschränkte" Grundrechtsfähigkeit). Zur Begründung wird im Wesentlichen auf die Teilrechtsfähigkeit und auf die organisatorische Verselbstständigung des Betriebsrats verwiesen. Es sei anerkannt, dass der Begriff der juristischen Person in Art. 19 Abs. 3 GG keine Vollrechtsfähigkeit im privatrechtlichen Sinne voraussetze. Stattdessen könne sich jeder von der Rechtsordnung anerkannte und rechtlich verselbstständigte Zusammenschluss von Personen auf Grundrechte berufen, sofern und soweit er von der Rechtsordnung als Zuordnungsobjekt für eigene Rechte und Pflichten konstituiert sei.[265] Der Betriebsrat erfülle diese Kriterien, da ihm im BetrVG eigene Rechte und Pflichten zugewiesen seien, welche er aufgrund seiner Beteiligtenfähigkeit im arbeitsgerichtlichen Beschlussverfahren (§ 10 ArbGG) auch gerichtlich durchsetzen könne.[266] Zudem sei der Betriebsrat nach seiner gesetzlichen Konzeption eine verselbstständigte Organisationseinheit, die die Fähigkeit besitze,

261 Zu diesen Begriffen Pieroth/Schlink/Kingreen/Poscher, GR, Rn. 118.

262 Offen gelassen in: BVerfG 22.08.1994 – 1 BvR 1767/91, juris, Rn. 4 ff. Auch die Grundrechtsfähigkeit des Personalrats hat das BVerfG offen gelassen. Es hat jedoch festgestellt, dass sich der Personalrat jedenfalls nicht auf Art. 9 Abs. 3 GG berufen kann, vgl. BVerfG 26.05.1970 – 2 BvR 311/67, E 28, 314 (323 f.).

263 Offen gelassen in: BAG 17.03.2010 – 7 ABR 95/08, juris, Rn. 39.

264 Clodius, Die Bedeutung der Grundrechte im Betriebsverfassungsgesetz, S. 103 ff.; Dütz, der Grundrechtsschutz von Betriebsräten, S. 30 ff.; Ellenbeck, die Grundrechtsfähigkeit des Betriebsrats, S. 31 ff. und 105 ff.; Gamillscheg, Kollektives Arbeitsrecht II, S. 106; Herschel, ZfA 1984, 65 (66); Hitzfeld, Geheimnisschutz im Betriebsverfassungsrecht, S. 39 ff.; v. Hoyningen-Huene in: MüArbR II, § 212 Rn. 15; Ladeur in: Wassermann, AK-GG, Art. 19 Abs. 3 Rn. 31; Müller-Boruttau, NZA 1996, 1071 (1072, Fn. 4); Richardi in: Richardi, BetrVG, Einl. Rn. 116 f.; Scherer, Vereinbarte Mitbestimmung, S. 109 ff.; Schmidt in: ErfK, GG, Art. 5 Rn. 40; Schwipper, Öffentliche Meinungsäußerungen des Betriebsrats, S. 34 ff.; Wiese in: FS 50 Jahre BAG, 1125 (1126 ff.); ders. in: GK-BetrVG, Einl. Rn. 70.

265 Dürig in: Maunz/Dürig, GG (1977), Art. 19 Abs. 3, Rn. 8, 29; unter Berufung auf diesen: Richardi in: Richardi, BetrVG, Einl. Rn. 116; Wiese in: FS 50 Jahre BAG, 1125 (1127); ders. in GK-BetrVG, Einl. Rn. 70.

266 Vgl. etwa Wiese in: FS 50 Jahre BAG, 1125 (1127).

über eine Beschlussfassung nach § 33 BetrVG einen eigenen Willen zu bilden.[267] Gesteht man dem Betriebsrat mit der herrschenden Lehre eine partielle Grundrechtsfähigkeit zu, so kann dieser sich innerhalb seines gesetzlichen Aufgabenbereichs auf das Grundrecht der Meinungsfreiheit berufen.[268]

bb) Kritik an der herrschenden Lehre

Bei genauer Betrachtung sprechen allerdings die besseren Argumente dafür, dem Betriebsrat die Grundrechtsfähigkeit aus Art. 19 Abs. 3 GG mit einer im vordringen befindlichen Gegenauffassung[269] zu versagen. Dabei soll weder die Teilrechtsfähigkeit noch die organisatorische Verselbstständigung des Betriebsrats in Abrede gestellt werden. Die eigentliche Frage, die es zu beantworten gilt, ist, ob auch eine allein vom Staat geschaffene und verfasste Repräsentationseinrichtung[270], die Rechte und Pflichten für eine Personenmehrheit ausübt, für sich den Schutz der Grundrechte in Anspruch nehmen kann.[271] Dies erscheint zweifelhaft. Das BVerfG weist im Zusammenhang mit Art. 19 Abs. 3 GG darauf hin, dass im geschichtlichen Verlauf der Anerkennung und Positivierung von Grundrechten seit jeher der einzelne Mensch als private natürliche Person im Mittelpunkt stand.[272] Sein Schutz gegen staatliche Übergriffe bilde die „Sinnmitte" der Grundrechte, was auch bei der Auslegung des Art. 19 Abs. 3 GG zu berücksichtigen sei.[273] Nach dem BVerfG können juristische Personen deshalb nur dann als Grundrechtsträger angesehen werden, wenn „deren Bildung und Betätigung Ausdruck der freien Entfaltung der privaten natürlichen Personen ist, insbesondere wenn der Durchgriff auf die hinter ihnen

---

267 Scherer, Vereinbarte Mitbestimmung, S. 110; Wiese in: FS 50 Jahre BAG, 1125 (1127).

268 Vgl. Dütz, Der Grundrechtsschutz von Betriebsräten, S. 64; Ellenbeck, Die Grundrechtsfähigkeit des Betriebsrats, S. 110; Gamillscheg, Kollektives Arbeitsrecht II, S. 106; Herschel, ZfA 1984, 65 (66); Ladeur in: Wassermann, AK-GG, Art. 19 Abs. 3 Rn. 31; Müller-Boruttau, NZA 1996, 1071 (1072, Fn. 4).

269 Bauer/Willemsen, NZA 2010, 1089 (1091); Bruder, Die Weitergabe von Insiderinformationen, S. 86 f.; Müller-Franken, Die Befugnis zu Eingriffen, S. 209 ff.; Otto, Betriebliche Arbeitnehmervertretung, S. 39 ff.; Reichold, Betriebsverfassung als Sozialprivatrecht, S. 448 und 495; ders., RdA 2011, 58 (60); Rieble/Wiebauer, ZfA 2010, 63 (105 ff.); Säcker, Informationsrechte, S. 17 ff.; Ulrici, jurisPR-ArbR 37/2010 Anm. 1, unter C II. 2. b; Wiebauer, BB 2010, 3091 (3093); Zöllner/Loritz/Hergenröder, Arbeitsrecht, § 8 IV 5.

270 Rieble/Wiebauer, ZfA 2010, 63 (105).

271 Insofern zutreffend Richardi in: Richardi, BetrVG, Einl. Rn. 116, der dies allerdings bejaht, vgl. auch Bruder, Die Weitergabe von Insiderinformationen, S. 87.

272 BVerfG 08.07.1982 – 2 BvR 1187/80, juris, Rn. 56; BVerfG 31.10.1984 – 1 BvR 35/82, juris, Rn. 36.

273 BVerfG 08.07.1982 – 2 BvR 1187/80, juris, Rn. 56.

stehenden Menschen es als sinnvoll und erforderlich erscheinen lässt."[274] In Anlehnung daran wird auch in der Literatur betont, dass eine Organisationseinheit nur dann eine eigene Grundrechtsfähigkeit erlangen könne, wenn sie sich als Medium der Privatautonomie darstelle, wenn also in ihr der Wille Privater und nicht der Wille der öffentlichen Gewalt zum Ausdruck komme.[275]

Vor diesem Hintergrund lässt sich eine Grundrechtsfähigkeit des Betriebsrats kaum begründen. Der Betriebsrat als Zwangsrepräsentant der Belegschaft ist nicht Ausdruck der freien Entfaltung der privaten natürlichen Person.[276] Er nimmt eine Sonderrolle ein, weil sein Handeln – anders als bei Personengemeinschaften des Privatrechts üblich – nicht durch einen privatautonomen Beitritt legitimiert ist.[277] Allein die Stellung als Arbeitnehmer des Betriebs begründet die gesetzlich vorgesehene Zwangsrepräsentation. Zwar wird der Betriebsrat in geheimer und unmittelbarer Wahl gewählt, vgl. § 14 Abs. 1 BetrVG. Hierbei entscheidet der einzelne Arbeitnehmer jedoch lediglich über die personelle Zusammensetzung seiner Betriebsvertretung. Die Wahrnehmung der vom BetrVG vorgesehenen Aufgaben, insbesondere die Ausübung der Mitwirkungs- und Mitbestimmungsrechte, erfolgt unabhängig davon, ob der im Einzelfall betroffene Arbeitnehmer den Betriebsrat mit gewählt hat oder im Zeitpunkt der Betriebsratswahl dem Betrieb bereits angehörte. Der Betriebsrat hat seine rechtliche Existenz und seine Befugnisse damit allein dem Staat zu verdanken. Mit Blick auf die gesetzlich vorgesehene Zwangsrepräsentation drängen sich Parallelen zu den in erster Linie freiheitsbeschränkenden Zwangsverbänden des öffentlichen Rechts auf.[278] Auch diese können nicht als Ausdruck der freien Entfaltung der privaten natürlichen Person angesehen werden. Grundrechtlicher Schutz – insbesondere aus Art. 5 Abs. 1 S. 1 GG – steht ihnen nicht zu.[279]

Bei der Frage nach der Grundrechtsfähigkeit des Betriebsrats geht es im Kern um die Unterscheidung zwischen grundrechtlichen Freiheiten und staatlich zugewiesenen Kompetenzen.[280] Die Wahrnehmung von Kompetenzen schließt die Ausübung von Grundrechten aus.[281] Denn anders als derjenige, der staatlich zugewiesene

---

274 BVerfG 02.05.1967 – 1 BvR 578/63, juris, Rn. 22; BVerfG 08.07.1982 – 2 BvR 1187/80, juris, Rn. 57; BVerfG 31.10.1984 – 1 BvR 35/82, juris, Rn. 36; BVerfG 18.05.2009 – 1 BvR 1731/05, juris, Rn. 16; BVerfG 07.09.2010 – 1 BvR 2160//09, juris, Rn. 26.

275 Vgl. statt Vieler: Isensee in: Isensee/Kirchhoff, HStR IX, § 199 Rn. 30.

276 So auch Bruder, Die Weitergabe von Insiderinformationen, S. 87; Müller-Franken, Die Befugnis zu Eingriffen, S. 211 f.; Otto, Betriebliche Arbeitnehmervertretung, S. 43; Rieble/Wiebauer, ZfA 2010, 63 (105 f.); Säcker, Informationsrechte, S. 19 f.; Schwipper, Öffentliche Meinungsäußerungen des Betriebsrats, S. 47 f.

277 Müller-Franken, Die Befugnis zu Eingriffen, S. 163.

278 Rieble/Wiebauer, ZfA 2010, 63 (105 f.); vgl. hierzu auch oben: § 2 III 5 b bb.

279 Bethge, Grundrechtskollisionen, S. 77 ff. (zur verfassten Studentenschaft); Degenhart in: BK, Art 5 Abs. 1, 2 Rn. 176; Starck in: v. Mangoldt/Klein/Starck, GG, Art. 5 Abs. 1, 2 Rn. 184.

280 Ähnlich auch Reichold, RdA 2011, 58 (60).

281 Starck in: v. Mangoldt/Klein/Starck, GG, Art. 5 Abs. 1, 2 Rn. 184.

Kompetenzen wahrnimmt, bedarf das Grundrechtssubjekt für den Gebrauch seiner Freiheiten keiner eigenständigen Rechtfertigung.[282] Die Betriebsverfassung ist allerdings gerade keine freiwillige Veranstaltung; als Zwangsverfassung geht sie mit erheblichen Eingriffen in die Grundrechte des Arbeitgebers und der Arbeitnehmer einher und bedarf deshalb sehr wohl einer verfassungsrechtlichen Rechtfertigung. Es erscheint deshalb richtig, den Betriebsrat, der sich in jeder Hinsicht als eine Schöpfung des sozialgestaltenden Gesetzgebers darstellt[283], nicht als Inhaber von grundrechtlich gewährleisteten Freiheiten, sondern als Träger von staatlich zugewiesenen Kompetenzen anzusehen.[284] Wenn also der Staat – wie im Fall des § 74 Abs. 2 S. 3 BetrVG – dem Betriebsrat jede parteipolitische Betätigung im Betrieb untersagt, so greift er mit dieser Regelung nicht in eigene Freiheitsrechte des Betriebsrats ein. Er regelt vielmehr, auf welche Art und Weise ein von ihm geschaffenes rechtliches Konstrukt seine Kompetenzen ausüben darf.

c) Kompetenzrechtliche „Meinungsfreiheit" des Betriebsrats

Aus der fehlenden Grundrechtsfähigkeit darf nicht geschlossen werden, dass dem Betriebsrat als Organ nicht das Recht zustünde, eine eigene Meinung zu bilden und diese auch zu äußern. Im Gegenteil: die Ausübung der betriebsverfassungsrechtlichen Befugnisse, insbesondere die Wahrnehmung der Beteiligungsrechte, setzt einen internen Meinungs- und Willensbildungsprozess beim Betriebsrat als Organ zwingend voraus. Auch muss der Betriebsrat seine einmal gefundene Meinung nach außen kommunizieren können. Diese „Meinungsfreiheit" ist allerdings nicht grundrechtlicher Natur, sondern – vergleichbar etwa mit Meinungskundgaben durch die öffentliche Gewalt[285] – rein kompetenzrechtlicher Herkunft. Im Rahmen seines gesetzlichen Aufgabenbereichs steht dem Betriebsrat eine kompetenzgebundene, einfachrechtliche Meinungsbildungs- und Meinungsäußerungsfreiheit zu[286], die durch die Vorschriften des BetrVG, etwa § 74 Abs. 2 S. 3 BetrVG, näher konkretisiert und eingegrenzt wird.

4. Meinungsfreiheit des einzelnen Betriebsratsmitglieds

a) Meinungsfreiheit als natürliche Person

Von der rechtlichen Stellung des Betriebsrats als Gremium, ist die rechtliche Stellung des einzelnen Betriebsratsmitglieds zu unterscheiden. Diese Unterscheidung ist bei

282 Bethge in: Merten/Papier, HGR III, § 72 Rn. 35.
283 Müller-Franken, Die Befugnis zu Eingriffen, S. 163.
284 Reichold, RdA 2011, 58 (60).
285 Vgl. dazu Bethge in: HGR III, § 72 Rn. 39 ff.; ders. in: Sachs, Art. 5 Rn. 39 f.
286 Ähnlich Rieble/Wiebauer, ZfA 2010, 63 (107), die allerdings den Begriff der Meinungsfreiheit ablehnen und stattdessen von einer „einfachrechtlichen Äußerungskompetenz im Dienst der objektivierten jeweiligen Betriebsratsaufgabe" sprechen.

der Untersuchung der grundrechtseinschränkenden Wirkung des § 74 Abs. 2 S. 3 BetrVG deshalb von Bedeutung, weil sich das Verbot parteipolitischer Betätigung im Betrieb nach ganz herrschender Meinung nicht nur an den Betriebsrat als Gremium, sondern auch an die einzelnen Betriebsratsmitglieder richtet.[287] Ohne jeden Zweifel sind die Mitglieder des Betriebsrats in ihrer Eigenschaft als natürliche Person – wie alle anderen Arbeitnehmer des Betriebs auch – Träger des Grundrechts der Meinungsfreiheit. Dies ist im Ausgangspunkt völlig unstreitig. Es versteht sich von selbst, dass die Wahl in den Betriebsrat nicht zu einem Verlust der Grundrechte der natürlichen Person führt.[288]

b) Unterscheidung zwischen der Stellung als natürliche Person und der betriebsverfassungsrechtlichen Organstellung

aa) Notwendigkeit der Unterscheidung

Fraglich ist allerdings, ob sich das Betriebsratsmitglied auch während seiner Amtstätigkeit uneingeschränkt auf die ihm als natürliche Person zustehenden Grundrechte berufen kann. Hiervon geht das BAG ganz offensichtlich aus, wenn es im Zusammenhang mit der das Grundrecht der Meinungsfreiheit beschränkenden Wirkung des Verbots parteipolitischer Betätigung feststellt, dass die Grundrechtsfähigkeit des Betriebsrats dahinstehen könne, weil sich das in § 74 Abs. 2 S. 3 BetrVG normierte Verbot jedenfalls auch an die Mitglieder des Betriebsrats richte, die Grundrechtsträger seien.[289] Diese Erwägung des Gerichts wurde in der Literatur zum Teil kritisiert. Es sei notwendig, zwischen der Stellung des Betriebsratsmitglieds als Organ der Betriebsverfassung und der Stellung als natürliche Person zu unterscheiden.[290] Zwar könne sich das Betriebsratsmitglied als natürliche Person auf sein Grundrecht der Meinungsfreiheit berufen. Äußerungen, die das Betriebsratsmitglied dagegen explizit in seiner amtlichen Eigenschaft tätigt, seien nicht durch Art. 5 Abs. 1 S. 1 GG gedeckt, sondern allein als Ausdruck der betriebsverfassungsrechtlichen Organkompetenz zu sehen.[291]

Verneint man die Grundrechtsfähigkeit des Betriebsrats als Gremium, so erscheint es in der Tat nicht nur naheliegend, sondern sogar notwendig, dem einzelnen Betriebsratsmitglied im Bezug auf seine Amtstätigkeit eine Berufung auf das Grundrecht der Meinungsfreiheit zu versagen. Anderenfalls droht die zuvor

---

287 Siehe hierzu unten: § 4 I 2 b.

288 Rieble/Wiebauer, ZfA 2010, 63 (107).

289 BAG 17.03.2010 – 7 ABR 95/08, juris, Rn. 39 unter Verweis auf BVerfG 28.04.1976 – 1 BvR 71/73, juris, Rn. 25 ff.; zustimmend Husemann, Das Verbot der parteipolitischen Betätigung, S. 154 ff.

290 Ulrici, jurisPR-ArbR 37/2010 Anm. 1, C II. 2. b; Wiebauer, BB 2010, 3091 (3093); vgl. auch Rieble/Wiebauer, ZfA 2010, 63 (107).

291 Rieble/Wiebauer, ZfA 2010, 63 (107); Ulrici, jurisPR-ArbR 37/2010 Anm. 1, C II. 2. b; Wiebauer, BB 2010, 3091 (3093); Worzalla in: H/W/G/N/R/H, BetrVG, § 74 Rn. 42.

getroffene Wertung, dass der Betriebsrat als staatlich geschaffener Zwangsrepräsentant der Belegschaft keinen grundrechtlichen Schutz genießt, leerzulaufen. Dem Betriebsrat als Gremium würde dann mittelbar – nämlich über seine Mitglieder in ihrer amtlichen Eigenschaft – eine Grundrechtsfähigkeit zukommen. Um dies zu verhindern erscheint es nur konsequent, dem einzelnen Betriebsratsmitglied immer dann, wenn es sich erkennbar nicht als natürliche Person, sondern ausschließlich in Ausübung des Betriebsratsamtes äußert, eine Berufung auf Art. 5 Abs. 1 S. 1 GG zu versagen. In diesem Fall nimmt das Betriebsratsmitglied keine grundrechtlichen Freiheiten wahr; es handelt vielmehr in Ausübung staatlich zugewiesener Kompetenzen. Diese betriebsverfassungsrechtlichen Kompetenzen – etwa die Beteiligungsrechte – stehen nicht der einzelnen natürlichen Person, sondern dem Betriebsrat als Gremium zu. Es wäre deshalb widersprüchlich, würde man dem Betriebsratsmitglied in Ausübung seiner Amtstätigkeit weitergehende Rechte zusprechen, als sie dem Betriebsrat insgesamt zustehen. Nicht zuletzt deckt sich die hier vertretene Auffassung auch mit der Rechtsprechung des BVerfG zur Grundrechtsfähigkeit des Personalratsmitglieds. Hiernach stehen den Mitgliedern des Personalrats Grundrechte lediglich in ihrer Eigenschaft als natürliche Person, nicht aber in ihrer amtlichen Eigenschaft, zur Seite.[292] Dies hat das Gericht auch und gerade für das Grundrecht der Meinungsfreiheit aus Art. 5 Abs. 1 GG entschieden.

bb) Schwierigkeit der Unterscheidung

Der hier vertretenen Auffassung kann auch nicht entgegengehalten werden, dass bei Äußerungen eines Betriebsratsmitglieds in der Praxis kaum unterschieden werden könne, ob sie in Ausübung des Betriebsratsamtes oder als natürliche Person getätigt werden. Zwar mag es im Einzelfall zu Abgrenzungsschwierigkeiten kommen. Die geforderte Unterscheidung ist allerdings nicht nur ein Problem, welches allein im Betriebsverfassungsrecht auftritt. Sie wird gerade im öffentlichen Recht seit jeher praktiziert. Bei juristischen Personen des öffentlichen Rechts ist es nämlich der Regelfall, dass diese selbst keine Grundrechtsfähigkeit besitzen[293], die hinter ihnen stehenden natürlichen Personen allerdings sehr wohl Träger von Grundrechten sind. So wird beispielsweise im Beamtenverhältnis unterschieden zwischen den dienstlichen Äußerungen des Beamten, die rechtlich nicht dem Beamten selbst, sondern seinem Dienstherrn zugeordnet werden, und den privaten Äußerungen, in denen der Beamte gerade nicht als öffentliches Organ, sondern als „Privatmann" spricht.[294] Während dienstliche Äußerungen nicht durch Art. 5 Abs. 1 S. 1

---

292 BVerfG 26.05.1970 – 2 BvR 311/67, E 28, 314 (320 ff.).

293 BVerfGE 02.05.1967 – 1 BvR 578/63, E 21, 362 (369 ff.); BVerfG 08.07.1982 – 2 BvR 1187/80, E 61, 82 (100 ff.); BVerfG 31.10.1984 – 1 BvR 35, 356, 794/82, E 68, 193 (206); BVerfG 14.04.1987 – 1 BvR 775/84, E 75, 192 (196 f.); Degenhart in: BK, Art. 5 Abs. 1, 2 Rn. 170; zu den vom BVerfG anerkannten Ausnahmen: Schnapp in: HGR II, § 52 Rn. 12 ff.

294 Herzog in: Maunz/Dürig, GG (56. Ergänzungslieferung), Art. 5 Rn. 107.

GG geschützt sind, kann sich der Beamte bei Aussagen als „Privatmann" auf sein Grundrecht der Meinungsfreiheit berufen.[295] Dies gilt vor allem auch für solche privaten Aussagen, die der Beamte bei Gelegenheit seiner dienstlichen Tätigkeit, also beispielsweise im Rahmen eines dienstlichen Gesprächs mit einem Antragsteller trifft, wobei jeweils die Sichtweise des Adressaten der Äußerung maßgeblich sein soll.[296] Als weiteres Beispiel aus dem Bereich des öffentlichen Rechts kann auch das Gemeinderatsmitglied angeführt werden.[297] Nach der Rechtsprechung des Bundesverwaltungsgericht nimmt dieses, wenn es sich in der Ratssitzung zu einem Gegenstand der Tagesordnung zu Wort meldet, nicht seine im Grundgesetz verbürgten Freiheitsrechte, sondern seine organschaftlichen Befugnisse in Anspruch, die ihm als Teil eines Gemeindeorgans verliehen sind.[298] Zugleich weist das Gericht darauf hin, dass das Gemeinderatsmitglied deshalb während der Ratssitzung nicht seine Meinungsfreiheit als natürliche Person verliere; private Meinungsäußerungen – etwa das Tragen von Plaketten, Anstecknadeln, o.ä. – seien auch während der Ratssitzung von Art. 5 Abs. 1 S. 1 GG gedeckt.[299] Nicht zuletzt hat das BVerfG auch bei der Überprüfung der Grundrechtsfähigkeit des Personalratsvorsitzenden ausdrücklich zwischen dessen Stellung als Bürger und der personalvertretungsrechtlichen Amtsstellung unterschieden.[300]

cc) Abgrenzung im Einzelfall

Äußert sich das Betriebsratsmitglied erkennbar als Privatperson, so kann es sich jederzeit – auch bei Gelegenheit der Wahrnehmung betriebsverfassungsrechtlicher Aufgaben[301] – auf Art. 5 Abs. 1 S. 1 GG berufen.[302] Dagegen sind solche Äußerungen,

---

295 Herzog in: Maunz/Dürig, GG (56. Ergänzungslieferung), Art. 5 Rn. 107 ff.; Starck in: v. Mangoldt/Klein/Starck, GG, Art. 5 Abs. 1, 2 Rn. 188; Ule in: Bettermann/Nipperdey, GR IV/2, S. 632.

296 Herzog in Maunz/Dürig, GG (56. Ergänzungslieferung), Art. 5 Rn. 113; vgl. auch Ule in: Bettermann/Nipperdey, GR IV/2, S. 632.

297 So zu Recht Wiebauer, BB 2010, 3091 (3093).

298 BVerwG 12.012.1988 – 7 B 123/87, juris, Rn. 6; dasselbe gilt für solche Äußerungen, die der erste Bürgermeister in seiner amtlichen Funktion als Repräsentant der Gemeinde tätigt, vgl. BayVGH 24.05.2006 – 4 CE 06.1217, juris, Rn. 21 ff.

299 BVerwG 12.012.1988 – 7 B 123/87, juris, Rn. 4 f.

300 BVerfG 26.05.1970 – 2 BvR 311/67, E 28, 314 (320 ff.). Dabei hat das BVerfG klagestellt, dass den Personalratsmitgliedern in dieser Eigenschaft selbst keine Grundrechte zustehen. Lediglich in ihrer Eigenschaft als natürliche Person können sie sich u. a. auf Art. 5 GG berufen.

301 Private Äußerungen bei Gelegenheit der Wahrnehmung betriebsverfassungsrechtlicher Aufgaben sind z. B. anzunehmen, wenn das Betriebsratsmitglied während der Betriebsratsarbeit meinungsrelevante Anstecknadeln, Plaketten, oder T-Shirts trägt, oder wenn es während der Sprechstunde beiläufige persönliche Bemerkungen tätigt.

302 So auch Wiebauer, BB 2010, 3091 (3093).

die ausschließlich der amtlichen Eigenschaft des Betriebsratsmitglieds zugeordnet werden können, nicht vom Grundrecht der Meinungsfreiheit gedeckt. Maßgeblich bei der Unterscheidung ist die Sicht des Adressaten. Eine erkennbare Zuordnung zum Betriebsratsamt ist vor allem bei solchen Äußerungen anzunehmen, die unmittelbar die Wahrnehmung der Beteiligungsrechte oder die sonstigen Aufgaben des Betriebsrats betreffen. Hier ist davon auszugehen, dass das Betriebsratsmitglied nicht seine grundrechtlichen Freiheiten als natürliche Person, sondern die staatlich zugewiesenen Kompetenzen aus dem BetrVG wahrnehmen möchte. Bedient sich das Betriebsratsmitglied an Ressourcen, die ihm nur als Amtsträger zur Verfügung stehen, so ist auch dies ein Indiz dafür, dass die Äußerung in amtlicher Eigenschaft erfolgen soll. Zweifel und Unklarheiten bei der Zuordnung sind zu Gunsten der Meinungsfreiheit der natürlichen Person aufzulösen. Dies gebietet die elementare Bedeutung des Art. 5 Abs. 1 S. 1 GG für die freiheitlich-demokratische Staatsordnung.[303] Unabhängig davon hat die hier vertretene Unterscheidung zur Folge, dass sich die einzelnen Mitglieder des Betriebsrats jedenfalls dann nicht auf ihr Grundrecht der Meinungsfreiheit berufen können, wenn sich „der Betriebsrat" in seiner Gesamtheit – etwa über einen Handzettel, einen Anschlag am schwarzen Brett, die Werkszeitung oder das Intranet – an die Belegschaft wendet.[304] In einem solchen Fall besteht nämlich kein Zweifel daran, dass die jeweiligen Äußerungen ausschließlich bei der Wahrnehmung des Betriebsratsamtes und nicht als natürliche Person getätigt werden.

III. Eingriff und verfassungsrechtliche Rechtfertigung

1. Reichweite der Grundrechtsbeschränkung

§ 74 Abs. 2 S. 3 BetrVG bewirkt innerhalb seines Anwendungsbereiches ein Verbot parteipolitischer Meinungsäußerungen im Betrieb. In sachlicher Hinsicht ist es demnach geeignet, den Schutzbereich des Art. 5 Abs. 1 S. 1 GG zu beeinträchtigen. Allerdings ist zu beachten, dass das Grundrecht der Meinungsfreiheit – nach den im vorhergehenden Abschnitt gewonnenen Erkenntnissen – die Adressaten des § 74 Abs. 2 S. 3 BetrVG nicht uneingeschränkt schützt. Bei der Bestimmung der Reichweite des Grundrechtseingriffs ist deshalb zu differenzieren. Allein der Arbeitgeber und die Betriebsratsmitglieder in ihrer Eigenschaft als natürliche Personen können sich auf den Schutz des Art. 5 Abs. 1 S. 1 GG berufen. Soweit ihnen eine parteipolitische Betätigung im Betrieb und damit die parteipolitische Meinungsäußerung untersagt wird[305], greift § 74 Abs. 2 S. 3 BetrVG in das Grundrecht der Meinungsfreiheit ein. Dagegen sind weder der Betriebsrat als Gremium noch seine Mitglieder in ihrer

303 Siehe dazu oben: § 3 II. 1.
304 So geschehen in BAG 17.03.2010 – 7 ABR 95/08, juris.
305 Zu der Frage, inwieweit § 74 Abs. 2 S. 3 BetrVG parteipolitische Meinungsäußerungen des Betriebsratsmitglieds als natürliche Person untersagt siehe unten: § 4 I 2 b.

amtlichen Eigenschaft vom persönlichen Schutzbereich des Art. 5 Abs. 1 S. 1 GG umfasst. Soweit sich das Verbot auf diese Adressatengruppe bezieht, ist ein Grundrechtseingriff daher von vornherein ausgeschlossen. § 74 Abs. 2 S. 3 BetrVG stellt sich in diesem Fall nicht als Beschränkung grundrechtlicher Freiheiten, sondern als Regelung über die Art und Weise der Wahrnehmung staatlich zugewiesener Kompetenzen dar. Die hier vorgenommene Unterscheidung ist von großer Bedeutung, weil die nachfolgenden Ausführungen nur in den Fällen Geltung beanspruchen, in denen § 74 Abs. 2 S. 3 BetrVG das Grundrecht der Meinungsfreiheit beschränkt.

2. § 74 Abs. 2 S. 3 BetrVG als allgemeines Gesetz i.S.v. Art. 5 Abs. 2 GG

Soweit das Verbot parteipolitischer Betätigung im Betrieb in den Schutzbereich des Art. 5 Abs. 1 S. 1 GG eingreift, stellt sich die Frage nach der verfassungsrechtlichen Rechtfertigung der Grundrechtsbeeinträchtigung. § 74 Abs. 2 S. 3 BetrVG müsste ein Gesetz sein, dass dem Grundrecht der Meinungsfreiheit in zulässiger Weise Schranken setzt. Nach Art. 5 Abs. 2 GG ist das Grundrecht der Meinungsfreiheit nicht vorbehaltlos gewährleistet; es findet seine Schranken in den Vorschriften der allgemeinen Gesetze, den gesetzlichen Bestimmungen zum Schutze der Jugend und in dem Recht der persönlichen Ehre. Die hier für das Verbot des § 74 Abs. 2 S. 3 BetrVG allein in Betracht kommende Schranke ist die der allgemeinen Gesetze. Nach ständiger Rechtsprechung des BVerfG[306] sind darunter alle Gesetze zu verstehen, die nicht eine Meinung als solche verbieten, die sich nicht gegen die Äußerung der Meinung als solche richten, sondern dem Schutze eines schlechthin ohne Rücksicht auf eine bestimmte Meinung zu schützenden Rechtsguts dienen. Die Norm des § 74 Abs. 2 S. 3 BetrVG erfüllt diese Anforderungen, denn sie richtet sich nicht gegen die Äußerung von Meinungen als solche.[307] Es geht dem Gesetzgeber nicht darum spezifische politische Meinungen im Betrieb zu verbieten; vielmehr liegt der Regelungszweck des parteipolitischen Betätigungsverbots in der Wahrung des Betriebsfriedens und des Arbeitsablaufs sowie in dem Schutz der staatsbürgerliche Meinungs- und Wahlfreiheit der Arbeitnehmer im Betrieb.[308] § 74 Abs. 2 S. 3 BetrVG ist somit als allgemeines Gesetz i.S.v. Art. 5 Abs. 2 GG zu qualifizieren.[309]

---

306 BVerfG 15.01.1958 – 1 BvR 400/51, E 7, 198 (209 f.); BVerfG 15.11.1982 – 1 BvR 108/80, E 62, 230 (243 f.); BVerfG 19.11.1985 – 1 BvR 934/82, E 71, 162 (175); BVerfG 04.11.2009 – 1 BvR 2150/08, E 124, 300 (321 f.).

307 Ganz h.M.: BVerfG 28.04.1976 – 1 BvR 71/73, juris, Rn. 26 f.; BAG 13.09.1977 – 1 ABR 67/75, juris, Rn. 34; BAG 21.02.1978 – 1 ABR 54/76, juris, Rn. 72; BAG 12.06.1986 – 6 ABR 67/84, juris, Rn. 40 f.; Kreutz in GK-BetrVG, § 74 Rn. 97; Oetker in: BlStSozArbR 1983, 321 (322 f.); Richardi in: Richardi, BetrVG, § 74 Rn. 71; Schmidt in: ErfK, GG, Art. 5 Rn. 42; Wiese in: FS 50 Jahre BAG, 1125 (1142).

308 Siehe dazu oben: § 2 III.

309 Ganz h.M., vgl. Fn. 307.

3. Schranken-Schranken: Wechselwirkungslehre des Bundesverfassungsgerichts

a) *Die Wechselwirkungslehre als besondere Ausprägung des Verhältnismäßigkeitsgrundsatzes*

Die Einordnung als allgemeines Gesetz i.S.v. Art. 5 Abs. 2 GG genügt jedoch für sich allein genommen nicht, um den Eingriff in den Schutzbereich des Art. 5 Abs. 1 S. 1 GG verfassungsrechtlich zu rechtfertigen. Auch ein allgemeines Gesetz kann das Grundrecht der Meinungsfreiheit nicht beliebig einschränken.[310] So hat das Bundesverfassungsrecht erstmals in seinem Lüth-Urteil ausgeführt, dass wegen der grundlegenden Bedeutung der Meinungsfreiheit für den freiheitlich-demokratischen Staat, die sachliche Reichweite dieses Grundrechts nicht jeder Relativierung durch die einfachen Gesetze und deren Auslegung durch die Gerichte überlassen werden kann.[311] Vielmehr findet eine „Wechselwirkung in dem Sinne statt, dass die „allgemeinen Gesetze“ zwar dem Wortlaut nach dem Grundrecht Schranken setzen, ihrerseits aber aus der Erkenntnis der wertsetzenden Bedeutung dieses Grundrechts im freiheitlichen demokratischen Staat ausgelegt und so in ihrer das Grundrecht begrenzenden Wirkung selbst wieder eingeschränkt werden müssen“[312].

Diese sog. Wechselwirkungslehre des BVerfG setzt eine Güterabwägung zwischen dem Grundrecht des Art. 5 Abs. 1 S. 1 GG und dem mit dem allgemeinen Gesetz verfolgten Ziel voraus und ist damit eine besondere Ausprägung der Verhältnismäßigkeitsprüfung im klassischen Sinne.[313] So muss die Einschränkung der Meinungsfreiheit durch das allgemeine Gesetz generell geeignet und erforderlich sein, den angestrebten Erfolg zu erreichen; zudem muss das Ausmaß der Grundrechtsbeschränkung im Verhältnis zum angestrebten Erfolg angemessen sein.[314] Eine Besonderheit besteht darin, dass das BVerfG die im Rahmen der Angemessenheitsprüfung durchzuführende Güterabwägung nicht auf eine abstrakten Abwägung der

---

310 Jarass in: Jarass/Pieroth, GG, Art. 5 Rn. 69.

311 BVerfG 15.01.1958 – 1 BvR 400/51, E 7, 198 (208).

312 BVerfG 15.01.1958 – 1 BvR 400/51, E 7, 198 (208 f.); seitdem st. Rspr., vgl. etwa BVerfG 22.06.1982 – 1 BvR 1376/79, E 61, 1 (10 f.); BVerfG 19.11.1985 – 1 BvR 934/82, E 71, 162 (181); BVerfG 13.02.1996 – 1 BvR 262/91, E 94, 1 (8); BVerfG 04.11.2009 – 1 BvR 2150/08, E 124, 300 (332).

313 Epping, Grundrechte, Rn. 249; Grabenwarter in: Maunz/Dürig, GG, Art. 5 Rn. 139 und 145; Jarass/Pieroth, GG, Art. 5 Rn. 69; Schmidt-Jortzig in: Isensee/Kirchhof, HStR VII, § 162 Rn. 54; Stern, Staatrecht IV/1, S. 1476.

314 So i.R.d. Wechselwirkungslehre: BVerfG 13.01.1982 – 1 BvR 848/77, E 59, 231 (265); BVerfG 19.11.1985 – 1 BvR 934/82, E 71, 162 (181); BVerfG 01.10.1987 – 2 BvR 1434/86, E 77, 65 (75); zuletzt unter ausdrücklicher Nennung des Verhältnismäßigkeitsgrundsatzes: BVerfG 04.11.2009 – 1 BvR 2150/08, E 124, 300 (331 ff.).

betroffenen Rechtsgüter beschränkt, sondern darüber hinaus in besonderem Maße auf die Umstände des Einzelfalls abstellt und eine Einzelfallabwägung vornimmt.[315]

b) Legitimer Zweck, Geeignetheit, Erforderlichkeit

Es wurde bereits herausgearbeitet, dass der Gesetzgeber mit dem Verbot parteipolitischer Betätigung im Betrieb einen legitimen Zweck verfolgt.[316] Das Verbot des § 74 Abs. 2 S. 3 BetrVG ist auch ohne Weiteres geeignet, den verfolgten Zweck zu erreichen. Es ist auch erforderlich, denn die mit einer parteipolitischen Betätigung der Betriebspartner verbundenen Gefahren für den Betriebsfrieden und die Meinungs- und Wahlfreiheit der Arbeitnehmer im Betrieb lassen sich am effektivsten durch ein Verbot beseitigen. Ein milderes, aber ebenso effektives Mittel existiert dagegen nicht.

c) Angemessenheit der Grundrechtsbeschränkung

aa) Abstrakte Güterabwägung

Bei einer rein abstrakten Betrachtung der sich gegenüberstehenden Rechtsgüter erweist sich der mit § 74 Abs. 2 S. 3 BetrVG verbundene Eingriff in die Meinungsfreiheit auch als angemessen. Zwar betont das BVerfG, dass es mit der elementaren Bedeutung des Grundrechts aus Art. 5 Abs. 1 S. 1 GG unvereinbar wäre, wollte der Gesetzgeber die Freiheit der politischen Meinungsäußerung dem Bereich der betrieblichen Arbeitswelt, die die Lebensgestaltung zahlreicher Staatsbürger wesentlich bestimmt, schlechthin fernhalten.[317] § 74 Abs. 2 S. 3 BetrVG verbietet jedoch politische Meinungsäußerungen im Betrieb nicht schlechthin. Das Verbot betrifft dem Wortlaut nach allein parteipolitische Betätigungen und richtet sich überdies nur an einen eng begrenzten Adressatenkreis. Vor diesem Hintergrund erscheinen die durch das parteipolitische Betätigungsverbot geschützten Rechtsgüter, in erster Linie der Betriebsfrieden, derart bedeutend, dass ihnen der Gesetzgeber gegenüber der vollen Betätigung des Grundrechts der Meinungsfreiheit durchaus den Vorrang einräumen kann.[318]

bb) Güterabwägung im Einzelfall

Während an dieser Stelle lediglich eine abstrakte Güterabwägung vorgenommen werden kann, wird der Wechselwirkungslehre vor allem im folgenden Teil dieser

---

315 So BVerfGE 06.11.1968 – 1 BvR 501/62, E 24, 278 (282); BVerfGE 05.06.1973 – 1 BvR 536/72, E 35, 202 (224 f.); BVerfG 13.04.1994 – 1 BvR 23/94, E 90, 241 (248); BVerfG 13.02.1996 – 1 BvR 262/ 91, E 94, 1 (8); vgl. auch Degenhart in: BK, Art. 5 Abs. 1 und 2 Rn. 72 ff.; Grabenwarter in: Maunz/Dürig, GG, Art. 5 Rn. 139 und 145.

316 Siehe dazu oben: § 2 III.

317 BVerfG 28.04.1976 – 1 BvR 71/73, E 42, 133 (139 f.).

318 So ausdrücklich BVerfG 28.04.1976 – 1 BvR 71/73, E 42, 133 (140 f.).

Arbeit, in dem es um die Bestimmung der Reichweite des § 74 Abs. 2 S. 3 BetrVG geht, eine bedeutende Rolle zukommen. Das BVerfG fordert, dass gerade bei der Auslegung und Anwendung der „allgemeinen Gesetze" der besondere Wertgehalt der Meinungsfreiheit, der zu einer grundsätzlichen Vermutung für die Freiheit der Rede in allen Bereichen führen muss, auf jeden Fall gewahrt bleibt.[319] § 74 Abs. 2 S. 3 BetrVG ist also insgesamt zurückhaltend zu Gunsten der Meinungsfreiheit auszulegen.[320] Dies gilt nicht nur für die Auslegung der Tatbestandsmerkmale des § 74 Abs. 2 S. 3 BetrVG; auch bei der Bestimmung der Rechtsfolgen einer Verbotsverletzung ist der wertsetzenden Bedeutung der Meinungsfreiheit Rechnung zu tragen.[321] Die Auslegung und Anwendung des § 74 Abs. 2 S. 3 BetrVG darf in keinem Fall dazu führen, dass das Grundrecht der Meinungsfreiheit unangemessen eingeschränkt wird. Aus diesem Grund bedarf es stets einer Abwägung der betroffenen Belange im konkreten Einzelfall.[322] In diesem Zusammenhang stellt sich die Wechselwirkungslehre nicht allein als eine Ausprägung des Verhältnismäßigkeitsgrundsatzes dar; darüber hinaus kommt ihr auch eine mit dem Grundsatz der verfassungskonformen Auslegung einfachen Gesetzesrechts vergleichbare Bedeutung zu.[323]

IV. Zusammenfassung

Im Ergebnis lässt sich das Spannungsverhältnis zwischen § 74 Abs. 2 S. 3 BetrVG und der verfassungsrechtlich garantierten Meinungsfreiheit wie folgt zusammenfassen: Das Verbot parteipolitischer Betätigung im Betrieb beschränkt das Grundrecht der Meinungsfreiheit nicht generell; es bewirkt nur in einigen Konstellationen einen Eingriff in den Schutzbereich des Art. 5 Abs. 1 S. 1 GG. So scheidet ein Grundrechtseingriff von vornherein aus, soweit das Verbot dem Betriebsrat als Gremium und seinen Mitglieder in ihrer betriebsverfassungsrechtlichen Amtseigenschaft parteipolitische Betätigungen untersagt, denn dieser Adressatenkreis kann sich nicht auf den Schutz des Art. 5 Abs. 1 S. 1 GG berufen. § 74 Abs. 2 S. 3 BetrVG stellt sich in diesem Zusammenhang nicht als Beschränkung grundrechtlicher Freiheiten, sondern als Regelung über die Art und Weise der Wahrnehmung staatlich zugewiesener Kompetenzen dar. Dagegen sind der Arbeitgeber und die Betriebsratsmitglieder in ihrer Eigenschaft als natürliche Person ohne Weiteres vom persönlichen Schutzbereich des Art. 5 Abs. 1 S. 1 GG erfasst. Soweit ihnen eine parteipolitische Betätigung untersagt wird, greift § 74 Abs. 2 S. 3 BetrVG in das Grundrecht der Meinungsfreiheit ein.

---

319 BVerfG 15.01.1958 – 1 BvR 400/51, E 7, 198 (208).

320 BVerfG 28.04.1976 – 1 BvR 71/73, E 42, 133 (142).

321 BVerfG 28.04.1976 – 1 BvR 71/73, E 42, 133 (142); Hofmann, Das Verbot parteipolitischer Betätigung, S. 129; Kreutz in: GK-BetrVG, § 74 Rn. 97; Oetker in: BlStSozArbR 1983, 321 (325).

322 St. Rspr. BverfG, vgl. Fn. 315.

323 Grabenwarter in: Maunz/Dürig, Art. 5 Rn. 139 und 145; Jestaedt in: Merten/Papier, HGR IV, § 102 Rn. 73; Schulze-Fielitz in: Dreier, GG, Art. 5 I, II Rn. 159.

In den Fällen, in denen das Verbot parteipolitischer Betätigung im Betrieb die verfassungsrechtlich garantierte Meinungsfreiheit tangiert, stellt sich die Vorschrift als „allgemeines Gesetz“ i.S.v. Art. 5 Abs. 2 GG dar, welche Art. 5 Abs. 1 S. 1 GG in zulässiger Weise Schranken setzen kann. Unter Berücksichtigung der Wechselwirkungslehre des BVerfG ist § 74 Abs. 2 S. 3 BetrVG dabei zurückhaltend zu Gunsten der Meinungsfreiheit auszulegen. Dies gilt nicht nur für die Auslegung der Tatbestandsmerkmale, sondern auch für die Bestimmung der Rechtsfolgen einer Verbotsverletzung. Es ist stets zu prüfen, ob die Auslegung und Anwendung des § 74 Abs. 2 S. 3 BetrVG im Einzelfall eine unangemessene Beeinträchtigung der Meinungsfreiheit zur Folge hat.

2. Teil: Inhalt und Reichweite des Verbots parteipolitischer Betätigung im Betrieb

§ 4 Persönlicher Anwendungsbereich

I. Verbotsadressaten

1. Der Arbeitgeber

a) Der Arbeitgeberbegriff in § 74 Abs. 2 S. 3 BetrVG

Nach dem Wortlaut des § 74 Abs. 2 S. 3 BetrVG[324] richtet sich das Verbot parteipolitischer Betätigung im Betrieb unmittelbar zunächst an den Arbeitgeber. Zwar enthält das BetrVG keine eigene Definition des Arbeitgeberbegriffs. Dennoch besteht Einigkeit darüber, dass der betriebsverfassungsrechtliche Begriff des Arbeitgebers über den allgemeinen arbeitsrechtlichen Arbeitgeberbegriff hinausgeht. Gemeint ist nicht nur der Vertragspartner des Arbeitnehmers (Vertragsarbeitgeber), sondern in erster Linie der Inhaber der betrieblichen Organisationsgewalt[325], also derjenige, der den Betrieb steuert und ihn als Instrument für seine Zwecke einsetzt[326]. Sind Betriebsinhaber und Vertragsarbeitgeber nicht identisch[327], so ist – abhängig vom Regelungsgegenstand der einschlägigen betriebsverfassungsrechtlichen Norm – der jeweils „richtige" Arbeitgeber zu ermitteln.[328] Das Verbot des § 74 Abs. 2 S. 3 BetrVG richtet sich in diesem Fall an beide Personengruppen.

Zu beachten ist ferner, dass sich das Verbot des § 74 Abs. 2 S. 3 BetrVG allein an den Arbeitgeber in seiner Funktion als Organ der Betriebsverfassung und nicht an den Arbeitgeber als Privatperson richtet.[329] Auch wenn die Arbeitgeberstellung im Sinne des BetrVG kein Amt ist, welches – vergleichbar mit der betriebsverfassungsrechtlichen Stellung des Betriebsratsmitglieds – zeitweilig abgelegt werden kann, darf der Arbeitgeber nicht auf seine betriebsverfassungsrechtliche Organstellung reduziert werden.[330] Aus dem Anwendungsbereich des § 74 Abs. 2 S. 3 BetrVG sind daher solche parteipolitischen Meinungskundgaben herauszunehmen, bei denen der Arbeitgeber erkennbar und ausschließlich als Privatperson auftritt und bei denen kein Zusammenhang zu seiner Stellung als Betriebsinhaber besteht. Hierzu zählen

---

324 § 74 Abs. 2 S. 3 BetrVG bezieht sich hinsichtlich seines Adressatenkreises auf die vorangestellte Vorschrift des § 74 Abs. 2 S. 3 BetrVG („Sie").

325 Fitting, BetrVG, § 1 Rn. 235 f.; Franzen in: GK-BetrVG, § 1 Rn. 92; v. Hoyningen-Huene, BetrVR, § 3 Rn. 36; Richardi in: Richardi, BetrVG, Einl. Rn. 121.

326 Wißmann, NZA 2001, 409 (409).

327 Etwa bei einem gemeinsamen Betrieb mehrerer Unternehmen oder in Fällen der Arbeitnehmerüberlassung, vgl. Fitting, BetrVG, § 1 Rn. 235; Wißmann, NZA 2001, 409 (410, 412).

328 Fitting, BetrVG, § 1 Rn. 236.

329 Meisel, RdA 1976, S. 38 (40); Müller-Boruttau, NZA 1996, 1071 (1073); Wiebauer, BB 2010, 3091 (3093 f.).

330 Wiebauer, BB 2010, 3091 (3093 f.).

beispielsweise rein private Gespräche in der Betriebskantine, während eines Betriebsausflugs, auf einer betrieblichen Feier, oder beim Betriebssport.[331] An dem notwendigen Zusammenhang zur betriebsverfassungsrechtlichen Organstellung fehlt es ferner auch dann, wenn der Arbeitgeber nicht im Namen des Unternehmens, sondern als Privatperson eine Parteispende tätigt.[332] Im Übrigen kann es bei der in diesem Zusammenhang erforderlichen Abgrenzung allerdings nicht darauf ankommen, ob der Arbeitgeber seine parteipolitische Betätigung subjektiv als „Privatsache" verstanden haben will. Er soll das Verbot nicht mit der Behauptung umgehen können, er habe sich nur als Privatperson betätigen wollen. Sobald der Arbeitgeber – wovon in der Regel auszugehen ist – objektiv in seiner Funktion als Inhaber der betrieblichen Organisationsgewalt wahrgenommen wird, ist der persönliche Anwendungsbereich des § 74 Abs. 2 S. 3 BetrVG für ihn eröffnet.

b) Vertreter des Arbeitgebers

Keine größeren Probleme bereitet die Geltung des § 74 Abs. 2 S. 3 BetrVG typischerweise in den Fällen, in denen der Arbeitgeber eine natürliche Person ist. Häufig handelt es sich beim Arbeitgeber jedoch nicht um eine natürliche, sondern um eine juristische Person oder um einen teilrechtsfähigen Personenverband. In diesen Fällen nimmt er seine betriebsverfassungsrechtlichen Rechte und Pflichten nicht selbst, sondern durch seine gesetzlichen oder satzungsmäßigen Vertreter war.[333] Darüber hinaus kommen auch Fälle einer rechtsgeschäftlich eingeräumten Vertretungsmacht in der Praxis häufig vor. Es ist allgemein anerkannt, dass sich der Arbeitgeber durch jede andere betriebsangehörige Person als Bevollmächtigter vertreten lassen kann.[334] Damit das Verbot parteipolitischer Betätigung im Betrieb in solchen Fällen nicht leerläuft, müssen auch gesetzliche oder rechtsgeschäftlich bestellte Vertreter des Arbeitgebers bei der Ausübung der betriebsverfassungsrechtlichen Rechte und Pflichten vom persönlichen Anwendungsbereich des § 74 Abs. 2 S. 3 BetrVG umfasst sein.[335] Ihre parteipolitischen Betätigungen sind dem Arbeitgeber zuzurechnen.[336] § 74 Abs. 2 S. 3 BetrVG gilt demnach insbesondere auch für die Geschäftsführer der GmbH, die Mitglieder des Vorstandes der AG sowie die Gesellschafter der GbR und der OHG.

---

331 Vgl. auch Wiebauer, BB 2010, 3091 (3093 f.).

332 Zur Einordnung von Unternehmensspenden an politische Parteien siehe unten: § 5 IV 2 a bb.

333 v. Hoyningen-Huene in: MüArbR II, § 212 Rn. 11; Richardi in: Richardi, BetrVG, Einl. Rn. 123.

334 Fitting, BetrVG, § 1 Rn. 240; v. Hoyningen-Huene, BetrVR, § 3 Rn. 37; ders. in: MüArbR II, § 212 Rn. 11.

335 Hofmann, Das Verbot parteipolitischer Betätigung, S. 103; Kreutz in: GK-BetrVG, § 74 Rn. 101; Meisel, RdA 1976, 38 (40); ders. in: SAE 1977, 91 (93); Worzalla in: H/W/G/N/R/H, BetrVG, § 74 Rn. 47.

336 Hofmann, Das Verbot parteipolitischer Betätigung, S. 103.

2. Der Betriebsrat

a) Der Betriebsrat als Gremium

Unmittelbarer Adressat des § 74 Abs. 2 S. 3 BetrVG ist neben dem Arbeitgeber auch der Betriebsrat. Gemeint ist damit zunächst der Betriebsrat als Gremium. Diesem ist bei der Wahrnehmung seiner betriebsverfassungsrechtlichen Aufgaben jede parteipolitische Betätigung im Betrieb untersagt. Da die Willensbildung des Kollektivorgans durch Beschluss erfolgt (§ 33 BetrVG), betrifft das Verbot des § 74 Abs. 2 S. 3 BetrVG den Betriebsrat in erster Linie bei der Beschlussfassung. Relevant wird das Verbot parteipolitischer Betätigung für den Betriebsrat auch dann, wenn er als Gremium nach außen auftritt und bestimmte Erklärungen oder Stellungnahmen abgibt, etwa in der Betriebszeitung oder am schwarzen Brett.[337]

b) Die Betriebsratsmitglieder im Rahmen ihrer Amtsausübung

Nach nahezu einhelliger Auffassung richtet sich das Verbot parteipolitischer Betätigung im Betrieb nicht allein an den Betriebsrat als Gremium, sondern darüber hinaus auch an die einzelnen Betriebsratsmitglieder.[338] Dies folgt zwar nicht unmittelbar aus dem Wortlaut des § 74 Abs. 2 S. 3 BetrVG. Zu Recht wird jedoch darauf verwiesen, dass der Betriebsrat – wie jedes andere Kollektivorgan auch – lediglich durch seine Mitglieder handlungsfähig ist und das Verbot des § 74 Abs. 2 S. 3 BetrVG deshalb leerliefe, wenn es nicht auch die Betriebsratsmitglieder im Rahmen ihrer Amtsausübung erfassen würde.[339] Dieser ganz herrschenden Meinung ist zuzustimmen.

Wichtig ist, dass im Einzelfall genau herausgearbeitet wird, ob tatsächlich nur eine parteipolitische Betätigung des Betriebsratsmitglieds oder darüber hinaus auch eine solche des Betriebsratsgremiums vorliegt. Hiervon hängt ab, ob bei einem Verstoß gegen § 74 Abs. 2 S. 3 BetrVG der Arbeitgeber nur gegen das einzelne

---

337 Vgl. auch Hofmann, Das Verbot parteipolitischer Betätigung, S. 99. Auch in diesen Fällen geht dem Handeln des Kollektivorgans allerdings ein entsprechender Betriebsratsbeschluss voraus, der gegebenenfalls bereits als solcher gegen § 74 Abs. 2 S. 3 BetrVG verstößt.

338 BAG 05.12.1975 – 1 AZR 94/74, juris, Rn. 42; BVerfG 28.04.1976 – 1 BvR 71/73, juris, Rn. 26; BAG 21.02.1978 – 1 ABR 54/76, juris, Rn. 77; BAG 12.06.1986 – 6 ABR 67/84, juris Rn. 39; Däubler, Gewerkschaftsrechte im Betrieb, Rn. 566; Fitting, BetrVG, § 74 Rn. 39; Kania in: ErfK, BetrVG, § 74 Rn. 22; Kreutz in: GK-BetrVG, § 74 Rn. 101; Richardi in: Richardi, BetrVG, § 74 Rn. 68; Rieble/Wiebauer, ZfA 2010, 63 (111); Wiese in: FS 50 Jahre BAG, 1125 (1140); a.A. lediglich: Buschmann/Grimberg, ArbuR 1989, 65 (76).

339 Buchner, ZfA 1982, 49 (64); Fitting, BetrVG, § 74 Rn. 39; Kreutz in: GK-BetrVG, § 74 Rn. 101.

Mitglied oder gegen den Betriebsrat insgesamt vorgehen kann.[340] Dabei kommt es weniger darauf an, ob der Betriebsrat als Ganzes, d.h. gemeinschaftlich durch alle Mitglieder aktiv wird. Solche Fälle kommen in der Praxis eher selten vor.[341] Entscheidend ist vielmehr, ob das Handeln des jeweiligen Mitglieds von einem entsprechenden Betriebsratsbeschluss gedeckt ist.[342] Ist dies der Fall, so muss die parteipolitische Betätigung einzelner Betriebsratsmitglieder – etwa die Verteilung von Flugblättern oder das Anbringen von Aushängen am schwarzen Brett – dem Betriebsrat als Gremium zugerechnet werden. Dagegen verstößt grundsätzlich allein das jeweilige Betriebsratsmitglied gegen § 74 Abs. 2 S. 3 BetrVG, wenn es – ohne entsprechenden Beschluss – bei der Wahrnehmung betriebsverfassungsrechtlicher Aufgaben parteipolitisch aktiv wird. Dies ist insbesondere denkbar bei parteipolitischen Meinungsäußerungen einzelner Betriebsratsmitglieder während der Betriebsratssitzung, während einer Besprechung mit dem Arbeitgeber oder während der Sprechstunde (§ 39 BetrVG). Hat der Betriebsrat allerdings Kenntnis von einer parteipolitischen Betätigung seines Mitglieds und schreitet er dennoch nicht dagegen ein, so ist die parteipolitische Betätigung des Mitglieds dem gesamten Gremium auch dann zuzurechnen, wenn es an einem entsprechenden Beschluss fehlt. Durch seine Untätigkeit macht sich der Betriebsrat das Verhalten seines Mitglieds zu Eigen.[343] Kommt ein Betriebsratsbeschluss mit parteipolitischem Inhalt zustande, so ist ferner zu beachten, dass nicht nur der Betriebsrat als Gremium, sondern gegebenenfalls auch die einzelnen Betriebsratsmitglieder gegen das Verbot des § 74 Abs. 2 S. 3 BetrVG verstoßen.[344] Denn das Votum des einzelnen Betriebsratsmitglieds zu Gunsten der Verabschiedung eines Beschlusses parteipolitischen Inhalts ist dem betreffenden Gremiumsmitglied als amtspflichtverletzende Handlung persönlich zuzurechnen.[345]

Aus den bisherigen Ausführungen folgt, dass die Mitglieder des Betriebsrats während ihrer Amtsausübung uneingeschränkt an das Verbot des § 74 Abs. 2 S. 3 BetrVG gebunden sind. Parteipolitische Betätigungen sind ihnen untersagt und zwar unabhängig davon, ob es sich um private Meinungsäußerungen bei Gelegenheit

---

340 So setzt ein Auflösungsantrag nach § 23 Abs. 1 S. 1 Var. 2 BetrVG voraus, dass die Pflichtverletzung, also die parteipolitische Betätigung, in die Verantwortung des Gesamtgremiums fällt, vgl. Fitting, BetrVG, § 23 Rn. 39; Koch in: ErfK, BetrVG, § 23 Rn. 12. Zu den rechtlichen Möglichkeiten bei einer Verletzung des § 74 Abs. 2 S. 3 BetrVG durch den Betriebsrat als Gremium siehe unten: § 8.

341 Hofmann, Das Verbot parteipolitischer Betätigung, S. 100; Vollmer, Grenzen der politischen Betätigung im Betrieb, S. 60.

342 Koch in: ErfK, BetrVG, § 23 Rn. 12; Oetker in: GK-BetrVG, § 23 Rn. 120; Trittin in: D/K/K/W, BetrVG, § 23 Rn. 156.

343 Siehe unten: § 5 III 1 b.

344 Buchner in: FS G. Müller, S. 93 (98).

345 So zutreffend Buchner in: FS G. Müller, S. 93 (98).

der Amtsausübung[346] oder um rein amtliche Äußerungen des betriebsverfassungsrechtlichen Funktionsträgers[347] handelt. Ob § 74 Abs. 2 S. 3 BetrVG dagegen auch in den Fällen Geltung beansprucht, in denen ein Mitglied des Betriebsrats nicht im Rahmen seiner Amtsausübung, sondern allein in seiner Eigenschaft als gewöhnlicher Arbeitnehmer des Betriebs auftritt, ist umstritten und soll an späterer Stelle untersucht werden.[348]

3. Der Gesamtbetriebsrat und seine Mitglieder

Nach § 51 Abs. 5 BetrVG gelten die Vorschriften über die Rechte und Pflichten des Betriebsrats entsprechend für den Gesamtbetriebsrat, soweit das BetrVG keine besonderen Bestimmungen enthält. Da besondere Bestimmungen zur parteipolitischen Betätigung fehlen, ist auch der Gesamtbetriebsrat an das Verbot des § 74 Abs. 2 S. 3 BetrVG gebunden.[349] Der Sinn dieser Erstreckung leuchtet ohne Weiteres ein, erscheinen doch parteipolitische Betätigungen des Gesamtbetriebsrats nicht weniger geeignet, Arbeitsablauf und Betriebsfrieden zu gefährden und die Arbeitnehmer des Betriebs in ihrer Meinungs- und Wahlfreiheit zu beeinflussen. Auch bei dem Gesamtbetriebsrat richtet sich das Verbot in erster Linie an das Kollektivorgan. Daneben sind auch die einzelnen Gesamtbetriebsratsmitglieder in ihrer amtlichen Eigenschaft Adressaten des parteipolitischen Betätigungsverbots.

4. Der Konzernbetriebsrat und seine Mitglieder

Über die Verweisungskette der §§ 59 Abs. 1, 51 Abs. 5, 74 Abs. 2 S. 3 BetrVG findet das Verbot parteipolitischer Betätigung auch auf den Konzernbetriebsrat und seine Mitglieder in ihrer amtlichen Eigenschaft Anwendung.[350] Insoweit gelten die Ausführungen zum Gesamtbetriebsrat sinngemäß auch für den Konzernbetriebsrat.

---

346 In diesem Zusammenhang stellt sich § 74 Abs. 2 S. 3 BetrVG als Beschränkung des Grundrechts der Meinungsfreiheit der natürlichen Person dar, vgl. dazu § 3 II 4 und III 1.

347 In diesen Fällen bewirkt § 74 Abs. 2 S. 3 BetrVG keinen Grundrechtseingriff, weil Äußerungen, die ausschließlich der amtlichen Eigenschaft des Betriebsratsmitglieds zugeordnet werden können nicht von Art. 5 Abs. 1 S. 1 GG gedeckt sind, vgl. dazu § 3 II 4 und III 1.

348 Hierzu siehe unten: § 4 II 2.

349 Bauer/Willemsen, NZA 2010, 1089 (1093); Fitting, BetrVG, § 74 Rn. 40; Hofmann, Das Verbot parteipolitischer Betätigung, S. 105 f.; v. Hoyningen-Huene in: MüArbR II, § 214 Rn. 25; Löwisch/Kaiser, BetrVG, § 74 Rn. 34; Worzalla in: H/W/G/N/R/H, BetrVG, § 74 Rn. 47.

350 Bauer/Willemsen, NZA 2010, 1089 (1093); Fitting, BetrVG, § 74 Rn. 40; v. Hoyningen-Huene in: MüArbR II, § 214 Rn. 25; Kreutz in: GK-BetrVG, § 74 Rn. 103; Worzalla in: H/W/G/N/R/H, BetrVG, § 74 Rn. 47.

5. Die Jugend- und Auszubildendenvertretung und ihre Mitglieder

a) *Analoge Anwendung des § 74 Abs. 2 S. 3 BetrVG?*

Anders als für den Gesamt- und den Konzernbetriebsrat, sieht das BetrVG für die Jugend- und Auszubildendenvertretung in den §§ 60 ff. eine entsprechende Anwendung des § 74 Abs. 2 S. 3 BetrVG nicht ausdrücklich vor. Lediglich für die Jugend- und Auszubildendenversammlung gilt § 74 Abs. 2 S. 3 BetrVG über die Verweisungsnormen der §§ 71 S. 3, 45 S. 1 HS. 2 BetrVG. Dieser Umstand wird vielfach als unbefriedigend empfunden. So möchte die herrschende Meinung den Anwendungsbereich des parteipolitischen Betätigungsverbots über eine analoge Anwendung des § 74 Abs. 2 S. 3 BetrVG auch auf die Jugend- und Auszubildendenvertretung und ihre Mitglieder erstrecken.[351] Begründet wird dies im Wesentlichen damit, dass die Stellung und die Funktion der Jugend- und Auszubildendenvertretung mit der des Betriebsrats vergleichbar sei und deshalb die Gefahr einer Störung des Betriebsfriedens im Falle einer parteipolitischen Betätigung in gleicher Weise befürchtet werden müsse, wie bei einem Tätigwerden der Betriebspartner.[352]

Die Gegenauffassung[353] wendet demgegenüber ein, dass es bereits an einer für den Analogieschluss notwendigen planwidrigen Regelungslücke fehle. Neben § 51 Abs. 5 BetrVG für den Gesamtbetriebsrat und § 59 Abs. 1 BetrVG für den Konzernbetriebsrat legten insbesondere die Vorschriften der §§ 71 S. 3, 45 S. 1 HS. 2 BetrVG für die Jugend- und Auszubildendenversammlung den Schluss nahe, dass der Gesetzgeber, wenn er die Geltung des Verbots parteipolitischer Betätigung wolle, dies auch ausdrücklich normiert habe.[354] Überdies bestehe auch keine vergleichbare Interessenlage. Die Funktion der Jugend- und Auszubildendenvertretung sei nicht mit der des Betriebsrats vergleichbar. Die Rechte des Betriebsrats seien eindeutig stärker ausgeprägt.[355] Die Jugend- und Auszubildendenvertretung sei kein

---

351 ArbG Kiel 25.07.1974 – 4b BV 10/74, DB 1974, 1965; Bauer/Willemsen, NZA 2010, 1089 (1093); Fitting, BetrVG, § 74 Rn. 40; v. Hoyningen-Huene in: MüArbR II, § 214 Rn. 25; Meisel, RdA 1976, 38 (40); Preis in: W/P/K, BetrVG, § 74 Rn. 21; Richardi in: Richardi, BetrVG, § 74 Rn. 68; Worzalla in: H/W/G/N/R/H, BetrVG, § 74 Rn. 47. Offen gelassen BAG 11.12.1975 – 2 AZR 426/74 – juris Rn. 22; Für eine analoge Anwendung der §§ 62 S. 1, 67 Abs. 1 S. 3 BPersG (Verbot parteipolitischer Betätigung für die Jugend- und Auszubildendenvertretung in der Dienststelle) Kreutz in: GK-BetrVG, § 74 Rn. 103.

352 Werner in: BeckOK, BetrVG, § 74 Rn. 27; ähnlich Kreutz in: GK-BetrVG, § 74 Rn. 103; Meisel, RdA 1976, 38 (40).

353 Berg in: D/K/K/W, BetrVG, § 74 Rn. 64; ders. in: FS A. Gnade, 215 (221 f.); Glaubitz, BB 1972, 1277 (Fn. 6); Hofmann, Das Verbot parteipolitischer Betätigung, S. 108 f.; Klebe/Ratayczak/Heimann/Spoo, BK-BetrVG, § 74 Rn. 4.

354 Hofmann, Das Verbot parteipolitischer Betätigung, S. 108; ähnlich: Berg in: D/K/K/W, BetrVG, § 74 Rn. 39; ders. in: FS A. Gnade, 215 (221 f.).

355 Berg in: D/K/K/W, BetrVG, § 74 Rn. 64; ders. in: FS A. Gnade, 215 (221).

„Jugendbetriebsrat" mit selbstständiger Stellung gegenüber dem Arbeitgeber.[356] Da ihre Bedeutung und ihre Kompetenzen gegenüber denen des Betriebsrats weit zurückblieben, bestehe kein dringendes Bedürfnis für eine analoge Anwendung des § 74 Abs. 2 S. 3 BetrVG.[357] Im Übrigen wäre es aus erzieherischen Gründen unausgewogen, wolle man der Jugend- und Auszubildendenvertretung und ihren Mitgliedern zwar nur weniger Rechte, dafür aber die vollen Pflichten des Betriebsrats und dessen Mitgliedern aufbürden.[358]

b) Stellungnahme

Es trifft zu, dass die Jugend- und Auszubildendenvertretung in ihrer Bedeutung nicht an den Betriebsrat heranreicht. Sie ist sicher kein „Jugendbetriebsrat", schon deshalb nicht, weil sie keine eigenen Mitbestimmungsrechte hat. Gleichwohl sprechen gute Gründe dafür, der herrschenden Meinung zu folgen. Die Auffassung, die eine analoge Anwendung des § 74 Abs. 2 S. 3 BetrVG auf die Jugend- und Auszubildendenvertretung ablehnt, lenkt von der eigentlichen Problematik ab und verkennt, dass es an dieser Stelle gar nicht auf den Umfang der Befugnisse und das Maß der übertragenen Verantwortung ankommt. Entscheidend ist vielmehr, welches Konfliktpotential eine parteipolitische Betätigung der Jugend- und Auszubildendenvertretung birgt. Dieses ist beachtlich und reicht ohne Weiteres an parteipolitische Betätigungen der Betriebspartner heran. Die Ursache hierfür liegt darin, dass das BetrVG für die Jugend- und Auszubildendenvertretung eine eigenständige, vom Betriebsrat organisatorisch abgegrenzte Rolle vorsieht. Folglich wird sie von den wahlberechtigten Jugendlichen und Auszubildenden[359] vielfach als „eigene Interessenvertretung" im Betrieb wahrgenommen, sodass sich im Falle parteipolitischer Betätigungen letztlich dieselben Gefahren für Betriebsfrieden und Meinungsfreiheit ergeben, wie bei Betätigungen des Betriebsrats.

Und noch ein weiterer Grund spricht ganz entscheidend dafür, den persönlichen Anwendungsbereich des § 74 Abs. 2 S. 3 BetrVG im Wege eine Analogie auf die Jugend- und Auszubildendenvertretung zu erstrecken. Die Jugend- und Auszubildendenvertretung agiert innerhalb ihres Aufgabenbereichs nicht etwa isoliert; nach der Konzeption der §§ 60 ff. BetrVG kommt sie an vielen Stellen mit dem Betriebsrat und zum Teil auch mit dem Arbeitgeber in Berührung. Sie kann generell zu allen Betriebsratssitzungen einen Vertreter entsenden (§ 67 Abs. 1 S. 1 BetrVG) und hat dort unter bestimmten Voraussetzungen gar als Gremium ein Teilnahme- (§ 67 Abs. 1 S. 2 BetrVG) und Stimmrecht (§ 67 Abs. 2 BetrVG). Gegebenenfalls ist die Jugend- und Auszubildendenvertretung zu gemeinsamen Besprechungen zwischen Arbeitgeber und Betriebsrat beizuziehen (§ 68 BetrVG). Umgekehrt kann

356 Hofmann, Das Verbot parteipolitischer Betätigung, S. 108, unter Verweis auf die Formulierung bei v. Hoyningen-Huene, BetrVR, § 6 Rn. 27.
357 Hofmann, Das Verbot parteipolitischer Betätigung, S. 108.
358 Hofmann, Das Verbot parteipolitischer Betätigung, S. 108 f.
359 Vgl. § 60 Abs. 1 BetrVG.

der Betriebsratsvorsitzende oder ein beauftragtes Mitglied an den Sitzungen (§ 65 Abs. 2 S. 3 BetrVG) und den Sprechstunden (§ 69 BetrVG) der Jugend- und Auszubildendenvertretung teilnehmen. Würde in all diesen Fällen das parteipolitische Betätigungsverbot nicht gleichermaßen für die Betriebspartner wie für die Mitglieder der Jugend- und Auszubildendenvertretung gelten, entstünde eine völlig ungleiche Gesprächs- und Verhandlungsposition. Die Mitglieder der Jugend- und Auszubildendenvertretung könnten sich etwa während einer Betriebsratssitzung oder im Rahmen einer Besprechung mit dem Arbeitgeber nach Belieben parteipolitisch betätigen und – bei Vorliegen eines unmittelbaren betrieblichen Bezugs - auch parteipolitische Fragestellungen thematisieren, während Betriebsrat und Arbeitgeber wegen ihrer Bindung an § 74 Abs. 2 S. 3 BetrVG hierzu schweigen müssten. Eine solch bizarre Situation kann der Gesetzgeber kaum gewollt haben.

Zuletzt spricht auch ein Blick auf § 73 Abs. 2 und § 73b Abs. 2 BetrVG dafür, dass es sich bei dem fehlenden Verweis auf § 74 Abs. 2 S. 3 BetrVG für die Jugend- und Auszubildendenvertretung nur um ein redaktionelles Versehen des Gesetzgebers handeln kann. Anders lässt es sich nämlich nicht erklären, dass sowohl die Gesamt- als auch die Konzern-Jugend- und Auszubildendenvertretung[360] ausdrücklich an das Verbot parteipolitischer Betätigung gebunden sind.

Im Ergebnis ist § 74 Abs. 2 S. 3 BetrVG analog auf die Jugend- und Auszubildendenvertretung und ihre Mitglieder in amtlicher Eigenschaft anzuwenden.

6. Die Schwerbehindertenvertretung und ihre Mitglieder

In der Literatur wird nur vereinzelt die Frage thematisiert, ob das Verbot parteipolitischer Betätigung im Betrieb auch für die Schwerbehindertenvertretung gilt.[361] Auch die Rechtsprechung musste sich bisher – soweit ersichtlich – mit diesem Problem noch nicht beschäftigen.

Zwar ordnet § 95 Abs. 6 S. 2 SGB IX für die mindestens einmal im Jahr stattfindende Versammlung schwerbehinderter Menschen im Betrieb eine entsprechende Anwendung der für die Betriebsversammlung geltenden Vorschriften an. Dort gilt demnach das Verbot parteipolitischer Betätigung über § 45 S. 1 HS. 2 BetrVG. Für die Schwerbehindertenvertretung selbst findet sich in den §§ 93 ff. SGB IX dagegen kein ausdrücklicher Verweis auf § 74 Abs. 2 S. 3 BetrVG. Letztlich sprechen jedoch gute Gründe dafür, den persönlichen Anwendungsbereich des parteipolitischen Betätigungsverbots im Wege einer analogen Anwendung auch auf die Schwerbehindertenvertretung und ihre Mitglieder in amtlicher Eigenschaft zu erstrecken. Auch bei der Schwerbehindertenvertretung birgt jede parteipolitische Betätigung im Betrieb ein gesteigertes Konfliktpotential. Und noch mehr als bei der Jugend- und Auszubildendenvertretung besteht bei ihr die Notwendigkeit, einen Gleichklang

---

360 Über §§ 73 Abs. 2, 51 Abs. 5 BetrVG bzw. §§ 73b Abs. 2, 51 Abs. 5 BetrVG.

361 Für eine analoge Anwendung des § 74 Abs. 2 S. 3 BetrVG lediglich Kreutz in GK-BetrVG, § 74 Rn. 103; Worzalla in: H/W/G/N/R/H, BetrVG, § 74 Rn. 47 (allerdings ohne Begründung).

mit der Bindung des Arbeitgebers und des Betriebsrats an § 74 Abs. 2 S. 3 BetrVG herzustellen. Schließlich hat die Schwerbehindertenvertretung das Recht, an allen (!) Sitzungen des Betriebsrats und deren Ausschüssen beratend teilzunehmen (§ 95 Abs. 4 S. 1 SGB IX); zu Besprechungen zwischen Betriebsrat und Arbeitgeber ist sie stets (!) hinzuzuziehen (§ 95 Abs. 5 SGB IX). Es wäre widersprüchlich, wenn das Verbot parteipolitischer Betätigung zu diesen Anlässen zwar für Arbeitgeber und Betriebsrat, nicht aber für die Mitglieder der Schwerbehindertenvertretung gälte.

Demnach ist § 74 Abs. 2 S. 3 BetrVG analog auf die Schwerbehindertenvertretung und ihre Mitglieder in amtlicher Eigenschaft anzuwenden.

7. Der Wirtschaftsausschuss und seine Mitglieder

Auch der Wirtschaftsausschuss, dessen Aufgabe nach § 106 Abs. 1 S. 2 BetrVG darin besteht, wirtschaftliche Angelegenheiten mit dem Unternehmer zu beraten und den Betriebsrat zu unterrichten, gehört nach dem Gesetzeswortlaut nicht zum Adressatenkreis des § 74 Abs. 2 S. 3 BetrVG. Eine analoge Anwendung des Verbots ist jedoch gerechtfertigt.[362] Auch parteipolitische Betätigungen des Wirtschaftsausschusses und seiner Mitglieder in amtlicher Eigenschaft bergen ein erhöhtes Konfliktpotential. Soweit die Mitglieder des Wirtschaftsausschuss nicht zugleich auch dem Betriebsrat angehören, besteht ferner auch hier die Notwendigkeit, einen Gleichklang mit der Bindung des Arbeitgebers und des Betriebsrats an § 74 Abs. 2 S. 3 BetrVG herzustellen. Es kann nicht davon ausgegangen werden, dass anlässlich einer Verhandlung oder einer gemeinsamen Besprechung (vgl. etwa § 108 Abs. 2 S. 1, IV, V BetrVG) nur der Arbeitgeber und die Betriebsratsmitglieder, nicht aber die übrigen Mitglieder des Wirtschaftsausschusses an das parteipolitische Betätigungsverbot gebunden sein sollen.

8. Der Wahlvorstand und seine Mitglieder

Fraglich ist, ob das Verbot parteipolitischer Betätigung auch auf den Wahlvorstand und dessen Mitglieder analog anzuwenden ist.[363] Dem Wahlvorstand kommt nach § 18 Abs. 1 S. 1 BetrVG die Aufgabe zu, unmittelbar nach seiner Bestellung die Betriebsratswahl vorzubereiten und durchzuführen, sowie anschließend das Wahlergebnis festzustellen. Dies setzt eine neutrale Amtsausübung voraus.[364] Bereits der bloße Verdacht einer parteipolitischen Voreingenommenheit kann allerdings dazu führen, dass das Vertrauen der Belegschaft in die Neutralität des Wahlvorstandes

362 So auch Bauer/Willemsen, NZA 2010, 1089 (1093); a.A. (allerdings ohne Begründung) Kreutz in: GK-BetrVG, § 74 Rn. 103.

363 Bejahend: Hofmann, Das Verbot parteipolitischer Betätigung, S. 111; Meisel, RdA 1976, 38 (40); ders., SAE 1977, 91 (93); a.A. (allerdings ohne Begründung) Kreutz in: GK-BetrVG, § 74 Rn. 103.

364 Allgemein zur Neutralitätspflicht des Wahlvorstandes und seiner Mitglieder vgl. Zumkeller/Karwatzki, BB 2011, 2101.

gestört wird. Parteipolitische Betätigungen sind daher mit dem Amt des Wahlvorstandes unvereinbar. Sie sind in hohem Maße geeignet, den reibungslosen Ablauf der Betriebsratswahl zu beeinträchtigen und den Betriebsfrieden zu stören.[365] Gerade in der unter Umständen aufgeheizten Atmosphäre des Betriebsratswahlkampfes ist es unerlässlich, dass der Wahlvorstand mögliche Konflikte nicht noch durch parteipolitische Betätigungen schürt. Mit Blick auf den durch § 74 Abs. 2 S. 3 BetrVG bezweckten Schutz des Betriebsfriedens erscheint daher eine analoge Anwendung angezeigt.

II. Abgrenzung

1. Die Arbeitnehmer des Betriebs

a) Keine Anwendbarkeit des § 74 Abs. 2 S. 3 BetrVG

Nicht vom persönlichen Anwendungsbereich des § 74 Abs. 2 S. 3 BetrVG erfasst sind die übrigen Arbeitnehmer des Betriebs, die keine betriebsverfassungsrechtliche Funktion inne haben.[366] Dies war lange Zeit umstritten. Noch während der Geltung des § 51 S. 2 BetrVG 1952 ging das BAG[367] und mit ihm ein großer Teil der Rechtslehre[368] davon aus, dass nicht nur die Mitglieder des Betriebsrats, sondern alle Arbeitnehmer des Betriebs an das betriebsverfassungsrechtliche Verbot parteipolitischer Betätigung gebunden seien. Nach dem Inkrafttreten des BetrVG 1972 konnte sich diese Auffassung jedoch nicht durchsetzen. Sie wird heute praktisch nicht mehr vertreten.[369]

---

365 So auch Hofmann, Das Verbot parteipolitischer Betätigung, S. 111.

366 Heute ganz herrschende Meinung: BVerfG 28.04.1976 – 1 BvR 71/73, juris, Rn. 26; BAG 12.06.1986 – 6 AZR 559/84, juris, Rn. 26 f.; Berg in: D/K/K/W, BetrVG, § 74 Rn. 65; Bieback, RdA 1978, 82 (91); Blomeyer, ZfA 1972, 85 (117 f.); Buchner, ZfA 1982, 49 (76); Fitting, BetrVG, § 74 Rn. 41; Gnade, ArbRdGgw, Bd. 14 (1977), S. 59 (67 f.); Hofmann, Das Verbot parteipolitischer Betätigung, S. 86 f.; v. Hoyningen-Huene in: MüArbR II, § 214 Rn. 25; Husemann, Das Verbot der parteipolitischen Betätigung, S, 145; Kania in: ErfK, BetrVG, § 74 Rn. 22; Kreutz in: GK-BetrVG, § 74 Rn. 105; Reichold in: H/W/K, AK, § 74 BetrVG Rn. 18; Richardi in: Richardi, BetrVG, § 74 Rn. 69; Rüttgers, Das Verbot parteipolitischer Betätigung, S. 47 f.; Worzalla in: H/W/G/N/R/H, BetrVG, § 74 Rn. 49.

367 BAG 13.01.1956 – 1 AZR 167/55, E 2, 267 (271).

368 Vgl. zum damaligen Meinungsstand Behnes, Die politische Tätigkeit im Arbeitsverhältnis, S. 46.

369 Vgl. aber Meisel, RdA 1976, 38 (43), der aus § 74 Abs. 2 S. 2 und S. 3 BetrVG ein für alle Arbeitnehmer des Betriebs geltendes, „relatives" Politikverbot herleitet, welches immer dann eingreife, wenn entweder der Arbeitsablauf oder der Betriebsfrieden konkret gestört werden oder mit einer solche Störung erfahrungsgemäß zu rechnen ist.

Betrachtet man die Argumente, die gegen eine Anwendbarkeit des § 74 Abs. 2 S. 3 BetrVG auf alle Arbeitnehmer des Betriebs angeführt werden, so fällt es leicht, sich der heute ganz herrschenden Meinung anzuschließen. Bereits nach dem Wortlaut richtet sich § 74 Abs. 2 S. 3 BetrVG lediglich an den Arbeitgeber und den Betriebsrat.[370] Die übrigen Arbeitnehmer des Betriebs werden vom Gesetz nicht erwähnt. Daneben wird zu Recht auf die systematische Stellung der Norm verwiesen. Als Bestandteil der Betriebsverfassung sei § 74 Abs. 2 S. 3 BetrVG eine kollektivrechtliche Norm und eine Ausdehnung auf alle Arbeitnehmer daher systemfremd.[371] Zutreffend ist auch der Gedanke, dass das absolute Verbot parteipolitischer Betätigung eng mit der Amtsstellung und der damit verbundenen besonderen Machtposition des Betriebsrats in Verbindung stehe, welche – anders als beim gewöhnlichen Arbeitnehmer – schlicht eine strengere Restriktion bedürfe.[372] Wären sämtliche Arbeitnehmer des Betriebs vom Adressatenkreis des parteipolitischen Betätigungsverbots umfasst, so würde zudem die Vorschrift des § 45 S. 1 HS. 2 BetrVG keinen Sinn ergeben. Zu Recht wird angeführt, dass der darin enthaltene Verweis nur das Ziel haben könne, das Verbot parteipolitischer Betätigung im Betrieb über Arbeitgeber und Betriebsrat hinaus auf die übrigen Teilnehmer der Betriebsversammlung zu erstrecken, für die es sich aus § 74 Abs. 2 S. 3 BetrVG nicht unmittelbar ergibt.[373] Nicht zuletzt stehen einer Ausweitung des § 74 Abs. 2 S. 3 BetrVG auf die gesamte Belegschaft auch erhebliche verfassungsrechtliche Bedenken entgegen. Das BVerfG[374] hat darauf hingewiesen, dass bei der Anwendung des § 74 Abs. 2 S. 3 BetrVG der besondere Wertgehalt des Art. 5 GG, der zu einer grundsätzlichen Vermutung für die Freiheit der Meinungsäußerung führt, gewahrt bleiben muss. Ein absolutes Verbot parteipolitischer Betätigung für alle Arbeitnehmer des Betriebs würde gegen die vom BVerfG angemahnte restriktive Auslegung des § 74 Abs. 2 S. 3 BetrVG[375] verstoßen und hätte einen unverhältnismäßigen Eingriff in das Grundrecht der Meinungsfreiheit zur Folge.[376]

b) Arbeitsvertragliche Grenzen politischer Betätigung im Betrieb[377]

Auch wenn die gewöhnlichen Arbeitnehmer nicht vom persönlichen Anwendungsbereich des § 74 Abs. 2 S. 3 BetrVG umfasst sind, bedeutet dies nicht, dass ihnen

370 Gnade, ArbRdGgw, Bd. 14 (1977), S. 59 (67); Kreutz in: GK-BetrVG, § 74 Rn. 105.
371 So bereits zu § 51 S. 2 BetrVG 1952: Richardi, NJW 1962, 1374 (1374); vgl. auch Buchner, AG 1973, 13 (21 f.); Zachert, ArbuR 1978, 222 (223).
372 Bieback, RdA 1978, 82 (91); bereits zu § 51 S. 2 BetrVG 1952: Behnes, Die politische Tätigkeit im Arbeitsverhältnis, S. 47 f.
373 Rüttgers, Das Verbot parteipolitischer Betätigung, S. 47.
374 BVerfG 28.04.1976 – 1 BvR 71/73, juris Rn. 28.
375 Siehe dazu oben: § 3 III 3.
376 Vgl. Kreutz in: GK-BetrVG, § 74 Rn. 105.
377 Die arbeitsvertragliche Zulässigkeit politischer Betätigungen gehört streng genommen nicht mehr zum Thema der vorliegenden Arbeit und soll daher im Folgenden nur überblicksweise angerissen werden.

politische Meinungsäußerungen im Betrieb ohne jede Einschränkung gestattet sind. Für die Arbeitnehmer des Betriebs ergeben sich die Grenzen vielmehr unmittelbar aus dem Arbeitsvertrag: Sie haben politische Betätigungen zu unterlassen, sofern dadurch Haupt- oder Nebenpflichten aus dem Arbeitsvertrag verletzt werden.[378] Nach der Rechtsprechung des BAG darf eine politische Betätigung, um in den arbeitsvertraglich erlaubten Grenzen zu bleiben, zu keiner konkreten Störung oder Beeinträchtigung des Arbeitsverhältnisses im Leistungsbereich, im Bereich der betrieblichen Verbundenheit aller Mitarbeiter (Betriebsfrieden), im personalen Vertrauensbereich oder im Unternehmensbereich führen.[379] Während also die politische Meinungsäußerung an sich wegen der grundrechtlich geschützten Meinungsfreiheit aus Art. 5 Abs. 1 GG keine Arbeitsvertragsverletzung darstellt, sind den Arbeitnehmern insbesondere solche politischen Betätigungen untersagt, durch die die Erfüllung der Arbeitspflicht beeinträchtigt oder der Arbeitsablauf oder der Betriebsfrieden konkret gestört werden.[380] Eine bloße Gefährdung des Betriebsfriedens berührt die Pflichten aus dem Arbeitsvertrag hingegen nicht.[381]

Hieraus folgt, dass der Betrieb für Meinungsäußerungen im Rahmen eines politischen Gesprächs oder einer politischen Diskussion zwischen Arbeitnehmern grundsätzlich offen steht.[382] Der Arbeitnehmer muss im Einzelfall nur darauf achten, dass seine politische Meinungskundgabe nicht mit einer Verletzung arbeitsvertraglicher Haupt- oder Nebenpflichten einhergeht. Anderenfalls kann nach vorheriger Abmahnung und unter strenger Beachtung des Grundsatzes der Verhältnismäßigkeit eine ordentliche Kündigung, bei schwerwiegenden Störungen sogar eine außerordentliche Kündigung, gerechtfertigt sein.[383]

---

378 Gnade, ArbRdGgw, Bd. 14 (1977), S. 59 (68); Kreutz in: GK-BetrVG, § 74 Rn. 106; Oetker, RdA 2004, 8 (18); Preis/Stoffels, RdA 1996, 210 (213); Richardi in: Richardi, BetrVG, § 74 Rn. 69.

379 Siehe nur BAG 12.06.1986 – 6 AZR 559/84, juris, Rn. 27; vertiefend zu den einzelnen Fallgruppen vgl. Hofmann, Das Verbot parteipolitischer Betätigung, S. 89 ff.; v. Hoyningen-Huene/Hofmann, BB 1984, 1050 (1052 ff.); Sowka/Krichel, DB 1989, Beil. Nr. 11 S. 3 f.

380 BAG 09.12.1982 – 2 AZR 620/80, juris, Rn. 44; Dörner/Vossen in: A/P/S, Kündigungsrecht, KSchG, § 1 Rn. 300; Fitting, BetrVG, § 74 Rn. 41; Gnade, ArbRdGgw, Bd. 14 (1977), S. 59 (68); Griebeling in: KR, § 1 Rn. 458 und 468; Kreutz in: GK-BetrVG, § 74 Rn. 106; Richardi in: Richardi, BetrVG, § 74 Rn. 69; Worzalla in: H/W/G/N/R/H, BetrVG, § 74 Rn. 49.

381 Fitting, BetrVG, § 74 Rn. 41; Kreutz in: GK-BetrVG, § 74 Rn. 106; Preis/Stoffels, RdA 1996, 210 (213); vgl. auch BAG 17.03.1988 – 2 AZR 576/87, juris, Rn. 52 f.

382 Buchner, ZfA 1982, 49 (72); Fitting, BetrVG, § 74 Rn. 41; Kissel, NZA 1988, 145 (151); Oetker, RdA 2004, 8 (18); Preis/Stoffels, RdA 1996, 210 (213); Reichold in: MüArbR II, § 49 Rn. 18.

383 Dörner/Vossen in: A/P/S, Kündigungsrecht, § 1 Rn. 300; Griebeling in: KR, § 1 Rn. 468 f.; Worzalla in: H/W/G/N/R/H, BetrVG, § 74 Rn. 49.

2. Die Betriebsratsmitglieder außerhalb ihrer amtlichen Betätigung

a) *Problemaufriss und Meinungsstand*

Jedes Betriebsratsmitglied ist nach §§ 8 Abs. 1 S. 1, 7 S. 1 BetrVG immer zugleich auch Arbeitnehmer des Betriebs. Ist es nicht von seiner beruflichen Tätigkeit freigestellt (§ 38 BetrVG), so verbringt es nur einen Teil seiner betrieblichen Anwesenheitszeit mit der Wahrnehmung betriebsverfassungsrechtlicher Aufgaben. Die übrige Zeit ist das Betriebsratsmitglied – ebenso wie alle anderen Arbeitnehmer des Betriebs – mit der Erfüllung der Arbeitspflicht beschäftigt. Es stellt sich die Frage, ob § 74 Abs. 2 S. 3 BetrVG auch in dieser Situation für das Betriebsratsmitglied verbindlich ist.

Die herrschende Meinung[384] differenziert zwischen der Eigenschaft als Amtsträger und der Eigenschaft als gewöhnlicher Arbeitnehmer des Betriebs. Nur wenn das Betriebsratsmitglied als betriebsverfassungsrechtlicher Funktionsträger auftritt, sei es an § 74 Abs. 2 S. 3 BetrVG gebunden. Betätigt es sich dagegen als normaler Arbeitnehmer des Betriebs parteipolitisch, gelte, wie für alle Arbeitnehmer, ausschließlich Arbeitsvertragsrecht. Als Argument wird angeführt, dass eine Trennung zwischen Amtsstellung und Arbeitnehmerstellung aus verfassungsrechtlichen Gründen geboten sei, da sich die mit § 74 Abs. 2 S. 3 BetrVG verbundenen Einschränkungen der Meinungsfreiheit allein mit den besonderen Amtsbefugnissen und -pflichten rechtfertigen lasse.[385] Auch erscheine es bei einer wertenden Betrachtung als unangemessen streng, den Betriebsratsmitgliedern für die ganze Zeit im Betrieb das Verbot des § 74 Abs. 2 S. 3 BetrVG aufzuerlegen, vor allem wenn man bedenkt, dass nicht frei gestellte Amtsträger lediglich ein Drittel ihrer Arbeitszeit für betriebsverfassungsrechtliche Aufgaben verwenden.[386] Zuletzt wird auf den Wortlaut des § 74 Abs. 2 S. 3 BetrVG verwiesen. Anders als etwa die §§ 78, 79 BetrVG nenne dieser als Normadressaten nur das Kollektivorgan Betriebsrat. Demnach könne die hieraus folgende Pflicht das einzelne Betriebsratsmitglied allein in seiner Eigenschaft als Teil des Organs – d.h. bei Wahrnehmung seiner Amtsaufgaben – treffen.[387]

---

384 BAG 12.06.1986 – 6 AZR 559/84, juris, Rn. 26; Berg in: D/K/K/W, BetrVG, § 74 Rn. 65; Bieback, RdA 1978, 82 (91); Buchner, ZfA 1982, 49 (65 f.); Fitting, BetrVG, § 74 Rn. 39; Germelmann, Der Betriebsfrieden, S. 141; Hofmann, Das Verbot parteipolitischer Betätigung, S. 102; Kania in: ErfK, BetrVG, § 74 Rn. 22; Kreutz in: GK-BetrVG, § 74 Rn. 102; Reichold in: H/W/K, AK, § 74 BetrVG Rn. 18; Sowka/Krichel, DB 1989, Beil. Nr. 11 S. 5; Ulrici, jurisPR-ArbR 37/2010 Anm. 1, unter C II. 2. b; Wiebauer, BB 2010, 3091 (3094).

385 Bieback, RdA 1978, 82 (91); ähnlich Germelmann, Der Betriebsfrieden, S. 141.

386 Hofmann, Das Verbot parteipoltischer Betätigung im Betrieb, S. 102.

387 Bieback, RdA 1978, 82 (91).

Eine Mindermeinung lehnt die Unterscheidung zwischen amtlicher Eigenschaft und Arbeitnehmereigenschaft ab.[388] Sie geht davon aus, dass § 74 Abs. 2 S. 3 BetrVG für die Mitglieder des Betriebsrats jederzeit uneingeschränkt Geltung beansprucht. Das einzelne Betriebsratsmitglied solle das Verbot nicht mit der Behauptung unterlaufen können, es werde nicht in seiner Amtsfunktion für den Betriebsrat tätig, sondern als einfacher Arbeitnehmer.[389] Zudem untersage § 74 Abs. 2 S. 3 BetrVG dem Betriebsrat und damit seinem Mitgliedern ganz allgemein jede parteipolitische Betätigung im Betrieb, was dafür spreche, dass sich diese dort überhaupt nicht, auch nicht losgelöst von ihrem Amt, parteipolitisch betätigen dürfen.[390] Nicht zuletzt sei bei politischen Meinungsäußerungen eine Unterscheidung zwischen Person und Amt häufig gar nicht möglich.[391]

b) Stellungnahme

Bei der Frage, in welchem Umfang das Betriebsratsmitglied an das betriebsverfassungsrechtliche Verbot parteipolitischer Betätigung im Betrieb gebunden ist, ist der herrschenden Meinung zu folgen. Es trifft zu, dass die Verbotsnorm des § 74 Abs. 2 S. 3 BetrVG ihre Rechtfertigung allein aus der besonderen Amtsstellung des Betriebsratsmitglieds erfährt. Diese Amtsstellung ist es, die dazu führt, dass seine parteipolitischen Betätigungen gesteigerte Gefahren für Arbeitsablauf und Betriebsfrieden mit sich bringen. Gerade weil die Meinungsäußerungen eines Betriebsratsmitglieds mit einem „Amtsbonus“[392] ausgestattet sind, besteht zudem die Möglichkeit einer erleichterten Einflussnahme auf die übrigen Belegschaftsmitglieder. Zwar entfällt dieser Amtsbonus sicher nicht gänzlich, wenn das Betriebsratsmitglied nicht als Amtsträger sondern als normaler Arbeitnehmer auftritt; er wird jedoch zumindest stark abgeschwächt. Auch besteht in dieser Situation kaum die Gefahr, dass der Eindruck erweckt wird, das Betriebsratsmitglied spreche für die gesamte Belegschaft. Aus diesen Gründen ist von einer unverhältnismäßige Grundrechtsbeschränkung auszugehen, wollte man das Betriebsratsmitglied auch außerhalb seiner amtlichen Betätigung unter das Verbot des § 74 Abs. 2 S. 3 BetrVG subsumieren.

Soweit die Gegenauffassung darauf verweist, dass bei politischen Meinungsäußerungen eine Unterscheidung zwischen Person und Amt häufig gar nicht möglich sei, kann dies nicht überzeugen. Es geht nicht in erster Linie darum, eine persönliche Meinungsäußerung von einer amtlichen Äußerung zu unterscheiden. Denn § 74 Abs. 2 S. 3 BetrVG verbietet dem Betriebsratsmitglied auch private Meinungsäußerungen parteipolitischer Art, sofern sie bei Gelegenheit der Amtsausübung erfolgen.

---

388 Bohn, SAE 1979, 67 (68); Meisel, RdA 1976, 38 (40); ders., SAE 1977, 91 (93); wohl auch Worzalla in: H/W/G/N/R/H, BetrVG, § 74 Rn. 48.

389 Meisel, RdA 1976, 38 (40); ders. in: SAE 1977, 91 (93); zust. Bohn, SAE 1979, 67 (68).

390 Bohn, SAE 1979, 67 (68).

391 Bohn, SAE 1979, 67 (68); Worzalla in: H/W/G/N/R/H, BetrVG, § 74 Rn. 48.

392 So BAG 12.06.1986 – 6 ABR 67/84, juris, Rn. 41; siehe hierzu auch oben: § 2 III 3.

Die Grenze verläuft vielmehr zwischen Amtsführung und Arbeitnehmereigenschaft. Ob das Betriebsratsmitglied im Einzelfall als Amtsträger oder als Arbeitnehmer aktiv wird, lässt sich nach objektiven Kriterien ermitteln.[393]

Das Betriebsratsmitglied ist demnach nur im Rahmen seiner amtlichen Betätigung, nicht aber in seiner Eigenschaft als normaler Arbeitnehmer des Betriebs an das Verbot des § 74 Abs. 2 S. 3 BetrVG gebunden.

c) Kriterien für die Unterscheidung zwischen der amtlichen Eigenschaft des Betriebsratsmitglieds und der Eigenschaft als Arbeitnehmer des Betriebs

Die Abgrenzung zwischen amtlicher Betätigung und Betätigung als Arbeitnehmer erfolgt nach rein objektiven Kriterien. Es kommt nicht darauf an, wie das Betriebsratsmitglied seine parteipolitische Betätigung subjektiv verstanden haben will. Zu unterscheiden ist dabei zwischen freigestellten (§ 38 BetrVG) und sonstigen Betriebsratsmitgliedern.

Ist ein Mitglied des Betriebsrats nach § 38 BetrVG von seiner beruflichen Tätigkeit freigestellt, so befindet es sich während der Arbeitszeit quasi immer im Amt; das Verbot des § 74 Abs. 2 S. 3 BetrVG gilt für das freigestellte Mitglied daher grundsätzlich uneingeschränkt.[394] Eine Ausnahme ist – ähnlich wie beim Arbeitgeber – nur in solchen Fällen geboten, in denen ersichtlich kein Zusammenhang zur Amtsstellung besteht, etwa bei Gesprächen unter Kollegen in der Kantine, während des Betriebsausflugs oder während der betrieblichen Weihnachtsfeier.[395]

Für die übrigen Betriebsratsmitglieder ist das Verbot des § 74 Abs. 2 S. 3 BetrVG im Sinne eines strikten Trennungsgebots zu verstehen: Amtsführung und persönliche Betätigung müssen strikt auseinander gehalten werden.[396] Generell untersagt sind demnach parteipolitische Betätigungen im Zusammenhang mit der Wahrnehmung betriebsverfassungsrechtlicher Angelegenheiten, etwa während der Betriebsratssitzung[397], während der Sprechstunde (§ 39 BetrVG)[398], während einer Besprechung mit dem Arbeitgeber oder bei Ausnutzung eines betriebsverfassungsrechtlichen Zutrittsrechts zum Arbeitsplatz anderer Arbeitnehmer[399]. Dies gilt auch dann, wenn es sich um private Meinungsäußerungen bei Gelegenheit der

393 Hierzu sogleich unter c.

394 Kreutz in: GK-BetrVG, § 74 Rn. 102; Sowka/Krichel, DB 1989, Beil. Nr. 11 S. 5; Wiebauer BB 2010, 3091 (3093).

395 Wiebauer, BB 2010, 3091 (3094). Dies gilt allerdings nur, soweit das Betriebsratsmitglied nicht explizit auf seine Amtsstellung hinweist. Hierzu siehe auch unten: § 5 III 2.

396 So zutreffend Wiebauer, BB 2010, 3091 (3093).

397 Buchner, ZfA 1982, 49 (64 f.); Kreutz in: GK-BetrVG, § 74 Rn. 102.

398 Buchner, ZfA 1982, 49 (64 f.); Fitting, BetrVG, § 74 Rn. 43; Kreutz in: GK-BetrVG, § 74 Rn. 102.

399 Fitting, BetrVG, § 74 Rn. 43; Kreutz in: GK-BetrVG, § 74 Rn. 102.

Amtsführung handelt.[400] Aber auch in Fällen, in denen das Betriebsratsmitglied keine Betriebsratsaufgaben erledigt, kann ein Zusammenhang zwischen parteipolitischer Betätigung und Betriebsratsamt bestehen. Dies ist dann der Fall, wenn das Betriebsratsmitglied bei der Meinungsäußerung explizit auf seine Amtsstellung hinweist. Nimmt das Betriebsratsmitglied dagegen keine betriebsverfassungsrechtlichen Angelegenheiten wahr und weist es auch nicht auf seine Amtsstellung hin, so ist im Zweifel davon auszugehen, dass es als normaler Arbeitnehmer aktiv wird. Dies hat das BAG etwa in einem Fall angenommen, in dem ein Mitglied des Betriebsrats während der Mittagspause Flugblätter auf nicht besetzte Arbeits- und Kantinenplätze ausgelegt hat.[401]

3. Die Ersatzmitglieder des Betriebsrats

Vereinzelt[402] wird das Verbot parteipolitischer Betätigung in entsprechender Anwendung des § 74 Abs. 2 S. 3 BetrVG auch auf die Ersatzmitglieder des Betriebsrats erstreckt. Auch bei den Ersatzmitgliedern handele es sich um betriebsverfassungsrechtliche Funktionsträger, weshalb die hinter dem Verbot stehende Motivation des Gesetzgebers für sie ebenso zutreffe. Dem kann jedoch nicht zugestimmt werden.[403] § 74 Abs. 2 S. 3 BetrVG beruht auf der Erwägung, dass parteipolitische Meinungsäußerungen des Betriebsrats eine gesteigerte Gefahr für den Betriebsfrieden und den Arbeitsablauf sowie für die staatsbürgerliche Meinungs- und Wahlfreiheit der Arbeitnehmer des Betriebs mit sich bringen.[404] Dieser Gedanke lässt sich grundsätzlich auch auf weitere betriebsverfassungsrechtliche Amtsträger übertragen, denn es ist gerade die besondere Amtsstellung, die parteipolitische Betätigungen in Bezug auf die durch § 74 Abs. 2 S. 3 BetrVG geschützten Rechtsgüter als besonders gefährlich erscheinen lässt. Insoweit kann man durchaus von einem amtsbezogenen Verbot sprechen.[405] Die Ersatzmitglieder des Betriebsrats üben jedoch (noch) kein betriebsverfassungsrechtliches Amt aus. Sie befinden sich gewissermaßen in einer Wartestellung. Erst wenn die Voraussetzungen des § 25 Abs. 1 BetrVG erfüllt sind – d.h. mit dem Ausscheiden oder der zeitweiligen Verhinderung eines regulären Betriebsratsmitglieds – rückt das Ersatzmitglied in den Betriebsrat nach. Vorher verfügt es noch über keinen besonderen „Amtsbonus", der ihm die Möglichkeit der erleichterten Einflussnahme auf die übrigen Belegschaftsmitglieder eröffnet. Eine analoge Anwendung des § 74 Abs. 2 S. 3 BetrVG ist daher nicht gerechtfertigt. Erst mit dem Nachrücken in den Betriebsrat erhält das Ersatzmitglied die Stellung eines

---

400 So auch Wiebauer, BB 2010, 3091 (3093).
401 BAG 12.06.1986 – 6 AZR 559/84, juris.
402 Meisel, RdA 1976, 38 (40); ders., SAE 1977, 91 (93).
403 Ablehnend auch Hofmann, Das Verbot parteipolitischer Betätigung, S. 109 f.
404 Hierzu siehe oben: § 2 III 2 und 3.
405 Siehe hierzu bereits oben: § 4 II 2 b.

Betriebsratsmitglieds mit allen damit zusammenhängenden Rechten und Pflichten.[406] Dies muss auch für das Verbot parteipolitischer Betätigung im Betrieb gelten.

4. Die Wahlbewerber

Im Schrifttum werden vereinzelt[407] auch die Wahlbewerber als Adressaten des parteipolitischen Betätigungsverbots aus § 74 Abs. 2 S. 3 BetrVG genannt. Obwohl parteipolitische Betätigungen bei den Betriebsratswahlen in der Praxis durchaus vorkommen[408], hat sich das BAG bisher – soweit es über solche Fälle zu entscheiden hatte[409] – nicht zur Anwendbarkeit des § 74 Abs. 2 S. 3 BetrVG auf Wahlbewerber geäußert. Allerdings hat es in einer älteren Entscheidung[410] in diesem Zusammenhang offen gelassen, ob das Verbot parteipolitischer Betätigung auch für die übrigen Arbeitnehmer des Betriebs gilt, was zumindest dafür spricht, dass das Gericht seinerzeit keinen Anlass dafür sah, zwischen Wahlbewerbern und den sonstigen Arbeitnehmern des Betriebs zu unterscheiden. Letztere unterliegen nach heute ganz herrschender Meinung nicht dem Verbot des § 74 Abs. 2 S. 3 BetrVG.[411]

Richtigerweise ist eine analoge Anwendung des § 74 Abs. 2 S. 3 BetrVG auf die Wahlbewerber abzulehnen.[412] Zwar ist der Gegenauffassung zuzugestehen, dass parteipolitische Betätigungen während des Betriebsratswahlkampfes von der Belegschaft als besonders störend empfunden werden können. Dies ist vor allem dann nachvollziehbar, wenn die parteipolitische Betätigung ein solches Ausmaß erreicht, dass dadurch die den Betrieb und seine Arbeitnehmer unmittelbar betreffenden Sachthemen in den Hintergrund gedrängt werden. Auch entbehrte es nicht einer gewissen Logik, wenn man den Kandidaten bereits im Wahlkampf die Grenzen setzt, die für sie im Falle eines Wahlsieges bei der späteren Amtsausübung ohnehin gelten würden. Gegen eine Ausweitung des persönlichen Anwendungsbereichs des parteipolitischen Betätigungsverbots auch auf Wahlbewerber spricht allerdings, dass es sich bei § 74 Abs. 2 S. 3 BetrVG um ein amtsbezogenes Verbot handelt.[413] Da die Wahlbewerber allerdings gerade noch kein betriebsverfassungsrechtliches Amt ausüben, ist eine analoge Anwendung insoweit nicht gerechtfertigt. Ferner muss auch berücksichtigt werden, dass es sich beim Betriebsratswahlkampf um eine besondere Situation handelt, bei der die Kandidaten darauf angewiesen sind, die Aufmerksamkeit der Belegschaft auf sich zu lenken. Es wäre daher falsch, würde man jeden – auch parteipolitischen – Profilierungsversuch der Wahlbewerber mit allzu

---

406 Vgl. BAG 08.09.2011 – 2 AZR 388/10, juris, Rn. 33 ff.; Thüsing in: Richardi, BetrVG, § 25 Rn. 25.
407 Meisel, RdA 1976, 38 (40); ders., SAE 1977, 91 (93).
408 Vgl. Hofmann, Das Verbot parteipolitischer Betätigung, S. 112.
409 BAG 13.10.1977 – 2 AZR 387/76, juris; BAG 15.12.1977 – 3 AZR 184/76, juris.
410 BAG 13.10.1977 – 2 AZR 387/76, juris, Rn. 42 f.
411 Hierzu siehe oben: § 4 II 1.
412 Ebenso Hofmann, Das Verbot parteipolitischer Betätigung, S. 112 f.
413 Hierzu siehe bereits oben: § 4 II 2 b und 3.

strengen Maßstäben betrachten.[414] Ohnehin sind die Kandidaten bei ihrer Wahlwerbung an die arbeitsvertraglichen Grenzen gebunden, weshalb ihnen jedenfalls solche parteipolitischen Betätigungen untersagt sind, durch die der Betriebsfrieden konkret gestört wird.[415]

5. Die Arbeitnehmervertreter im Aufsichtsrat

Teilweise[416] wird im Schrifttum eine analoge Anwendung des parteipolitischen Betätigungsverbots auf die Arbeitnehmervertreter im Aufsichtsrat befürwortet. Dies kann jedoch nicht überzeugen. Zunächst erscheint es keineswegs gerechtfertigt, allein die Arbeitnehmervertreter im Aufsichtsrat einseitig zu beschränken.[417] Wenn überhaupt, käme eine analoge Anwendung des § 74 Abs. 2 S. 3 BetrVG daher allenfalls für sämtliche Mitglieder des Aufsichtsrates, d. h. auch für die Vertreter der Anteilseigner, in Betracht. Gegen einen solchen Analogieschluss spricht allerdings, dass das BetrVG bereits von seinem Regelungsgegenstand her nicht einschlägig ist. Die Betriebsverfassung umfasst nur den Bereich der betrieblichen Mitbestimmung, nicht aber die Mitbestimmung durch Arbeitnehmervertreter im Aufsichtsrat (Unternehmensmitbestimmung). Der § 74 Abs. 2 S. 3 BetrVG zugrundeliegende Gedanke kann auch nicht auf die Ebene der Unternehmensmitbestimmung übertragen werden, da es insoweit an einer vergleichbaren Interessenlage fehlt. Die Gremien und Funktionsträger der Betriebsverfassung nehmen im betrieblichen Alltag eine besondere Stellung ein. Sie kommen mit der Belegschaft unmittelbar in Berührung, was beim Aufsichtsrat in der Regel nicht der Fall ist. Deshalb besteht beim Aufsichtsrat auch kein vergleichbares Bedürfnis für ein absolutes Verbot parteipolitischer Betätigung. Hätte der Gesetzgeber auch hier ein Verbot i.S.d. § 74 Abs. 2 S. 3 BetrVG gewollt, so hätte er es durch eine ausdrückliche Regelung in die Unternehmensverfassung (AktG, DrittelbeteiligungsG, MitbestG 1976 und MontanMitbestG) aufgenommen.

6. Die leitenden Angestellten des Arbeitgebers

Kontrovers diskutiert wird die Frage, ob das betriebsverfassungsrechtliche Verbot parteipolitischer Betätigung im Betrieb auch für die leitenden Angestellten des Arbeitgebers gilt. Zwar wird eine uneingeschränkte Anwendung des § 74 Abs. 2 S. 3 BetrVG auf die leitenden Angestellten heute – soweit ersichtlich – nicht mehr vertreten.[418] Zum Teil wird allerdings eine Bindung an das parteipolitischen

414 So zutreffend Hofmann, Das Verbot parteipolitischer Betätigung, S. 113.

415 Hierzu siehe oben: § 4 II 1 b.

416 Meisel, RdA 1976, 38 (40); ders., SAE 1977, 91 (93); Säcker, Informationsrechte, S. 77 f.

417 So zutreffend Hoffman, Das Verbot parteipolitischer Betätigung, S. 114 ff.

418 So aber früher zu § 51 S. 2 BetrVG 1952: Schäcker, BB 1963, 856 (857); zu § 74 Abs. 2 S. 3 BetrVG: Fitting/Auffarth/Kaiser/Heither, BetrVG (15. Aufl.), § 74 Rn. 8a.

Betätigungsverbots zumindest in den Fällen bejaht, in denen leitende Angestellte als „Beauftragte" des Arbeitgebers tätig sind[419] bzw. der Arbeitgeber ihnen die Ausübung seiner betriebsverfassungsrechtlichen Rechte und Pflichten überträgt[420]. Andere wiederum lehnen eine Anwendung des § 74 Abs. 2 S. 3 BetrVG auf die leitenden Angestellten ab; für sie gelte – wie für die übrigen Arbeitnehmer – ausschließlich Arbeitsvertragsrecht.[421]

Richtigerweise ist eine Bindung der leitenden Angestellten an das Verbot des § 74 Abs. 2 S. 3 BetrVG anzunehmen, wenn und soweit sie im Einzelfall vom Arbeitgeber mit der Wahrnehmung seiner betriebsverfassungsrechtlichen Rechte und Pflichten betraut werden.[422] In diesem Fall gilt, was an vorheriger Stelle bereits im Allgemeinen zu den gesetzlichen und rechtsgeschäftlich bestellten Vertretern des Arbeitgebers herausgearbeitet wurde: Um das Verbot parteipolitischer Betätigung nicht leerlaufen zu lassen, müssen auch die Vertreter des Arbeitgebers bei der Ausübung der betriebsverfassungsrechtlichen Rechte und Pflichte vom persönlichen Anwendungsbereich des § 74 Abs. 2 S. 3 BetrVG umfasst sein; ihre parteipolitischen Betätigungen sind dem Arbeitgeber zuzurechnen.[423] Die leitenden Angestellten nehmen insoweit keine Sonderstellung ein. Außerhalb der stellvertretenden Wahrnehmung betriebsverfassungsrechtlicher Rechte und Pflichten lässt sich eine analoge Anwendung des § 74 Abs. 2 S. 3 BetrVG auf die leitenden Angestellten dagegen nicht rechtfertigen. Hier ergeben sich die Grenzen der Zulässigkeit politischer Betätigung im Betrieb – ebenso wie für die übrigen Arbeitnehmer – allein aus dem Arbeitsvertrag.

7. Die Gewerkschaften

a) Meinungsstand

Zum Teil[424] werden auch die Vertreter der Gewerkschaften im Betrieb als Normadressaten des § 74 Abs. 2 S. 3 BetrVG genannt. Als Argument wird angeführt, dass Gewerkschaftsvertreter, die sich im Betrieb aufhalten, als Berater des Betriebsrats nicht weitergehende Rechte haben könnten, als dieser selbst. Für ihre Tätigkeit

419 Meisel, RdA 1976, 38 (40); ders., SAE 1977, 91 (93).
420 Hofmann, Das Verbot parteipolitischer Betätigung, S. 104.
421 Kreutz in: GK-BetrVG, § 74 Rn. 106.
422 So im Ergebnis auch Hofmann, der die Bindung der leitenden Angestellten an § 74 Abs. 2 S. 3 BetrVG allerdings nicht aus einer analogen Anwendung, sondern aus dem Arbeitsvertrag herleitet, vgl. Hofmann, Das Verbot parteipolitischer Betätigung, S. 104.
423 Siehe oben: § 4 I 1 b.
424 Glaubitz, BB 1972, 1277 (1277); Hohn, BB 1975, 376; Meisel, RdA 1976, 38 (40); Vollmer, Grenzen der politischen Betätigung im Betrieb, S. 199; Worzalla in: H/W/G/N/R/H, BetrVG, § 74 Rn. 47.

müssten deshalb auch dieselben rechtlichen Grenzen gelten.[425] Zudem wäre das Verbot des § 74 Abs. 2 S. 3 BetrVG ausgehöhlt, wenn es allein die Betriebsverfassungsorgane, nicht aber auch die Gewerkschaften binden würde, die ein Zugangsrecht zum Betrieb geltend machen.[426]

Die herrschende Meinung lehnt dagegen eine analoge Anwendung des § 74 Abs. 2 S. 3 BetrVG auf Gewerkschaftsvertreter ab.[427] Es fehle bereits an einer Regelungslücke, denn unabhängig von der Verbotsnorm des § 74 Abs. 2 S. 3 BetrVG, seien Gewerkschaftsbeauftragte nicht berechtigt, im Betrieb parteipolitisch aktiv zu werden. In betriebsverfassungsrechtlicher Hinsicht folge ein Verbot parteipolitischer Betätigung aus dem beschränkten Aufgabenbereich der Gewerkschaften.[428] Die Betriebsverfassung sehe für sie lediglich eine Hilfs- bzw. Unterstützungsfunktion vor; eine Kompetenz zur parteipolitischen Betätigung bestehe dagegen nicht. Ein betriebsfremder Gewerkschaftsbeauftragter, der unter Ausnutzung eines Zutrittsrechts aus § 2 Abs. 2 BetrVG innerhalb des Betriebs parteipolitisch aktiv wird, handele demnach missbräuchlich und rechtswidrig, ohne dass es eines Rückgriffs auf § 74 Abs. 2 S. 3 BetrVG bedürfe.[429] Aber auch in koalitionsrechtlicher Hinsicht sei der Gewerkschaft eine parteipolitische Betätigung im Betrieb untersagt.[430] Zwar sei die koalitionsmäßige Betätigung nach der Rechtsprechung des BVerfG[431] nicht mehr nur in dem für die Erhaltung und Sicherung der Koalition unerlässlichen Kernbereich durch Art. 9 Abs. 3 GG geschützt. Dennoch müsse sich die Betätigung der Koalition nach Art. 9 Abs. 3 GG immanent auf die Regelung der Arbeits- und Wirtschaftsbedingungen beschränken; Werbungs- und Informationstätigkeit der Gewerkschaften im Betrieb dürften demnach jedenfalls keinen parteipolitischen Inhalt haben.[432]

---

425 Glaubitz, BB 1972, 1277 (1277); Meisel, RdA 1976, 38 (40); Vollmer, Grenzen der politischen Betätigung im Betrieb, S. 199.

426 Säcker, ArbuR 1979, 39 Fn. 7.

427 Däubler, Gewerkschaftsrechte im Betrieb, Rn. 286; Fitting, BetrVG, § 74 Rn. 44; Hofmann, Das Verbot parteipolitischer Betätigung, S. 117 f.; v. Hoyningen-Huene in: MüArbR II, § 214 Rn. 25; Kania in: ErfK, BetrVG, § 74 Rn. 23; Kreutz in: GK-BetrVG, § 74 Rn. 104; Reichold in: H/W/K, AK, § 74 BetrVG Rn. 18; Richardi in: Richardi, BetrVG, § 74 Rn. 70.

428 Hofmann, Das Verbot parteipolitischer Betätigung, S. 117; v. Hoyningen-Huene in: MüArbR II, § 214 Rn. 25; Kreutz in: GK-BetrVG, § 74 Rn. 104; Richardi in: Richardi, BetrVG, § 74 Rn. 70.

429 Kreutz in: GK-BetrVG, § 74 Rn. 104.

430 Däubler, Gewerkschaftsrechte im Betrieb, Rn. 290 ff.; Fitting, BetrVG, § 74 Rn. 44; Hofmann, Das Verbot parteipolitischer Betätigung, S. 117 f.; Kreutz in: GK-BetrVG, § 74 Rn. 104; Richardi in: Richardi, BetrVG, § 74 Rn. 70.

431 BVerfG 14.11.1995 – 1 BvR 601/92, NZA 1996, 381 (382).

432 So BVerfG 28.04.1976 – 1 BvR 71/73, juris Rn. 21 f.; BAG 14.02.1967 – 1 AZR 494/65, juris Rn. 33; BAG 14.02.1978 – 1 AZR 280/77, juris Rn. 36; unter Verweis auf diese Rspr.: Däubler, Gewerkschaftsrechte im Betrieb, Rn. 290 ff.; Hofmann, Das Verbot parteipolitischer Betätigung, S. 118; Kreutz in: GK-BetrVG, § 74 Rn. 104; vgl. auch Fitting, BetrVG, § 74 Rn. 44.

b) Stellungnahme

Auf dem ersten Blick stimmen beide Auffassungen im Ergebnis darin überein, dass für Gewerkschaften im Betrieb ein parteipolitisches Betätigungsverbot gilt. Gestritten wird aber nicht allein über die rechtliche Grundlage, sondern auch über die Reichweite dieses Verbots. Während sich die Gewerkschaft als solche aufgrund ihres beschränkten Aufgabenbereichs im Rahmen der Betriebsverfassung nicht parteipolitisch betätigen darf, geht § 74 Abs. 2 S. 3 BetrVG weiter. Die Norm untersagt ihren Adressaten nämlich auch private Meinungsäußerungen parteipolitischer Art, sofern sie bei Gelegenheit der betriebsverfassungsrechtlichen Funktionswahrnehmung erfolgen (Trennungsgebot).[433] Eine Analogie hätte daher in erster Linie Auswirkungen auf die durch Art. 5 Abs. 1 S. 1 GG geschützte persönliche Meinungsfreiheit der Gewerkschaftsvertreter im Betrieb.[434]

Gegen eine analoge Anwendung des § 74 Abs. 2 S. 3 BetrVG auf die Gewerkschaften spricht, dass der Gesetzgeber mit dem BetrVG gerade keine umfassende und abschließende Regelung der Rechtsstellung der Gewerkschaften im Betrieb gewollt hat, vgl. §§ 2 Abs. 3, 74 Abs. 3 BetrVG. Es erscheint daher systemwidrig, wollte man für die Gewerkschaften aus einer betriebsverfassungsrechtlichen Norm ein absolutes Verbot parteipolitischer Betätigung im Betrieb herleiten. Unabhängig davon besteht schon gar kein Bedürfnis für eine Analogie. Verschafft sich ein betriebsfremder Gewerkschaftsvertreter Zutritt zum Betrieb[435], so kommt ihm dort in der Regel keine mit dem Betriebsrat oder dem Arbeitgeber vergleichbare herausgehobene Stellung zu. Es besteht daher kein Grund, ihm auch private Meinungsäußerungen bei Gelegenheit der Aufgabenwahrnehmung zu verbieten. Der erhebliche Grundrechtseingriff, den eine Anwendung des § 74 Abs. 2 S. 3 BetrVG auf Gewerkschaftsvertreter bewirken würde, ist nicht gerechtfertigt.

Im Ergebnis ist daher eine analoge Anwendung des § 74 Abs. 2 S. 3 BetrVG auf die Gewerkschaften im Betrieb abzulehnen.

III. Zusammenfassung

Adressaten des parteipolitischen Betätigungsverbots aus § 74 Abs. 2 S. 3 BetrVG sind neben dem Arbeitgeber und dem Betriebsrat als Kollektivorgan auch die einzelnen Betriebsratsmitglieder im Rahmen ihrer Amtsausübung. Ebenfalls verbotsgebunden sind der Gesamtbetriebsrat, der Konzernbetriebsrat, die Jugend- und

433 Siehe oben: § 4 I 2 a und II 2 c.

434 So wären den Gewerkschaftsvertretern bei der Wahrnehmung ihrer Angelegenheiten im Betrieb etwa das Tragen von Plaketten oder T-Shirts mit parteipolitischem Inhalt untersagt.

435 Neben dem betriebsverfassungsrechtlichen Zutrittsrecht aus § 2 Abs. 2 BetrVG hat das BAG nunmehr auch ein koalitionsrechtliches Zutrittsrecht betriebsfremder Gewerkschaftsbeauftragter im Wege der richterlichen Rechtsfortbildung bejaht, vgl. hierzu BAG 28.02.2006 – 1 AZR 460/04, NZA 2006, 798.

Auszubildendenvertretung, die Schwerbehindertenvertretung, der Wirtschaftsausschuss und der Wahlvorstand jeweils mit ihren Mitgliedern in amtlicher Funktion. Leitende Angestellte sind von § 74 Abs. 2 S. 3 BetrVG umfasst, wenn und soweit sie im Einzelfall vom Arbeitgeber mit der Wahrnehmung seiner betriebsverfassungsrechtlichen Rechte und Pflichten betraut werden.

Nicht unter den persönlichen Anwendungsbereich des § 74 Abs. 2 S. 3 BetrVG fallen dagegen die übrigen Arbeitnehmer des Betriebs, die keine betriebsverfassungsrechtliche Funktion ausüben, sowie die Mitglieder des Betriebsrats außerhalb ihrer amtlichen Betätigung. Diese haben ausschließlich die arbeitsvertraglichen Grenzen für parteipolitische Betätigung im Betrieb zu beachten. Das gleiche gilt für die Ersatzmitglieder des Betriebsrats, für die Wahlbewerber und für die Arbeitnehmervertreter im Aufsichtsrat. Nicht an § 74 Abs. 2 S. 3 BetrVG gebunden sind zudem die Gewerkschaften und ihre Beauftragten. Für sie folgt ein Verbot parteipolitischer Betätigung im Betrieb lediglich aus dem beschränkten Aufgabenbereich im Rahmen der Betriebsverfassung sowie als Schranke der durch Art. 9 Abs. 3 GG geschützten koalitionsmäßigen Betätigung im Betrieb.

§ 5 Sachlicher und räumlicher Anwendungsbereich

I. Vorüberlegung

1. Rechtstatsächliche Ausgangslage

Betrachtet man die Sachverhalte, die den bisher im Zusammenhang mit § 74 Abs. 2 S. 3 BetrVG ergangenen Gerichtsentscheidungen zu Grunde liegen, so fällt auf, dass es dort den Betriebsräten in erster Linie darum ging, aktuelle, in der Öffentlichkeit kontrovers diskutierte Fragen auch im Betrieb zu thematisieren. Die Entscheidungen können insoweit als Spiegel der allgemeinen gesellschaftlichen Debatte betrachtet werden. Dies vermag nicht weiter zu verwundern. Was die Menschen im Privaten bewegt, kann auch aus der betrieblichen Arbeitswelt nicht gänzlich ferngehalten werden. Das gilt umso mehr, als die arbeitende Bevölkerung – trotz steter Zunahme moderner Lebensentwürfe – noch immer einen großen Teil ihrer Lebenszeit in den Betrieben verbringt. Vor diesem Hintergrund scheint vor allem für die Betriebsräte die Versuchung groß, Probleme aus der allgemeinen gesellschaftlichen Diskussion in den Betrieb hineinzutragen. Im Gegensatz dazu liegen Entscheidungen, die eine parteipolitische Betätigung der Arbeitgeberseite zum Gegenstand haben, bisher – soweit ersichtlich – nicht vor. Ein Grund hierfür mag darin liegen, dass gerade der Arbeitgeber in besonderem Maße ein Interesse an der reibungslosen Erreichung des Betriebszwecks hat.[436]

Generell haben sich die Erscheinungsformen parteipolitischer Betätigung im Laufe der Zeit gewandelt, was ohne Zweifel auch durch die fortschreitende technische Entwicklung bedingt ist. Die nachfolgende Aufzählung erhebt keinen Anspruch auf Vollständigkeit; es sollen lediglich exemplarisch einige der wichtigsten Fälle tatsächlicher oder vermeintlicher Verletzungen des parteipolitischen Betätigungsverbots aufgezeigt werden, mit denen sich die Rechtsprechung in den vergangenen Jahrzehnten seit Inkrafttreten des § 74 Abs. 2 S. 3 BetrVG auseinanderzusetzen hatte. 1975 entschied das BAG[437] über einen Fall, in dem ein Betriebsratsmitglied während der Mittagspause gemeinsam mit vier weiteren Kollegen Flugblätter an die Arbeitnehmer im Betrieb verteilt hatte. Diese enthielten einen „Aufruf zur Demonstration“ gegen die CDU/CSU, die einen „Sturz der Regierung Brandt-Scheel“ versuche. Im darauffolgenden Jahr beschäftigte sich das BVerfG[438] mit der Norm des § 74 Abs. 2 S. 3 BetrVG. In dem zu Grunde liegenden Fall hatte ein Betriebsratsvorsitzender anlässlich einer bevorstehenden Kommunalwahl Flugblätter der IG-Metall im Betrieb

---

436 So ein Erklärungsansatz von Hofmann, Das Verbot parteipolitischer Betätigung, S. 122.

437 BAG 05.12.1975 – 1 AZR 94/74, DB 1976, 583.

438 BVerfG 28.04.1976 – 1 BvR 71/73, NJW 1976, 1627.

verteilt. Darin wurden alle Arbeitnehmer der Metallindustrie aufgefordert, zur Wahl zu gehen und aktive Arbeitnehmer zu wählen. In den Flugblättern wurde auch auf konkrete Kandidaten hingewiesen, die Mitglieder der IG-Metall waren und unterschiedlichen Parteien angehörten. Wenig später hatte das BAG[439] über einen Fall zu befinden, in dem es um den geplanten Auftritt eines Kommunalpolitikers auf einer Betriebsversammlung ging. Der Wahlkreiskandidat und Wahlkampfleiter der nordrhein-westfälischen SPD im Landtagswahlkampf sollte auf Einladung des Betriebsrats zu dem Tagesordnungspunkt „Gesetz zur Verbesserung der betrieblichen Altersvorsorge“ reden. Erneut war die Verteilung von Flugblättern – in diesem Fall vor den Werkstoren – Gegenstand einer BAG-Entscheidung[440] aus dem Jahr 1978. Der beklagte Betriebsratsvorsitzende und ein weiteres Betriebsratsmitglied hatten darin für ein Verbot der öffentlichen Versammlung eines Verbands ehemaliger Mitglieder der Waffen-SS geworben und zugleich die CDU/CSU sowie deren Politiker Franz-Josef Strauß kritisiert. Die Flugblattaktion führte zu einer intensiven, in der betrieblichen Öffentlichkeit ausgetragenen Auseinandersetzung zwischen den Beklagten, dem Arbeitgeber und den übrigen Mitgliedern des Betriebsrats.

1981 lag dem LAG Düsseldorf[441] ein Fall vor, in dem ein nachgerücktes Ersatzmitglied des Betriebsrats an zwei Tagen im Betrieb eine 5 cm große Plakette mit der Aufschrift „Stoppt Strauß“ getragen hatte. Über einen weiteren Flugblattfall hatte das BAG[442] 1986 zu entscheiden. Anfang der 1980er Jahre befand sich die westdeutsche Friedensbewegung wegen der Stationierung von atomar bestückten Pershing-Raketen auf dem Gebiet der BRD in Aufruhr. Die öffentlichen Proteste gingen auch an den Betrieben nicht spurlos vorbei. In der sog. Raketen-Entscheidung des BAG hatte der Betriebsratsvorsitzende an etwa zehn schwarzen Brettern im Betrieb Flugblätter angebracht, in denen er zum Widerstand gegen die Stationierung von US-amerikanischen Pershing-II-Raketen auf dem Bundesgebiet aufrief und vorschlug, die Betriebe symbolisch zu „atomwaffenfreien Zonen“ zu erklären. Wie sehr diese Problematik die Menschen in den Betrieben bewegte, zeigt eine weitere Entscheidung des LAG Hamburg[443] aus demselben Jahr. Dort hatten Mitglieder und Ersatzmitglieder des Betriebsrats sowie ein Jugendvertreter ein Flugblatt unterzeichnet, in dem zum Widerstand gegen die Raketenstationierung und zur Teilnahme an einer Volksversammlung aufgerufen wurde. Das Flugblatt wurde vor dem Betrieb verteilt; zudem hing es über mehrere Wochen am schwarzen Brett des Betriebsrats.

In der Folgezeit wurde es merklich ruhiger um das parteipolitische Betätigungsverbot. Erst nach der Jahrtausendwende machte in einer Entscheidung des LAG Hessen[444]

439 BAG 13.09.1977 – 1 ABR 54/76, DB 1977, 2452.
440 BAG 21.02.1978 – 1 ABR 54/76, DB 1978, 1547.
441 LAG Düsseldorf 29.01.1981 – 14 Sa 1208/80, DB 1981, 1986.
442 BAG 12.06.1986 – 6 ABR 67/84, DB 1987, 1898.
443 LAG Hamburg 21.04.1986 – 2 Sa 13/86, AiB 1987, 175.
444 LAG Hessen 15.07.2004 – 9 TaBV 190/03, juris. Das Gericht ging jedoch nicht auf eine mögliche Verletzung des § 74 Abs. 2 S. 3 BetrVG ein, da es einen Anspruch auf Entfernung der Homepage bereits aus § 2 Abs. 1 BetrVG bejahte.

erneut eine Arbeitgeberin einen Verstoß gegen § 74 Abs. 2 S. 3 BetrVG durch ein Mitglied des Betriebsrats geltend. Dieses unterhielt gemeinsam mit weiteren Betriebsratsmitgliedern eine Homepage, die den Titel „A Metaller – Arbeitnehmervertretung im Betriebsrat der D AG K ...“ trug. Die Homepage, für die auch im Betrieb geworben wurde, enthielt nach den Darstellungen der Arbeitgeberin u. a. einen Aufruf zur Teilnahme an einer Demonstration des Friedensforums. Zuletzt befasste sich das BAG[445] im Jahr 2010 mit dem Verbot des § 74 Abs. 2 S. 3 BetrVG. In dem zu Grunde liegenden Fall gehörte die Arbeitgeberin einem US-amerikanischen Konzern an, der u. a. Rüstungsgüter produzierte. Der Betriebsrat veröffentlichte 2003 am schwarzen Brett im Betrieb einen vom Europäischen Betriebsrat verfassten, mit „Nein zum Krieg“ überschriebenen Aufruf gegen den Irakkrieg. Darüber hinaus versandte er 2007 über das Intranet der Arbeitgeberin an alle E-Mail-Nutzer im Betrieb eine Aufforderung zur Teilnahme an einem Volksentscheid zur Einführung verbindlicher Volksabstimmungen in Hamburg. Der Aufforderung beigefügt war ein kritisches Schreiben der DGB-Gewerkschaften an den Ersten Bürgermeister Ole v. Beust, welcher gemeinsam mit seiner CDU-Fraktion die Einführung von Volksabstimmungen in Hamburg ablehnte.

2. Bestimmung des sachlichen und räumlichen Anwendungsbereichs

Wenn im vorliegenden Kapitel von der Bestimmung des sachlichen und des räumlichen Anwendungsbereichs des § 74 Abs. 2 S. 3 BetrVG die Rede ist, so ist hiermit in erster Linie eine Auseinandersetzung mit den Begriffen „parteipolitisch“, „Betätigung“ und „im Betrieb“ gemeint. Die Reichweite des parteipolitischen Betätigungsverbots hängt entscheidend von der Auslegung dieser unbestimmten Rechtsbegriffe ab. Es verwundert deshalb nicht, dass sich gerade hier eine große, zum Teil nur noch schwer überblickbare Meinungsvielfalt entwickelt hat. Das gilt in besonderem Maße für den Begriff der Parteipolitik, der – gemeinsam mit dem Begriff der Betätigung – umschreibt, welche Verhaltensweisen den Adressaten des § 74 Abs. 2 S. 3 BetrVG im Einzelnen untersagt sind.

Ziel der nachfolgenden Ausführungen ist es, die Begriffe „parteipolitisch“, „Betätigung“ und „im Betrieb“ unter Berücksichtigung der zuvor herausgearbeiteten Erkenntnisse zu Entstehungsgeschichte, Systematik und Normzweck des § 74 Abs. 2 S. 3 BetrVG auszulegen. Dabei soll auch dem besonderen Spannungsverhältnis zwischen dem parteipolitischen Betätigungsverbot auf der einen und der verfassungsrechtlich garantieren Meinungsfreiheit auf der anderen Seite Rechnung getragen werden.[446] Zudem wird der Frage nachzugehen sein, ob das Verbot des § 74 Abs. 2

445 BAG 17.03.2010 – 7 ABR 95/08, NZA 2010, 1133.

446 Zu den vom BVerfG im Rahmen der Wechselwirkungslehre formulierten Anforderungen an die Auslegung und Anwendung der die Meinungsfreiheit einschränkenden allgemeinen Gesetze i.S.v. Art. 5 Abs. 2 GG siehe oben: § 3 III 3.

S. 3 BetrVG absolut, oder nur relativ, d.h. im Falle einer tatsächlichen Störung des Betriebsfriedens, gilt.

II. Parteipolitik

1. Extensive Auslegung des Merkmals „parteipolitisch“

Das BAG[447] vertrat lange Zeit in Übereinstimmung mit der heute noch immer herrschenden Lehre[448] eine weite Auslegung des Merkmals „parteipolitisch“ in § 74 Abs. 2 S. 3 BetrVG. Hiernach seien die Begriffe Parteipolitik und allgemeine Politik gleichzusetzen, mit der Folge, dass § 74 Abs. 2 S. 3 BetrVG für die Normadressaten ein allgemeines Politikverbot begründe. Parteipolitik im Sinne der Vorschrift sei jede Tätigkeit für oder gegen eine politische Partei.[449] Dabei brauche es sich nicht um eine Partei im Sinne von Art. 21 GG und des Parteiengesetzes zu handeln; vielmehr genüge bereits eine sonstige politische Gruppierung, für die geworben oder die unterstützt wird.[450] § 74 Abs. 2 S. 3 BetrVG untersage deshalb auch das Eintreten für oder gegen eine bestimmte politische Richtung und damit grundsätzlich jede politische Betätigung.[451]

Begründet wird diese extensive Auslegung in erster Linie damit, dass eine Trennung zwischen zulässiger allgemeinpolitischer und verbotener parteipolitischer

447 BAG 21.02.1978 – 1 ABR 54/76, juris, Rn. 74; BAG 12.06.1986 – 6 ABR 67/84, juris, Rn. 33 ff. Abweichend nunmehr aber BAG 17.03.2010 – 7 ABR 95/08, juris, Rn. 36 ff. (hierzu sogleich unter 2.).

448 Bauer/Willemsen, NZA 2010, 1089 (1090 f.); Bohn, SAE 1979, 67 (69); Glaubitz, BB 1972, 1277 (1277); v. Hoyningen-Huene in: MüArbR II, § 214 Rn. 26; Kissel, NZA 1988, 145 (147 f.); Löwisch/Kaiser, BetrVG, § 74 Rn. 29; Meisel, RdA 1976, 38 (39); Müller-Boruttau, NZA 1996, 1071 (1073); Preis in: W/P/K, BetrVG, § 74 Rn. 19; Richardi in: Richardi, BetrVG, § 74 Rn. 61; Rüttgers, Das Verbot parteipolitischer Betätigung, S. 57 ff.; Schöne, SAE 2011, 184 (185); Sowka/Krichel, DB 1989, Beil. Nr. 11, S. 5; Wiese in: FS 50 Jahre BAG, 1125 (1140); Worzalla in: H/W/G/N/R/H, BetrVG, § 74 Rn. 42 f.; wohl auch: Kania in: ErfK, BetrVG, § 74 Rn. 25; Reichold in: RdA 2011, 58 (60); ders. in: H/W/K/, AK, § 74 BetrVG Rn. 16 f.

449 BAG 12.06.1986 – 6 ABR 67/84, juris, Rn. 34; v. Hoyningen-Huene in: MüArbR II, § 214 Rn. 26; Richardi in: Richardi, BetrVG, § 74 Rn. 61; Sowka/Krichel, DB 1989, Beil. Nr.11, S. 5.

450 BAG 12.06.1986 – 6 ABR 67/84, juris, Rn. 34; Kania in: ErfK, BetrVG, § 74 Rn. 25; Löwisch/Kaiser, BetrVG, § 74 Rn. 29; Richardi in: Richardi, BetrVG, § 74 Rn. 61; Worzalla in: H/W/G/N/R/H, BetrVG, § 74 Rn. 43.

451 BAG 21.02.1978 – 1 ABR 54/76, juris, Rn. 74; BAG 12.06.1986 – 6 ABR 67/84, juris, Rn. 34; Bauer/Willemsen, NZA 2010, 1089 (1091); v. Hoyningen-Huene in: MüArbR II, § 214 Rn. 26; Löwisch/Kaiser, BetrVG § 74 Rn. 29; Richardi in: Richardi, BetrVG, § 74 Rn. 61; Schöne, SAE 2011, 184 (185).

Betätigung nicht möglich sei. Die Grenze zwischen diesen Begriffen sei fließend[452], eine Differenzierung deshalb aus Gründen der Rechtssicherheit[453] abzulehnen. Bei der Struktur der heutigen Parteien fielen alle politischen Fragen, egal ob sie sich auf die Außenpolitik oder die Innenpolitik, die äußere oder die innere Sicherheit, die Kultur, die Arbeit oder die Freizeit beziehen, zugleich in den Bereich parteipolitischer Stellungnahmen.[454] Dies gelte vor allem für die moderne Medienwelt, in der jede Diskussion parteipolitisch gefärbt und den Bürgern als politisches Streitthema präsentiert werde.[455] Müsste in diesen Fällen stets eine Beziehung zur Tätigkeit einer bestimmten politischen Parteiorganisation nachgewiesen werden, drohe das Verbot leerzulaufen.[456] Eine Unterscheidung zwischen Parteipolitik und allgemeiner Politik würde auch dem Schutzzweck des § 74 Abs. 2 S. 3 BetrVG nicht gerecht, da jede politische Äußerung des Arbeitgebers oder des Betriebsrats den Betriebsfrieden sowie die Meinungs- und Wahlfreiheit der Arbeitnehmer im Betrieb gefährde.[457] Eine extensive Auslegung verstoße zudem nicht gegen Art. 5 Abs. 1 S. 1 GG, da sich das Verbot lediglich an die Betriebsratsmitglieder im Rahmen ihrer Amtsausübung richte, ihre politische Betätigung als Arbeitnehmer dagegen unberührt lasse.[458] Im Übrigen sei es mangels allgemeinpolitischen Mandats ohnehin nicht Aufgabe des Betriebsrats, die Belegschaft über sämtliche aktuellen allgemeinpolitischen Diskussionen und seine Ansichten hierzu zu unterrichten.[459]

2. Restriktive Auslegung des Merkmals „parteipolitisch"

a) Differenzierung zwischen Parteipolitik und allgemeiner Politik

In einem aktuellen Urteil aus dem Jahr 2010 hat das BAG[460] seine langjährige Rechtsprechung zur extensiven Auslegung des Merkmals „parteipolitisch" ausdrücklich aufgegeben. Es vertritt nunmehr eine deutlich engere Interpretation dieses Begriffs.

---

452 BAG 21.02.1978 – 1 ABR 54/76, juris, Rn. 74; BAG 12.06.1986 – 6 ABR 67/84, juris, Rn. 35.

453 Rüttgers, Das Verbot parteipolitischer Betätigung, S. 59.

454 BAG 12.06.1986 – 6 ABR 67/84, juris, Rn. 34; Glaubitz, BB 1972, 1277 (1277); Meisel, RdA 1976, 38 (39); Richardi in: Richardi, BetrVG, § 74 Rn. 62; Sowka/Krichel, DB 1989, Beil. Nr. 11, S. 5; Wiese in: FS 50 Jahre BAG, S. 1125 (1140).

455 Bauer/Willemsen, NZA 2010, 1089 (1090).

456 Richardi in: Richardi, BetrVG, § 74 Rn. 62; vgl. auch BAG 21.02.1978 – 1 ABR 54/76, juris, Rn. 74.

457 BAG 21.02.1978 – 1 ABR 54/76, juris, Rn. 74; BAG 12.06.1986 – 6 ABR 67/84, juris, Rn. 34; Bauer/Willemsen, NZA 2010, 1089 (1090 f.); Löwisch/Kaiser, BetrVG, § 74 Rn. 29; Schöne, SAE 2011, 184 (185).

458 Löwisch/Kaiser, BetrVG, § 74 Rn. 29.

459 Bauer/Willemsen, NZA 2010, 1089 (1091); Worzalla in: H/W/G/N/R/H, BetrVG, § 74 Rn. 42; ähnlich Schöne, SAE 2011, 184 (185 f.), vgl. auch Reichold, RdA 2011, 58 (60).

460 BAG 17.03.2010 – 7 ABR 95/08, juris, Rn. 36 ff.

Dabei lässt das BAG zwar offen, ob § 74 Abs. 2 S. 3 BetrVG bereits das Eintreten für oder gegen eine politische Richtung, unabhängig von einem konkreten Bezug zu einer bestimmten politischen Partei, erfasst. Allgemeinpolitische Äußerungen, die eine politische Partei, Gruppierung oder Richtung weder unterstützen noch sich gegen sie wenden, fielen aber jedenfalls nicht unter das Verbot. Das Gericht hat sich damit einer bereits seit längerem in der Literatur vertretenen Auffassung[461] angeschlossen, die eine klare Abgrenzung zwischen Parteipolitik auf der einen und allgemeiner Politik auf der anderen Seite fordert. Zwar gehen auch unter den Vertretern dieser Auffassung die Meinungen darüber, was im Einzelnen unter parteipolitischer Betätigung zu verstehen ist und wie weit der Parteienbegriff in § 74 Abs. 2 S. 3 BetrVG reicht[462], auseinander. Allerdings besteht im Grundsatz Einigkeit darüber, dass § 74 Abs. 2 S. 3 BetrVG den Normadressaten nicht jegliche (allgemein-)politische Betätigung verbietet.

Als Argument wird zunächst der Wortlaut des § 74 Abs. 2 S. 3 BetrVG angeführt. Hiernach sei den Normadressaten nicht jede politische, sondern nur jede parteipolitische Betätigung untersagt. Dass der Gesetzgeber zwischen diesen beiden Begriffen unterscheide, zeige bereits ein Blick in die §§ 75 Abs. 1 S. 1, 118 Abs. 1 Nr. 1 BetrVG; dort sei nur von der „politischen" Betätigung bzw. den „politischen" Bestimmungen die Rede.[463] In diesem Zusammenhang wird zudem auf § 15 Abs. 1 Soldatengesetz verwiesen, der den Soldaten im Dienst ausdrücklich eine Betätigung zu Gunsten oder zu Ungunsten einer bestimmten „politischen Richtung" untersagt.[464] Auch der Sinn und Zweck des § 74 Abs. 2 S. 3 BetrVG spreche für ein enges Verständnis des Verbots, denn anders als bei parteipolitischen Betätigungen, bestehe bei Äußerungen allgemeinpolitischer Art nicht in gleicher Weise die Gefahr der Polarisierung der Belegschaft.[465] Zudem wird teilweise darauf verwiesen, dass die extensive Auffassung eine Abgrenzung zwischen politischer und unpolitischer Betätigung notwendig

---

461 Berg in: D/K/K/W, BetrVG, § 74 Rn. 51 ff.; ders. in: FS A. Gnade, S. 215 (217 ff.); Däubler, Gewerkschaftsrechte im Betrieb, Rn. 566 und 310; Derleder, ArbuR 1988, 17 (24 f.); Fitting, BetrVG, § 74 Rn. 50; Gnade, ArbRdGgw, Bd. 14 (1977), S. 59 (66); Hofmann, Das Verbot parteipolitischer Betätigung, S. 58 ff.; Joachim in: Posser/Wassermann, Freiheit, S. 255 (259 ff.); Klebe/Ratayczak/Heilmann/Spoo, BetrVG, § 74 Rn. 4; Kreutz in: GK-BetrVG, § 74 Rn. 111; Oetker, BlStSozArbR 1983, 321 (324 f.); Schmidt in: ErfK, GG, Art. 5 Rn. 43; vgl. auch Husemann, AP Nr. 12 zu § 74 BetrVG 1972 unter 4 b; Rieble/Wiebauer, ZfA 2010, 63 (111 ff.); Schwipper, Öffentliche Meinungsäußerungen des Betriebsrats, S. 149; Wiebauer, BB 2010, 3091 (3091 f.); vgl. ferner LAG Hamburg 21.05.1986 – 2 Sa 13/86, BeckRS 30939438.

462 Hierzu sogleich unter b.

463 BAG 17.03.2010 – 7 ABR 95/08, juris, Rn. 38; Fitting, BetrVG § 74 Rn. 50; Hofmann, Das Verbot parteipolitischer Betätigung, S. 58; Kreutz in: GK-BetrVG, § 74 Rn. 111; Rieble/Wiebauer, ZfA 2010, 63 (112).

464 Unter Hinweis auch auf § 35 Abs. 2 BRRG und § 53 BBG: Berg in: D/K/K/W, BetrVG, § 74 Rn. 53; Hofmann, Das Verbot parteipolitischer Betätigung, S. 58.

465 BAG 17.03.2010 – 7 ABR 95/08, juris, Rn. 40; Husemann, AP Nr. 12 zu § 74 BetrVG 1972 unter 4 b.

mache, was eine „Quelle ständiger Rechtsunsicherheit“ bilde.[466] Schließlich sei eine restriktive Auslegung auch wegen des grundrechtseinschränkenden Charakters des § 74 Abs. 2 S. 3 BetrVG geboten.[467] Nach der Wechselwirkungslehre des BVerfG[468] wäre es mit Art. 5 GG unvereinbar, wenn das Gesetz den Betrieb völlig politikfrei halten wollte.[469] Es sei darüber hinaus auch schlicht lebensfremd, die allgemeine Politik aus dem Betrieb verbannen zu wollen, da der Betrieb innerhalb der Gesellschaft kein isoliertes Gebilde und auch das Geschehen im Betrieb von Politik bestimmt sei.[470]

b) *Unterschiedliche Interpretation des Parteienbegriffs*

Grundsätzlich verstehen auch die Vertreter der restriktiven Auffassung unter „Parteipolitik“ das Eintreten für oder gegen eine politische Partei. Dabei müsse allerdings ausdrücklich oder zumindest aus den Umständen deutlich erkennbar auf die Partei Bezug genommen werden.[471] Teilweise wird sogar gefordert, dass der Betroffene auch bewusst und nachhaltig um des Parteiinteresses willen tätig wird.[472] Der entscheidende Unterschied zur extensiven Auslegung besteht allerdings darin, dass der Begriff der politischen Partei wesentlich enger gefasst wird. Je nachdem, welche Anforderungen an den Parteienbegriff gestellt werden, fallen unterschiedlich große Teilbereiche der Politik unter das Verbot des § 74 Abs. 2 S. 3 BetrVG.

Die restriktivste Auffassung[473] verlangt eine politische Meinungsäußerung, bei der klar erkennbar auf eine politische Partei i.S.v. Art. 21 GG, § 2 Abs. 1 PartG Bezug genommen wird. Zum Teil werden auch Stellungnahmen für oder gegen herausgehobene Parteipersönlichkeiten als ausreichend erachtet.[474] Konsequenz dieser Auffassung ist, dass Betätigungen für oder gegen politische Organisationen,

466 So Hofmann, Das Verbot parteipolitischer Betätigung, S. 60; ähnlich Kreutz in: GK-BetrVG, § 74 Rn. 111.

467 BAG 17.03.2010 – 7 ABR 95/08, juris, Rn. 39; Berg in: D/K/K/W, BetrVG § 74 Rn. 51 und 55; Däubler, Gewerkschaftsrechte im Betrieb, Rn. 566; Fitting, BetrVG, § 74 Rn. 50a; Gnade, ArbRdGgw, Bd. 14 (1977), S. 59 (67); Kreutz in GK-BetrVG, § 74 Rn. 111.

468 BVerfG 28.04.1976 – 1 BvR 71/73, E 42, 133 (139 f.); siehe dazu oben: § 3 III. 3.

469 So Berg in: D/K/K/W, BetrVG, § 74 Rn. 55; Kreutz in: GK-BetrVG, § 74 Rn. 111.

470 Berg in: FS A. Gnade, S. 215 (216 f.); ders. in: D/K/K/W, BetrVG, § 74 Rn. 55; Fitting, BetrVG, § 74 Rn. 50a; Gnade, ArbRdGgw, Bd. 14 (1977), S. 59 (66).

471 Hofmann, Das Verbot parteipolitischer Betätigung, S. 62 ff.; Kreutz in: GK-BetrVG, § 74 Rn. 114; Wiebauer, BB 2010, 3091 (3091 f.).

472 So Berg in: D/K/K/W, BetrVG, § 74 Rn. 59; Däubler, Gewerkschaftsrechte im Betrieb, Rn. 566; Gnade, ArbRdGgw, Bd. 14 (1977), S. 59 (66); bereits zu § 51 S. 2 BetrVG 1952: Radke, BB 1957, 1112 (1113).

473 Berg in: FS A. Gnade, S. 215 (219 f.); ders. in: D/K/K/W, BetrVG, § 74 Rn. 59; Hofmann, Das Verbot parteipolitischer Betätigung, S. 62 ff.

474 Hofmann, Das Verbot parteipolitischer Betätigung, S. 62 ff.; anders dagegen Berg in: D/K/K/W, BetrVG, § 74 Rn. 60.

die nicht den Parteienstatus gem. Art. 21 GG, § 2 Abs. 1 PartG genießen, nicht unter das Verbot des § 74 Abs. 2 S. 3 BetrVG fallen.[475] Das gilt vor allem für politische Initiativen im Betrieb zu parteiübergreifenden allgemeinen Themen, wie etwa Nutzung der Kernenergie (Anti-Atomkraft-Bewegung), militärische Rüstung (Friedensbewegung), Rechtsradikalismus und Ausländerfeindlichkeit, Umweltschutz und ökologische Gefährdung der Lebensgrundlagen, sowie generell Arbeit, Arbeitslosigkeit und Beschäftigungspolitik.[476]

Andere[477] wiederum verstehen unter politischen Parteien i.S.v. § 74 Abs. 2 S. 3 BetrVG nicht nur solche gem. Art. 21 GG, § 2 Abs. 1 PartG, sondern darüber hinaus auch jede sonstige politische Gruppierung, die eine auf Dauer angelegte Organisation hat und nach ihrem Selbstverständnis auf die politische Willensbildung der Bevölkerung Einfluss nehmen will. Nach dieser Auffassung fallen unter den Parteienbegriff des § 74 Abs. 2 S. 3 BetrVG beispielsweise auch kommunale Wählervereinigungen, vom BVerfG verbotene (rechts- oder linksradikale) Parteien oder politische Organisationen wie Attac oder Greenpeace. Nicht erfasst sind dagegen politische Initiativen im Betrieb, solange hierbei nur für eine konkrete Sache geworben wird.[478]

Am weitesten geht schließlich die Auffassung[479], die nicht nur politischen Parteien i.S.v. Art. 21 GG, § 2 Abs. 1 PartG und sonstige politische Gruppierungen unter den Parteienbegriff in § 74 Abs. 2 S. 3 BetrVG subsumiert, sondern darüber hinaus auch das Eintreten für oder gegen eine bestimmte politische Richtung genügen lässt. Entscheidendes Merkmal der parteipolitischen Betätigung sei – im Gegensatz zur allgemeinpolitischen Betätigung – das stellungbeziehende Element. Diese Auffassung versteht unter Parteipolitik demnach in erster Linie die Parteinahme in politischer Hinsicht. Dagegen könne dort, wo eine politische Betätigung nach allen Seiten offen sei, nicht mehr von „Parteipolitik", sondern nur noch von „allgemeiner Politik" die Rede sein.[480] Dies betreffe vor allem die objektive und neutrale Informationstätigkeit, welche nach dieser Auffassung nicht unter § 74 Abs. 2 S. 3 BetrVG fällt.[481]

475 Organisationen, die sich im Übergangsstadium zur politischen Partei befinden sollen dagegen ausnahmsweise während des Wahlkampfes unter den Parteienbegriff fallen; vgl. Hofmann, Das Verbot parteipolitischer Betätigung, S. 62 ff.

476 Berg in: FS A. Gnade, S. 215 (219 f.); Derleder, ArbuR 1988, 17 (24 f.).

477 Fitting, BetrVG, § 74 Rn. 46 ff.; Rieble/Wiebauer, ZfA 2010, 63 (111 ff.); Wiebauer, BB 2010, 3091 (3091 f.); ähnlich LAG Hamburg 21.05.1986 – 2 Sa 13/86, BeckRS 30939438.

478 Z. B. Anti-Atom-Bewegung, Friedensbewegung, Aufruf gegen Irakkrieg. Vgl. dazu Fitting, BetrVG, § 74 Rn. 47 f.; Wiebauer, BB 2010, 3091 (3092). Uneinheitlich wird die Bürgerinitiative gewertet (vom Parteienbegriff erfasst: Rieble/Wiebauer, ZfA 2010, 63 (111 f.); a.A. dagegen: Fitting, BetrVG, § 74 Rn. 48).

479 Kreutz in: GK-BetrVG, § 74 Rn. 108 ff.; Oetker, BlStSozArbR 1983, 321 (324 f.).

480 Kreutz in: GK-BetrVG, § 74 Rn. 111.

481 Oetker, BlStSozArbR 1983, 321 (325).

3. Einzelfallbetrachtung

Einer nur vereinzelt vertretenen Auffassung[482] möchte den Begriff der Parteipolitik in § 74 Abs. 2 S. 3 BetrVG keine festen Definition zuordnen. Zwar ließen sich sowohl Argumente für ein restriktives[483] als auch für ein extensives[484] Verständnis des Merkmals Parteipolitik finden, es könne aber im Ergebnis generell weder einer weiten noch einer engen Auslegung der Vorzug gegeben werden. Vielmehr sei im Rahmen der Subsumtion unter den Verbotstatbestand eine Betrachtung des jeweiligen Einzelfalls angezeigt. Nur eine solche Vorgehensweise garantiere die angemessene Berücksichtigung sowohl des Gesetzes- und Regelungszwecks als auch der Wertungen des Art. 5 Abs. 1 GG. Mit Blick auf den Schutzzweck des Verbots müsse bei der Beurteilung, ob eine Betätigung des Arbeitgebers oder des Betriebsrats als parteipolitisch i.S.v. § 74 Abs. 2 S. 3 BetrVG einzustufen sei, zunächst herausgearbeitet werden, ob der Verbotsadressat im konkreten Fall damit rechnen musste, dass durch seine politische Äußerung der Betriebsfrieden gestört wird.[485] Im Anschluss daran sei die Meinungsfreiheit des Verbotsadressaten gegen die im Einzelfall betroffenen unterschiedlichen rechtlichen Positionen abzuwägen.[486] Stelle sich dabei heraus, dass die betroffenen Rechtspositionen gegenüber der Meinungsfreiheit des Äußernden überwiegen, sei eine parteipolitische Betätigung i.S.v. § 74 Abs. 2 S. 3 BetrVG zu bejahen. Als Hilfestellung formuliert die vorliegende Auffassung einen in Frageform gefassten sog. „Leitlinienkatalog“[487], dessen Befolgung zu einem sachgerechten Ergebnis im Einzelfall führen soll.

4. Stellungnahme

a) Notwendigkeit einer allgemeingültigen Definition des Begriffs Parteipolitik

Nicht überzeigen kann zunächst die Literaturauffassung, die dem Begriff der Parteipolitik in § 74 Abs. 2 S. 3 BetrVG keine feste Definition zuordnet, sondern stattdessen jeden Einzelfall unter Berücksichtigung des Verbotszwecks und der Wertungen des Art. 5 Abs. 1 GG gesondert betrachten möchte. Zwar hat eine solche Vorgehensweise den Vorteil, dass sie für den konkreten Einzelfall ein gerechtes Ergebnis ermöglicht. Sie führt jedoch auch dazu, dass potenziell jede politische Meinungsäußerung im

482 Husemann, Das Verbot der parteipolitischen Betätigung, S. 226 ff.
483 Hierfür spreche etwa die Wortlautanalyse, vgl. Husemann, Das Verbot der parteipolitischen Betätigung, S. 33 ff.
484 Hierfür spreche tendenziell die innere Systematik des BetrVG, vgl. Husemann, Das Verbot der parteipolitischen Betätigung, S. 137 ff.
485 Vgl. hierzu im Einzelnen Husemann, Das Verbot der parteipolitischen Betätigung, S. 231 ff.
486 Vgl. hierzu im Einzelnen Husemann, Das Verbot der parteipolitischen Betätigung, S. 239 ff.
487 Husemann, Das Verbot der parteipolitischen Betätigung, S.268 ff. und 289 f.

Betrieb unter den sachlichen Geltungsbereich des Verbotstatbestands fallen kann. Die damit einhergehende Rechtsunsicherheit für die Normunterworfenen ist derart gravierend, dass dem vorgeschlagenen Lösungsansatz die Praxistauglichkeit abgesprochen werden muss. Mangels allgemeingültiger Definition ließe sich nicht mehr verlässlich vorhersagen, ob eine bestimmte Form der politischen Betätigung im konkreten Betrieb verboten ist oder nicht. Eine Orientierung an bereits existierenden Gerichtsentscheidungen wäre kaum möglich, weil die darin getroffenen Aussagen nur für den im Einzelfall betroffenen Betrieb Gültigkeit beanspruchen könnten. Die Auslegung und Anwendung des Verbots parteipolitischer Betätigung böte demnach in der Praxis ein erhebliches Konfliktpotenzial. Da den Betriebspartnern bei Meinungsverschiedenheiten letztlich nichts anderes übrig bliebe, als eine gerichtliche Entscheidung für ihre konkrete betriebliche Situation herbeizuführen, müsste in der Folge mit einem sprunghaften Anstieg der Klageverfahren gerechnet werden. Dieser Zustand kann auch unter dem Gesichtspunkt des Betriebsfriedensschutzes, den § 74 Abs. 2 S. 3 BetrVG unter anderem bezweckt, kaum gewollt sein.

Dass eine reine Einzelfallbetrachtung die Normunterworfenen bei der alltäglichen Anwendung des § 74 Abs. 2 S. 3 BetrVG vor erhebliche Schwierigkeiten stellt, hat auch der Begründer dieses Lösungsansatzes erkannt.[488] Um die Subsumtion unter das Verbot parteipolitischer Betätigung zu vereinfachen bzw. überhaupt erst zu ermöglichen, hat er daher einen in Frageform gefassten sog. „Leitlinienkatalog" entwickelt. Diese Leitlinien bieten jedoch nur insoweit eine Hilfe, als sie einen Überblick über diejenigen Umstände ermöglichen, die bei der Einzelfallentscheidung zu berücksichtigen sein sollen. Das Kernproblem – die in der Praxis bestehende gravierende Rechtsunsicherheit – können sie nicht beseitigen, zumal die Fragen oftmals so formuliert sind, dass ihre Beantwortung eine komplexe Abwägungsentscheidung oder die Subsumtion unter einen (weiteren) unbestimmten Rechtsbegriff erfordert.[489] Ohnehin soll die Bejahung einzelner im Leitlinienkatalog enthaltener Fragen lediglich ein Indiz für eine vermutete Betriebsfriedensstörung und damit für eine parteipolitische Betätigung i.S.v. § 74 Abs. 2 S. 3 BetrVG darstellen.[490]

Im Ergebnis ist der in der Literatur vorgeschlagene Lösungsansatz einer Einzelfallbetrachtung bei der Auslegung des Begriffs „Parteipolitik" abzulehnen.

---

488 Vgl. hierzu Husemann, Das Verbot der parteipolitischen Betätigung, S. 230.

489 Vgl. bspw. Leitlinie 4 c): *„Fühlen sich die übrigen Arbeitnehmer (zu Recht?) belästigt und war dies vorhersehbar?"*; ferner Leitlinie 4 d): *„Hat die Handlung typischerweise die Störung des Betriebsfriedens zur Folge"* sowie Leitlinie 4 i): *„Kann nicht mehr gelten „Im Zweifel für die Meinungsfreiheit"?"* und Leitlinie 4 j): *„Dient die Maßnahme der vertrauensvollen Zusammenarbeit, dass heißt ist diese als „vertrauensbildenden Maßnahme" einzustufen?"*.

490 So Husemann, Das Verbot der parteipolitischen Betätigung, S. 272.

b) *Verbot allgemeinpolitischer Betätigung als Folge der begrenzten Zuständigkeit*

Geht man demzufolge davon aus, dass es aus Gründen der Rechtssicherheit zwingend einer festen und allgemeingültigen Definition des Begriffs Parteipolitik bedarf, so ist in einem nächsten Schritt eine nähere Auseinandersetzung mit den hierzu vertretenen Auffassungen notwendig. Dabei fällt zunächst auf, dass die Vertreter der restriktiven Auffassung[491] vielfach von der Vorstellung geleitet sind, ein enges Verständnis des Begriffs „parteipolitisch" habe zur Folge, dass sich die Adressaten des § 74 Abs. 2 S. 3 BetrVG im Betrieb ohne Weiteres allgemeinpolitisch betätigen dürften. Mit dem Hinweis, es sei lebensfremd, die allgemeine Politik aus dem Betrieb verbannen zu wollen[492], wird den betriebsverfassungsrechtlichen Gremien und Funktionsträgern – allen voran dem Betriebsrat – in der Konsequenz ein Recht zur allgemeinpolitischen Betätigung im Betrieb zugesprochen. Diese Auffassung ist bedenklich. Sie verkennt, dass die Frage nach der Zulässigkeit allgemeinpolitischer Betätigungen des Betriebsrats in erster Linie eine Frage der Zuständigkeit und nicht eine Frage des § 74 Abs. 2 S. 3 BetrVG ist.[493] Unabhängig von einer extensiven oder restriktiven Auslegung des Merkmals „parteipolitisch" in § 74 Abs. 2 S. 3 BetrVG darf sich der Betriebsrat bereits deshalb nicht zu allgemeinpolitischen Themen ohne unmittelbaren betrieblichen Bezug äußern, weil es ihm schlicht an der hierfür notwendigen Zuständigkeit fehlt. Die allgemeine Politik gehört, sofern sie losgelöst vom betrieblichen Geschehen ist, nicht zum Aufgabenbereich des Betriebsrats; diesem steht nach dem BetrVG kein allgemeines politisches Mandat zu.[494] Nichts anderes gilt für die Betriebsratsmitglieder. Äußerungen, die diese explizit in ihrer amtlichen Eigenschaft tätigen, sind nicht von Art. 5 Abs. 1 S. 1 GG gedeckt, sondern allein Ausdruck der betriebsverfassungsrechtlichen Organkompetenz.[495] Nehmen also der Betriebsrat oder seine Mitglieder in ihrer amtlichen Eigenschaft zu allgemeinpolitischen Themen ohne konkreten betrieblichen Bezug Stellung, so bewegen sie sich außerhalb ihrer gesetzlichen Zuständigkeit. Solche Äußerungen sind rechtswidrig und daher unzulässig. Dieses Ergebnis ist unmittelbare Folge der Zwangsverfasstheit der Belegschaft und aus verfassungsrechtlicher Sicht zwingend geboten.[496]

---

491 So u.a. auch BAG 17.03.2010 – 7 ABR 95/08, juris.

492 So Berg in: FS. A. Gnade, S. 215 (216 f.); ders. in: D/K/K/W, BetrVG, § 74 Rn. 55; Gnade, ArbRdGgw, Bd. 14 (1977), S. 59 (66).

493 So zutreffend Wiebauer, BB 2010, 3091 (3092). Diese Überlegung lässt sich auf alle übrigen Adressaten des § 74 Abs. 2 S. 3 BetrVG (mit Ausnahme des Arbeitgebers) übertragen.

494 Hierzu ausführlich oben: § 2 III 5 b aa.

495 Hierzu ausführlich oben: § 3 II 4 b.

496 Hierzu ausführlich oben: § 2 III 5 b) bb) und cc) mit den dortigen Nachweisen.

c) Vorzüge einer restriktiven Auslegung

Steht einmal fest, dass dem Betriebsrat keine allgemeine politische Äußerungskompetenz zusteht, lässt sich der Streit um die Auslegung des Merkmals „parteipolitisch" in § 74 Abs. 2 S. 3 BetrVG mit klarerem Blick beurteilen. Dabei ist zunächst festzustellen, dass jedenfalls aus dem Spannungsverhältnis zwischen dem parteipolitischen Betätigungsverbot und Art. 5 Abs. 1 S. 1 GG keine zwingenden Schlüsse gezogen werden können. Auf der einen Seite spricht die Wechselwirkungslehre des BVerfG zwar tendenziell für eine restriktive Auslegung des Merkmals „parteipolitisch". Auf der anderen Seite führt aber auch eine extensive Auslegung keineswegs zu einer unangemessenen Einschränkung der Meinungsfreiheit in der Hinsicht, dass die Politik vollständig aus dem Betrieb verbannt wird. Weder die normalen Arbeitnehmer noch die Betriebsratsmitglieder außerhalb ihrer amtlichen Betätigung sind Adressaten des Verbots. Ihnen sind politische Meinungsäußerungen im Rahmen der arbeitsvertraglichen Grenzen ohne Weiteres gestattet.[497] Ferner ist zu berücksichtigen, dass § 74 Abs. 2 S. 3 BetrVG ohnehin nur in speziellen Fällen grundrechtseinschränkende Wirkung entfaltet. Weder der Betriebsrat als Organ noch seine Mitglieder in ihrer amtlichen Funktion können sich auf das Grundrecht der Meinungsfreiheit berufen.[498] Einen Eingriff in Art. 5 Abs. 1 S. 1 GG bewirkt das Verbot nur, soweit es sich an den Arbeitgeber richtet und den Betriebsratsmitgliedern auch private Meinungsäußerungen bei Gelegenheit der Amtsausübung untersagt.[499]

Dagegen spricht der Sinn und Zweck des § 74 Abs. 2 S. 3 BetrVG eher für eine restriktive Auslegung des Merkmals „parteipolitisch". Zwar trifft es zu, dass politische Betätigungen betriebsverfassungsrechtlicher Funktionsträger im Grundsatz stets dazu geeignet sind, den Betriebsratsfrieden und den Arbeitsablauf sowie die Meinungs- und Wahlfreiheit der Arbeitnehmer im Betrieb zu gefährden. Gerade dann, wenn politische Meinungen unter Bezugnahme auf eine konkrete politische Partei geäußert werden, ist die Gefahr einer politischen Lagerbildung im Betrieb allerdings ungleich größer. Insoweit besteht zwischen allgemein- und parteipolitischen Betätigungen ein erheblicher gradueller Unterschied, der den Ausspruch eines absoluten Verbots rechtfertigt. Auch ist zu beachten, dass § 74 Abs. 2 S. 3 BetrVG gerade nicht den Zweck verfolgt, die betriebsverfassungsrechtlichen Funktionsträger an ihren gesetzlichen Zuständigkeitsbereich zu binden; es geht vielmehr um die Art und Weise, wie diese den ihnen zugewiesenen Kompetenzbereich wahrzunehmen haben.[500] Demnach spricht auch die Tatsache, dass der Betriebsrat keine allgemeine politische Äußerungskompetenz besitzt, nicht notwendigerweise für eine extensive Auslegung des Merkmals „parteipolitisch".

Vor allem aber der Wortlaut des § 74 Abs. 2 S. 3 BetrVG deutet darauf hin, dass das Gesetz zwischen allgemeiner Politik und Parteipolitik unterscheidet. Auch die

---

497 Siehe oben: § 4 II 1. und 2.

498 Hierzu ausführlich oben: § 3 II 3. und 4 mit den dortigen Nachweisen.

499 Siehe oben: § 3 III 1.

500 Siehe oben: § 2 III 5.

Vertreter der extensiven Auslegung können bisher keine schlüssige Erklärung dafür liefern, weshalb der betriebsverfassungsrechtliche Gesetzgeber in § 74 Abs. 2 S. 3 BetrVG auf der einen und den §§ 75 Abs. 1, 118 Abs. 1 S. 1 Nr. 1 BetrVG auf der anderen Seite, unterschiedliche Begrifflichkeiten für denselben Wortsinn verwendet haben soll. Hätte der Gesetzgeber tatsächlich ein allgemeines Politikverbot gewollt, so spricht einiges dafür, dass er einen klaren und unmissverständlichen Wortlaut gewählt hätte, wie dies etwa in § 15 Abs. 1 Soldatengesetz der Fall ist.[501]

Das zentrale Argument der extensiven Auffassung, in einer Parteiendemokratie seien die Grenzen zwischen allgemeiner Politik und Parteipolitik fließend, kann letztlich nicht überzeugen. Solche Abgrenzungsschwierigkeiten entstehen nämlich nur dann, wenn man den Begriff der Parteipolitik gewissermaßen künstlich weit fassen möchte und dabei - anders als die restriktive Auffassung – auf das Erfordernis der klar erkennbaren Bezugnahme auf eine politische Partei verzichtet. Zu Recht wird darauf verwiesen, dass die extensive Auslegung damit die Problematik lediglich auf die Unterscheidung von politischen und unpolitischen Betätigungen verlagert.[502]

Im Ergebnis ist deshalb mit der restriktiven Auffassung davon auszugehen, dass § 74 Abs. 2 S. 3 BetrVG nicht jegliche allgemeinpolitische, sondern nur spezifisch parteipolitische Betätigung untersagt.

d) Der Parteienbegriff

Gemäß der restriktiven Auffassung ist der Begriff der Parteipolitik als jedes Eintreten für oder gegen eine politische Partei zu definieren. Erforderlich ist hierbei, dass ausdrücklich oder zumindest aus den Umständen deutlich erkennbar auf die politische Partei Bezug genommen wird.[503] Ob darüber hinaus auch ein bewusstes und nachhaltiges Tätigwerden um (bzw. gegen) des Parteiinteresses Willen notwendig ist, kann dahinstehen. Ein solches Kriterium könnte – um die Anforderungen an die Beweisführung nicht unnötig zu erschweren – ohnehin nur aus objektiver Sicht zu beurteilen sein. Dann ist es aber im Zweifel immer erfüllt, wenn ausdrücklich oder zumindest aus den Umständen deutlich erkennbar auf eine politische Partei Bezug genommen wird.

Was den Parteienbegriff als solchen angeht, ist die Auffassung abzulehnen, die eine Bezugnahme auf eine Partei i.S.v. Art. 21 GG, § 2 Abs. 1 PartG fordert. Der formale Parteienbegriff ermöglicht zwar eine klare Abgrenzung; er sagt jedoch nichts darüber aus, welches Störpotential von einer unterstützenden Betätigung im Betrieb ausgeht. Es würde dem Verbotszweck des § 74 Abs. 2 S. 3 BetrVG in keiner Weise gerecht werden, wenn Betätigungen etwa für rechts- oder linksradikale Organisationen, für anarchistische Gruppierungen oder gar für vom BVerfG für verfassungswidrig erklärte

501 So zu Recht auch Hofmann, Das Verbot parteipolitischer Betätigung, S. 58.

502 Vgl. Hofmann, Das Verbot parteipolitischer Betätigung, S. 60; Kreutz in: GK-BetrVG, § 74 Rn. 111.

503 So zu Recht Hofmann, Das Verbot parteipolitischer Betätigung, S. 62 ff.; Kreutz in: GK-BetrVG, § 74 Rn. 114; Wiebauer, BB 2010, 3091 (3091 f.).

Parteien aus dem Anwendungsbereich des § 74 Abs. 2 S. 3 BetrVG herausgenommen würden. Bei solchen Aktivitäten ist vielfach erst Recht von einer gesteigerten Gefahr für den Betriebsfrieden auszugehen. Zudem besteht kein Grund dafür, verbotene Parteien ebenso wie kommunale Wählervereinigungen oder sonstige nicht an der Vertretung des Volkes im Deutschen Bundestag bzw. einem Landtag interessierten oder aus anderen Gründen nicht die Anforderungen des § 2 Abs. 1 PartG erfüllenden politischen Organisationen gegenüber den formalen Parteien zu bevorzugen.

Parteien sind demnach nicht nur solche i.S.v. Art. 21 GG, § 2 Abs. 1 PartG, sondern darüber hinaus auch alle sonstigen politischen Gruppierungen, die eine auf Dauer angelegte Organisation besitzen und die nach ihrem Selbstverständnis auf die politische Willensbildung der Bevölkerung Einfluss nehmen wollen.[504] Dieser Parteienbegriff hat zwar den Nachteil, dass er in Grenzfällen eine Einzelfallentscheidung erfordert. Gleichwohl erscheint die Differenzierung zwischen politischen und unpolitischen Organisationen durchaus möglich. Letzte verbleibende Unsicherheiten sind hinzunehmen, da dieses Parteienverständnis dem Verbotszweck des § 74 Abs. 2 S. 3 BetrVG am ehesten gerecht wird. Dabei ist zu berücksichtigen, dass nach richtiger Auffassung[505] auch Stellungnahmen für oder gegen eine herausgehobene Persönlichkeit der Partei als Parteipolitik zu betrachten sind. In dieser Weise wird dem Umstand Rechnung getragen, dass politische Gruppierungen durch ihre leitenden Funktionsträger geprägt und nach außen repräsentiert werden.

Nicht ausreichend ist dagegen das bloße Tätigwerden für oder gegen eine politische Richtung, ohne dass auf eine konkrete politische Partei Bezug genommen wird. Die Auffassung, die Parteipolitik im Sinne einer Parteinahme in politischer Hinsicht versteht, entfernt sich zu sehr vom Wortlaut des § 74 Abs. 2 S. 3 BetrVG. Sie berücksichtigt zudem nicht, dass das spezifische, ein absolutes Verbot rechtfertigende Konfliktpotenzial gerade aus der Bezugnahme auf eine konkrete politische Organisation erwächst. Ohnehin ist auch dieser Parteienbegriff nicht frei von Abgrenzungsschwierigkeiten, erfordert er doch im Einzelfall die Differenzierung zwischen Parteinahmen in politischen und solchen in unpolitischen Angelegenheiten.

5. Beispiele für Parteipolitik

Nach der hier vertretenen Auffassung sind insbesondere folgende Verhaltensweisen unter den Begriff der Parteipolitik i.S.v. § 74 Abs. 2 S. 3 BetrVG zu subsumieren:

---

504 So zutreffend Fitting, BetrVG, § 74 Rn. 46 ff.; Rieble/Wiebauer, ZfA 2010, 63 (111 ff.); Wiebauer, BB 2010, 3091 (3091 f.).

505 Hofmann, Das Verbot parteipolitischer Betätigung im Betrieb, S. 62; Kreutz in: GK-BetrVG, § 74 Rn. 114.

- Das Verteilen von Flugblättern, in denen auf eine konkrete politische Partei oder Gruppierung bzw. auf deren herausgehobene Persönlichkeiten Bezug genommen wird.[506]
- Das Abhalten eines Referats durch den Wahlkreiskandidaten und Wahlkampfleiter einer politischen Partei auf einer Betriebsversammlung während des Wahlkampfes, vor allem dann, wenn der Betrieb im Wahlkreis des Politikers liegt.[507] Das Thema des Referats ist dabei nicht entscheidend. Selbst wenn ein neutrales Thema in neutraler Weise behandelt wird, folgt aus den Begleitumständen, dass der Auftritt des Redners Teil seiner parteipolitischen Wahlkampfstrategie ist.[508]
- Das Tragen einer Plakette[509] oder eines Kleidungsstücks (z. B. T-Shirt, Basecap etc.) mit dem Hinweis auf eine konkrete politische Partei oder Gruppierung bzw. deren herausgehobene Persönlichkeiten.
- Das Anbringen von Aufklebern mit Bezugnahme auf eine konkrete politische Partei oder Gruppierung (z. B. auf der Schreibtischlampe im Betriebsratszimmer[510], auf Schutzhelmen[511] oder auf einem auf dem Betriebsgelände abgestellten Firmen-PKW[512]).
- Das Sammeln von Unterschriften oder von Geldspenden zu Gunsten einer politischen Partei oder Gruppierung.[513]
- Das Verteilen von Informationsmaterial über eine politische Partei oder Gruppierung (z. B. Parteizeitung, Parteiprogramm etc.).[514]
- Meinungsäußerungen unter Bezugnahme auf eine politische Partei oder Gruppierung, welche über das Intranet, über die Homepage des Betriebsrats oder per E-Mail im Betrieb verbreitet werden.[515]

---

506 Vgl. BAG 05. 12.1975 – 1 AZR 94/74, DB 1976, 583 (Flugblatt mit dem „Aufruf zur Demonstration" gegen die CDU/CSU, die einen „Sturz der Regierung Brandt-Scheel" versuche); vgl. auch BAG 21.02.1978 – 1 ABR 54/76, DB 1978, 1547 (Flugblatt, in dem für ein Verbot der öffentlichen Versammlung eines Verbandes ehemaliger Mitglieder der Waffen-SS geworben und zugleich die CDU/CSU sowie deren Politiker Franz-Josef Strauß kritisiert wurde.).

507 Vgl. BAG 13.09.1977 – 1 ABR 54/76, DB 1977, 2452.

508 So zutreffend BAG 13.09.1977 – 1 ABR 54/76, DB 1977, 2452 (2454).

509 Vgl. LAG Düsseldorf 29.01. 1981 – 14 Sa 1208/80, DB 1981, 1986 (Tragen einer 5 cm. großen Plakette mit der Aufschrift „Stoppt Strauß").

510 Löwisch/Kaiser, BetrVG, § 74 Rn. 32.

511 Kreutz in: GK-BetrVG, § 74 Rn. 113; Löwisch/Kaiser, BetrVG, § 74 Rn. 32.

512 Kreutz in: GK-BetrVG, § 74 Rn. 113.

513 Fitting, BetrVG, § 74 Rn. 49; Kreutz in: GK-BetrVG, § 74 Rn. 113. Vgl. auch zu § 51 S. 2 BetrVG 1952: BAG 13.01.1956 – 1 AZR 167/55, SAE 1956, 98 (Durchführung einer sog. Volksabstimmung unter der Belegschaft im Auftrag der KPD zur Militätpolitik).

514 Kreutz in: GK-BetrVG, § 74 Rn. 113.

515 Löwisch/Kaiser, BetrVG, § 74 Rn. 32; Worzalla in: H/W/G/N/R/H, BetrVG, § 74 Rn. 46. Zum Einsatz moderner Kommunikationsmittel siehe auch unten: § 5 IV 2 a bb.

- Der Aufruf zur Teilnahme an politischen Wahlen oder Abstimmungen, sofern dieser mit dem Hinweis verbunden ist, für oder gegen eine bestimmte politische Partei oder Gruppierung zu stimmen.[516]

Dagegen können die nachfolgend aufgeführten Verhaltensweisen nicht unter den Begriff der Parteipolitik subsumiert werden. Sie sind vielmehr der allgemeinen Politik zuzuordnen, die nicht vom Verbot des § 74 Abs. 2 S. 3 BetrVG erfasst ist:

- Das Veröffentlichen eines neutral gehaltenen Aufrufs zur Teilnahme an politischen Wahlen oder Abstimmungen.[517] In einem solchen Fall fehlt es an einem Eintreten für oder gegen eine konkrete politische Partei oder Gruppierung.
- Das Werben für bestimmte politische Ziele, ohne das hierbei ausdrücklich oder aus den Umständen erkennbar auf eine konkrete politische Partei oder Gruppierung Bezug genommen wird (sog. politische Initiativen im Betrieb, z. B.: Anti-Atomkraft-Bewegung[518], Friedensbewegung[519], Eintreten gegen den Irak-Krieg[520], Eintreten gegen Rechtsradikalismus und Ausländerfeindlichkeit, Eintreten für den Umweltschutz etc.).

---

516 Vom BAG als nicht entscheidungserheblich offen gelassen in BAG 17.03.2010 – 7 ABR 95/08, NZA 2010, 1133 (Aufforderung zur Teilnahme an einem Volksentscheid zur Einführung verbindlicher Volksabstimmungen in Hamburg nebst der Empfehlung, mit „Ja" zu stimmen. Zusätzlich war der Aufforderung ein kritisches Schreiben der DGB-Gewerkschaften an den Ersten Bürgermeister Ole v. Beust beigefügt, welcher gemeinsam mit seiner CDU-Fraktion die Einführung von Volksabstimmungen in Hamburg ablehnte.).

517 Vgl. BVerfG 28.04.1976 – 1 BvR 71/73, NJW 1976, 1627 (Aufruf zur Wahl aktiver Arbeitnehmer bei den bevorstehenden Kommunalwahlen mit dem Hinweis auf konkrete Kandidaten, die der IG-Metall und verschiedenen Parteien angehörten). Vgl. auch BAG 17.03.2010 – 7 ABR 95/08, juris Rn. 35 ff.

518 Z. B. das Tragen einer Anti-Atomkraft-Plakette , eine stilisierte rote Sonne auf gelben Grund mit der Aufschrift: „Atomkraft? Nein Danke"; vgl. dazu den Fall in BAG 02.03.1982 – 1 AZR 694/97, DB 1982, 2142 (dort ging es allerdings um einen Lehrer im öffentlichen Dienst).

519 A.A. BAG 12.06.1986 – 6 ABR 67/84, DB 1987, 1898 (Verteilen von Flugblättern mit dem Aufruf zum Wiederstand gegen die Stationierung von Pershing-II-Raketen auf dem Bundesgebiet); vgl. auch den Fall LAG Hessen 15.07.2004 – 9 TaBV 190/03, juris (Aufruf im Internet zur Teilnahme an einer Demonstration des Friedensforums). Anders zu beurteilen ist dagegen der Fall LAG Hamburg 21.04.1986 – 2 Sa 13/86, AiB 1987, 175. Hier wurde in dem Flugblatt nicht nur zum Wiederstand gegen die Stationierung von Pershing-II-Raketen auf dem Bundesgebiet aufgerufen, sondern zugleich explizit die „CDU/CSU/FDP Bundesregierung" kritisiert, die „sich dieser Politik der USA bisher nicht entgegenstellt" und daher „Mitschuld an der wachsenden Gefahr (trägt)" und zudem „einen Rüstungshaushalt durchsetzen (will), der voll zu Lasten der kleinen Leute geht."

520 Vom BAG als nicht entscheidungserheblich offen gelassen: BAG 17.03.2010 – 7 ABR 95/08, NZA 2010, 1133 (Veröffentlichung eines mit „Nein zum Krieg" überschriebenen Aufrufs gegen den Irak-Krieg am schwarzen Brett).

- Das bloße Informieren über bestimmte politische Sachverhalte oder Ereignisse. Dabei darf allerdings weder ausdrücklich noch aus den Umständen erkennbar auf eine konkrete politische Partei oder Gruppierung bzw. deren herausgehobenen Persönlichkeiten Bezug genommen werden (Bsp.: Ein neutral abgefasstes Informationsschreiben über einen anstehenden Volksentscheid und den dort zur Abstimmung stehenden Einzelfragen).
- Das Stellen eines politischen Antrags in der Betriebsratssitzung (z.B. Antrag, der Betriebsrat möge sich für eine Verbesserung der Lebensbedingungen der Asylbewerber in der Gemeinde X einsetzen), ohne dass hierbei ausdrücklich oder aus den Umständen erkennbar auf eine bestimmte politische Partei oder Gruppierung Bezug genommen wird.

In den zuletzt genannten Fällen ist allerdings zu beachten, dass der Betriebsrat – unabhängig von einem Verstoß gegen § 74 Abs. 2 S. 3 BetrVG – mangels allgemeinpolitischen Mandats seine gesetzlichen Kompetenzen überschreitet, wenn er zu allgemeinpolitischen Fragen ohne konkreten betrieblichen Bezug Stellung nimmt. Zudem verstößt der Betriebsrat bzw. das Betriebsratsmitglied gegen das Verbot des § 74 Abs. 2 S. 2 BetrVG, sofern sein Verhalten zu einer konkreten Störung des Betriebsfriedens oder des Arbeitsablaufs führt.

III. Betätigung

1. Pflicht zum Einschreiten bei parteipolitischen Aktivitäten Dritter?

a) Meinungsstand

Unstreitig kann das Tatbestandsmerkmal der parteipolitischen Betätigung durch jede Form des aktiven Tuns verwirklicht werden. Ob allerdings auch eine parteipolitische Betätigung durch Unterlassen möglich ist, wird nicht einheitlich beurteilt. Zum Teil[521] wird die Auffassung vertreten, dass auch in der bloßen Duldung parteipolitischer Betätigungen Dritter – insbesondere der Arbeitnehmer – eine eigene Betätigung des Arbeitgebers bzw. des Betriebsrats liege, sofern sich die Duldung aus Sicht eines objektiven, verständigen Beobachters als eine bewusste Billigung darstelle. In einem solchen Fall müssten sich Arbeitgeber und Betriebsrat durch entsprechende Stellungnahmen von der parteipolitischen Betätigung des Dritten absetzen; sie dürften nicht zulassen, dass der Betrieb als Forum für parteipolitische Auseinandersetzungen genutzt werde.[522] Zum Teil wird sogar eine Einwirkungspflicht gegen die parteipolitische Betätigung des Dritten angenommen.[523]

521 Bauer/Willemsen, NZA 2010, 1098 (1092); Meisel, RdA 1976, 38 (39 f.); Richardi in: Richardi, BetrVG, § 74 Rn. 67; Worzalla in: H/W/G/N/R/H, BetrVG, § 74 Rn. Rn. 50.
522 Richardi in: Richardi, BetrVG, § 74 Rn. 67.
523 Glaubitz, BB 1972, 1277 (1278).

Die wohl herrschende Meinung[524] geht hingegen davon aus, dass eine bloße Duldung parteipolitischer Betätigungen Dritter im Betrieb grundsätzlich keinen Verstoß gegen § 74 Abs. 2 S. 3 BetrVG bewirken kann. Die Verbotsnorm enthalte lediglich eine Unterlassungspflicht, kein Handlungsgebot. Eine Pflicht des Betriebsrats und des Arbeitgebers, sich durch Stellungnahmen von parteipolitischen Betätigungen Dritter im Betrieb abzusetzen, widerspreche dem Verbotszweck des § 74 Abs. 2 S. 3 BetrVG. Ist durch die parteipolitische Betätigung des Dritten bereits eine Störung des Betriebsfriedens eingetreten, so könne jede weitere Stellungnahme zu einer Verschärfung der Auseinandersetzung führen.[525] Zudem sei es im Falle einer arbeitsvertragswidrigen parteipolitischen Betätigung allein Aufgabe des Arbeitgebers, den betreffenden Arbeitnehmer abzumahnen und, falls dies erfolglos bleibe, weitere Konsequenzen zu ziehen.[526] Betriebsrat und Arbeitgeber dürften parteipolitische Betätigungen der Belegschaftsangehörigen im Betrieb lediglich nicht aktiv unterstützen oder eindeutig billigen, denn dann machten sie sich deren Verhalten zu eigen.[527] In einer bloßen Duldung könne allenfalls dort ein Verstoß gegen das Verbot gesehen werden, wo Betriebsrat bzw. Arbeitgeber ausnahmsweise eine Garantenstellung inne haben. Dies sei etwa der Fall, wenn der Betriebsrat eine parteipolitische Aktivität der Belegschaft initiiert habe oder wenn der Betriebsratsvorsitzende bei der Leitung der Betriebsversammlung parteipolitische Redebeiträge zulasse.[528]

b) Stellungnahme

Für die herrschende Meinung spricht bereits der eindeutige Wortlaut des § 74 Abs. 2 S. 3 BetrVG. Demnach haben Arbeitgeber und Betriebsrat jede parteipolitische Betätigung im Betrieb zu unterlassen. Ein Unterlassen ist aber nur in Bezug auf ein eigenes positives Tun möglich. Wollte man auch die bloße Duldung eines Fremdverhaltens unter das Verbot des § 74 Abs. 2 S. 3 BetrVG fassen, so würde damit – am Wortlaut der Norm vorbei – die Unterlassungspflicht um ein Handlungsgebot erweitert.

In Betracht kommt daher allenfalls eine analoge Anwendung der Vorschrift. Hierbei ist allerdings Folgendes zu bedenken: Verlangt man von Arbeitgeber und Betriebsrat, dass sie gegen jede parteipolitische Betätigung Dritter im Betrieb einschreiten, so ist die Gefahr groß, dass ihr Verhalten von den Betroffenen wie von außenstehenden Dritten letztlich als eigene parteipolitische Betätigung empfunden

---

524 Berg in: D/K/K/W, BetrVG, § 74 Rn. 68; Fitting, BetrVG, § 74 Rn. 45; Hofmann, Das Verbot parteipolitischer Betätigung, S. 68 ff.; v. Hoyningen-Huene in: MüArbR II, § 214 Rn. 27; Kania in: ErfK, BetrVG, § 74 Rn. 24; Kreutz in: GK-BetrVG, § 74 Rn. 115; Löwisch/Kaiser, BetrVG, § 74 Rn. 32.

525 Rüttgers, Das Verbot parteipolitischer Betätigung S. 70; zust. Hofmann, Das Verbot parteipolitischer Betätigung, S. 68.

526 Joachim in: Posser/Wassermann (Hrsg.), Freiheit, S. 255 (262).

527 Fitting, BetrVG, § 74 Rn. 45; Löwisch/Kaiser, BetrVG, § 74 Rn. 32.

528 Hofmann, Das Verbot parteipolitischer Betätigung, S. 69 f.; Kreutz in: GK-BetrVG, § 74 Rn. 115.

wird. Die Grenze zur eigenen parteipolitischen Betätigung der Betriebspartner ist schnell überschritten, vor allem dann, wenn die Stimmung im Betrieb ohnehin aufgeheizt ist. In einer solchen Situation besteht das Risiko, dass die Betriebspartner „Öl ins Feuer" einer bereits schwelenden parteipolitischen Auseinandersetzung zwischen den Arbeitnehmern geben. Völlig zu Recht wird deshalb darauf hingewiesen, dass unter Umständen genau das Gegenteil dessen erreicht wird, was § 74 Abs. 2 S. 3 BetrVG bezweckt.[529] Das entscheidende Argument ist jedoch, dass es dogmatisch falsch wäre, aus § 74 Abs. 2 S. 3 BetrVG eine kollektivrechtliche Pflicht der Betriebspartner zum Einschreiten gegen parteipolitische Betätigungen Dritter herzuleiten. Wie bereits herausgearbeitet wurde[530], sind die Arbeitnehmer des Betriebs nicht an das Verbot des § 74 Abs. 2 S. 3 BetrVG gebunden. Für sie ergeben sich die Grenzen politischer Betätigungen im Betrieb allein aus dem Arbeitsvertrag. Es ist deshalb nur konsequent, politische Aktivitäten der Arbeitnehmer im Betrieb ausschließlich individualarbeitsrechtlich zu beurteilen. Verstößt eine Betätigung gegen Pflichten aus dem Arbeitsvertrag, so ist es allein Sache des Arbeitgebers, im Wege der Abmahnung bzw. Kündigung hiergegen vorzugehen.[531] Ist eine Betätigung dagegen arbeitsvertraglich erlaubt, so darf sie für den betreffenden Arbeitnehmer auch sonst keine Konsequenzen haben. Eine kollektivrechtliche Pflicht der Betriebspartner zum Einschreiten würde im Ergebnis dazu führen, dass § 74 Abs. 2 S. 3 BetrVG doch wieder mittelbare Bindungswirkung für die Arbeitnehmer im Betrieb entfaltet. Nicht ohne Grund wurde noch zur Zeit der Geltung des § 51 S. 2 BetrVG 1952 die Ausweitung des Verbots auf sämtliche Belegschaftsangehörige damit begründet, dass sowohl Arbeitgeber als auch Betriebsrat keine parteipolitischen Betätigungen im Betrieb dulden dürften.[532]

Im Ergebnis ist deshalb der herrschenden Meinung darin zuzustimmen, dass die bloße Duldung parteipolitischer Betätigungen Dritter grundsätzlich keine eigene Betätigung i.S.v. § 74 Abs. 2 S. 3 BetrVG darstellen kann. Eine Ausnahme ist nur in den Fällen anzunehmen, in denen der Betriebsrat oder der Arbeitgeber parteipolitische Aktivitäten Dritter in zurechenbarer Weise veranlasst haben, etwa wenn der Betriebsratsvorsitzende auf der Betriebsversammlung parteipolitische Redebeiträge zulässt.[533] Erlangt der Betriebsrat Kenntnis von einer (eigenmächtigen) parteipolitischen Betätigung eines Mitglieds, so ist er zum Einschreiten verpflichtet; anderenfalls ist ihm diese Betätigung als eigene zuzurechnen. Dagegen muss sich der Arbeitgeber parteipolitische Betätigungen seiner Vertreter bereits nach den

529 Rüttgers, Das Verbot parteipolitischer Betätigung S. 70; zust. Hofmann, Das Verbot parteipolitischer Betätigung, S. 68.
530 Siehe oben: § 4 II 1.
531 So auch Joachim in: Posser/Wassermann (Hrsg.), Freiheit, S. 255 (262).
532 Siehe dazu oben: § 2 I 6.
533 So Hofmann, Das Verbot parteipolitischer Betätigung, S. 69 f.; Kreutz in: GK-BetrVG, § 74 Rn. 115.

allgemeinen Regeln zurechnen lassen.[534] Ob die Duldung hier einer eigenen Betätigung gleichkommt, kann deshalb dahinstehen.[535]

2. Parteipolitische Meinungsäußerungen außerhalb der betrieblichen Öffentlichkeit

Zum Teil[536] wird die Auffassung vertreten, die Beteiligung von Arbeitgeber oder Betriebsrat an gelegentlichen privaten Gesprächen mit parteipolitischem Inhalt falle nicht unter das Verbot des § 74 Abs. 2 S. 3 BetrVG. Begründet wird dies zum einen mit der Bedeutung des Art. 5 GG.[537] Zum anderen wird der Normzweck des § 74 Abs. 2 S. 3 BetrVG angeführt. Eine abstrakte Gefahr für den Betriebsfrieden bestehe lediglich in den Fällen, in denen die parteipolitische Betätigung der Normadressaten in der Betriebsöffentlichkeit stattfinde, nicht dagegen, wenn lediglich parteipolitische Meinungen in privaten Gesprächen geäußert würden.[538]

Dieser Auffassung kann nur teilweise zugestimmt werden. Um eine Vermischung von Amt und privater politischer Meinung zu verhindern, begründet § 74 Abs. 2 S. 3 BetrVG ein Trennungsgebot: Amtsführung und persönliche Betätigung sind strikt auseinanderzuhalten.[539] Für die nicht freigestellten Betriebsratsmitglieder (§ 38 BetrVG) bedeutet dies, dass ihnen während der Amtsausübung – nur insoweit sind sie an § 74 Abs. 2 S. 3 BetrVG gebunden – auch gelegentliche private Gespräche mit parteipolitischem Inhalt untersagt sind. Damit wird dem Umstand Rechnung getragen, dass die Betriebsratsmitglieder im Rahmen ihrer Amtsausübung letztlich nicht als Privatpersonen, sondern vordergründig als Amtsträger wahrgenommen werden. Außerhalb ihrer amtlichen Betätigung und damit außerhalb des Geltungsbereichs von § 74 Abs. 2 S. 3 BetrVG sind sie dagegen frei, ihre private politische Meinung im persönlichen Gespräch kundzugeben.

Etwas anderes gilt hingegen für den Arbeitgeber und für solche Betriebsratsmitglieder, die nach § 38 BetrVG von ihrer beruflichen Tätigkeit freigestellt sind. Bei ihnen besteht nämlich die Besonderheit, dass sie – anders als die nicht freigestellten Betriebsratsmitglieder – im Betrieb uneingeschränkt an § 74 Abs. 2 S. 3 BetrVG gebunden sind.[540] Freigestellte Betriebsratsmitglieder befinden sich praktisch immer

---

534 Siehe dazu oben: § 4 I 1 b).
535 Für eine Eingriffspflicht kraft Garantenstellung: Kreutz in GK-BetrVG, § 74 Rn. 115; zust. Kania in: ErfK, § 74 Rn. 24.
536 Berg in: D/K/K/W, BetrVG, § 74 Rn. 60; Fitting, BetrVG, § 74 Rn. 51; Galperin/Löwisch, BetrVG, § 74 Rn. 21; Hofmann, Das Verbot parteipolitischer Betätigung, S. 70 f.; Kreutz in: GK-BetrVG, § 74 Rn. 117; Preis in: W/P/K, BetrVG, § 74 Rn. 19; Rüttgers, Das Verbot parteipolitischer Betätigung, S. 64 f.
537 Preis in: W/P/K, BetrVG, § 74 Rn. 19.
538 Fitting, BetrVG, § 74 Rn. 51; Kreutz in: GK-BetrVG, § 74 Rn. 117.
539 Siehe hierzu oben: § 4 II 2 c.
540 Für das Betriebsratsmitglied siehe oben: § 4 II 2 c.

im Amt.[541] Die Arbeitgebereigenschaft ist hingegen kein Amt, welches zeitweilig abgelegt werden kann.[542] Und dennoch muss es dem Arbeitgeber und den freigestellten Betriebsratsmitgliedern gestattet sein, im Rahmen eines privaten Gesprächs etwa in der Kantine, während der betrieblichen Weihnachtsfeier oder beim Betriebssport, ihre persönliche parteipolitische Meinung kundzugeben. Richtigerweise sind deshalb parteipolitische Meinungsäußerungen, die der Arbeitgeber oder ein freigestelltes Betriebsratsmitglied im Rahmen eines privaten Gesprächs unter vier Augen oder im kleinen Personenkreis tätigen, aus dem Anwendungsbereich des § 74 Abs. 2 S. 3 BetrVG herauszunehmen. Dies gebietet zum einen die grundlegende Bedeutung des Art. 5 Abs. 1 GG. Zum anderen trifft es zu, dass solche Äußerungen, die ersichtlich in keinem Zusammenhang zur betriebsverfassungsrechtlichen Stellung des Äußernden stehen, in aller Regel nicht geeignet sind, den Betriebsfrieden abstrakt zu gefährden.

IV. Im Betrieb

1. Räumliche Geltung des Verbots auf dem Betriebsgelände

Nach dem klaren Wortlaut des § 74 Abs. 2 S. 3 BetrVG beschränkt sich der räumliche Anwendungsbereich des parteipolitischen Betätigungsverbots auf den Betrieb. Gemeint ist hiermit nach allgemeiner Auffassung in erster Linie das Betriebsgelände in seiner Gesamtheit einschließlich der vorhandenen Einrichtungen wie etwa Kantinen, Parkplätze, Sport- und Grünanlagen oder Erholungsheime.[543] Zum Betrieb i.S.v. § 74 Abs. 2 S. 3 BetrVG gehören auch sämtliche zugeordneten selbstständigen Betriebsteile (§ 4 Abs. 1 S. 2 BetrVG) und nicht betriebsratsfähigen Kleinstbetriebe (§ 4 Abs. 2 BetrVG).[544]

Während dem Arbeitgeber parteipolitische Betätigungen in allen Betrieben seines Unternehmens untersagt sind, gilt § 74 Abs. 2 S. 3 BetrVG für die Betriebsratsmitglieder nur soweit, wie ihr Amtsbereich reicht.[545] Ein Betriebsratsmitglied ist daher nur in dem Betrieb, für den es gewählt wurde, an das Verbot gebunden. In

541 Kreutz in: GK-BetrVG, § 74 Rn. 102.

542 Wiebauer, BB 2010, 3091 (3093 f.).

543 Berg in: D/K/K/W, BetrVG, § 74 Rn. 62; Fitting, BetrVG, § 74 Rn. 51; v. Hoyningen-Huene in: MüArbR II, § 214 Rn. 28; Kania in: ErfK, BetrVG, § 74 Rn. 26; Kreutz in: GK-BetrVG, § 74 Rn. 116; Löwisch/Kaiser, BetrVG, § 74 Rn. 33; Meisel, RdA 1976, 38 (40); Oetker, BlStSozArbR 1983, 321 (323); Preis in: W/P/K, § 74 Rn. 23; Richardi in: Richardi, BetrVG, § 74 Rn. 66; Worzalla in: H/W/G/N/R/H, § 74 Rn. 51; vgl. auch BAG 21.2.1978 – 1 ABR 54/76, juris Rn. 78.

544 Fitting, BetrVG, § 74 Rn. 51; Kania in: ErfK, BetrVG, § 74 Rn. 26; Kreutz in: GK-BetrVG, § 74 Rn. 116; Löwisch/Kaiser, BetrVG, § 74 Rn. 34; Preis in: W/P/K, BetrVG, § 74 Rn. 23.

545 Kreutz in: GK-BetrVG, § 74 Rn. 119; Löwisch/Kaiser, BetrVG, § 74 Rn. 33; Preis in: W/P/K, BetrVG, § 74 Rn. 23; Richardi in: Richardi, BetrVG, § 74 Rn. 66.

anderen Betrieben des Arbeitgebers, in denen es keine betriebsverfassungsrechtlichen Funktionen ausübt, fällt es nicht unter den Anwendungsbereich des § 74 Abs. 2 S. 3 BetrVG.[546] Auch dort hat das Betriebsratsmitglied bei etwaigen parteipolitischen Betätigungen allerdings die sich aus dem Arbeitsvertrag ergebenden Beschränkungen zu beachten.[547] Ist dagegen durch Tarifvertrag die Bildung eines unternehmenseinheitlichen Betriebsrats bestimmt (§ 3 Abs. 1 Nr. 1a BetrVG), gilt das Verbot des § 74 Abs. 2 S. 3 BetrVG für die Betriebsratsmitglieder unternehmensweit.[548] Mitglieder des Gesamtbetriebsrats bzw. des Konzernbetriebsrats unterliegen generell in allen Betrieben des Unternehmens bzw. der Konzernunternehmen dem Verbot des § 74 Abs. 2 S. 3 BetrVG.[549] Auch für die Mitglieder der Schwerbehindertenvertretung, der Gesamt- und der Konzernschwerbehindertenvertretung sowie für die Mitglieder der Jugend- und Auszubildendenvertretung, der Gesamt- und der Konzern- Jugend- und Auszubildendenvertretung gilt das Verbot (nur) in den Betrieben, die zu ihrem jeweiligen Amtsbereich gehören.

In zeitlicher Hinsicht enthält § 74 Abs. 2 S. 3 BetrVG keinerlei Einschränkungen. Das Verbot gilt daher nicht nur während der Arbeitszeit, sondern praktisch „rund um die Uhr", insbesondere auch in den Pausen.[550]

Dort, wo Arbeitnehmer ihre Arbeitsleistung typischerweise nicht in einer festen Betriebsstätte erbringen (Außendienstmitarbeiter), verbietet § 74 Abs. 2 S. 3 BetrVG auch die parteipolitische Einwirkung auf die Beschäftigten am Einsatzort.[551]

2. Betätigungen außerhalb des Betriebsgeländes

a) Betätigungen mit der Zielrichtung in den Betrieb hineinzuwirken

aa) Meinungsstand

Nur vereinzelt[552] wird der Anwendungsbereich des § 74 Abs. 2 S. 3 BetrVG konsequent auf solche Betätigungen beschränkt, die räumlich unmittelbar auf dem Betriebsgelände stattfinden. Demgegenüber geht die herrschende Meinung davon aus,

---

546 Fitting, BetrVG, § 74 Rn. 52; Kania in: ErfK, BetrVG, § 74 Rn. 28; Kreutz in: GK-BetrVG, § 74 Rn. 119; Preis in: W/P/K, BetrVG, § 74 Rn. 23; Richardi in: Richardi, BetrVG, § 74 Rn. 66.

547 Fitting, BetrVG, § 74 Rn. 52; Preis in: W/P/K, BetrVG, § 74 Rn. 23.

548 Fitting, BetrVG, § 74 Rn. 51.

549 Berg in: D/K/K/W, BetrVG, § 74 Rn. 62; Fitting, BetrVG, § 74 Rn. 52; Kreutz in: GK-BetrVG, § 74 Rn. 119; Oetker, BlStSozArbR 1983, 321 (323 f.); Richardi in: Richardi, BetrVG, § 74 Rn. 66.

550 Hofmann, Das Verbot parteipolitischer Betätigung, S. 72; Kreutz in: GK-BetrVG, § 74 Rn. 117; Löwisch/Kaiser, BetrVG, § 74 Rn. 33; Meisel, RdA 1976, 38 (40); Richardi in: Richardi, BetrVG, § 74 Rn. 65.

551 Kreutz in: GK-BetrVG, § 74 Rn. 116; Löwisch/Kaiser, BetrVG, § 74 Rn. 34.

552 Berg in: D/K/K/W, BetrVG, § 74 Rn. 62; Föhr, Arbeitsrecht, S. 99 f.; Klebe/Ratayczak/Heilmann/Spoo, BetrVG, § 74 Rn. 4.

dass der Begriff des Betriebs in § 74 Abs. 2 S. 3 BetrVG nicht nur räumlich, sondern auch funktional im Sinne einer Betriebsbezogenheit des Verhaltens zu verstehen ist. Demnach sei auch eine Betätigung in unmittelbarer Nähe zum Betriebsgelände von § 74 Abs. 2 S. 3 BetrVG erfasst, sofern diese in den Betrieb hineinwirke.[553] Bei einer engeren Betrachtung, so das BAG, würde der Schutzzweck des Verbots weitgehend leerlaufen.[554] Typische Fälle, in denen die Rechtsprechung bisher eine Betriebsbezogenheit in diesem Sinne bejaht hat, sind das Verteilen von Flugblättern parteipolitischen Inhalts an den Werkstoren vor Arbeitsbeginn[555], das Durchführen einer Lautsprecheraktion vor dem Betriebseingang[556] sowie das Veranstalten einer politischen Abstimmung auf der Zufahrtsstraße zum Werkseingang zur Zeit des Schichtwechsels[557]. Beispielhaft wird in der Literatur ferner der Arbeitgeber genannt, der auf seinem unmittelbar neben dem Betriebsgrundstück liegenden Privatgrundstück Tafeln mit überlebensgroßen Wahlplakaten einer bestimmten Partei aufhängt.[558]

bb) Stellungnahme

Die von der Rechtsprechung in der Vergangenheit entschiedenen Fälle zeigen deutlich, dass auch parteipolitische Betätigungen außerhalb des Betriebsgeländes dazu geeignet sein können, den Betriebsfrieden und die Meinungsfreiheit der Arbeitnehmer im Betrieb zu beeinträchtigen. Es ist daher richtig, dass die herrschende Meinung den räumlichen Anwendungsbereich des § 74 Abs. 2 S. 3 BetrVG unter Berücksichtigung des Verbotszwecks im Sinne einer „räumlich-funktionalen Betrachtungsweise“[559] erweitert. Wenn § 74 Abs. 2 S. 3 BetrVG parteipolitische Betätigungen „im Betrieb“ untersagt, so setzt dies nicht voraus, dass die auf die Meinungskundgabe gerichtete Betätigungshandlung innerhalb des Betriebsgeländes selbst stattfindet. Entscheidend

553 BAG 21.02.1978 – 1 ABR 54/76, juris Rn. 78; Glaubitz, BB 1972, 1277 (1278); Hofmann, Das Verbot parteipolitischer Betätigung, S. 71 f.; v. Hoyningen-Huene in: MüArbR II, § 214 Rn. 28; Kania in: ErfK, BetrVG, § 74 Rn. 26; Kreutz in: GK-BetrVG, § 74 Rn. 116; Löwisch/Kaiser, BetrVG, § 74 Rn. 33; Meisel, RdA 1976, 38 (40); Oetker, BlStSozArbR 1983, 321 (323); Preis in: W/P/K, BetrVG, § 74 Rn. 23; Richardi in: Richardi, BetrVG, § 74 Rn. 66; Rieble/Wiebauer, ZfA 2010, 63 (113 f.); Rüttgers, Das Verbot parteipolitischer Betätigung, S. 74 ff.; Sowka/Krichel, DB 1989, Beil. Nr. 11, S. 6; Wiese in: FS 50 Jahre BAG, 1125 (1140 f.); Worzalla in: H/W/G/N/R/H, BetrVG, § 74 Rn. 51.

554 BAG 21.02.1978 – 1 ABR 54/76, juris Rn. 78.

555 BAG 21.02.1978 – 1 ABR 54/76, juris; zu § 51 S. 2 BetrVG 1952: LAG Hamburg 17.3.1970 – 1 TaBV 1/70, BB 1970, 1479; LAG Niedersachsen 3.3.1970 – 1 TaBV 7/69, BB 1970, 1480.

556 Zu § 51 S. 2 BetrVG 1952: LAG Hamburg 17.3.1970 – 1 TaBV 1/70, BB 1970, 1479.

557 Zu § 51 S. 2 BetrVG 1952: BAG 13.01.1956 – 1 AZR 167/55, juris.

558 Meisel, RdA 1976, 38 (40); zust. Hofmann, Das Verbot parteipolitischer Betätigung, S. 71 f.

559 Dieser Begriff wurde geprägt durch Oetker, BlStSozArbR 1983, 321 (323).

ist vielmehr, dass sie aus Sicht eines objektiven Beobachters[560] darauf gerichtet ist, ihre kommunikative Wirkung räumlich im Betrieb zu entfalten.

Objektiv betriebsbezogen sind dabei ohne Weiteres Flugblatt- oder Lautsprecheraktionen, die in unmittelbarer räumlicher Nähe zum Betriebseingang vor oder nach Arbeitsende bzw. in den Pausen durchgeführt werden. Hier geht es erkennbar darum, von außen in den Betrieb hineinzuwirken. Allerdings ist eine unmittelbare räumliche Nähe zum Betriebsgelände keineswegs zwingende Voraussetzung. Sie ist lediglich bei den klassischen Betätigungsformen (Flugblatt- oder Lautsprecheraktionen, politische Abstimmungen, Informations- oder Wahlwerbestände etc.) ein starkes Indiz für eine Betriebsbezogenheit. Gerade wenn es aber um die vielfältigen Möglichkeiten der Kommunikation mit modernen technischen Hilfsmitteln geht, wird man auf eine räumliche Nähe zum Betrieb nicht mehr abstellen können. Was etwa, wenn ein Betriebsratsmitglied von zu Hause aus unter ausdrücklichem Hinweis auf sein Amt E-Mails mit parteipolitischem Inhalt an die Dienstadressen seiner Kollegen im Betrieb versendet? Oder, wenn es – wiederum unter Bezugnahme auf seine betriebsverfassungsrechtliche Funktion – während seines Urlaubs parteipolitische Kommentare oder Beiträge auf der offiziellen Firmenseite in einem sozialen Netzwerk (z. B. Facebook) veröffentlicht, auf welche die Arbeitnehmer des Betriebs während der Arbeitszeit Zugriff haben? Denkbar ist ferner das Versenden von Kurznachrichten auf die Diensthandys der Kollegen. In all diesen Fällen ist eine Betätigung „im Betrieb" i.S.v. § 74 Abs. 2 S. 3 BetrVG zu bejahen, da die Handlungen objektiv darauf abzielen, in den Betrieb hineinzuwirken. Dass sich das Betriebsratsmitglied hierbei ggf. räumlich weit vom Betriebsgelände entfernt aufhält, kann nach dem Schutzzweck des § 74 Abs. 2 S. 3 BetrVG keine Rolle spielen.

Auch bei der parteipolitischen Betätigung mit Hilfe moderner Kommunikationsmittel kann ein Betriebsbezug allerdings nicht allein deshalb bejaht werden, weil entsprechende Nachrichten (auch) an Arbeitnehmer des Betriebs gerichtet werden. So fällt etwa das Versenden von Emails oder SMS mit parteipolitischem Inhalt außerhalb des Betriebsgeländes nicht unter § 74 Abs. 2 S. 3 BetrVG, wenn diese nicht an die dienstliche, sondern an die private Adresse bzw. Nummer des Arbeitnehmers gesendet werden. Dieser Fall ist vergleichbar mit einem Hausbesuch eines Betriebsratsmitglieds bei Mitgliedern der Belegschaft zum Zwecke der politischen Wahlwerbung. Auch hier findet die parteipolitische Betätigung außerhalb des Betriebs im privaten Raum statt.[561]

An einer objektiven Betriebsbezogenheit der Betätigung fehlt es ferner bei Spenden des Arbeitgebers an politische Parteien, die in der Praxis häufig vorkommen.[562]

---

560 So auch Kreutz in: GK-BetrVG, § 74 Rn. 116; Oetker, BlStSozArbR 1983, 321 (323).

561 A.A. Hacker, DB 1963, 962 (964); Hofmann, Das Verbot parteipolitischer Betätigung, S. 72; Rüttgers, Das Verbot parteipolitischer Betätigung, S. 74.

562 Siehe hierzu die Auflistung auf der Internetseite des Deutschen Bundestags, abrufbar unter „https://www.bundestag.de/bundestag/parteienfinanzierung/fundstellen50000".

Dabei ist zu beachten, dass bereits der persönliche Anwendungsbereich des § 74 Abs. 2 S. 3 BetrVG nicht eröffnet ist, wenn der Arbeitgeber als Privatperson spendet.[563] Handelt es sich dagegen um eine Unternehmensspende, so ist diese jedenfalls nicht darauf gerichtet, in den Betrieb hineinzuwirken. Mit der Spende soll vielmehr die Arbeit einer politischen Partei außerhalb des Betriebs finanziell unterstützt werden.

b) Sonstige Betätigungen außerhalb des Betriebsgeländes

aa) Verbot der Bezugnahme auf die betriebsverfassungsrechtliche Stellung?

Sieht man einmal von den Fällen des gezielten Hineinwirkens in den Betrieb ab, so sind die Adressaten des § 74 Abs. 2 S. 3 BetrVG außerhalb des Betriebs frei, sich nach Belieben parteipolitisch zu betätigen. Sie können etwa auf Parteiversammlungen oder im Straßenwahlkampf auftreten, politische Reden halten, Interviews geben, Wahlwerbeanzeigen in einer Zeitung schalten oder politische Beiträge im Internet veröffentlichen. Äußerst umstritten ist allerdings, ob es dem Arbeitgeber und den Betriebsratsmitgliedern bei ihren außerbetrieblichen parteipolitischen Aktivitäten auch gestattet ist, explizit auf ihre betriebsverfassungsrechtliche Stellung hinzuweisen. Eine Auffassung[564] verneint dies. So sei es etwa dem Vorsitzenden des Betriebsrats und den Betriebsratsmitgliedern untersagt, außerhalb des Betriebs unter Bezugnahme auf ihr Amt Wahlreden zu halten oder Wahlaufrufe zu unterzeichnen sowie Unterschriften oder Geldspenden zu Gunsten einer Partei zu sammeln.[565] Eine derartige Betätigung könne geeignet sein, Spannungen und Auseinandersetzungen in den Betrieb zu tragen.[566] Vor allem aber lasse die politische Betätigung unter Hinweis auf die Stellung als Betriebsratsmitglied den Eindruck entstehen, das Betriebsratsmitglied trete im Auftrag der Belegschaft auf.[567] Dies gelte auch für entsprechende Betätigungen des Arbeitgebers, etwa wenn dieser einen öffentlichen Wahlaufruf mit seinem Firmennamen unterzeichne.[568]

Die Gegenauffassung[569] geht davon aus, dass weder der Arbeitgeber noch die Mitglieder des Betriebsrats durch § 74 Abs. 2 S. 3 BetrVG daran gehindert sind, bei

---

563 Hierzu siehe oben: § 4 I 1 a.

564 Glaubitz, BB 1972, 1277 (1278); v. Hoyningen-Huene in: MüArbR II, § 214 Rn. 28; Meisel, RdA 1976, 38 (42); Oetker, BlStSozArbR 1983, 321 (323); Sowka/Krichel, DB 1989, Beil. Nr. 11., S. 6; Bereits Zu § 51 S. 2 BetrVG 1952 vgl. Hacker, DB 1963, 962 (963 f.).

565 Glaubitz, BB 1972, 1277 (1278).

566 Hacker, DB 1963, 962 (963); Meisel, RdA 1976, 38 (42).

567 Hacker, DB 1963, 962 (963); zust. Oetker, BlStSozArbR 1983, 321 (323).

568 Meisel, RdA 1976, 38 (42).

569 Berg in: D/K/K/W, BetrVG, § 74 Rn. 63; Fitting, BetrVG, § 74 Rn. 53; Gnade, ArbRdGgW, Bd. 14 (1977), 59 (72 f.); Hofmann, Das Verbot parteipolitischer Betätigung, S. 75 ff.; Kania in: ErfK, BetrVG, § 74 Rn. 27; Klebe/Ratayczak/Heilmann/Spoo, BetrVG, § 74 Rn. 4; Kreutz in: GK-BetrVG, § 74 Rn. 118; Löwisch/Kaiser,

parteipolitischen Betätigungen außerhalb des Betriebs auf ihre betriebsverfassungsrechtliche Stellung hinzuweisen. Insoweit sei die räumliche Begrenzung durch den Wortlaut des Verbots zu beachten; die die Meinungsfreiheit einschränkende Wirkung des Verbots stehe jeder extensiven Auslegung entgegen.[570] Eine Ausdehnung des Betriebsbegriffs sei auch von der Sache her nicht gerechtfertigt. Wenn man davon ausgehe, dass ein Betriebsratsmitglied in aller Regel aufgrund seiner besonderen Qualifikation in den Betriebsrat gewählt werde, so sei kein Grund ersichtlich, weshalb es im Rahmen seiner zulässigerweise ausgeübten parteipolitischen Tätigkeit außerhalb des Betriebs nicht auf diesen besonderen Tatbestand hinweisen dürfe.[571] Vor allem im Wahlkampf habe das Betriebsratsmitglied ein Interesse daran, sein Amt hervorzuheben, weil es ein Beweis dafür sei, dass es im Berufsleben die Anerkennung und das Vertrauen eines erheblichen Teils seiner Arbeitskollegen genieße und sich damit eines Ansehens erfreue, was es auch für ein politisches Mandat geeignet erscheinen lasse.[572] Dabei käme „kein vernünftiger Arbeitnehmer" auf den Gedanken, dass das Betriebsratsmitglied im Namen der gesamten Belegschaft sprechen wolle.[573] Selbst wenn dem so wäre, befände sich derjenige schlicht in einem Irrtum. Der Umstand, dass jemand eine bestimmte Äußerung wie den Hinweis auf die Betriebsratsmitgliedschaft falsch deute, erlaube aber noch keine Einschränkung der politischen Betätigung in der Privatsphäre des Betriebsratsmitglieds.[574]

Eine vermittelnde Auffassung[575] tritt schließlich für eine differenzierende Betrachtungsweise ein: Immer dann, wenn der Hinweis auf das Betriebsratsamt lediglich dazu diene, die Tätigkeit des Redners zu bezeichnen, um dessen beruflichen Hintergrund verständlich zu machen, sei dagegen nichts einzuwenden. Etwas anderes gelte, wenn die Hervorhebung der Amtsfunktion den Sinn habe, bei der parteipolitischen Äußerung bewusst das Gewicht des Amtes in Spiel zu bringen. In diesem Fall werde willentlich der Eindruck erweckt, das Betriebsratsmitglied spreche im Namen der von ihm vertretenen Belegschaft. Hierzu sei das Betriebsratsmitglied aber nicht demokratisch legitimiert.

BetrVG, § 74 Rn. 35; Preis in: W/P/K, BetrVG, § 74 Rn. 23; Rüttgers, Das Verbot parteipolitischer Betätigung, S. 74 f.; Worzalla in: H/W/G/N/R/H, BetrVG, § 74 Rn. 51. Bereits zu § 51 S. 2 BetrVG 1952: LAG Frankfurt 02.01.1967 – 1 Sa 435/66, DB 1967, 430 (431); LAG Hamburg 17.3.1970 – 1 Ta Bv 1/70, BB 1970, 1479 (1480).

570 Kreutz in: GK-BetrVG, § 74 Rn. 118.

571 Gnade, ArbRdGgW, Bd. 14 (1977), 59 (72).

572 LAG Hamburg 17.3.1970 – 1 Ta Bv 1/70, BB 1970, 1479 (1480).

573 LAG Frankfurt 02.01.1967 – 1 Sa 435/66, DB 1967, 430 (431); zust. LAG Hamburg 17.3.1970 – 1 Ta Bv 1/70, BB 1970, 1479 (1480).

574 Hofmann, Das Verbot parteipolitischer Betätigung, S. 75.

575 Wiese in: FS 50 Jahre BAG, S. 1125 (1140 f.); zust. Schwipper, Öffentliche Meinungsäußerungen des Betriebsrats, S. 144 f.

bb) Stellungnahme

Nach der hier vertretenen Auffassung ist es weder den Betriebsratsmitgliedern noch dem Arbeitgeber bei privaten parteipolitischen Betätigungen außerhalb des Betriebs untersagt, auf ihre betriebsverfassungsrechtliche Stellung hinzuweisen. Neben der Tatsache, dass die Gegenauffassung dazu führt, dass der räumliche Anwendungsbereich des § 74 Abs. 2 S. 3 BetrVG ohne jede Rücksicht auf den Wortlaut der Norm quasi grenzenlos ausgeweitet wird, sind hierfür vor allem folgende Erwägungen maßgeblich: Es trifft zwar zu, dass bei parteipolitischen Aktivitäten des Betriebsrats in der Öffentlichkeit schnell der Eindruck entstehen kann, der Betriebsrat spreche für alle Arbeitnehmer des Betriebs und die Äußerungen seien innerhalb der Belegschaft allgemeiner Konsens. Schließlich ist der Betriebsrat in der allgemeinen Wahrnehmung legitimer Vertreter und Sprachrohr der Arbeitnehmer des Betriebs. Parteipolitische Betätigungen des Betriebsrats – auch außerhalb des Betriebs – sind daher im Hinblick auf die negative Meinungsfreiheit der Arbeitnehmer problematisch.[576] Diese Überlegung betrifft allerdings nur den Fall, dass der Betriebsrat als Kollektivorgan geschlossen nach außen auftritt. Parteipolitische Aktivitäten des Kollektivorgans werden außerhalb des Betriebs jedoch eher selten vorkommen. In den wenigen Fällen, in denen sich der Betriebsrat als Organ mit parteipolitischen Äußerungen an die außerbetriebliche Öffentlichkeit wendet – dies ist etwa denkbar bei einem Wahlaufruf in einer Tageszeitung – muss dem zwingend ein Beschluss des Betriebsratsgremiums vorausgehen. Dieser Beschluss wird während einer Betriebsratssitzung auf dem Betriebsgelände getroffen und verstößt daher aufgrund seines parteipolitischen Inhalts bereits als solcher gegen § 74 Abs. 2 S. 3 BetrVG.[577] Dass der Betriebsrat darüber hinaus durch eine außerbetriebliche parteipolitische Betätigung auch seine gesetzlichen Kompetenzen überschreitet, steht auf einem anderen Blatt.[578]

Weist dagegen ein einzelnes Betriebsratsmitglied bei seiner privaten politischen Meinungsäußerung außerhalb des Betriebs auf seine betriebsverfassungsrechtliche Stellung hin, so wird kaum der Eindruck entstehen, das Betriebsratsmitglied spreche für alle Arbeitnehmer des Betriebs. In diesem Fall ist in der Regel allen Beteiligten klar, dass lediglich der mit dem Betriebsratsamt verbundene Sachverstand und das besondere Vertrauen innerhalb der Belegschaft hervorgehoben werden soll. Allein hieran kann kaum etwas auszusetzen sein, zumal das Betriebsratsmitglied im politischen Meinungskampf ein nachvollziehbares Interesse daran hat, auf diesen Umstand hinzuweisen.[579] Etwas anderes muss allerdings dann gelten, wenn sich

---

576 Art. 5 Abs. 1 S. 1 GG schützt den Einzelnen auch davor, eine fremde Meinung als eigene zugeschrieben zu bekommen, siehe hierzu ausführlich oben: § 2 III 3 c) cc).

577 So wohl auch Kreutz in: GK-BetrVG, § 74 Rn. 116.

578 Der Betriebsrat hat kein allgemeines politisches Mandat, siehe hierzu oben: § 2 III 5 b.

579 So zutreffend LAG Frankfurt 02.01.1967 – 1 Sa 435/66, DB 1967, 430 (431); LAG Hamburg 17.3.1970 – 1 Ta Bv 1/70, BB 1970, 1479 (1480); Hofmann, Das Verbot parteipolitischer Betätigung im Betrieb, S. 76.

das Betriebsratsmitglied bei seiner parteipolitischen Betätigung außerhalb des Betriebs unter klarer Missachtung seiner betriebsverfassungsrechtlichen Kompetenzen ausdrücklich ein Auftreten im Namen der gesamten Belegschaft anmaßt.[580] In diesem Fall ist eine Ausweitung des räumlichen Geltungsbereichs des § 74 Abs. 2 S. 3 BetrVG gerechtfertigt, da eine solche Betätigung in besonderem Maße geeignet ist, den Betriebsfrieden und den Arbeitsablauf zu stören. Zudem wird die negative Meinungsfreiheit der Arbeitnehmer des Betriebs erheblich beeinträchtigt, da diesen eine fremde Meinung als eigene zugeschrieben wird. Dem stehen keine schutzwürdigen Interessen des Betriebsratsmitglieds gegenüber.

V. Absolutes oder relatives Verbot?

1. Meinungsstand

Rechtsprechung[581] und herrschende Lehre[582] gehen davon aus, dass § 74 Abs. 2 S. 3 BetrVG den Verbotsadressaten absolut jede parteipolitische Betätigung im Betrieb verbietet, unabhängig davon, ob im Einzelfall eine konkrete Gefährdung des Betriebsfriedens oder des Arbeitsablaufs zu befürchten ist. Bei Betätigungen parteipolitischer Art unterstelle das Gesetz nämlich – anders als bei sonstigen Betätigungen – in verfassungsrechtlich unbedenklicher Weise stets eine abstrakte Gefährdung des Betriebsfriedens und der Zusammenarbeit im Betrieb.[583] Dies beruhe auf der Erwägung, dass das Eintreten für oder gegen eine politische Partei in besonderem Maße geeignet ist, zu Streitigkeiten innerhalb der Belegschaft zu führen und sich nachteilig auf das Betriebsklima und die Zusammenarbeit auszuwirken.[584] Andere als parteipolitische Betätigungen unterwerfe der Gesetzgeber dagegen ausdrücklich geringeren

---

580 Wie hier Hofmann, Das Verbot parteipolitischer Betätigung, S. 75; Vollmer, Grenzen der politischen Betätigung im Betrieb, S. 70; a.A. dagegen Kreutz in: GK-BetrVG, § 74 Rn. 118, der in diesem Fall nur bei einer konkreten Beeinträchtigung des Betriebsfriedens das Verbot des § 74 Abs. 2 S. 2 BetrVG zur Anwendung kommen lässt.

581 BVerfG 28.04.1976 – 1 BvR 71/73, juris Rn. 26; BAG 13.09.1977 – 1 ABR 67/75, juris Rn. 35; BAG 21.02.1978 – 1 ABR 54/76, juris Rn. 73; BAG 12.06.1986 – 6 ABR 67/84, juris Rn. 38; BAG 17.3.2010 – 7 ABR 95/08, juris Rn. 40.

582 Fitting, BetrVG, § 74 Rn. 37; Hofmann, Das Verbot parteipolitischer Betätigung, S. 131 ff.; v. Hoyningen-Huene in: MüArbR II, § 214 Rn. 26; Kania in: ErfK, BetrVG, § 74 Rn. 21; Kissel, NZA 1988, 145 (148); Kreutz in: GK-BetrVG, § 74 Rn. 107; Löwisch/Kaiser, BetrVG, § 74 Rn. 28; Preis in: W/P/K, BetrVG, § 74 Rn. 18; Rieble/Wiebauer, ZfA 2010, 63 (111); Sowka/Krichel, DB 1989, Beil. Nr. 11, S. 5; Wiese in: FS 50 Jahre BAG, S. 1125 (1139 f.); Worzalla in: H/W/G/N/R/H, BetrVG, § 74 Rn. 43.

583 BAG 12.06.1986 – 6 ABR 67/84, juris Rn. 38; BAG 17.3.2010 – 7 ABR 95/08, juris Rn. 40.

584 BAG 17.3.2010 – 7 ABR 95/08, juris Rn. 40.

Beschränkungen. Nach § 74 Abs. 2 S. 2 BetrVG seien diese nur dann zu unterlassen, wenn sie den Arbeitsablauf oder den Betriebsfrieden konkret beeinträchtigen.[585]

Eine Gegenauffassung in der Literatur[586] geht hingegen davon aus, dass § 74 Abs. 2 S. 3 BetrVG lediglich ein relatives Verbot beinhaltet. So sei der Verbotstatbestand nur dann verwirklicht, wenn die parteipolitische Betätigung im Einzelfall zu einer konkreten Störung des Betriebsfriedens oder des Arbeitsablaufs führt. Diese zusätzliche Einschränkung ergebe sich aus einer notwendigen verfassungskonformen Auslegung der Vorschrift. Zum einen beschränke das Verbot das Grundrecht der freien Meinungsäußerung in verfassungsrechtlich bedenklicher Weise.[587] Schließlich führe es zu einer willkürlichen Schlechterstellung des Betriebsrats gegenüber dem Arbeitgeber, weil die Sanktionen im Fall der Zuwiderhandlung völlig ungleich verteilt seien. Während der Betriebsrat ein Amtsenthebungsverfahren riskiere (§ 23 Abs. 1 BetrVG), könne der Arbeitgeber lediglich nach § 23 Abs. 3 BetrVG sanktioniert werden. Zum anderen sei es verfassungswidrig, die Parteien aus dem Betrieb völlig auszuschließen, denn ihre Betätigungsfreiheit aus Art. 21 GG sei jedenfalls nicht weniger geschützt als die Betätigungsfreiheit der Gewerkschaften.[588]

2. Stellungnahme

Es dürfte unbestritten sein, dass § 74 Abs. 2 S. 3 BetrVG jedenfalls nach seinem eindeutigen Wortlaut und nach dem unmissverständlichen Willen des Gesetzgebers[589] als absoluter Verbotstatbestand ausgestaltet ist. Zu Recht verweist die Rechtsprechung insoweit auch auf das systematische Verhältnis zwischen § 74 Abs. 2 S. 2 und S. 3 BetrVG. Während parteipolitische Betätigungen nach § 74 Abs. 2 S. 3 BetrVG den Normadressaten schlechthin untersagt sind, hat der Gesetzgeber andere als parteipolitische Betätigungen in § 74 Abs. 2 S. 2 BetrVG nur dann einem Verbot unterworfen, wenn sie den Arbeitsablauf oder den Betriebsfrieden konkret beeinträchtigen.[590]

585 BAG 17.3.2010 – 7 ABR 95/08, juris Rn. 40.

586 Berg in: D/K/K/W, BetrVG, § 74 Rn. 50; ders. in FS A. Gnade, S. 215 (217); Däubler, Das Arbeitsrecht 1 (15. Aufl.), Rn. 782 (offenbar aufgegeben in der aktuellen 16. Auf., vgl. Rn. 778 ff.); Klebe/Ratayczak/Heilmann/Spoo, BetrVG, § 74 Rn. 4; Lorenz in: Düwell, BetrVG, § 74 Rn. 17.

587 Vgl. hierzu Däubler, Das Arbeitsrecht 1 (15. Aufl.), Rn. 782; zust. Berg in: D/K/K/W, BetrVG, § 74 Rn. 50; ders. in FS A. Gnade, S. 215 (217); Klebe/Ratayczak/Heilmann/Spoo, BetrVG, § 74 Rn. 4.

588 Däubler, Das Arbeitsrecht 1 (15. Aufl.), Rn. 782 (zweifelnd allerdings in der aktuellen 16. Aufl., Rn. 783); zust. Berg in: D/K/K/W, BetrVG, § 74 Rn. 50; ders. in FS A. Gnade, S. 215 (217).

589 Der am 3.12.1970 verabschiedete Regierungsentwurf sah zunächst ein relatives Verbot vor, bevor § 74 Abs. 2 S. 3 BetrVG nach eingehender Diskussion seine heutige Fassung erhielt. Zur Entstehungsgeschichte siehe oben: § 2 I 7.

590 BVerfG 28.04.1976 – 1 BvR 71/73, juris Rn. 26; BAG 17.3.2010 – 7 ABR 95/08, juris Rn. 40.

Die eigentliche Frage ist allerdings, ob § 74 Abs. 2 S. 3 BetrVG in seiner Ausgestaltung als absolutes Verbot auch verfassungskonform ist, oder ob eine Auslegung im Lichte des Art. 5 Abs. 1 S. 1 GG eine Interpretation als relatives Verbot erfordert. In Bezug auf das spannungsgeladene Verhältnis des § 74 Abs. 2 S. 3 BetrVG zum Grundrecht der Meinungsfreiheit kann auf die obigen Ausführungen verwiesen werden.[591] Es trifft zu, dass das parteipolitische Betätigungsverbot das Grundrecht der Meinungsfreiheit partiell beschränkt.[592] Aus diesem Grund greift die Wechselwirkungslehre des BVerfG[593], wonach § 74 Abs. 2 S. 3 BetrVG zurückhaltend im Sinne der Meinungsfreiheit auszulegen ist. Es ginge aber zu weit, das absolute Verbot deshalb in ein relatives Verbot umzudeuten. Stattdessen ist die gesetzgeberische Wertungsentscheidung, wonach parteipolitische Betätigungen der Betriebspartner in besonderem Maße geeignet sind, sich nachteilig auf Betriebsfrieden und Arbeitsablauf auszuwirken, zu respektieren. Letztlich erscheint der durch das parteipolitische Betätigungsverbot geschützte Betriebsfrieden derart bedeutend und seine abstrakte Gefährdung derart naheliegend, dass der Ausspruch eines absoluten Verbots gerechtfertigt ist.[594] Zudem ist zu bedenken, dass § 74 Abs. 2 S. 3 BetrVG nicht nur Betriebsfrieden und Arbeitsablauf, sondern auch die Meinungs- und Wahlfreiheit der Arbeitnehmer im Betrieb schützt.[595] Die Feststellung einer konkreten Störung dieser Rechtsgüter ist aber praktisch unmöglich. Ob die parteipolitische Betätigung im Einzelfall tatsächlich Auswirkungen auf die Meinungsbildung oder die Wahlentscheidung einzelner Arbeitnehmer hatte, wird sich im Nachhinein kaum feststellen und erst Recht nicht in einem Gerichtsverfahren beweisen lassen. Was die angesprochene ungleiche Verteilung der Sanktionen im Falle einer Zuwiderhandlung betrifft, so kann der grundlegenden Bedeutung des Art. 5 Abs. 1 S. 1 GG auch auf der Rechtsfolgenseite des § 74 Abs. 2 S. 3 BetrVG, d.h. bei der Anwendung des 23 Abs. 1 BetrVG, Rechnung getragen werden.[596]

Auch Art. 21 Abs. 1 GG gebietet keine verfassungskonforme Auslegung des § 74 Abs. 2 S. 3 BetrVG im Sinne eines relativen Verbotstatbestandes. Zum einen wird durch ein absolutes Verbot nicht jede Betätigung für eine politische Partei im Betrieb unmöglich gemacht.[597] § 74 Abs. 2 S. 3 BetrVG richtet sich an einen

591 Siehe oben: § 3.

592 Zur Reichweite der Grundrechtsbeschränkung siehe oben: § 3 III 1.

593 Zur Wechselwirkungslehre vgl. BVerfG 15.01.1958 – 1 BvR 400/51, E 7, 198 (208); speziell im Zusammenhang mit § 74 Abs. 2 S. 3 BetrVG BVerfG 28.04.1976 – 1 BvR 71/73, juris Rn. 28 ff.; siehe auch oben: § 3 III 3.

594 Zur Angemessenheit der Grundrechtsbeschränkung siehe oben: § 3 III c aa.

595 Siehe hierzu im Einzelnen oben: § 2 III 3.

596 So hat das BVerfG eine „grobe Verletzung gesetzlicher Pflichten" i.S.v. § 23 Abs. 1 BetrVG in einem Fall ausgeschlossen, in dem ein langjähriger Betriebsratsvorsitzender erstmalig gegen § 74 Abs. 2 S. 3 BetrVG verstoßen und hierdurch nachweislich keine Beeinträchtigung des Betriebsfriedens bewirkt hatte, vgl. BVerfG 28.04.1976 – 1 BvR 71/73, juris.

597 So aber Däubler, Das Arbeitsrecht 1 (15. Aufl.), Rn. 782.

eingeschränkten Personenkreis; den gewöhnlichen Arbeitnehmern ist die parteipolitische Betätigung im Betrieb grundsätzlich gestattet. Zum anderen würde auch ein vollständiger Ausschluss der politischen Parteien aus dem Betrieb nicht gegen deren verfassungsrechtlich geschützte Betätigungsfreiheit aus Art. 21 Abs. 1 GG verstoßen. Die politischen Parteien haben richtigerweise keinen Anspruch darauf, an jedem Ort und zu jeder Zeit zu werben oder sonst auf sich aufmerksam machen zu können.[598] Der an dieser Stelle gezogene Vergleich mit der Betätigungsfreiheit der Gewerkschaften aus Art. 9 Abs. 3 GG ist nicht zielführend. Anders als die Gewerkschaften, deren Zwecksetzung gem. Art. 9 Abs. 3 GG auf die Wahrung und Förderung der Arbeits- und Wirtschaftsbedingungen beschränkt ist, decken die Parteien notwendigerweise das gesamte Spektrum der Politik ab. Im Gegensatz zu den Gewerkschaften sind sie daher auch nicht zwingend darauf angewiesen, sich im Betrieb betätigen zu können.

Zu bedenken ist schließlich, dass eine Auslegung des § 74 Abs. 2 S. 3 BetrVG als relatives Verbot die Vorschrift überflüssig machen würde.[599] In diesem Fall käme ihr nämlich im Verhältnis zu § 74 Abs. 2 S. 2 BetrVG keine eigenständige Bedeutung mehr zu.

Im Ergebnis ist deshalb richtigerweise der herrschenden Meinung zu folgen. § 74 Abs. 2 S. 3 BetrVG verbietet den Verbotsadressaten absolut jede parteipolitische Betätigung im Betrieb. Es kommt nicht darauf an, ob im Einzelfall eine konkrete Gefährdung des Betriebsfriedens oder des Arbeitsablaufs zu befürchten ist.

VI. Zusammenfassung

§ 74 Abs. 3 S. 2 BetrVG verbietet den Normadressaten nicht jegliche (allgemein) politische Betätigung im Betrieb. In Abgrenzung zur allgemeinen Politik ist unter Parteipolitik jedes Eintreten für oder gegen eine politische Partei zu verstehen, wobei ausdrücklich oder zumindest aus den Umständen erkennbar auf die politische Partei Bezug genommen werden muss. Der Parteienbegriff in § 74 Abs. 2 S. 3 BetrVG umfasst dabei nicht nur Parteien i.S.v. Art. 21 GG, § 2 Abs. 1 PartGG, sondern darüber hinaus auch alle konkreten politischen Gruppierungen, die eine auf Dauer angelegte Organisation besitzen und die nach ihrem Selbstverständnis auf die politische Willensbildung in der Bevölkerung Einfluss nehmen wollen.

Eine parteipolitische Betätigung ist grundsätzlich nur durch aktives Tun möglich. Dagegen sind die Adressaten des § 74 Abs. 2 S. 3 BetrVG nicht verpflichtet, gegen parteipolitische Betätigungen Dritter im Betrieb einzuschreiten. Eine Ausnahme gilt nur für den Fall, dass Arbeitgeber oder Betriebsrat eine parteipolitische Betätigung Dritter in zurechenbarer Weise veranlasst haben.

Parteipolitische Meinungsäußerungen, die der Arbeitgeber oder ein nach § 38 BetrVG freigestelltes Betriebsratsmitglied im Rahmen eines privaten Gesprächs

598 So zu Recht Hofmann, Das Verbot parteipolitischer Betätigung, S. 132.
599 Vgl. hierzu auch Hofmann, das Verbot parteipolitischer Betätigung, S. 133.

unter vier Augen oder im kleinen Personenkreis tätigen, sind aus dem Anwendungsbereich des § 74 Abs. 2 S. 3 BetrVG herauszunehmen. Diese Einschränkung gilt nicht für nicht freigestellte Betriebsratsmitglieder. Ihnen sind während der Amtsausübung auch gelegentliche private Gespräche mit parteipolitischem Inhalt untersagt.

In räumlicher Hinsicht gilt § 74 Abs. 2 S. 3 BetrVG nicht nur für Betätigungen, die unmittelbar auf dem Betriebsgelände stattfinden. Auch Meinungskundegaben außerhalb des Betriebsgeländes sind erfasst, sofern sie aus Sicht eines objektiven Beobachters darauf gerichtet sind, ihre kommunikative Wirkung räumlich im Betrieb zu entfalten. Dagegen ist es den Adressaten des Verbots gestattet, bei ihren zulässigen parteipolitischen Betätigungen außerhalb des Betriebs auf ihre betriebsverfassungsrechtliche Stellung hinzuweisen. Etwas anders gilt nur dann, wenn sich der Arbeitgeber oder ein Betriebsratsmitglied ausdrücklich ein Auftreten im Namen der gesamten Belegschaft anmaßen.

§ 74 Abs. 2 S. 3 BetrVG verbietet den Normadressaten absolut jede parteipolitische Betätigung im Betrieb, unabhängig davon, ob im Einzelfall eine konkrete Gefährdung des Betriebsfriedens oder des Arbeitsablaufs zu befürchten ist.

§ 6 Angelegenheiten mit betrieblichem Bezug

I. Dogmatische Einordnung des § 74 Abs. 2 S. 3 HS. 2 BetrVG

1. Überblick

Nach § 74 Abs. 2 S. 3 HS. 2 BetrVG wird die Behandlung von Angelegenheiten tarifpolitischer, sozialpolitischer, umweltpolitischer und wirtschaftlicher Art, die den Betrieb oder seine Arbeitnehmer unmittelbar betreffen, durch das Verbot parteipolitischer Betätigung im Betrieb nicht berührt. Bedeutung erlangt diese Vorschrift in zweierlei Hinsicht[600]: Zum einen stellt sie klar, dass das BetrVG den Betriebspartnern innerhalb bestimmter Grenzen auch die Behandlung politischer Angelegenheiten gestattet und dass diese Befugnis von dem Verbot parteipolitischer Betätigung aus § 74 Abs. 2 S. 3 HS. 1 BetrVG unangetastet bleibt. Zum anderen kann der Norm entnommen werden, dass Arbeitgeber und Betriebsrat kein allgemeines politisches Mandat besitzen. Denn eine Betätigung auf den genannten Politikfeldern ist nach dem eindeutigen Wortlaut nur insoweit vorgesehen, als diese den Betrieb oder seine Arbeitnehmer unmittelbar betreffen. Ob § 74 Abs. 2 S. 3 HS. 2 BetrVG darüber hinaus auch eine Ausnahmeregelung zum allgemeinen Verbot parteipolitischer Betätigung im Betrieb darstellt, ist umstritten.[601]

2. Zulässige Behandlung politischer Fragen i.R.d. Betriebsverfassung

§ 74 Abs. 2 S. 3 HS. 2 BetrVG enthält selbst keine Aufgabenzuweisung.[602] Auch wird den Betriebspartnern auf den genannten Politikfeldern kein eigenständiges politisches Mandat eingeräumt.[603] Die Bestimmung ist vielmehr rein deklaratorischer Natur. Dies zeigt schon der Wortlaut der Norm, denn wenn die Behandlung der genannten politischen Angelegenheiten „nicht berührt wird", so ist impliziert, dass sich die Zulässigkeit dieser Betätigungen bereits aus anderen Bestimmungen ergibt.[604]

Deutlich wird der deklaratorische Charakter des § 74 Abs. 2 S. 3 HS. 2 BetrVG auch dann, wenn man sich exemplarisch die Gesetzesbegründung zu dem im Zuge der Reform des BetrVG im Jahr 2001 eingefügten Wort „umweltpolitisch" ansieht. Dort heißt es: „Die Ergänzung stellt klar, dass trotz des an Arbeitgeber und Betriebsrats gerichteten grundsätzlichen Verbots der parteipolitischen Betätigung im Betrieb

600 Hierzu sogleich unter 2.
601 Hierzu unter 3.
602 Hofmann, Das Verbot parteipolitischer Betätigung, S. 159.
603 Blomeyer, ZfA 1972, 85 (121); Kreutz in: GK-BetrVG, § 74 Rn. 122.
604 Vollmer, Grenzen der politischen Betätigung im Betrieb, S. 34.

die Behandlung von Angelegenheiten umweltpolitischer Art, die den Betrieb oder seine Arbeitnehmer unmittelbar betreffen, zulässig ist."[605] Im Übrigen verweist die Gesetzesbegründung auf die Bestimmungen der §§ 43 Abs. 2, 45, 53 Abs. 2 Nr. 2, 89 und 106 Abs. 3 BetrVG sowie auf die Begründungen hierzu.[606] Mit § 74 Abs. 2 S. 3 HS. 2 BetrVG möchte der Gesetzgeber also deutlich machen, dass er erkannt hat, dass den Betriebspartnern eine Wahrnehmung ihrer betriebsverfassungsrechtlichen Aufgaben nicht möglich ist, ohne zugleich in einem gewissen Umfang auch politische Angelegenheiten zu thematisieren. Die Befugnis zu einer solchen politischen Betätigung folgt dabei allerdings nicht aus § 74 Abs. 2 S. 3 HS. 2 BetrVG, sondern unmittelbar aus den Aufgabennormen des BetrVG, im Fall der Umweltpolitik insbesondere aus den §§ 43 Abs. 2, 45, 53 Abs. 2 Nr. 2, 80 Abs. 1 Nr. 9, 89, 106 Abs. 3 Nr. 5a. Die Vorschrift des § 74 Abs. 2 S. 3 HS. 2 BetrVG weist lediglich auf diesen politischen Bezug hin und stellt klar, dass das Recht zur Behandlung bestimmter politischer Angelegenheiten nicht mit dem Hinweis einer unzulässigen parteipolitischen Betätigung untersagt werden darf.[607] Dies gilt richtigerweise nicht nur für die in § 74 Abs. 2 S. 3 HS. 2 BetrVG ausdrücklich genannten Angelegenheiten tarifpolitischer, sozialpolitischer, umweltpolitischer und wirtschaftlicher Art, sondern darüber hinaus für alle Angelegenheiten, die den Betrieb oder seine Arbeitnehmer unmittelbar betreffen.[608]

Ferner kann § 74 Abs. 2 S. 3 HS. 2 BetrVG entnommen werden, dass der Arbeitgeber und insbesondere der Betriebsrat keineswegs ein allgemeines politisches Mandat besitzen. Die Bestimmung sagt etwas darüber aus, in welchen Grenzen sich der Gesetzgeber im Rahmen der Betriebsverfassung eine zulässige Behandlung politischer Themengebiete durch die Betriebspartner vorstellt. Dabei verlangt sie ausdrücklich eine unmittelbare Betroffenheit des Betriebs oder seiner Arbeitnehmer von den genannten Politikfeldern. Die so gezogene Grenze korrespondiert mit dem Zuständigkeitsbereich von Betriebsrat und Arbeitgeber als Organe der Betriebsverfassung.[609] Dieser ist auf solche Angelegenheiten beschränkt, die einen unmittelbaren betrieblichen Bezug aufweisen.[610] Das folgt nicht zuletzt aus § 2 Abs. 1 BetrVG, wonach Arbeitgeber und Betriebsrat „vertrauensvoll ... zum Wohl der Arbeitnehmer und des Betriebs..." zusammenarbeiten.[611] Letztlich kann die Bestimmung des § 74 Abs. 2 S. 3 HS. 2 BetrVG deshalb (auch) als Ausdruck des Grundsatzes betrachtet werden, dass Betriebsrat und Arbeitgeber politische Fragestellungen nur thematisieren dürfen, soweit ein unmittelbarer betrieblicher Bezug besteht.

605 BT-Drucks. 14/5741, S. 48.
606 BT-Drucks. 14/5741, S. 48.
607 Fitting, BetrVG, § 74 Rn. 55.
608 Zutreffend Fitting, BetrVG, § 74 Rn. 54; Kania in: ErfK, BetrVG, § 74 Rn. 29.
609 Richardi in: Richardi, BetrVG, § 74 Rn. 64; Ulrici, jurisPR-ArbR 37/2010 Anm. 1 unter C II. 2. a.
610 Siehe hierzu ausführlich oben: § 2 III 5. b aa).
611 Ulrici, jurisPR-ArbR 37/2010 Anm. 1, unter C II. 2. a; vgl. auch Annuß in: Richardi, BetrVG, § 45 Rn. 9; Picker, RdA 2001, 259 (271).

3. Verhältnis zu § 74 Abs. 2 S. 3 HS. 1 BetrVG

a) Ausnahme vom Verbot parteipolitischer Betätigung im Betrieb

Das Verhältnis zwischen § 74 Abs. 2 S. 3 HS. 1 und HS. 2 BetrVG wird nicht einheitlich beurteilt. Ein Teil der Literatur[612] versteht § 74 Abs. 2 S. 3 HS. 2 BetrVG als eine Ausnahme vom allgemeinen Verbot parteipolitischer Betätigung im Betrieb. Nach diesem Verständnis wollte der Gesetzgeber dem Betriebsrat über § 74 Abs. 2 S. 3 HS. 2 BetrVG ein eingeschränktes parteipolitisches Mandat zugestehen.[613] Die Vorschrift beschreibe insoweit einen Grenzstrich zwischen noch zulässiger Parteipolitik und schon unzulässiger Parteipolitik.[614] Daher sei die Behandlung der in § 74 Abs. 2 S. 3 HS. 2 BetrVG genannten Politikbereiche – sofern eine unmittelbare Betroffenheit des Betriebs oder seiner Arbeitnehmer bestehe – auch dann zulässig, wenn die Angelegenheiten gleichzeitig von höchster parteipolitischer Brisanz seien.[615]

b) Geltung des Verbots auch innerhalb des Anwendungsbereichs von § 74 Abs. 2 S. 3 HS. 2 BetrVG

Die Gegenauffassung[616] geht hingegen davon aus, dass § 74 Abs. 2 S. 3 HS. 2 BetrVG keine Ausnahme vom allgemeinen Verbot parteipolitischer Betätigung darstellt. Das Verbot gelte auch bei der Behandlung von Angelegenheiten tarifpolitischer, sozialpolitischer, umweltpolitischer und wirtschaftlicher Art, die den Betrieb oder seine Arbeitnehmer unmittelbar betreffen. Für die Betriebs- und die Abteilungsversammlung folge dies ausdrücklich aus § 45 S. 1 HS. 2 BetrVG; außerhalb der Betriebsversammlung könne nichts anderes gelten.[617] Die Grenzziehung zwischen HS. 1 und HS. 2 verlaufe daher nicht zwischen unzulässiger und zulässiger Parteipolitik, sondern zwischen unzulässiger parteipolitischer Betätigung und zulässiger

---

612 Becker in: Siebert/Becker, BetrVG, § 74 Rn. 22; Blomeyer, ZfA 1972, 85 (121); Gnade, ArbRdGgW, Bd. 14 (1977), 59 (66 f.); Kauffmann-Lauven in: Moll, MAH ArbeitsR, § 60 Rn. 25; früher auch Kreutz, BlStSozArbR 1972, 44 (50), vgl. jetzt aber Kreutz in GK-BetrVG, § 74 Rn. 123; Meisel, RdA 1976, 38 (39); Niklas, DB 2013, 1665 (1667); Oetker, BlStSozArbR 1983, 321 (324); Rüttgers, Das Verbot parteipolitischer Betätigung, S. 78 f.

613 Oetker, BlStSozArbR 1983, 321 (324).

614 Oetker, BlStSozArbR 1983, 321 (324).

615 Gnade, ArbRdGgW, Bd. 14 (1977), 59 (66 f.).

616 Fitting, BetrVG, § 74 Rn. 55; Glaubitz, BB 1972, 1277 (1277); Hofmann, Das Verbot parteipolitischer Betätigung, S. 156 ff.; Kania in: ErfK, BetrVG, § 74 Rn. 30; Kreutz in: GK-BetrVG, § 74 Rn. 123; Müller-Boruttau, NZA 1996, 1071 (1074); Preis in: W/P/K, BetrVG, § 74 Rn. 20; Reichold, RdA 2011, 58 (60); Richardi in: Richardi, BetrVG, § 74 Rn. 63 f.; Rieble/Wiebauer, ZfA 2010, 63 (113); Wiebauer, BB 2010, 1091 (1093).

617 Hofmann, Das Verbot parteipolitischer Betätigung, S. 157; Kreutz in: GK-BetrVG, § 74 Rn. 123.

Behandlung zugelassener Sachthemen.[618] Nach dieser Auffassung ist folglich auch bei der Behandlung der in § 74 Abs. 2 S. 3 HS. 2 BetrVG genannten Angelegenheiten nur eine informatorische und rein sachliche Erörterung erlaubt.[619] Dabei spiele es allerdings keine Rolle, ob in der Sache bereits eine Stellungnahme einer politischen Partei vorliege oder nicht.[620] Auch dürfe die Stellungnahme des Betriebsrats bzw. des Arbeitgebers ohne Weiteres mit der Auffassung einer bestimmten politischen Partei übereinstimmen.[621] Nur Parteipolitik, d.h. das erkennbare Eintreten für oder gegen eine politische Partei, bleibe auch innerhalb des Anwendungsbereichs von § 74 Abs. 2 S. 3 HS. 2 BetrVG unzulässig. So dürften sich die Adressaten des Verbots nicht offensichtlich zum „Sprachrohr" einer politischen Partei machen.[622]

c) Stellungnahme

Bereits oben[623] wurde ausgeführt, dass § 74 Abs. 2 S. 3 HS. 2 BetrVG den Rechtskreis der Betriebspartner nicht konstitutiv erweitern möchte. Den Betriebspartnern wird in den genannten Angelegenheiten kein eigenständiges politisches Mandat, erst Recht kein parteipolitisches Mandat, eingeräumt. Die Vorschrift hat einen rein deklaratorischen Charakter. Wenn sie darauf hinweist, dass den Betriebspartnern – trotz des Verbots aus HS. 1 – politische Erörterungen in einem bestimmten Rahmen erlaubt sind, sagt dies nichts über die Zulässigkeit von Parteipolitik aus. Schließlich ist nach der hier vertretenen Auffassung zwischen Politik auf der einen und Parteipolitik auf der anderen Seite streng zu unterscheiden.[624] Nur wenn man – wie die Vertreter der extensiven Auslegung des Merkmals „Parteipolitik" – davon ausgeht, dass § 74 Abs. 2 S. 3 HS. 1 BetrVG für seine Adressaten ein allgemeines Politikverbot begründet, muss man den 2. HS. der Bestimmung konsequenterweise als Ausnahme vom Verbot einordnen.[625]

Hätte der Gesetzgeber allerdings tatsächlich eine Ausnahme vom Verbot parteipolitischer Betätigung im Betrieb gewollt, so hätte er mit großer Wahrscheinlichkeit

---

618 Kreutz in: GK-BetrVG, § 74 Rn. 123; zust. Reichold, RdA 2011, 58 (60).

619 Glaubitz, BB 1972, 1277 (1277); Hofmann, Das Verbot parteipolitischer Betätigung, S. 147.

620 Fitting, BetrVG, § 74 Rn. 55; Kania in: ErfK, BetrVG, § 74 Rn. 30; Kreutz in: GK-BetrVG, § 74 Rn. 124; ders., BlStSozArbR 1972, 44 (50); Richardi in: Richardi, BetrVG, § 74 Rn. 63; Wiebauer, BB 2010, 3091 (3093); vgl. auch BAG 13.09.1977 – 1 ABR 67/75, juris Rn. 37.

621 Berg in: D/K/K/W, BetrVG, § 74 Rn. 70; Kreutz in: GK-BetrVG, § 74 Rn. 124.

622 So Thiele in: GK-BetrVG (3. Aufl.), § 74 Rn. 62, hier zit. nach Kreutz in: GK-BetrVG, § 74 Rn. 124; vgl. auch Hofmann, Das Verbot parteipolitischer Betätigung, S. 157.

623 Vgl. unter § 6 I 2.

624 Siehe hierzu ausführlich oben: § 5 II 3.

625 So auch Husemann, Das Verbot der parteipolitischen Betätigung, S. 135 f.

einen unmissverständlichen Wortlaut gewählt.[626] Auch die historische Auslegung[627] lässt keinen Hinweis darauf erkennen, dass der Gesetzgeber eine Ausnahme vom Verbot des HS. 1 gewollt hat. Stattdessen überzeugt die gezogene Parallele zur Rechtslage bei der Betriebsversammlung:[628] Wenn § 45 S. 1 BetrVG – mit identischem Wortlaut – u.a. Angelegenheiten tarifpolitischer, sozialpolitischer, umweltpolitischer und wirtschaftlicher Art, die den Betrieb oder seine Arbeitnehmer unmittelbar betreffen, als zulässige Themen der Betriebsversammlung festschreibt und sodann in HS. 2 die Grundsätze des § 74 Abs. 2 BetrVG für anwendbar erklärt, so ist klar, dass das parteipolitische Betätigungsverbot auch für die genannten politischen Angelegenheiten greift. Nichts anderes kann dann aber im Verhältnis zwischen § 74 Abs. 2 S. 3 HS. 2 und HS. 1 gelten. Zuletzt spricht auch der Sinn und Zweck des § 74 Abs. 2 S. 3 BetrVG gegen einen Ausnahmecharakter des HS. 2. Wenn man davon ausgeht, dass parteipolitische Betätigungen der Betriebspartner deshalb untersagt sind, weil sie Betriebsfrieden und Arbeitsablauf sowie die Meinungs- und Wahlfreiheit der Arbeitnehmer im Betrieb besonders gefährden, so leuchtet nicht ein, weshalb dieser Gedanke innerhalb des Anwendungsbereichs von § 74 Abs. 2 S. 3 HS. 2 BetrVG auf einmal nicht mehr gelten sollte.

Im Ergebnis ist deshalb davon auszugehen, dass § 74 Abs. 2 S. 3 HS. 2 BetrVG keine Ausnahme vom allgemeinen Verbot parteipolitischer Betätigung im Betrieb darstellt. Auch bei der Behandlung von Angelegenheiten tarifpolitischer, sozialpolitischer, umweltpolitischer und wirtschaftlicher Art, die den Betrieb oder seine Arbeitnehmer unmittelbar betreffen, ist den Betriebspartnern ein erkennbares Eintreten für oder gegen eine bestimmte politische Partei untersagt. Gestattet ist lediglich die sachliche und rein informatorische Erörterung der genannten Angelegenheiten.[629] Dies schließt grundsätzlich[630] auch eigene Stellungnahmen und Werturteile der Betriebspartner ein, welche sich inhaltlich ohne Weiteres mit bereits vorhandenen Stellungnahmen und Konzepten von bestimmten politischen Parteien decken können.[631] Entscheidend ist in einem solchen Fall allerdings, dass sich die Aussagen der Betriebspartner ausschließlich auf die Sachfrage beziehen und sich nicht als Werbung

---

626 Z. B.: „...; von diesem Verbot ausgenommen ist die Behandlung von Angelegenheiten...", oder „...; dieses Verbot gilt nicht für die Behandlung von Angelegenheiten...".

627 Zur Entstehungsgeschichte des § 74 Abs. 2 S. 3 BetrVG siehe oben: § 2 I.; vgl. auch die Gesetzesbegründung zur Einführung des Wortes „umweltpolitisch" in § 74 Abs. 2 S. 3 HS. 2 BetrVG: BT-Drucks. 14/5741, S. 48.

628 Vgl. Hofmann, Das Verbot parteipolitischer Betätigung, S. 157; Kreutz in: GK-BetrVG, § 74 Rn. 123.

629 Glaubitz, BB 1972, 1277 (1277); Hofmann, Das Verbot parteipolitischer Betätigung, S. 147.

630 Ein Verbot wertenden Stellungnahme gilt ausnahmsweise im Bereich der Tarifpolitik, siehe hierzu sogleich unter § 6 II 2.

631 Berg in: D/K/K/W, BetrVG, § 74 Rn. 70; Kreutz in: GK-BetrVG, § 74 Rn. 124.

oder Propaganda zu Gunsten einer bestimmten politischen Partei darstellen.[632] Dieses Verständnis des § 74 Abs. 2 S. 3 HS. 2 BetrVG deckt sich mit der hier vertretenen restriktiven Auslegung des Merkmals „parteipolitisch" in § 74 Abs. 2 S. 3 HS. 1 BetrVG.[633]

II. Begriffsbestimmung

1. Erfordernis der unmittelbaren Betroffenheit

Nach § 74 Abs. 2 S. 3 HS. 2 BetrVG ist den Betriebspartnern die Behandlung der genannten politischen Angelegenheiten nur gestattet, soweit diese den Betrieb oder seine Arbeitnehmer unmittelbar betreffen. Mit dem auch in § 45 S. 1 HS. 1 BetrVG für die Betriebs- und Abteilungsversammlung festgeschriebenem Erfordernis der unmittelbaren Betroffenheit nennt das Gesetz eine generelle Grenze für die zulässige Behandlung politischer Sachthemen innerhalb der Betriebsverfassung und lässt zugleich erkennen, dass ein allgemeines politisches Mandat für Arbeitgeber und Betriebsrat nicht vorgesehen ist. Dem Merkmal kommt eine besondere Bedeutung zu, weil erst mit seiner Hilfe bei allgemeinen politischen Sachfragen der Bezug zur betrieblichen Ebene und damit zur Funktion der Betriebsverfassung und ihrer Organe hergestellt wird.[634] Dieser Bezug ist aus verfassungsrechtlicher Sicht zwingend erforderlich, damit sich der Betriebsrat als Zwangsrepräsentant der Belegschaft überhaupt mit einer politischen Angelegenheit befassen darf.[635]

Eine unmittelbare Betroffenheit des Betriebs oder seiner Arbeitnehmer besteht immer dann, wenn sich die zu behandelnde Angelegenheit aufgrund eines konkreten sachlichen und zeitlichen Zusammenhangs gerade in diesem Betrieb und gerade für die darin beschäftigten Arbeitnehmer auswirkt.[636] Dabei müssen die Arbeitnehmer auch gerade in ihrer Eigenschaft als Arbeitnehmer des konkreten Betriebs betroffen sein; es genügt nicht, wenn die Angelegenheit sie lediglich in ihrer Eigenschaft als Staatsbürger, als Gewerkschaftsmitglieder oder in ihren sonstigen Interessen tangiert.[637] Das hat zur Folge, dass weite Teile der aktuellen Tagespolitik,

632 Fitting, BetrVG, § 74 Rn. 55; Hofmann, Das Verbot parteipolitischer Betätigung, S. 157; Kania in: ErfK, BetrVG, § 74 Rn. 30; Kreutz in: GK-BetrVG, § 74 Rn. 124.

633 Vgl. hierzu Kreutz in: GK-BetrVG, § 74 Rn. 124, der zu Recht darauf hinweist, dass dieser Umstand die Richtigkeit der restriktiven Auslegung des Merkmals „parteipolitisch", wonach allgemeine Politik nicht mit Parteipolitik gleichgesetzt werden kann, unterstreicht.

634 Weber in GK-BetrVG, § 45 Rn. 11.

635 Siehe hierzu oben: § 2 III 5 b cc.

636 Weber in: GK-BetrVG, § 45 Rn. 11.

637 Annuß in: Richardi, BetrVG, § 45 Rn. 7; Fitting, BetrVG, § 45 Rn. 7; Hofmann, Das Verbot parteipolitischer Betätigung, S. 148; Löwisch/Kaiser, BetrVG, § 45 Rn. 1; Lunk, Betriebsversammlung, S. 179; Rieble/Wiebauer, ZfA 2010, 63 (229 f.); Roloff in: W/P/K, BetrVG, § 45 Rn. 2; Rüthers, ZfA 1974, 207 (226); Weber in: GK-BetrVG, § 45 Rn. 11; Worzalla in: H/W/G/N/R/H, BetrVG, § 45 Rn. 6.

insbesondere Angelegenheiten der Außen-, der Sicherheits- oder der Finanzpolitik, an deren Behandlung zahlreiche Arbeitnehmer ein gesteigertes Interesse empfinden mögen, in der Regel nicht von den Betriebspartnern thematisiert werden dürfen.[638] Ferner entspräche es auch nicht den Vorgaben des § 74 Abs. 2 S. 3 HS. 2 BetrVG, wenn etwa die Sozialpolitik der Bundesregierung ganz allgemein zum Gegenstand der Information oder Beratung gemacht würde.[639] Auf der anderen Seite verlangt das Gesetz aber nicht, dass sich die zu behandelnde Angelegenheit ausschließlich für den betreffenden Betrieb oder seine Arbeitnehmer auswirkt. Es genügt demnach, wenn – ggf. neben allen Arbeitnehmern einer bestimmten Branche, einer Region oder eines ganzen Wirtschaftszweiges – auch die Arbeitnehmer des konkreten Betriebs betroffen sind.[640] Denkbar ist selbst, dass eine Angelegenheit zugleich alle Arbeitnehmer in Deutschland unmittelbar betrifft.[641] Dies kann v.a. bei gesetzlichen Regelungen der Fall sein. Eine gesetzliche Regelung betrifft den Betrieb oder seine Arbeitnehmer immer dann unmittelbar, wenn er oder die Belegschaft als Normadressaten konkret erfasst sind.[642]

2. Angelegenheiten tarifpolitischer Art

Angelegenheiten tarifpolitischer Art sind solche, die im Zusammenhang mit tariflich regelbaren Arbeitsbedingungen stehen, die für den Betrieb gelten oder gefordert werden.[643] Gestattet ist die sachliche Unterrichtung der Arbeitnehmer über Inhalt und Auslegung der für den Betrieb maßgebenden Tarifverträge einschließlich hierzu ergangener Gerichtsentscheidungen, ferner die sachliche Unterrichtung über den Stand der laufenden Tarifverhandlungen sowie über die Vorstellung der Tarifparteien für die künftige Ausgestaltung der tariflichen Regelungen.[644] Zulässig ist darüber hinaus auch eine Information der Belegschaft über mögliche bevorstehende Auswirkungen

---

638 Von diesem Grundsatz sind allerdings Ausnahmen denkbar, siehe dazu unten: § 6 II 6.

639 Glaubitz, BB 1972, 1277 (1277).

640 Berg in: D/K/K/W, BetrVG, § 74 Rn. 69; Fitting, BetrVG, § 74 Rn. 57; Kania in: ErfK, BetrVG, § 74 Rn. 29; Weber in: GK-BetrVG, § 45 Rn. 11; Worzalla in: H/W/G/N/R/H, BetrVG, § 45 Rn. 6; wohl auch Hofmann, Das Verbot parteipolitischer Betätigung im Betrieb, S. 148 f.; vgl. ferner auch BAG 13.09.1977 – 1 ABR 67/75, EzA § 45 BetrVG 1972 Nr. 1 m. Anm. Hanau.

641 Z. B. Fragen der gesetzlichen Rentenversicherung, vgl. Berg in: D/K/K/W, BetrVG, § 74 Rn. 69; vgl. auch Fitting, BetrVG, § 74 Rn. 57; Kania in: ErfK, BetrVG, § 74 Rn. 29; a.A. Hofmann, Das Verbot parteipolitischer Betätigung, S. 148.

642 Weber in: GK-BetrVG, § 45 Rn. 14; zust. Annuß in: Richardi, BetrVG, § 45 Rn. 7; Hanau, EzA § 45 BetrVG 1972 Nr. 1, S. 19; Worzalla in: H/W/G/N/R/H, BetrVG, § 45 Rn. 6.

643 Kania in: ErfK, BetrVG, § 74 Rn. 31; Niklas, DB 2013, 1665 (1668).

644 Fitting, BetrVG, § 45 Rn. 9; Hofmann, Das Verbot parteipolitischer Betätigung, S. 151 f.; Rüthers, ZfA 1974, 207 (227); Weber in: GK-BetrVG § 45 Rn. 13; Worzalla in: H/W/G/N/R/H, BetrVG, § 45 Rn. 9; vgl. auch LAG Baden-Württemberg,

von Arbeitskämpfen in Zuliefererbetrieben.[645] Umstritten ist hingegen, ob dem Betriebsrat (bzw. über § 45 S. 1 HS. 1 BetrVG der Betriebsversammlung) neben der rein sachlichen Information über tarifpolitische Angelegenheiten auch eigene tarifpolitische Stellungnahmen, insbesondere während laufender Tarifverhandlungen, gestattet sind.[646] Berücksichtigt man, dass die Tarifpolitik für sich genommen weder in den Aufgabenbereich des Betriebsrats noch in den der Betriebsversammlung, sondern in die ausschließliche Kompetenz der Tarifparteien fällt, so wird man diese Frage verneinen müssen.[647] Soweit der Betriebsrat oder die Betriebsversammlung Tarifverhandlungen thematisieren, ist allein eine objektive und neutrale Information zulässig; jede wertende Stellungnahme, Aufstellung tarifpolitischer Forderungen oder Debatte über die Verhandlungspolitik der Tarifparteien ist untersagt.[648] Zu berücksichtigen ist ferner das Arbeitskampfverbot aus §§ 74 Abs. 2 S. 1, 45 S. 1 HS. 2 BetrVG. Demnach dürfen Betriebsrat bzw. Betriebsversammlung insbesondere nicht die Möglichkeit von Kampfmaßnahmen erörtern.[649]

3. Angelegenheiten sozialpolitischer Art

Der Begriff der Sozialpolitik ist nach ganz herrschender Meinung weit zu verstehen.[650] Hierunter werden alle Fragen gefasst, die sich auf den Schutz der Arbeitnehmer und deren Integration in die gesellschaftliche Ordnung beziehen.[651] Dazu zählen insbesondere sämtliche Regelungen und Maßnahmen auf dem Gebiet des

---

25.09.1991 – 10 Sa 32/91, AiB 1992, 96 (97 f.); LAG Hamm 31.05.2006 – 10 TaBV 204/05, juris, Rn. 70.

645 LAG Baden-Württemberg 25.9.1991 – 10 Sa 32/91, AiB 1992, 96 (97 f.); Annuß in: Richardi, BetrVG, § 45 Rn. 12; Berg in D/K/K/W, BetrVG, § 45 Rn. 6; Fitting, BetrVG, § 45 Rn. 9.

646 Dafür: LAG Hamm 20.03.2009 – 10 TaBV 149/08, juris, Rn. 82; Berg in: D/K/K/W, § 74 Rn. 71; Fitting, BetrVG, § 45 Rn. 9; Weber in: GK-BetrVG, § 45 Rn. 13.

647 So zutreffend: Annuß in: Richardi, BetrVG, § 45 Rn. 12; Hofmann, Das Verbot parteipolitischer Betätigung, S. 152; Rüthers, ZfA 1974, 207 (227); Worzalla in: H/W/G/N/R/H, BetrVG, § 45 Rn. 9.

648 Annuß in: Richardi, BetrVG, § 45 Rn. 12; Brötzmann, BB 1990, 1055 (1059); Hofmann, Das Verbot parteipolitischer Betätigung, S. 152; Lunk, Betriebsversammlung, S. 181; Rüthers, ZfA 1974, 207 (227); Worzalla in: H/W/G/N/R/H, BetrVG, § 45 Rn. 9; wohl auch Rieble/Wiebauer, ZfA 2010, 63 (131).

649 Annuß in: Richardi, BetrVG, § 45 Rn. 12.

650 BAG 13.09.1977 – 1 ABR 67/75, juris, Rn. 32; Berg in: D/K/K/W, BetrVG, § 74 Rn. 72; Fitting, BetrVG, § 74 Rn. 59; Hofmann, Das Verbot parteipolitischer Betätigung, S. 153; Kania in: ErfK, BetrVG, § 74 Rn. 32; Niklas, DB 2013, 1665 (1668); Weber in: GK-BetrVG, § 45 Rn. 14.

651 Annuß in: Richardi, BetrVG, § 45 Rn. 13. Ähnliche, nur sehr geringfügig abweichende Definitionen verwenden etwa Berg in: D/K/K/W, BetrVG, § 74 Rn. 72; Fitting, BetrVG, § 45 Rn. 10; Weber in: GK-BetrVG, § 45 Rn. 14.

Sozial-[652] und des Sozialversicherungsrechts[653], des Arbeits- und des Unfallschutzes (vgl. §§ 80 Abs. 1 Nr. 9, 89 BetrVG)[654], der beruflichen Bildung (vgl. §§ 96–98 BetrVG)[655], der Arbeitsmedizin (vgl. § 9 ASiG)[656], der Vermögensbildung[657] sowie des Kantinenbetriebs und des Werkswohnungswesens[658]. Erfasst sind ferner Fragen der Eingliederung ausländischer, älterer, schwerbehinderter oder sonstiger schutzbedürftiger Arbeitnehmer (vgl. § 80 Abs. 1 Nr. 7, 6 und 4 BetrVG, § 93 SGB IX)[659], der Gleichstellung von Frauen und Männern (vgl. § 80 Abs. 1 Nr. 2a BetrVG) sowie der Vereinbarkeit von Familie und Erwerbstätigkeit (vgl. § 80 Abs. 1 Nr. 2b BetrVG)[660].

Gerade weil der Begriff der Sozialpolitik in § 74 Abs. 2 S. 3 HS. 2 BetrVG derart konturlos erscheint, ist hier dem Erfordernis der unmittelbaren Betroffenheit als einschränkendes Korrektiv besondere Bedeutung beizumessen. Letztlich darf nicht vergessen werden, dass sowohl für die Betriebsratstätigkeit als auch für die regelmäßige Betriebsversammlung der Arbeitgeber finanziell aufzukommen hat. Es ist daher genau zu prüfen, ob die sozialpolitische Angelegenheit im Einzelfall tatsächlich den konkreten Betrieb oder seine Arbeitnehmer betrifft. In der Folge sind es in erster Linie die Einrichtungen, Regelungen und Maßnahmen der innerbetrieblichen Sozialpolitik, die zum zulässigen Behandlungsgegenstand zu zählen sind.[661] Eine Unterrichtung über sozialpolitische Gesetze und deren Erörterung ist dagegen nur dann zulässig, wenn der bestimmte Betrieb oder seine Belegschaft von der gesetzlichen Regelung konkret erfasst werden.[662] So scheidet beispielsweise eine Erörterung der Regelungen des Ladenschlussgesetzes aus, soweit die Arbeitszeit der Beschäftigten

---

652 Hofmann, Das Verbot parteipolitischer Betätigung, S. 153; Weber in: GK-BetrVG, § 45 Rn. 14.

653 ArbG Paderborn 24.10.1996 – 2 BVGa 4/96, NZA-RR 1998, 23 (23); Annuß in: Richardi, BetrVG, § 45 Rn. 13; Fitting, BetrVG, § 45 Rn. 10; Weber in: GK-BetrVG, § 45 Rn. 14.

654 Berg in: D/K/K/W, BetrVG, § 45 Rn. 7; Fitting, BetrVG, § 45 Rn. 10; Hofmann, Das Verbot parteipolitischer Betätigung, S. 153; Kania in: ErfK, BetrVG, § 74 Rn. 32.

655 Annuß in: Richardi, BetrVG, § 45 Rn. 13; Fitting, BetrVG, § 45 Rn. 10; Hofmann, Das Verbot parteipolitischer Betätigung, S. 153; Weber in: GK-BetrVG, § 45 Rn. 14; Worzalla in: H/W/G/N/R/H, BetrVG, § 45 Rn. 10.

656 Fitting, BetrVG, § 45 Rn. 10; Hofmann, Das Verbot parteipolitischer Betätigung, S. 153; Weber in: GK-BetrVG, § 45 Rn. 14; Worzalla in: H/W/G/N/R/H, BetrVG, § 45 Rn. 10.

657 Annuß in: Richardi, BetrVG, § 45 Rn. 13; Berg in: D/K/K/W, BetrVG, § 45 Rn. 7; Weber in: GK-BetrVG, § 45 Rn. 14; Worzalla in: H/W/G/N/R/H, BetrVG, § 45 Rn. 10.

658 Worzalla in: H/W/G/N/R/H, BetrVG, § 45 Rn. 10.

659 Annuß in: Richardi, BetrVG, § 45 Rn. 13; Fitting, BetrVG, § 45 Rn. 10; Hofmann, Das Verbot parteipolitischer Betätigung, S. 153; Lunk, Betriebsversammlung, S. 181.

660 Weber in: GK-BetrVG, § 45 Rn. 15.

661 Worzalla in: H/W/G/N/R/H, BetrVG, § 45 Rn. 10.

662 Weber in: GK-BetrVG, § 45 Rn. 14; zust. Annuß in: Richardi, BetrVG, § 45 Rn. 7; Hanau, EzA § 45 BetrVG 1972 Nr. 1, S. 19.

im Betrieb damit in keinem Zusammenhang steht.[663] Ferner kommt ein Referat zu aktuellen Fragen der betrieblichen Altersversorgung[664] nur dann in Betracht, wenn in dem betreffenden Betrieb überhaupt eine Betriebsrente gezahlt wird.[665]

Nach überwiegender Auffassung dürfen auch solche sozialpolitischen Angelegenheiten behandelt werden, die (noch) nicht Gesetz, sondern lediglich Gegenstand der parlamentarischen Auseinandersetzung in einem laufenden Gesetzgebungsverfahren sind.[666] Dem ist v.a. deshalb zuzustimmen, weil in § 74 Abs. 2 S. 3 HS. 2 BetrVG dem Wortlaut nach von „sozialpolitischen" und nicht von „sozialrechtlichen" Angelegenheiten die Rede ist. Der Begriff der Politik impliziert ein gewisses gestaltendes Element. Zudem können gerade Hinweise und Anregungen aus der betrieblichen Praxis für die parlamentarischen Gremien hilfreich sein.[667] Zu Recht wird hierbei betont, dass der Gesetzgeber allerdings nicht unter Druck gesetzt werden darf.[668] Zu weit erscheint es, wenn der notwendige unmittelbare Betriebsbezug auch für den Fall bejaht wird, dass Betriebsrat oder Betriebsversammlung – unabhängig von einem laufenden Gesetzgebungsverfahren – eine bestehende sozialpolitische Regelung gerade für den Betrieb als lückenhaft oder verbesserungsbedürftig empfinden.[669] Es kann nicht Aufgabe des Betriebsrats oder der Betriebsversammlung sein, aus sich selbst heraus und auf Kosten des Arbeitgebers über die Notwendigkeit der Verbesserung der Gesetzgebung zu debattieren bzw. auf eine Veränderung der bestehenden Gesetzeslage hinzuwirken.[670]

4. Angelegenheiten umweltpolitischer Art

Mit dem unter der rot-grünen Bundesregierung erlassenen Gesetz zur Reform des Betriebsverfassungsgesetzes vom 23.07.2001[671] wurde der Katalog des § 74 Abs. 2 S. 3

663 Fitting, BetrVG, § 45 Rn. 11.

664 Vgl. dazu BAG 13.09.1977 – 1 ABR 67/75, juris.

665 Weber in: GK-BetrVG, § 45 Rn. 14.

666 Annuß in: Richardi, BetrVG, § 45 Rn. 16; Berg in: D/K/K/W, BetrVG, § 45 Rn. 8; Berg/Bobke/Wolter, BlStSozArbR 1983, 353 (356); Glaubitz, BB 1972, 1277 (1277); Hofmann, Das Verbot parteipolitischer Betätigung, S. 153 f.; Löwisch/Kaiser, BetrVG, § 45 Rn. 4; Worzalla in: H/W/G/N/R/H, BetrVG, § 45 Rn. 10; vgl. auch ArbG Paderborn 24.10.1996 – 2 BVGa, NZA-RR 1998, 23 (23); einschränkend: Weber in: GK-BetrVG, § 45 Rn. 14 (nur dann, wenn sich das Gesetzgebungsverfahren bereits in einem Stadium befindet, in dem mit wesentlichen Änderungen nicht mehr zu rechnen ist). A.A: Galperin/Löwisch, BetrVG, § 45 Rn. 7; Stege/Weinspach/Schiefer, BetrVG, §§ 42–46 Rn. 42a.

667 So zutreffend Hofmann, Das Verbot parteipolitischer Betätigung, S. 154.

668 Fitting, BetrVG, § 74 Rn. 59; Hofmann, Das Verbot parteipolitischer Betätigung, S. 154.

669 So aber wohl Fitting, BetrVG, § 45 Rn. 12; Vollmer, Grenzen der politischen Betätigung im Betrieb, S. 40.

670 ähnlich Rüthers, ZfA 1974, 207 (230).

671 BGBl. I, S. 1852.

HS. 2 BetrVG um den Begriff der umweltpolitischen Angelegenheiten erweitert. Die Einfügung war Teil einer umfangreichen terminologischen Verankerung des Umweltschutzes in der Betriebsverfassung.[672] Mit der Erweiterung des Themenkatalogs des § 74 Abs. 2 S. 3 HS. 2 BetrVG wollte der Reformgesetzgeber klarstellen, dass trotz des grundsätzlichen Verbots parteipolitischer Betätigung im Betrieb, die Behandlung von Angelegenheiten umweltpolitischer Art, die den Betrieb oder seine Arbeitnehmer unmittelbar betreffen, zulässig ist.[673] Gemeint sind hiermit nicht nur die in § 89 Abs. 3 BetrVG gesetzlich definierten Maßnahmen des betrieblichen Umweltschutzes, also alle personellen und organisatorischen Maßnahmen sowie alle die betrieblichen Bauten, Räume, technischen Anlagen, Arbeitsverfahren, Arbeitsabläufe und Arbeitsplätze betreffenden Maßnahmen, die dem Umweltschutz dienen. Die umweltpolitischen Angelegenheiten, die den Betrieb oder seine Arbeitnehmer unmittelbar betreffen, gehen über den betrieblichen Umweltschutz hinaus.[674] Das folgt bereits daraus, dass das BetrVG zwischen diesen beiden Begriffen ausdrücklich differenziert.[675] Umfasst sind auch solche umweltschutzrelevanten Fragen, die von außen auf den Betrieb oder seine Arbeitnehmer einwirken, z. B. alle gesetzlichen oder behördlichen Maßnahmen des Umweltschutzes, die für den Betrieb oder seine Arbeitnehmer relevant sind, ferner auch alle umweltschädlichen Einflüsse von Nachbarbetrieben oder Zuliefererprodukten.[676] Schließlich kann der Betriebsrat auch umweltpolitische unternehmerische Entscheidungen mit einem unmittelbaren Bezug zum Betrieb thematisieren, etwa wenn es um die Entwicklung umweltfreundlicher Produkte geht.[677]

Im Übrigen ist es dem Betriebsrat nicht gestattet, sich mit umweltpolitischen Aspekten zu befassen, die ihre Ursache außerhalb des Betriebs haben und die sich nicht unmittelbar auf den Betrieb oder dessen Belegschaft auswirken.[678] Rein abstrakte Äußerungen zum Natur-, Klima- oder Meeresschutz auf nationaler oder internationaler Ebene scheiden daher aus. Eine Auseinandersetzung mit der Energiepolitik, insbesondere mit der „Energiewende“ der Bundesregierung, kommt nur insoweit in Betracht, als der konkrete Betrieb oder dessen Arbeitnehmer hiervon unmittelbar betroffen sind. Eine solche unmittelbare Betroffenheit besteht in erster Linie für

672 vgl. die Regelungen der §§ 43 Abs. 2, 45 S. 1 HS. 1, 53 Abs. 2 Nr. 2, 80 Abs. 1 Nr. 9, 88 Nr. 1a, 89, 106 Abs. 3 Nr. 5a BetrVG. Hierzu im Einzelnen Wiese, BB 2002, 674 (674 ff.).

673 BT-Drucks. 14/5741, S. 45.

674 Annuß in: Richardi, BetrVG, § 45 Rn. 14; Roloff in: W/P/K, BetrVG, § 45 Rn. 5; Weber in GK-BetrVG, § 45 Rn. 16; Worzalla in: H/W/G/N/R/H, BetrVG, § 45 Rn. 11.

675 Siehe §§ 45 S. 1 HS. 1, 74 Abs. 2 S. 3 HS. 2 BetrVG auf der einen und §§ 43 Abs. 2, 80 Abs. 1 Nr. 9, 88 Nr. 1a, 89, 106 Abs. 3 Nr. 5a BetrVG auf der anderen Seite.

676 Fitting, BetrVG, § 74 Rn. 60.

677 Annuß in: Richardi, BetrVG, § 45 Rn. 14; Fitting, BetrVG, § 45 Rn. 14; Roloff in: W/P/K, BetrVG, § 45 Rn. 3.

678 Annuß in: Richardi, BetrVG, § 45 Rn. 16; Fitting, BetrVG, § 45 Rn. 14; Löwisch/Kaiser, BetrVG, § 45 Rn. 5; Weber in: GK-BetrVG, § 45 Rn. 16; Worzalla in: H/W/G/N/R/H, BetrVG, § 45 Rn. 11.

solche Betriebe, die entweder selbst in der Energiebranche aktiv sind oder in denen die zum Zwecke der Förderung der erneuerbaren Energien erhobene EEG-Umlage zum Abbau von Arbeitsplätzen oder gar zu einer Existenzbedrohung führt. Da der Betriebsrat als rein innerbetriebliches Interessenvertretungsorgan kein allgemeines umweltpolitisches Mandat zugunsten Dritter oder der Allgemeinheit hat[679], dürfen ferner auch Fragen der Auswirkungen des Betriebs auf die Umwelt nur dann behandelt werden, wenn sich diese zugleich unmittelbar auf die Arbeitnehmer des Betriebs auswirken, beispielsweise weil die Schließung des Betriebs gefordert wird[680].

5. Angelegenheiten wirtschaftlicher Art

Zu den Angelegenheiten wirtschaftlicher Art gehören zunächst sämtliche Fragen, die mit den §§ 90 ff., 106 ff., 111 ff. BetrVG in Zusammenhang stehen.[681] Soweit es sich hierbei um wirtschaftliche Maßnahmen auf Unternehmensebene handelt, ist allerdings im Einzelfall zu prüfen, ob sich diese auf den betreffenden Betrieb konkret auswirken.[682] Dies wird häufig der Fall sein, so etwa bei Unternehmenszusammenschlüssen (§ 106 Abs. 3 Nr. 8), bei Unternehmensübernahmen (§ 106 Abs. 3 Nr. 9a) oder bei der Einschränkung oder Stilllegung eines dem Unternehmen zugehörigen Zuliefererbetriebs (§ 106 Abs. 3 Nr. 6).[683] Abgesehen von solchen konkreten wirtschaftlichen Maßnahmen des Arbeitgebers können auch Fragen der allgemeinen Wirtschaftspolitik behandelt werden, soweit diese den Betrieb oder seine Arbeitnehmer unmittelbar betreffen.[684] Zu nennen sind hier beispielsweise hoheitliche Maßnahmen auf dem Gebiet der Wirtschaftsförderung, so etwa Subventionen für spezielle Wirtschaftsbereiche[685] oder staatliche Infrastrukturprojekte im unmittelbaren betrieblichen Umfeld. Auch die Steuergesetzgebung gehört – soweit es um die konkreten Auswirkungen auf den Betrieb geht – zum zulässigen Themenbereich.[686] Denkbar ist ferner, dass in einem stark exportorientierten Betrieb aktuelle Fragen

---

679 BT-Drucks. 14/5741, S. 48; vgl. auch Löwisch/Kaiser, BetrVG, § 74 Rn. 30; Richardi in: Richardi, BetrVG, § 74 Rn. 63; Weber in: GK-BetrVG, § 45 Rn. 16; kritisch hierzu: Picker, RdA 2001, 259 (272); Schiefer/Korte, NZA 2001, 71 (81).

680 Worzalla in: H/W/G/N/R/H, BetrVG, § 45 Rn. 11.

681 Berg in: D/K/K/W, BetrVG, § 45 Rn. 12; Fitting, BetrVG, § 74 Rn. 61; Hofmann, Das Verbot parteipolitischer Betätigung, S. 155; Lunk, Betriebsversammlung, S. 180; Vogt, Die Betriebs- und Abteilungsversammlung, S. 108.

682 Weber in: GK-BetrVG, § 45 Rn. 17.

683 Weber in: GK-BetrVG, § 45 Rn. 17.

684 Berg in: D/K/K/W, BetrVG, § 45 Rn. 12; Fitting, BetrVG, § 45 Rn. 15; Glaubitz, BB 1972, 1277 (1277); Hofmann, Das Verbot parteipolitischer Betätigung, S. 155; Weber in: GK-BetrVG, § 45 Rn. 17; a.A. Vogt, Die Betriebs- und Abteilungsversammlung, S. 108.

685 Annuß in: Richardi, BetrVG, § 45 Rn. 15; Berg in: D/K/K/W, BetrVG, § 45 Rn. 12; Fitting, BetrVG, § 45 Rn. 15.

686 Berg in: D/K/K/W, BetrVG, § 45 Rn. 12; Fitting, BetrVG, § 45 Rn. 15; Worzalla in: H/W/G/N/R/H, BetrVG, § 45 Rn. 13.

der internationalen Währungspolitik (z. B. die Entwicklung der Wechselkurse) oder der Rohstoff- und Energieversorgung erörtert werden.[687] Als zulässige Themen kommen in diesem Zusammenhang auch die Erhebung von Schutzzöllen in ausländischen Absatzmärkten oder der Abschluss von Freihandelsabkommen in Betracht.

6. Sonstige Angelegenheiten mit unmittelbarem Betriebsbezug

Der Themenkatalog des § 74 Abs. 2 S. 3 HS. 2 BetrVG ist nicht abschließend zu verstehen. Über die dort ausdrücklich genannten Politikbereiche hinaus ist den Betriebspartnern auch die Behandlung sonstiger Angelegenheiten gestattet, soweit diese den Betrieb oder seine Arbeitnehmer unmittelbar betreffen.[688] Für den Bereich der Betriebsversammlung folgt dies unmittelbar aus § 45 S. 1 HS. 1 BetrVG („einschließlich").[689] Aber auch außerhalb der Betriebsversammlung kann nichts anderes gelten, da sich der Zuständigkeitsbereich von Arbeitgeber und Betriebsrat als Organe der Betriebsverfassung auf solche Angelegenheiten erstreckt, die einen unmittelbaren betrieblichen Bezug aufweisen.[690]

In der Praxis spielen sonstige politische Angelegenheiten allerdings kaum eine Rolle. In der Regel wird sich ein allgemeinpolitisches Thema nur dann unmittelbar auf den Betrieb oder seine Arbeitnehmer auswirken, wenn es zugleich auch tarif-, sozial-, umwelt- oder wirtschaftspolitischer Natur ist.[691] So ist beispielsweise durchaus denkbar, dass Angelegenheiten der Ausländer- und Zuwanderungspolitik in einem Betrieb besprochen werden, der aufgrund eines akuten Fachkräftemangels in hohem Maße von der Zuwanderung ausländischer Fachkräfte abhängig ist (z. B. in der IT-Branche). In diesem Fall hat das Thema für den betreffenden Betrieb aber zugleich auch eine wirtschaftspolitische Dimension. Ähnlich verhält es sich mit dem Bereich der Kulturpolitik: Auch kulturpolitische Angelegenheiten können sich für private Kulturbetriebe (z. B. Museen, Galerien oder Theater) unmittelbar auswirken, allerdings wird es dann stets um den Bereich der staatlichen Kulturförderung und damit um ein zugleich sozial- bzw. wirtschaftspolitisches[692] Thema gehen. Die Behandlung von friedens- oder rüstungspolitischen Angelegenheiten

687 Fitting, BetrVG, § 45 Rn. 15.

688 Fitting, BetrVG, § 74 Rn. 54; Kania in: ErfK, BetrVG, § 74 Rn. 29.

689 Annuß in: Richardi, BetrVG, § 45 Rn. 5; Berg in: D/K/K/W, BetrVG, § 45 Rn. 2; Fitting, BetrVG, § 45 Rn. 18; Hofmann, Das Verbot parteipolitischer Betätigung, S. 163; Lunk, Betriebsversammlung, S. 182; Stege/Weinspach/Schiefer, BetrVG, §§ 42–46 Rn. 39; Weber in: GK-BetrVG, § 45 Rn. 20 f.

690 Siehe hierzu ausführlich oben: § 2 III 5. b aa).

691 Weber in: GK-BetrVG, § 45 Rn. 21.

692 In der letzten Zeit wird zunehmend die Bedeutung der Ansiedlung einer Kreativ- und Kulturwirtschaft für die gesamtwirtschaftliche Entwicklung einer Region betont, vgl. dazu den Artikel „Kampf um die Kreativen", erschienen im Handelsblatt vom 13.11.2013, S. 10 f. Die Thematik besitzt damit durchaus auch eine strukturpolitische Relevanz.

kommt allenfalls in Betrieben der Rüstungsbranche in Betracht.[693] Auch dort rücken jedoch die damit im Zusammenhang stehenden wirtschafts- und sozialpolitischen Vorgänge in den Vordergrund, so beispielsweise, wenn ein Rüstungsbetrieb infolge von Budgetkürzungen staatliche Aufträge verliert oder wenn aufgrund eines bevorstehenden Militäreinsatzes öffentlichen Ausschreibungen bevorstehen.[694]

III. Zusammenfassung

Die Vorschrift des § 74 Abs. 2 S. 3 HS. 2 BetrVG hat einen rein deklaratorischen Charakter: Sie stellt klar, dass Arbeitgeber und Betriebsrat innerhalb gewisser Grenzen auch politische Angelegenheiten behandeln dürfen und dass diese Befugnis von dem Verbot parteipolitischer Betätigung im Betrieb unangetastet bleibt. Zugleich kann der Bestimmung entnommen werden, dass die Betriebspartner, insbesondere der Betriebsrat, kein allgemeines politisches Mandat besitzen. Denn eine Behandlung der in § 74 Abs. 2 S. 3 HS. 2 BetrVG genannten politischen Angelegenheiten ist nur gestattet, soweit diese den Betrieb oder seine Arbeitnehmer unmittelbar betreffen. Mit dem Erfordernis der unmittelbaren Betroffenheit nennt das Gesetz eine generelle Grenze für die zulässige Behandlung politischer Sachthemen innerhalb der Betriebsverfassung. Diese Grenze korrespondiert mit dem Zuständigkeitsbereich von Arbeitgeber und Betriebsrat als Organe der Betriebsverfassung.

§ 74 Abs. 2 S. 3 HS. 2 BetrVG räumt den Betriebspartnern dagegen kein eigenständiges politisches Mandat, erst Recht kein parteipolitisches Mandat, ein. Äußern sich Arbeitgeber oder Betriebsrat zu politischen Themen, so geschieht dies nicht aufgrund der Vorschrift des § 74 Abs. 2 S. 3 HS. 2 BetrVG, sondern stets im Zusammenhang mit der jeweils einschlägigen Aufgabennorm des BetrVG. Insbesondere sind Arbeitgeber und Betriebsrat auch bei der Behandlung von Angelegenheiten tarifpolitischer, sozialpolitischer, umweltpolitischer oder wirtschaftlicher Art an das Verbot parteipolitischer Betätigung gebunden. Gestattet ist daher lediglich die rein sachliche und informatorische Erörterung der genannten Angelegenheiten. Dies schließt eigene Stellungnahmen und Werturteile der Betriebspartner ein, und zwar auch dann, wenn sich diese mit der Auffassung einer bestimmten politischen Partei decken. In einem solchen Fall ist allerdings darauf zu achten, dass sich die Aussage des Arbeitgebers bzw. des Betriebsrats ausschließlich auf die Sachfrage bezieht und sich nicht als Werbung oder Propaganda zugunsten einer bestimmten politischen Partei darstellt.

693 Diller in: H/W/K, AK, § 45 BetrVG Rn. 5; Roloff in: W/P/K, BetrVG, § 45 Rn. 3.
694 So zutreffend Weber in GK-BetrVG, § 45 Rn. 21.

§ 7 Verbot parteipolitischer Betätigung in der Betriebsversammlung

I. Funktion und Zuständigkeit der Betriebsversammlung

Nach § 45 S. 1 BetrVG können die Betriebs- und Abteilungsversammlungen Angelegenheiten einschließlich solcher tarifpolitischer, sozialpolitischer, umweltpolitischer und wirtschaftlicher Art sowie Fragen der Förderung der Gleichstellung von Frauen und Männern und der Vereinbarkeit von Familie und Erwerbstätigkeit sowie der Integration der im Betrieb beschäftigten ausländischen Arbeitnehmer behandeln, die den Betrieb oder seine Arbeitnehmer unmittelbar betreffen; die Grundsätze des § 74 Abs. 2 BetrVG finden Anwendung. Aus HS. 2 dieser Bestimmung folgt, dass das Verbot parteipolitischer Betätigung im Betrieb auch in der Betriebsversammlung gilt. Bevor im Einzelnen auf die Besonderheiten im Zusammenhang mit der Anwendung der §§ 45 S. 1 HS. 2, 74 Abs. 2 S. 3 BetrVG eingegangen wird, sollen im Folgenden zunächst überblicksweise Funktion und Zuständigkeit der Betriebsversammlung erörtert werden.

Unter der Betriebsversammlung versteht das Gesetz im Grundsatz die Zusammenkunft aller Arbeitnehmer des Betriebs, die von dem Vorsitzenden des Betriebsrats geleitet wird, vgl. § 42 Abs. 1 S. 1 BetrVG. Nur in besonderen Ausnahmefällen ist die Betriebsversammlung als Teilversammlung (§ 42 Abs. 1 S. 3 BetrVG) bzw. als Abteilungsversammlung (§ 42 Abs. 2 BetrVG) durchzuführen.[695] Bei der Betriebsversammlung handelt es sich in erster Linie um ein Forum der Aussprache zwischen Belegschaft und Betriebsrat.[696] So hat der Betriebsrat nach § 43 Abs. 1 S. 1 BetrVG vor der Betriebsversammlung vierteljährlich Rechenschaft über seine Tätigkeit abzulegen. Ferner ist die Betriebsversammlung nach § 45 S. 2 BetrVG berechtigt, dem Betriebsrat Anträge zu unterbreiten und zu seinen Beschlüssen Stellung zu nehmen. Darüber hinaus steht auch dem Arbeitgeber, der nicht der Belegschaft angehört, in der Betriebsversammlung nach § 43 Abs. 2 S. 1 und 2 BetrVG ein Teilnahme- und Rederecht zu. Dabei hat er mindestens einmal im Jahr über das Personal- und Sozialwesen, über die wirtschaftliche Lage und Entwicklung des Betriebs sowie über den betrieblichen Umweltschutz zu berichten, soweit dadurch nicht Betriebs- oder Geschäftsgeheimnisse gefährdet werden, vgl. § 43 Abs. 2 S. 3 BetrVG. Die Betriebsversammlung verfolgt somit auch den Zweck, die Arbeitnehmer über sie unmittelbar

---

695 Zu den einzelnen Versammlungsarten Rüthers, ZfA 1974, 207 (208 ff.).

696 BAG 27.06.1989 – 1 ABR 28/88, juris Rn. 28; BAG 16.11.2011 – 7 ABR 28/10, juris Rn. 20; Fitting, BetrVG, § 42 Rn. 7; Koch in: ErfK, BetrVG, §§ 42–46 Rn. 1; Roloff in: W/P/K, BetrVG, § 42 Rn. 2; Tautphäus in: Düwell, BetrVG, § 42 Rn. 1.

betreffende, wesentliche Fragen zu unterrichten[697] und dabei einen direkten Kontakt sowie die Diskussion zwischen Belegschaft und Arbeitgeber zu ermöglichen.[698]

Zwar wird die Betriebsversammlung überwiegend als Organ der Betriebsverfassung verstanden[699], dies ist allerdings insoweit missverständlich, als ihr keine eigene Entscheidungskompetenz zukommt.[700] Etwaige Beschlüsse der Betriebsversammlung haben keine rechtliche Verbindlichkeit[701]; auch eine Außenfunktion, insbesondere eine Vertretungsmacht, besitzt sie nicht[702]. Ferner hat sie keine rechtlichen Einflussmöglichkeiten auf den Betriebsrat als eigentlichen Repräsentanten der Belegschaft.[703] Die Betriebsversammlung dient somit ausschließlich der internen Meinungs- und Willensbildung der Arbeitnehmer des Betriebs.[704] Vor diesem Hintergrund liegt es näher, sie nicht als Organ, sondern als Institution der Betriebsverfassung[705] zu bezeichnen.

§ 45 S. 1 HS. 1 BetrVG umschreibt die zulässigen Themen, mit denen sich die Betriebsversammlung befassen kann. Dabei folgt aus der dort verwendeten Formulierung („insbesondere"), dass die Aufzählung nicht abschließend zu verstehen ist; die Betriebsversammlung kann vielmehr sämtliche Angelegenheiten thematisieren, die den Betrieb oder seine Arbeitnehmer unmittelbar betreffen.[706] Insoweit deckt sich der Zuständigkeitsbereich der Betriebsversammlung mit dem Aufgabenbereich des Betriebsrats.[707] Bezüglich der in § 45 S. 1 HS. 1 BetrVG beispielhaft aufgeführten

697 BAG 16.11.2011 – 7 ABR 28/10, juris Rn. 20; Fitting, BetrVG, § 42 Rn. 7; Koch in: ErfK, BetrVG, §§ 42–46 Rn. 1.

698 Brötzmann, BB 1990, 1055 (1056); Worzalla in: H/W/G/N/R/H, BetrVG, § 42 Rn. 4.

699 BAG 17.05.1982 – 6 ABR 28/80, juris Rn. 15; Berg in: D/K/K/W, BetrVG, § 42 Rn. 1; Fitting, BetrVG, § 42 Rn. 9; Galperin/Löwisch, BetrVG, § 42 Rn. 1; Koch in: Schaub, ArbRHdb, § 223 Rn. 1; Kreitner in: Küttner, Personalbuch, Betriebsversammlung Rn. 1; Rieble in: ArbuR 1995, 245 (245 f.); Stege/Weinspach/Schiefer, BetrVG, §§ 42–46 Rn. 1; Weber in: GK-BetrVG, § 42 Rn. 9.

700 Joost in: MüArbR II, § 223 Rn. 4.

701 BAG 27.06.1989 – 1 ABR 28/88, juris Rn. 28; Löwisch/Kaiser, BetrVG, § 45 Rn. 11.

702 Annuß in: Richardi, BetrVG, Vorbem. zu §§ 42–46 Rn. 3; Fitting, BetrVG, § 42 Rn. 10; Koch in: Schaub, ArbRHdb, § 223 Rn. 1.

703 Fitting, BetrVG, § 42 Rn. 10.

704 BAG 27.06.1989 – 1 ABR 28/88, juris Rn. 28 und 31.

705 So zutreffend Annuß in: Richardi, BetrVG, Vorbem. zu §§ 42–46 Rn. 2; Gnade, ArbRdGgw, Bd. 14 (1977), S. 59 (69); Joost in: MüArbR II, § 223 Rn. 4; Worzalla in: H/W/G/N/R/H, BetrVG, § 42 Rn. 5. Auch das BAG betont, dass der Bezeichnung der Betriebsversammlung als Organ der Betriebsverfassung „wenig Aussagekraft" zukommt, vgl. BAG 27.06.1989 – 1 ABR 28/88, juris Rn. 28.

706 Annuß in: Richardi, BetrVG, § 45 Rn. 5; Berg in: D/K/K/W, BetrVG, § 45 Rn. 2; Fitting, BetrVG, § 45 Rn. 18; Hofmann, Das Verbot parteipolitischer Betätigung, S. 163; Lunk, Betriebsversammlung, S. 182; Stege/Weinspach/Schiefer, BetrVG, §§ 42–46 Rn. 39; Weber in: GK-BetrVG, § 45 Rn. 20 f.

707 Vgl. statt aller Annuß in: Richardi, BetrVG, Vorbem. zu §§ 42–46 Rn. 3 und § 45 Rn. 9. Zum Aufgabenbereich des Betriebsrats siehe oben: § 2 III 5 b aa).

Angelegenheiten tarifpolitischer, sozialpolitischer, umweltpolitischer und wirtschaftlicher Art, kann auf die Ausführungen zu § 74 Abs. 2 S. 3 HS. 2 BetrVG verwiesen werden.[708] Besonderheiten ergeben sich an dieser Stelle nicht. Mit der Novellierung des BetrVG im Jahr 2001 wurde der Katalog des § 45 S. 1 HS. 1 BetrVG um die Fragen der Förderung der Gleichstellung von Frauen und Männern, der Vereinbarkeit von Familie und Erwerbstätigkeit sowie der Integration der im Betrieb beschäftigten ausländischen Arbeitnehmer erweitert.[709] Auch diese Aufzählung ist lediglich deklaratorischer Natur. Die genannten gleichstellungs- und integrationspolitischen Fragen waren bereits vor ihrer Einfügung ins Gesetz als mögliche sozialpolitische Themen einer Betriebsversammlung allgemein anerkannt.[710]

II. Regelung des § 45 S. 1 HS. 2 BetrVG

1. Persönlicher Anwendungsbereich des Verbots in der Betriebsversammlung

a) Unmittelbare Geltung nur für Arbeitgeber und Betriebsrat

Wenn § 45 S. 1 HS. 2 BetrVG die Grundsätze des § 74 Abs. 2 BetrVG auch innerhalb der Betriebs- und Abteilungsversammlung für anwendbar erklärt, so stellt sich zunächst die Frage, welcher Personenkreis durch diese Verweisung gebunden wird. Während sich das BAG[711] bisher noch nicht zum persönlichen Anwendungsbereich des parteipolitischen Betätigungsverbots in der Betriebsversammlung geäußert hat, werden hierzu in der Literatur unterschiedliche Ansichten vertreten. Unstreitig benennt die Vorschrift des § 74 Abs. 2 S. 3 BetrVG als Adressaten des Verbots parteipolitischer Betätigung lediglich Arbeitgeber und Betriebsrat. Eine Literaturmeinung[712] geht demzufolge unter Hinweis auf den Wortlaut des § 74 Abs. 2 S. 3 BetrVG davon aus, dass auch auf der Betriebsversammlung das Verbot allein für Arbeitgeber und Betriebsrat, nicht aber für die übrigen Versammlungsteilnehmer unmittelbar

708 Siehe oben: § 6 II.

709 Zuvor sprach das Gesetz noch von „Fragen der Frauenförderung und der Vereinbarkeit von Familie und Beruf". Diese Begriffe wurden erstmals mit dem GleichberechtigungsG v. 24.06.1994 in § 45 S. 1 HS. 1 BetrVG aufgenommen und später mit der BetrVG-Reform 2001 lediglich sprachlich umformuliert, vgl. BT-Drucks. 14/5741, S. 42; vgl. auch Weber in: GK-BetrVG, § 45 Rn. 18.

710 Vgl. Fitting, BetrVG, § 45 Rn. 16 f.; Weber in: GK-BetrVG, § 45 Rn. 18 f.; Worzalla in: H/W/G/N/R/H, BetrVG, § 45 Rn. 14 ff.

711 Vgl. dazu BAG 13.09.1977 – 1 ABR 67/75, juris Rn. 39. Hier hat das BAG nur kurz festgestellt, dass die parteipolitische Betätigung eines betriebsfremden Referenten dem Betriebsrat, der eine entsprechende Einladung veranlasst und den Referenten auf der Betriebsversammlung sprechen lassen wollte, als eigene Betätigung zuzurechnen ist.

712 Fabricius in: GK-BetrVG (6. Aufl.), § 45 Rn. 55 f.; Fitting, BetrVG, § 45 Rn. 23 und 27; Rieble/Wiebauer, ZfA 2010, 63 (131).

gelte. Eine Ausweitung auf sämtliche Versammlungsteilnehmer sei weder notwendig noch sinnvoll. Diese seien nämlich ohnehin mittelbar dadurch gebunden, dass der Betriebsrat die Erfüllung dieser Verpflichtung mit Hilfe seiner Leitungsgewalt, d.h. dem Ordnungs- und dem Hausrecht, sicherstellen müsse. Unterbinde der Betriebsratsvorsitzende als Versammlungsleiter die Behandlung unzulässiger Themen nicht, oder rege er selbst deren Behandlung an, sei dies gegebenenfalls als eine grobe Verletzung seiner Pflichten gem. § 23 Abs. 1 BetrVG zu werten.[713]

b) Unmittelbare Geltung für alle Teilnehmer

Der überwiegende Teil der Rechtslehre[714] geht hingegen davon aus, dass durch die Verweisung in § 45 S. 1 HS. 2 BetrVG auf § 74 Abs. 2 S. 3 BetrVG nicht nur Arbeitgeber und Betriebsrat, sondern sämtliche Teilnehmer der Betriebsversammlung, d.h. insbesondere auch die anwesenden Arbeitnehmer, die Beauftragten der Verbände (§ 46 Abs. 1 BetrVG), sowie betriebsfremde Referenten, unmittelbar den Pflichten dieser Vorschrift unterworfen werden. Dies folge daraus, dass Normadressat des § 45 BetrVG die Betriebs- und Abteilungsversammlung in ihrer Gesamtheit sei.[715] Darüber hinaus erscheine es inkonsequent, dem Versammlungsleiter ordnungsrechtliche Maßnahmen zuzubilligen, ohne zugleich diejenigen den Regeln zu unterwerfen, nach denen sich der Versammlungsleiter bei der Ausübung seines Ordnungsrechts zu richten habe.[716] Vor allem aber hätte es einer Verweisung auf die Vorschrift des § 74 Abs. 2 S. 3 BetrVG gar nicht bedurft, wenn ohnehin nur Arbeitgeber und Betriebsrat erfasst würden.[717]

c) Stellungnahme

Der Streit um die Reichweite des persönlichen Anwendungsbereichs des Verbots parteipolitischer Betätigung in der Betriebsversammlung ist rein dogmatischer Natur. Praktische Bedeutung besitzt er nicht. Denn auch die herrschende Lehre, die eine unmittelbare Geltung für sämtliche Versammlungsteilnehmer annimmt, geht im Ergebnis davon aus, dass es dem Betriebsratsvorsitzenden als Leiter der

---

713 Fitting, BetrVG, § 45 Rn. 28.

714 Annuß in: Richardi, BetrVG, § 45 Rn. 20 f.; Berg in: D/K/K/W, BetrVG, § 45 Rn. 19; Gnade, ArbRdGgw, Bd. 14 (1977), S. 59 (70); Hofmann, Das Verbot parteipolitischer Betätigung, S. 167 ff.; Löwisch/Kaiser, BetrVG, § 45 Rn. 8 f.; Lunk, Betriebsversammlung, S. 178 und Fn. 24; Roloff in: W/P/K, BetrVG, § 45 Rn. 11; Taupthäus in: Düwell, BetrVG, § 45 Rn. 9; Weber in: GK-BetrVG, § 45 Rn. 25; Worzalla in: H/W/G/N/R/H, BetrVG, § 45 Rn. 17.

715 Lunk, Betriebsversammlung, S. 178 (Fn. 24); in diese Richtung wohl auch Hofmann, Das Verbot parteipolitischer Betätigung, S. 168.

716 Weber in: GK-BetrVG, § 45 Rn. 25.

717 Hofmann, Das Verbot parteipolitischer Betätigung, S. 169; Lunk, Betriebsversammlung, S. 178 (Fn. 24); Roloff in: W/P/K, BetrVG, § 45 Rn. 11; Weber in: GK-BetrVG, § 45 Rn. 25; Worzalla in: H/W/G/N/R/H, BetrVG, § 45 Rn. 17.

Versammlung obliegt, für die Einhaltung des Verbots zu sorgen und gegebenenfalls Teilnehmern das Wort zu entziehen, die sich hieran nicht halten.[718] Auch im Falle einer unmittelbaren Geltung haben die übrigen Versammlungsteilnehmer daher keine weitergehenden Sanktionen zu befürchten. Nur wenn die parteipolitische Betätigung in der Betriebsversammlung zugleich einen Verstoß gegen die Pflichten aus dem Arbeitsvertrag darstellt, kann gegebenenfalls der Arbeitgeber auf individualarbeitsrechtlicher Ebene gegen den betreffenden Arbeitnehmer vorgehen.

Gleichwohl sprechen die besseren Argumente dafür, eine unmittelbare Geltung des § 74 Abs. 2 S. 3 BetrVG für alle Teilnehmer der Betriebsversammlung anzunehmen. Die Verweisung in § 45 S. 1 HS. 2 BetrVG steht im Kontext mit HS. 1 der Bestimmung, der die zulässigen Themen einer Betriebs- und Abteilungsversammlung beschreibt. Sie ist daher als Bezugnahme in thematischer Hinsicht zu verstehen: Das Verbot parteipolitischer Betätigung soll für jeden Geltung beanspruchen, der an der Betriebsversammlung teilnimmt und zu den dort behandelten Themen Stellung bezieht. Es ist nur konsequent, wenn das Gesetz alle Versammlungsteilnehmer hinsichtlich ihrer Redebeiträge in der Betriebsversammlung einheitlichen Schranken unterwirft. Dem kann auch nicht entgegengehalten werden, dass die Arbeitnehmer grundsätzlich nur als Kollektiv (Belegschaft) Akteure der Betriebsverfassung seien und sich ihre Individualpflichten daher allein aus dem Arbeitsvertrag, nicht aber aus dem BetrVG ergeben können.[719] Diese Argumentation verkennt, dass auch der einzelne Arbeitnehmer, sobald er in der Betriebsversammlung das Wort ergreift, eine Funktion im Rahmen der Betriebsverfassung wahrnimmt[720], was im Ergebnis auch einen unmittelbaren Rückgriff auf spezifische betriebsverfassungsrechtliche Pflichten rechtfertigt. Darüber hinaus überzeugt vor allem das Argument der herrschenden Lehre, dass die Verweisung in § 45 S. 1 HS. 2 BetrVG letztlich überflüssig wäre, wenn man das Verbot in der Betriebsversammlung nicht unmittelbar auf alle Teilnehmer erstreckt. Schließlich sind Arbeitgeber und Betriebsrat ohnehin an § 74 Abs. 2 S. 3 BetrVG gebunden. Zuletzt sprechen auch die Gesetzesmaterialien dafür, dass der Gesetzgeber mit der Bezugnahme auf § 74 Abs. 2 BetrVG eine unmittelbare Bindung aller Versammlungsteilnehmer erreichen wollte. Der Bundesrat hat in seiner Stellungnahme zum Regierungsentwurf ausdrücklich darauf hingewiesen, dass die Grundsätze des § 74 Abs. 2 BetrVG auch für alle Teilnehmer einer Betriebsversammlung bei der Behandlung von Angelegenheiten gelten müssten, die den Betrieb oder seine Arbeitnehmer unmittelbar berühren.[721] Diese Stellungnahme war letztlich der Anlass für die Einfügung des § 45 S. 1 HS. 2 BetrVG.[722]

---

718 Annuß in: Richardi, BetrVG, § 45 Rn. 20 und 32; Berg in: D/K/K/W, BetrVG, § 45 Rn. 23; Taupthäus in: Düwell, BetrVG, § 45 Rn. 9; Worzalla in: H/W/G/N/R/H, BetrVG, § 45 Rn. 32.

719 So aber Rieble/Wiebauer, ZfA 2010, 63 (131).

720 Zutreffend Annuß in: Richardi, BetrVG, § 45 Rn. 20.

721 BT-Drucks. VI/1786, S. 63 (Anlage 2).

722 Vgl. Lunk, Betriebsversammlung, S. 178 (Fn. 24).

Im Ergebnis ist daher davon auszugehen, dass durch die Verweisung in § 45 S. 1 HS. 2 BetrVG sämtliche Teilnehmer der Betriebsversammlung unmittelbar an das Verbot parteipolitischer Betätigung aus § 74 Abs. 2 S. 3 BetrVG gebunden werden.

2. Sachlicher und räumlicher Anwendungsbereich des Verbots in der Betriebsversammlung

a) Anwendung der Grundsätze des § 74 Abs. 2 S. 3 BetrVG

Hinsichtlich des Verbotsinhalts kann grundsätzlich auf die Ausführungen zu § 74 Abs. 2 S. 3 BetrVG verwiesen werden.[723] Insbesondere bei der Auslegung des Begriffs Parteipolitik sind keine Besonderheiten zu beachten. Eine wichtige sachliche Einschränkung ergibt sich allerdings aus dem Umstand, dass § 45 S. 1 HS. 2 BetrVG in einem unmittelbaren Zusammenhang mit HS. 1 der Bestimmung zu sehen ist, der die zulässigen Themen einer Betriebs- und Abteilungsversammlung beschreibt. Daraus folgt, dass es sich bei der Verweisung auf § 74 Abs. 2 S. 3 BetrVG lediglich um eine Bezugnahme in thematischer Hinsicht handelt. Durch sie soll sichergestellt werden, dass die Betriebsversammlung inhaltlich nicht als Forum für parteipolitische Inszenierungen oder Auseinandersetzungen zweckentfremdet wird. Für diejenigen Versammlungsteilnehmer, die nicht ohnehin zum Adressatenkreis des § 74 Abs. 2 S. 3 BetrVG gehören, bedeutet dies, dass die strengen Grundsätze dieser Norm nur insoweit Anwendung finden, als es um Referate und Diskussionsbeiträge, also um die in § 45 S. 1 BetrVG geregelte Behandlung von Angelegenheiten geht.[724] Nur wenn ein Arbeitnehmer in der Betriebsversammlung das Wort ergreift, nimmt er eine Funktion im Rahmen der Betriebsverfassung wahr, was wiederum einen Rückgriff auf die betriebsverfassungsrechtliche Verbotsnorm des § 74 Abs. 2 S. 3 BetrVG rechtfertigt. Betätigt sich der Arbeitnehmer dagegen in anderer Weise parteipolitisch, etwa durch das Tragen von Plaketten oder Kleidungsstücken, das Zurschaustellen von Transparenten oder das Verteilen von Flugblättern mit parteipolitischem Inhalt am Rande der Veranstaltung, so gelten für ihn lediglich die arbeitsvertraglichen Grenzen der politischen Betätigung im Betrieb.[725]

Im Übrigen folgt aus § 45 S. 1 HS. 1 BetrVG, dass in thematischer Hinsicht die Behandlung politischer Angelegenheiten in der Betriebsversammlung nicht grundsätzlich ausgeschlossen ist. Die Vorschrift unterstreicht damit noch einmal, was nach der hier vertretenen Auslegung des Begriffs Parteipolitik ohnehin gilt.[726] Voraussetzung ist lediglich, dass die politische Angelegenheit einen unmittelbaren Bezug zum Betrieb oder seine Arbeitnehmer aufweist.[727] Ist dies der Fall, so fällt sie

723 Siehe oben: § 5.
724 So auch Worzalla in: H/W/G/N/R/H, BetrVG, § 45 Rn. 17.
725 Worzalla in: H/W/G/N/R/H, BetrVG, § 45 Rn. 17. Zu den arbeitsvertraglichen Grenzen siehe oben: § 4 II 1 b.
726 Zur Auslegung des Merkmals „parteipolitisch“ siehe oben: § 5 II 3.
727 Zum Erfordernis der unmittelbaren Betroffenheit, siehe oben: § 6 II 1.

in den Zuständigkeitsbereich der Betriebsversammlung. Das gilt auch dann, wenn es sich um einen Sachverhalt handelt, der zugleich Gegenstand parteipolitischer Auseinandersetzungen ist.[728] Die §§ 45 S. 1 HS. 2, 74 Abs. 2 S. 3 BetrVG verlangen lediglich, dass etwaige politische Sachfragen in parteipolitisch neutraler Weise behandelt werden. Dabei sind – ebenso wie bei § 74 Abs. 2 S. 3 HS. 2 BetrVG – eigene Stellungnahmen und Werturteile zulässig, selbst wenn sie sich inhaltlich mit bereits vorhanden Stellungnahmen oder Konzepten bestimmter politischer Parteien decken.[729] In diesem Fall muss sich die Aussage des Versammlungsteilnehmers allerdings auf die Sachfrage beschränken und darf keine Werbung oder Propaganda zugunsten einer bestimmten politischen Partei enthalten.[730]

Zu beachten ist ferner, dass der Vorsitzende des Betriebsrats als Versammlungsleiter und Inhaber des Haus- und Ordnungsrechts eine Garantenstellung hinsichtlich der Einhaltung des Verbots parteipolitischer Betätigung in der Betriebsversammlung hat.[731] Verstößt ein Versammlungsteilnehmer gegen die Bestimmungen der §§ 45 S. 1 HS. 2, 74 Abs. 2 S. 3 BetrVG, muss der Betriebsratsvorsitzende einschreiten, indem er dem Betreffenden das Wort entzieht, oder – bei wiederholter bzw. schwerwiegender Verletzung – von der Versammlung ausschließt.[732] Tut er dies nicht, so ist seine Duldung ausnahmsweise als eigene Betätigung zu werten.[733]

In räumlicher Hinsicht gilt das Verbot des § 74 Abs. 2 S. BetrVG in der Versammlungsstätte. Dabei kommt es nicht darauf an, ob die Betriebsversammlung unmittelbar auf dem Betriebsgelände oder in einem angemieteten Saal außerhalb des Betriebs stattfindet.[734]

b) Auftritte von Politikern in der Betriebsversammlung

aa) Problemaufriss

Ein im Zusammenhang mit den Vorschriften der §§ 45 S. 1 HS. 2, 74 Abs. 2 S. 3 BetrVG häufig diskutiertes Problem, ist die Frage nach der Zulässigkeit von Politikerbesuchen auf Betriebsversammlungen. Der Thematik kommt in der Praxis eine

---

728 BAG 13.09.1977 – 1 ABR 67/75, juris, Rn. 37; Annuß in: Richardi, BetrVG, § 45 Rn. 18; Fitting, BetrVG, § 45 Rn. 26; Gnade, ArbRdGgw, Bd. 14 (1977), S. 59 (70); Rüthers, ZfA 1974, 207 (230); Weber in: GK-BetrVG, § 45 Rn. 29; Worzalla in: H/W/G/N/R/H, BetrVG, § 45 Rn. 21.

729 Fitting, BetrVG, § 45 Rn. 25; Weber in: GK-BetrVG, § 45 Rn. 29; Worzalla in: H/W/G/N/R/H, BetrVG, § 45 Rn. 21.

730 Fitting, BetrVG, § 45 Rn. 25 f.; Worzalla in: H/W/G/N/R/H, BetrVG, § 45 Rn. 21.

731 Hofmann, Das Verbot parteipolitischer Betätigung, S. 69 f.; Kreutz in: GK-BetrVG, § 74 Rn. 115.

732 Annuß in: Richardi, BetrVG, § 45 Rn. 20 und 32; Berg in: D/K/K/W, BetrVG, § 45 Rn. 23; Fabricius in: GK-BetrVG (6. Aufl.), § 45 Rn. 70; Fitting, BetrVG § 45 Rn. 27 f.; Rüthers, ZfA 1974, 207 (231).

733 Siehe dazu auch oben: § 5 III 1 b.

734 Hofmann, Das Verbot parteipolitischer Betätigung, S. 165.

herausragende Bedeutung zu. Vor allem in Zeiten des Wahlkampfes haben Politiker ein starkes Interesse daran, vor der versammelten Belegschaft der Betriebe zu sprechen.[735] Aber auch außerhalb der Wahlkampfzeiten kommt es immer wieder vor, dass Politiker – vorzugsweise solche mit Regierungsverantwortung – aus unterschiedlichsten Anlässen auf Betriebsversammlungen auftreten. Prominente Beispiele aus der jüngeren Vergangenheit sind etwa die Teilnahme des hessischen Ministerpräsidenten Volker Bouffier und des rheinland-pfälzischen Ministerpräsidenten Kurt Beck an der Opel-Betriebsversammlung in Rüsselsheim am 15.05.2012[736], der Auftritt des SPD-Bundesvorsitzenden Sigmar Gabriel in der Hochtief-Betriebsversammlung in Essen am 14.10.2010[737] sowie die Rede von Bundeskanzlerin Angela Merkel auf der VW-Betriebsversammlung in Wolfsburg am 23.09.2008 vor rund 20.000 Mitarbeitern[738]. Mit Blick auf die in den Betrieben gelebte Praxis stellt sich die Frage, ob solche Auftritte von Politikern in einer Betriebsversammlung mit dem Verbot parteipolitischer Betätigung aus §§ 45 S. 1 HS. 2, 74 Abs. 2 S. 3 BetrVG vereinbar sind. Problematisch erscheint in diesem Zusammenhang ferner, dass das BetrVG in § 42 Abs. 1 S. 2 die Nichtöffentlichkeit der Betriebsversammlung vorschreibt.

bb) Grundsatz der Nichtöffentlichkeit der Betriebsversammlung

Nur vereinzelt[739] werden Auftritte von betriebsfremden Parteipolitikern in einer Betriebsversammlung wegen Verletzung des § 42 Abs. 1 S. 2 BetrVG generell für unzulässig erachtet. Dagegen sieht das BAG[740] im Einklang mit der herrschenden Lehre[741] keinen Verstoß gegen den Grundsatz der Nichtöffentlichkeit der

---

735 Vgl. hierzu etwa BAG 13.09.1977 – 1 ABR 67/75, juris.

736 Vgl. hierzu den Artikel auf www.sueddeutsche.de vom 15.05.2012 „Kampf um Bochum", abrufbar unter „http://www.sueddeutsche.de/wirtschaft/opel-chef-karl-friedrich-stracke-der-mann-zwischen-den-fronten-1.1357262".

737 Vgl. hierzu den Artikel auf www.handelsblatt.com vom 14.10.2010 „Gabriel fordert staatliche Hilfe für Hochtief", abrufbar unter „http://www.handelsblatt.com/politik/deutschland/uebernahmekampf-gabriel-fordert-staatliche-hilfe-fuer-hochtief/3562696.html.".

738 Die ca. 15 minütige Rede ist auf der Internetseite der Bundesregierung im Volltext abrufbar (http://www.bundesregierung.de/Content/DE/Bulletin/2008/09/96-1-bk-vw.html).

739 Brötzmann, BB 1990, 1055 (1057).

740 BAG 13.09.1977 – 1 ABR 67/75, juris, Rn. 24 ff. Dagegen hat das BVerwG einen Verstoß gegen das Gebot der Nichtöffentlichkeit der Personalversammlung in einem Fall angenommen, in dem der Personalrat in Wahlkampfzeiten Landtagsabgeordnete verschiedener politischer Parteien zur Behandlung besoldungs- und sozialpolitischer Fragen eingeladen hatte, ohne zugleich eine sachliche und parteipolitisch neutrale Darstellung sicherzustellen, vgl. BVerwG 10.03.1995 – 6 P 15/93, juris.

741 Annuß in: Richardi, BetrVG, § 45 Rn. 21; Gnade, ArbRdGgw, Bd. 14 (1977), S. 59 (71); Hanau, EzA § 45 BetrVG 1972 Nr. 1, S. 16 f.; Hunold, AR-Blattei SD 530.11,

Betriebsversammlung, wenn der Betriebsrat auf einer Betriebsversammlung einen betriebsfremden Politiker ein Kurzreferat zu einem nach § 45 BetrVG zulässigen Thema von unmittelbarem Interesse für den Betrieb und seine Arbeitnehmer halten lässt. Der Sinn des § 42 Abs. 1 S. 2 BetrVG, der darin liege, betriebsfremde, insbesondere politische Einflüsse von der Betriebsversammlung fernzuhalten, gebiete es nicht, die Teilnahme solcher Personen auszuschließen, deren Anwesenheit im Rahmen der Zuständigkeit der Betriebsversammlung sachdienlich sei.[742] Hierdurch werde der innerbetriebliche Charakter der Betriebsversammlung nicht in Frage gestellt. Dies gelte umso mehr, als solche Personen den Betriebsrat in der Erfüllung seiner Aufgaben gegenüber der Betriebsversammlung unterstützen sollen. Ein eigenes Teilnahmerecht betriebsfremder Politiker bestehe allerdings nicht; es bedürfe stets einer Einladung durch den Betriebsrat.[743] Dagegen sei die Zustimmung des Arbeitgebers für die Einladung eines Referenten, der über ein nach § 45 BetrVG zulässiges Thema berichten soll, grundsätzlich nicht erforderlich. Das ergebe sich daraus, dass der Betriebsrat in der Gestaltung der Tagesordnung im Rahmen der Zuständigkeit der Betriebsversammlung und unter Berücksichtigung der gestellten Anträge frei sei. Der Referent werde nicht als Sachverständiger im Sinne von § 80 Abs. 3 BetrVG tätig, auf dessen Person sich Betriebsrat und Arbeitgeber einigen müssten.[744]

cc) Verbot parteipolitischer Betätigung

Es besteht Einigkeit darüber, das sich ein Verstoß gegen das Verbot parteipolitischer Betätigung gem. §§ 45 S. 1 HS. 2, 74 Abs. 2 S. 3 BetrVG aus dem Inhalt eines Politikervortrages auf der Betriebsversammlung ergeben kann, so etwa, wenn es sich hierbei um eine offene Partei- bzw. Wahlkampfrede handelt.[745] Auf der anderen Seite geht das BAG[746] und mit ihm die herrschende Lehre[747] davon aus, dass ein Referat eines betriebsfremden Politikers über ein nach § 45 BetrVG zulässiges Thema auf einer Betriebsversammlung nicht per se gegen das Verbot parteipolitischer Betätigung verstößt. Eine Verletzung der §§ 45 S. 1 HS. 2, 74 Abs. 2 S. 3 BetrVG könne sich allerdings aus den Begleitumständen ergeben, so etwa, wenn ein derartiges

---

Rn. 101; Koch in: ErfK, BetrVG, §§ 42–46 Rn. 3; Rieble/Wiebauer, ZfA 2010, 63 (132); Zachert, ArbuR 1978, 222 (222 f.).

742 BAG 13.09.1977 – 1 ABR 67/75, juris, Rn. 27 und 25.

743 BAG 13.09.1977 – 1 ABR 67/75, juris, Rn. 28.

744 BAG 13.09.1977 – 1 ABR 67/75, juris, Rn. 29 f.

745 Annuß in: Richardi, BetrVG, § 45 Rn. 21; Hofmann, Das Verbot parteipolitischer Betätigung, S. 181; Löwisch, DB 1976, 676.

746 BAG 13.09.1977 – 1 ABR 67/75, juris, LS 3 und Rn. 33 ff.

747 Annuß in: Richardi, BetrVG, § 45 Rn. 21; Fitting, BetrVG, § 74 Rn. 56; Hofmann, Das Verbot parteipolitischer Betätigung, S. 178 ff.; Kreutz in: GK-BetrVG, § 74 Rn. 124; Löwisch/Kaiser, BetrVG, § 74 Rn. 30; Lunk, Betriebsversammlung, S. 205; Rieble/Wiebauer, ZfA 2010, 63 (132); Rüttgers, Das Verbot parteipolitischer Betätigung, S. 111 f. A.A.: Glaubitz, BB 1972, 1277 (1278); Zöllner/Loritz/Hergenröder, Arbeitsrecht, § 46 IX 2c; wohl auch Worzalla in: H/W/G/N/R/H, BetrVG, § 45 Rn. 22.

Referat gerade und nur zu Zeiten des Wahlkampfes von einem Spitzenpolitiker in seinem Wahlkreis gehalten wird.[748] In einem solchen Fall sei davon auszugehen, dass der Politiker durch seinen Auftritt einen parteipolitischen Werbeeffekt bezwecken möchte. Sei das Auftreten eines Politikers im Betrieb der Sachlage nach Teil seiner Walkampfstrategie, so handele es sich unabhängig von dem zu behandelnden Thema um eine parteipolitische Betätigung.[749] Außerhalb des Wahlkampfes sollen Politikerauftritte in Betriebsversammlungen hingegen grundsätzlich zulässig sein, sofern in einem Referat ein nach § 45 BetrVG zulässiges Thema in einer neutralen Weise behandelt wird.[750] Der Zeitraum für den Wahlkampf wird dabei auf drei[751] bzw. sechs[752] Monate vor der Wahl festgelegt. Im Schrifttum wird zum Teil[753] zusätzlich gefordert, dass sich Arbeitgeber und Betriebsrat über die Einladung des Politikers einig sind und zum Schutz der Meinungs- und Wahlfreiheit der Arbeitnehmer ein gewisses Maß an Parität gewahrt bleibt, also nicht immer nur Politiker des jeweiligen Regierungslagers, sondern auch Oppositionspolitiker zu Wort kommen.

Ausdrücklich offen gelassen hat das BAG die Frage, ob Auftritte von Parteipolitikern auch während des Wahlkampfes und auch zu Themen ohne unmittelbaren Betriebsbezug zulässig sind, sofern sich Arbeitgeber und Betriebsrat über die Einladung einig sind.[754]

dd) Stellungnahme

Der herrschenden Meinung ist zunächst darin zuzustimmen, dass Auftritte von Politikern in einer Betriebsversammlung mit dem Grundsatz der Nichtöffentlichkeit aus § 42 Abs. 1 S. 2 BetrVG vereinbar sind, sofern der betreffende Politiker auf Einladung des Betriebsrats über ein nach § 45 BetrVG zulässiges Thema referiert.

---

748 BAG 13.09.1977 – 1 ABR 67/75, juris, LS 3 und Rn. 38; Annuß in: Richardi, BetrVG, § 45 Rn. 21; Fitting, BetrVG, § 45 Rn. 26; Haunau, EzA § 45 BetrVG 1972 Nr. 1, S. 20 ff.; Hunold, AR-Blattei SD 530.11, Rn. 101; Kreutz in: GK-BetrVG, § 74 Rn. 124; Löwisch, DB 1976, 676; Lunk, Betriebsversammlung, S. 205; Richardi in: Richardi, BetrVG, § 74 Rn. 64; Rieble/Wiebauer, ZfA 2010, 63 (132); Roloff in: W/P/K, BetrVG, § 45 Rn. 13; Weber in GK-BetrVG, § 45 Rn. 30; Worzalla in: H/W/G/N/R/H, BetrVG, § 45 Rn. 22.

749 BAG 13.09.1977 – 1 ABR 67/75, juris, Rn. 38.

750 BAG 13.09.1977 – 1 ABR 67/75, juris, Rn. 33 ff.; Annuß in: Richardi, BetrVG, § 45 Rn. 21; Fitting, BetrVG, § 45 Rn. 26 und § 74 Rn. 56; Hofmann, Das Verbot parteipolitischer Betätigung, S. 178 ff.; Kreutz in: GK-BetrVG, § 74 Rn. 124; Löwisch/Kaiser, BetrVG, § 74 Rn. 30; Rieble/Wiebauer, ZfA 2010, 63 (132). A.A.: Glaubitz, BB 1972, 1277 (1278); Zöllner/Loritz/Hergenröder, Arbeitsrecht, § 46 IX 2c; wohl auch Worzalla in: H/W/G/N/R/H, BetrVG, § 45 Rn. 22.

751 Hofmann, Das Verbot parteipolitischer Betätigung, S. 181; Löwisch, DB 1976, 676.

752 Rieble/Wiebauer, ZfA 2010, 63 (132).

753 Galperin/Löwisch, BetrVG, § 74 Rn. 22; Löwisch, DB 1976, 676.

754 BAG 13.09.1977 – 1 ABR 67/75, juris, Rn. 38. Siehe hierzu ausführlich unten: § 7 II 3.

Das Bundesarbeitsgicht geht zu Recht davon aus, das § 42 Abs. 1 S. 2 BetrVG den innerbetrieblichen Charakter der Betriebsversammlung betonen möchte.[755] Die Betriebsversammlung dient dem Gedankenaustausch zwischen Arbeitnehmern und Betriebsrat sowie der Information der Arbeitnehmer über die sie unmittelbar interessierenden Fragen; dabei sollen unsachliche Auseinandersetzungen, unter Umständen provoziert durch betriebsexterne Einflüsse, vermieden werden.[756] Vor diesem Hintergrund ist es selbstverständlich, dass die Teilnahme etwa von Presse-, Film- oder Rundfunkvertretern ausgeschlossen ist[757], da diese den betriebsinternen Charakter der Versammlung stören und durch ihre bloße Anwesenheit den Veranstaltungsverlauf beeinflussen können. Auf der anderen Seite bezweckt das Gesetz aber ersichtlich nicht, betriebsfremde Personen unter allen Umständen von der Betriebsversammlung fernzuhalten. Das zeigt bereits ein Blick auf die Vorschrift des § 46 BetrVG. Ist ein Politiker also aufgrund seiner Erfahrung und seiner besonderen Fachkenntnisse in der Lage, einen Redebeitrag zu einer den Betrieb oder seine Arbeitnehmer unmittelbar betreffenden Angelegenheit i.S.v. § 45 BetrVG zu leisten, so spricht nichts dagegen, wenn ihn der Betriebsrat dazu einlädt, in einer Betriebsversammlung ein entsprechendes Referat zu halten. In einem solchen Fall unterstützt der Referent den Betriebsrat bei der Erfüllung seiner Aufgaben gegenüber der Betriebsversammlung.[758] Die Einladung bedarf richtigerweise nur dann der Zustimmung des Arbeitgebers, wenn durch das Referat Kosten verursacht werden.[759]

Auch das Verbot parteipolitischer Betätigung aus §§ 45 S. 1 HS. 2, 74 Abs. 2 S. 3 BetrVG steht Politikerauftritten in der Betriebsversammlung nicht grundsätzlich entgegen. Nach der hier vertretenen Auffassung ist unter Parteipolitik jedes Eintreten für oder gegen eine politische Partei zu verstehen, wobei ausdrücklich oder zumindest aus den Umständen erkennbar auf die politische Partei Bezug genommen werden muss.[760] Es ist zwar richtig, dass Berufspolitiker häufig mit einem bestimmten politischen Gesamtprogramm in Verbindung gebracht werden.[761] Dennoch ginge es zu weit, allein wegen der Parteizugehörigkeit eines Referenten auf eine unzulässige parteipolitische Betätigung zu schließen. Die Gegenauffassung unterstellt zu Unrecht, dass es einem Politiker bereits aufgrund seiner aktiven Mitgliedschaft in einer Partei unmöglich ist, eine politische Angelegenheit in parteipolitisch neutraler Weise darzustellen. Zudem sprechen auch praktische Erwägungen dagegen, Politikerauftritte in der Betriebsversammlung generell zu verbieten. Anderenfalls müsste man konsequenterweise mit denselben Argumenten Betriebsbesuche von

755 BAG 13.09.1977 – 1 ABR 67/75, juris, Rn. 25.
756 BAG 13.09.1977 – 1 ABR 67/75, juris, Rn. 25.
757 So zutreffend Annuß in: Richardi, BetrVG, § 42 Rn. 38; Joost in: MüArbR II, § 224 Rn. 38.
758 BAG 13.09.1977 – 1 ABR 67/75, juris, Rn. 27.
759 BAG 13.09.1977 – 1 ABR 67/75, juris, Rn. 29; Hofmann, Das Verbot parteipolitischer Betätigung, S. 181; Lunk, Betriebsversammlung, S. 205.
760 Siehe oben: § 5 II 3.
761 So Glaubitz, BB 1972, 1277 (1278).

Politikern an sich als unzulässige parteipolitische Betätigung betrachten. Das ginge allerdings an der Realität des Parteienstaates vorbei. Nur der Betriebsbesuch gibt einem Politiker die Möglichkeit, sich unmittelbar vor Ort über die Sorgen und Nöte der Arbeitnehmer und die tatsächliche Stimmung in der Belegschaft zu informieren. Gerade für Politiker mit Regierungsverantwortung kann es sehr wichtig sein, solche Informationen aus erster Hand zu erhalten. Vor großen politischen Entscheidungen und in wirtschaftlichen Krisenzeiten wird von den Arbeitnehmern nicht selten sogar erwartet, dass politische Entscheidungsträger mit ihnen über die sie unmittelbar betreffenden Fragen diskutieren. Es wäre falsch, diese Form von „Basiskontakt im besten Sinne“[762] nicht zulassen zu wollen.

Richtigerweise ist daher auch bei einem Politiker allein darauf abzustellen, ob er mit seinem Vortrag in der Betriebsversammlung ausdrücklich oder zumindest aus den Umständen erkennbar für oder gegen eine politische Partei eintritt. Dass der Politiker hierbei zunächst inhaltlich nur über solche Angelegenheiten referieren darf, die den Betrieb oder seine Arbeitnehmer unmittelbar betreffen, folgt bereits aus § 45 S. 1 HS. 1 BetrVG, ohne dass es eines Rückgriffs auf das parteipolitische Betätigungsverbot bedarf. Die §§ 45 S. 1 HS. 2, 74 Abs. 2 S. 3 BetrVG verlangen zusätzlich, dass der Referent seine Ausführungen parteipolitisch neutral gestaltet. Dabei wird man in erster Linie die objektive Information der Zuhörer als zulässig erachten können, so etwa, wenn ein Politiker mit Regierungsverantwortung die Belegschaft über Maßnahmen oder Ziele seiner Regierung in Kenntnis setzt. Bei Stellungnahmen und Werturteilen eines Parteipolitikers ist strenger als bei sonstigen Personen darauf zu achten, dass die Ausführungen keine – gegebenenfalls auch versteckte – Werbung oder Propaganda zu Gunsten einer politischen Partei enthalten.

Der herrschenden Meinung ist schließlich auch darin zuzustimmen, dass sich ein Verstoß gegen die §§ 45 S. 1 HS. 2, 74 Abs. 2 S. 3 BetrVG nicht nur aus dem Inhalt des Referats, sondern auch aus den Begleitumständen ergeben kann. Werden beispielsweise über einen längeren Zeitraum ausschließlich Politiker einer ganz bestimmten Partei oder gar wiederholt dieselben Politiker eingeladen, so spricht dies – unabhängig vom konkreten Thema des Referats – im Zweifel für einen Verstoß gegen das Verbot parteipolitischer Betätigung.[763] Ferner sind Besuche von parteipolitischen Kandidaten während des Wahlkampfes in der Betriebsversammlung generell unzulässig. Hier spricht eine unwiderlegbare Vermutung dafür, dass der Auftritt allein der Parteienwerbung dient. Soweit der Zeitraum von Wahl- und Vorwahlkampf auf drei bzw. sechs Monate vor der Wahl festgesetzt wird, vermag dies allerdings nicht zu überzeugen. Ob der Auftritt eines Politikers im Zusammenhang mit einer anstehenden politischen Wahl steht, lässt sich nicht generalisierend anhand von fixen Zeitspannen beurteilen. Richtigerweise entscheidet jede Partei selbst, wann sie in den Wahlkampf startet. Maßgebliches Kriterium ist hierbei, ob der betreffende Politiker von dem hierfür zuständigen Parteiengremium offiziell als Kandidat für

---

762 Hofmann, Das Verbot parteipolitischer Betätigung, S. 180.
763 Ebenso: Hofmann, Das Verbot parteipolitischer Betätigung, S. 181 f.

die Wahl bestimmt worden ist. Dies kann unter Umständen bereits deutlich früher als drei Monate vor der Wahl der Fall sein.[764]

Ob man Auftritte von Parteipolitikern in der Betriebsversammlung ausnahmsweise auch während des Wahlkampfes und zu Themen ohne unmittelbaren Betriebsbezug für zulässig erachten kann, wenn sich Arbeitgeber und Betriebsrat über die Einladung einig sind, wird unter § 7 II 3 gesondert erörtert.

3. Abdingbarkeit des Verbots

a) Meinungsstand

Teilweise wird im Schrifttum[765] die Auffassung vertreten, dass Politiker in der Betriebsversammlung auch während des Wahlkampfes ohne Einschränkungen zu jedem beliebigen Thema referieren dürfen, sofern sich Betriebsrat und Arbeitgeber über die Einladung einig sind. Auch wenn dies nicht immer deutlich herausgestellt wird, setzt diese Auffassung in dogmatischer Hinsicht die Abdingbarkeit des Verbots parteipolitischer Betätigung voraus. Der gemeinsame Wille der Betriebspartner, den Wahlkampf in den Betrieb hineinzutragen, kann nur dann rechtlich relevant sein, wenn sich Arbeitgeber und Betriebsrat einvernehmlich über die §§ 45 S. 1 HS. 2, 74 Abs. 2 S. 3 BetrVG hinwegsetzen können.

Soweit von einzelnen Stimmen in der Literatur eine Abdingbarkeit des parteipolitischen Betätigungsverbotes befürwortet wird, machen sich die Vertreter dieser Auffassung allerdings vielfach nicht die Mühe, ihre Meinung näher zu erläutern. So wird teilweise[766] pauschal darauf verwiesen, dass im Falle eines Einvernehmens zwischen Betriebsrat und Arbeitgeber Bedenken gegen die parteipolitische Betätigung „nicht begründet" seien. Nur vereinzelt[767] wird mit dem Schutzzweck des Verbots argumentiert. Dieser liege vorrangig darin, den Betriebsfrieden zu wahren. Eine gemeinsame Einladung von Geschäftsleitung und Betriebsrat sei allerdings ein Indiz dafür, dass der Betriebsfrieden nicht gestört werde. Da es den Belegschaftsmitgliedern im Übrigen freistehe, an der Betriebsversammlung teilzunehmen oder ihr fernzubleiben, sei auch die negative Meinungsfreiheit der Arbeitnehmer nicht gefährdet.

Die überwiegende Literaturmeinung[768] geht demgegenüber davon aus, dass das Verbot parteipolitischer Betätigung in der Betriebsversammlung zwingend ist. Das

---

764 So wurde z. B. Peer Steinbrück bereits am 09.12.2012 auf einem Sonderparteitag zum SPD-Spitzenkandidaten für die Bundestagswahl am 22.09.2013 gewählt.

765 Berg in: D/K/K/W, BetrVG, § 74 Rn. 61; Fitting, BetrVG, § 74 Rn. 56; Gnade, ArbRdGgw, Bd. 14 (1977), S. 59 (71); vgl. auch Hohn, BB 1975, 376, der allerdings zusätzlich betont, dass der Betriebsfrieden nicht gestört werden darf.

766 So Gnade, ArbRdGgw, Bd. 14 (1977), S. 59 (71); ebenfalls ohne Begründung Berg, in: D/K/K/W, BetrVG, § 74 Rn. 61; Fitting, BetrVG, § 74 Rn. 56.

767 Hohn, BB 1975, 376.

768 Annuß in: Richardi, BetrVG, § 45 Rn. 18; Hofmann, Das Verbot parteipolitischer Betätigung, S. 172 f.; Koch in: ErfK, BetrVG, § 42–46 Rn. 1; Lunk,

Verbot gehöre zu den tragenden Grundsätzen der Betriebsverfassung und dürfe daher nicht einfach der Disposition der Beteiligten überlassen werden.[769] Da § 74 Abs. 2 S. 3 BetrVG zudem nicht nur das Verhältnis zwischen Arbeitgeber und Betriebsrat vor vermeidbaren Spannungen bewahren, sondern vielmehr den Betriebsfrieden überhaupt schützen wolle, könnten sich Arbeitgeber und Betriebsrat nicht einvernehmlich über das Verbot hinwegsetzen.[770] Dies gelte angesichts des ex ante nicht überschaubaren Verlaufs einer Betriebsversammlung selbst dann, wenn sämtliche Teilnehmer der Betriebsversammlung der Behandlung einer parteipolitischen Frage zustimmen.[771] Schließlich sei auch der Charakter der Betriebsverfassung als Mitgliedschaftsorgan des Zwangsverbandes Belegschaft zu berücksichtigen. Die Vorschrift des § 45 BetrVG diene auch dem Minderheitenschutz innerhalb der Betriebsverfassung und könne bereits aus diesem Grund nicht umgangen werden.[772]

b) Stellungnahme

Gegen eine Abdingbarkeit des parteipolitischen Betätigungsverbotes spricht insbesondere der Verbotszweck. Dieser liegt in erster Linie in der Wahrung des Betriebsfriedens und des Arbeitsablaufs.[773] § 74 Abs. 2 S. 3 BetrVG beruht auf der Erwägung, dass das Eintreten für oder gegen eine bestimmte Partei in besonderem Maße geeignet ist, zu Streitigkeiten innerhalb der Belegschaft zu führen und sich nachteilig auf das Betriebsklima und die Zusammenarbeit auszuwirken.[774] Auch wenn sich Arbeitgeber und Betriebsrat darüber einig sind, einen bestimmten Politiker als Wahlkämpfer in den Betrieb einzuladen, bedeutet dies nicht, dass von der parteipolitischen Betätigung im Einzelfall keine abstrakte Gefahr für den Betriebsfrieden ausgeht. Schließlich können die Betriebspartner unmöglich vorhersehen, wie sich die Betriebsversammlung entwickeln wird. Gerade in größeren Betrieben bleibt die Reaktion der Arbeitnehmer unberechenbar.

Vor allem aber ist zu berücksichtigen, dass § 74 Abs. 2 S. 3 BetrVG darüber hinaus auch die staatsbürgerliche Meinungs- und Wahlfreiheit der Arbeitnehmer im Betrieb schützen möchte. Art. 5 Abs. 1 S. 1 GG gewährleistet das Recht des Einzelnen, sich der beeinflussenden Meinungsäußerung anderer zu entziehen.[775] Vor diesem

Betriebsversammlung, S. 205 f.; Roloff in: W/P/K, BetrVG, § 45 Rn. 1; Rüttgers, Das Verbot parteipolitischer Betätigung, S. 38 ff.; Weber in: GK-BetrVG, § 45 Rn. 31; Zöllner/Loritz/Hergenröder, Arbeitsrecht, § 46 IX 2c. Mit Ausnahme für Mitglieder der Bundes- oder Landesregierung: Worzalla in: H/W/G/N/R/H, BetrVG, § 45 Rn. 23. Offen gelassen: BAG 13.09.1977 – 1 ABR 67/75, juris, Rn. 38.

769 Hofmann, Das Verbot parteipolitischer Betätigung, S. 173.

770 Worzalla in: H/W/G/N/R/H, BetrVG, § 45 Rn. 23.

771 Weber in: GK-BetrVG, § 45 Rn. 31.

772 Lunk, Betriebsversammlung, S. 205.

773 Zum Verbotszweck siehe oben: § 2 III.

774 So ausdrücklich BAG 17.03.2010 – 7 ABR 95/08, juris, Rn. 40.

775 Zum Schutz der negativen Meinungsfreiheit siehe oben: § 2 III 3 c cc).

Hintergrund ließe sich kaum erklären, weshalb es Arbeitgeber und Betriebsrat in der Hand haben sollten, durch die einvernehmlich ausgesprochene Einladung eines Politikers, den Arbeitnehmern eine Wahlkampfveranstaltung im Betrieb aufzwingen zu können. Dies gilt umso mehr, als die negative Meinungsfreiheit der Arbeitnehmer gerade im Vorfeld einer politischen Wahl besonders schutzwürdig erscheint. Dem kann auch nicht mit dem Argument entgegengetreten werden, dass die Teilnahme an der Betriebsversammlung freiwillig sei. Eine solche Sichtweise missachtet den Zweck der §§ 42 ff. BetrVG. Die Betriebsversammlung ist nach dem Willen des Gesetzgebers ein innerbetriebliches Forum der Aussprache zwischen Arbeitnehmern und Betriebsrat und keine Wahlkampfveranstaltung. Es wäre fatal, wenn einzelne Arbeitnehmer der Betriebsversammlung allein deshalb fernblieben, weil sie sich eine durch die Betriebspartner gemeinsam initiierte parteipolitische Indoktrination ersparen möchten. Unabhängig davon, dass ein Arbeitnehmer gegenüber seinen Kollegen möglicherweise in erheblichen Rechtfertigungsdruck gerät, wenn er nicht auf der Betriebsversammlung erscheint oder diese während einer parteipolitischen Stellungnahme verlässt[776], muss er sich auch keineswegs aus der Versammlung herausdrängen lassen. Richtigerweise steht jedem Belegschaftsmitglied ein Anspruch auf Teilnahme an einer gesetzeskonformen Betriebsversammlung zu.[777]

Den §§ 45 S. 1 HS. 2, 74 Abs. 2 S. 3 BetrVG liegt nach alledem die klare gesetzgeberische Wertung zu Grunde, dass der einzelne Arbeitnehmer im Betrieb und insbesondere in der Betriebsversammlung vor parteipolitischen Indoktrinationsversuchen der Betriebspartner geschützt werden soll. Dabei macht es aus Sicht des betroffenen Arbeitnehmers keinen Unterschied, ob die parteipolitische Betätigung nur von einem Betriebspartner oder von Arbeitgeber und Betriebsrat gemeinsam ausgeht. Im Ergebnis können sich die Betriebspartner daher nicht einvernehmlich über das Verbot parteipolitischer Betätigung hinwegsetzen. Dies gilt selbst dann, wenn sich nicht nur Arbeitgeber und Betriebsrat, sondern vermeintlich alle Versammlungsteilnehmer mit dem Wahlkampfauftritt eines Parteipolitikers in der Betriebsversammlung einverstanden erklären. Auch in diesem Fall setzt der Schutzzweck des § 74 Abs. 2 S. 3 BetrVG eine zwingende Geltung des parteipolitischen Betätigungsverbots voraus, da aufgrund des unvorhersehbaren Verlaufs der Betriebsversammlung Beeinträchtigungen des Betriebsfriedens zumindest nicht ausgeschlossen werden können.[778] Zudem ist zu bedenken, dass der einzelne Arbeitnehmer im Kollektiv der Betriebsversammlung in seiner Meinungsäußerung nicht völlig frei ist und er sein Einverständnis möglicherweise nur unter dem Druck der Gruppe und mit innerlichem Widerwillen erteilt hat.[779]

776 Siehe hierzu bereits oben: § 2 III 3 c dd).
777 So zutreffend Lunk, Betriebsversammlung, S. 206.
778 So zutreffend Weber in: GK-BetrVG, § 45 Rn. 31.
779 Hierauf weist zu Recht Hanau in Anm. zu BAG EzA § 45 BetrVG 1972 Nr. 1, S. 22 hin; vgl. auch Hofmann, Das Verbot parteipolitischer Betätigung, S. 172.

III. Geltung des Verbots in sonstigen betrieblichen Versammlungen

1. Gesetzlich vorgesehene Versammlungen

Neben der in den §§ 42 ff. BetrVG geregelten Betriebsversammlung sieht das Gesetz noch weitere Formen von betrieblichen Versammlungen vor. Auch dort ist das Verbot parteipolitischer Betätigung aufgrund der jeweils einschlägigen Verweisungsnormen zu beachten. So ordnen die §§ 71 S. 3, 45 S. 1 HS. 2 BetrVG für die Jugend- und Auszubildendenversammlung eine entsprechende Anwendung des § 74 Abs. 2 S. 3 BetrVG an. Dasselbe gilt gem. § 53 Abs. 3 S. 2 BetrVG für die mindestens einmal im Jahr stattfindende Betriebsräteversammlung. Ferner findet das Verbot parteipolitischer Betätigung nach § 95 Abs. 6 S. 2 SGB IX i.V.m. §§ 45 S. 1 HS. 2, 74 Abs. 2 S. 3 BetrVG auch auf die mindestens einmal im Jahr stattfindende Versammlung schwerbehinderter Menschen im Betrieb entsprechend Anwendung.

2. Andere Belegschaftsversammlungen

Da die gesetzlichen Regelungen über die betriebsverfassungsrechtlichen Versammlungen nicht abschließend sind, können auch sonstige Versammlungen innerhalb des Betriebs stattfinden.[780] So ist nach der Rechtsprechung des BAG der Arbeitgeber berechtigt, regelmäßig Mitarbeiterversammlungen abzuhalten und dort die Belegschaft über alle anstehenden betrieblichen Angelegenheiten zu informieren.[781] Ferner können sich auch die Arbeitnehmer in Ausübung ihres Grundrechts auf Versammlungsfreiheit aus Art. 8 Abs. 1 GG eigenständig versammeln, um gemeinsam Fragen jeglicher Art zu besprechen.[782] Soll eine solche Zusammenkunft der Arbeitnehmer während der Arbeitszeit und/oder im Betrieb stattfinden, bedarf es allerdings stets der Zustimmung des Arbeitgebers.[783]

Auf die gesetzlich nicht vorgesehenen Formen der Belegschaftsversammlungen finden die §§ 42 ff. BetrVG nach allgemeiner Auffassung keine Anwendung.[784] Soweit der Arbeitgeber oder einzelne Betriebsratsmitglieder in ihrer amtlichen Funktion an einer Belegschaftsversammlung teilnehmen, sind sie jedoch als Normadressaten

---

780 Fitting, BetrVG, § 42 Rn. 11; Joost in: MüArbR II, § 223 Rn. 17.

781 BAG 27.06.1989 – 1 ABR 28/88, juris Rn. 23 ff.; vgl. auch LAG Düsseldorf 15.02.1985 – 2 TaBV 14/85, NZA 1985, 294 (294); Fitting, BetrVG, § 42 Rn. 11; Joost in: MüArbR II, § 223 Rn. 18; Weber in: GK-BetrVG, § 42 Rn. 12.

782 Galperin/Löwisch, BetrVG, § 42 Rn. 2; Joost in: MüArbR II, § 223 Rn. 19; Weber in: GK-BetrVG, § 42 Rn. 11; Worzalla in: H/W/G/N/R/H, BetrVG, § 42 Rn. 6.

783 Galperin/Löwisch, BetrVG, § 42 Rn. 2; Joost in: MüArbR II, § 223 Rn. 19; Weber in: GK-BetrVG, § 42 Rn. 11; Worzalla in: H/W/G/N/R/H, BetrVG, § 42 Rn. 6.

784 Annuß in: Richardi, BetrVG, § 42 Rn. 74; Fitting, BetrVG, § 42 Rn. 11 f.; Galperin/Löwisch, BetrVG, § 42 Rn. 2 f.; Hofmann, Das Verbot parteipolitischer Betätigung, S. 169 f.; Joost in: MüArbR II, § 223 Rn. 17; Löwisch/Kaiser, BetrVG, § 42 Rn. 2; Rieble, ArbuR 1995, 245 (246); Worzalla in: H/W/G/N/R/H, BetrVG, § 42 Rn. 6 f.

des § 74 Abs. 2 S. 3 BetrVG unmittelbar an das Verbot parteipolitischer Betätigung gebunden.[785] Das gilt selbst dann, wenn die Belegschaftsversammlung außerhalb des Betriebsgeländes stattfindet, da Äußerungen der Betriebspartner auf einer solchen Versammlung stets die Zielrichtung haben, in den Betrieb hineinzuwirken.[786]

IV. Zusammenfassung

Nach § 45 S. 1 HS. 2 BetrVG finden in der Betriebsversammlung die Grundsätze des § 74 Abs. 2 BetrVG und damit auch das Verbot parteipolitischer Betätigung Anwendung. Durch diese Verweisung werden nicht nur der Arbeitgeber und der Betriebsrat, sondern sämtliche Versammlungsteilnehmer unmittelbar an § 74 Abs. 2 S. 3 BetrVG gebunden. Im Hinblick auf den Verbotsinhalt sind grundsätzlich keine Besonderheiten zu beachten. Eine wichtige sachliche Einschränkung besteht allerdings für diejenigen Versammlungsteilnehmer, die nicht ohnehin zum Adressatenkreis des § 74 Abs. 2 S. 3 BetrVG gehören. Für sie gelten die strengen Grundsätze dieser Norm nur insoweit, als es um Referate und Diskussionsbeiträge, also um die in § 45 S. 1 BetrVG geregelte Behandlung von Angelegenheiten geht.

Da die §§ 45 S. 1 HS. 2, 74 Abs. 2 S. 3 BetrVG nur parteipolitische Betätigungen untersagen, ist die Behandlung allgemeinpolitischer Angelegenheiten auf der Betriebsversammlung nicht grundsätzlich ausgeschlossen. Eine Zuständigkeit der Betriebsversammlung besteht nach § 45 S. 1 HS. 1 BetrVG allerdings nur dann, wenn eine politische Frage den Betrieb oder seine Arbeitnehmer unmittelbar betrifft. In diesem Zusammenhang verlangen die §§ 45 S. 1 HS. 2, 74 Abs. 2 S. 3 BetrVG, dass etwaige politische Sachfragen in parteipolitisch neutraler Weise behandelt werden. Die Versammlungsteilnehmer dürfen mit ihren Redebeiträgen keine Werbung oder Propaganda zu Gunsten einer bestimmten politischen Partei betreiben.

Besuche von Parteipolitikern auf Betriebsversammlungen sind nicht generell unzulässig. Der Grundsatz der Nichtöffentlichkeit der Betriebsversammlung aus § 42 Abs. 1 S. 2 BetrVG wird nicht verletzt, sofern der betreffende Politiker auf Einladung des Betriebsrats über ein nach § 45 BetrVG zulässiges Thema referiert. Auch das Verbot parteipolitischer Betätigung steht Politikerauftritten in der Betriebsversammlung nicht grundsätzlich entgegen. Ein Verstoß kann sich allerdings aus dem Inhalt des Referats ergeben, etwa wenn es sich hierbei um eine offene Partei- oder Wahlkampfrede handelt. Ferner sind auch die Begleitumstände des Auftritts zu beachten. So ist – unabhängig vom konkreten Inhalt des Referats – eine unzulässige parteipolitische Betätigung vor allem dann anzunehmen, wenn ein parteipolitischer Kandidat während des Wahlkampfes in der Betriebsversammlung vorträgt. Bei der Beurteilung der Frage, ob es sich bei dem Betriebsbesuch um einen Wahlkampfauftritt handelt, ist weniger auf die zeitliche Nähe zur Wahl, als vielmehr darauf abzustellen, ob der

785 Hanau, EzA § 45 BetrVG 1972 Nr. 1, S. 23; Hofmann, Das Verbot parteipolitischer Betätigung, S. 170.

786 Zur Auslegung des Merkmals „im Betrieb“ siehe oben: § 5 IV.

betreffende Politiker von dem hierfür zuständigen Parteiengremium bereits offiziell als Kandidat für die Wahl bestimmt worden ist.

Das Verbot parteipolitischer Betätigung ist unabdingbar. Es ist daher auch dann zu beachten, wenn sich Arbeitgeber und Betriebsrat sowie ggf. alle Versammlungsteilnehmer mit dem Auftritt des Politikers in der Betriebsversammlung einverstanden erklären. Das Verbot gilt ferner nicht nur in der Betriebsversammlung, sondern aufgrund der jeweils einschlägigen Verweisungsnormen auch in den übrigen vom Gesetz vorgesehenen betrieblichen Versammlungen. Auf die gesetzlich nicht vorgesehenen sonstigen Belegschaftsversammlungen finden die §§ 45 S. 1 HS. 2, 74 Abs. 2 S. 3 BetrVG dagegen keine Anwendung.

3. Teil: Durchsetzung des Verbots parteipolitischer Betätigung im Betrieb

§ 8 Rechtliche Möglichkeiten gegen den Betriebsrat als Gremium

I. Unterlassungsanspruch

1. Anspruch aus § 74 Abs. 2 S. 3 BetrVG

a) Rechtsprechung

Bisher ging das BAG[787] in gefestigter Rechtsprechung davon aus, dass bei Verstößen des Betriebsrats gegen das Verbot parteipolitischer Betätigung im Betrieb, dem Arbeitgeber unmittelbar aus § 74 Abs. 2 S. 3 BetrVG ein Unterlassungsanspruch zusteht. Der Unterlassungsanspruch bestand unabhängig neben den Rechten des Arbeitgebers aus § 23 Abs. 1 BetrVG und war im Beschlussverfahren geltend zu machen. Diese Rechtsprechung hat das BAG nun ausdrücklich aufgegeben. In seiner Entscheidung vom 17.03.2010[788] stellte das Gericht fest, dass aus § 74 Abs. 2 S. 3 BetrVG kein Unterlassungsanspruch des Arbeitgebers gegen den Betriebsrat resultiere.

Zur Begründung verweist das BAG zunächst auf den Wortlaut des § 74 Abs. 2 S. 3 BetrVG.[789] Aus diesem könne zwar eine Verpflichtung der Betriebsparteien zur parteipolitischen Neutralität im Betrieb gefolgert werden. § 74 Abs. 2 S. 3 BetrVG bestimme aber weder, dass bei Verstößen gegen diese Verpflichtung Unterlassung verlangt werden kann, noch lasse sich der Regelung entnehmen, wer Inhaber eines Unterlassungsanspruchs sein könnte. Damit unterscheide sich § 74 Abs. 2 S. 3 BetrVG von anderen Bestimmungen, die Unterlassungsansprüche normieren, wie etwa § 862 Abs. 1 BGB oder § 1004 Abs. 1 S. 2 BGB. Gegen einen auf § 74 Abs. 2 S. 3 BetrVG gestützten Unterlassungsanspruch des Arbeitgebers gegenüber dem Betriebsrat sprächen ferner der systematische Gesamtzusammenhang und die Konzeption, die § 23 BetrVG für die Verletzung gesetzlicher Pflichten durch die Betriebsparteien vorsehe.[790] Im Falle eines groben Pflichtverstoßes bestehe lediglich nach § 23 Abs. 3 BetrVG ein Unterlassungsanspruch des Betriebsrats und einer im Betrieb vertretenen Gewerkschaft gegen den Arbeitgeber. Umgekehrt sei ein Unterlassungsanspruch gegen den Betriebsrat nicht vorgesehen. Der Arbeitgeber könne lediglich nach § 23 Abs. 1 BetrVG die Auflösung des Betriebsrats beantragen. Damit trage das Gesetz dem Umstand Rechnung, dass ein gegen den Betriebsrat gerichteter Unterlassungsanspruch vollstreckungsrechtlich keinen Sinn mache, da

---

787 BAG 22.07.1980 – 6 ABR 5/78, juris, Rn. 22 (unter Berufung auf BAG 13.09.1977 – 1 ABR 67/75, juris und BAG 21.02.1978 – 1 ABR 54/76, juris); BAG 12.06.1986 – 6 ABR 67/84, juris, Rn. 29 ff.

788 BAG 17.03.2010 – 7 ABR 95/08, juris, Rn. 24 ff.

789 BAG 17.03.2010 – 7 ABR 95/08, juris, Rn. 26.

790 BAG 17.03.2010 – 7 ABR 95/08, juris, Rn. 27.

dieser vermögenslos sei und eine Androhung, Festsetzung oder Vollstreckung von Ordnungsgeld mithin nicht in Betracht komme. Auch der Verbotszweck des § 74 Abs. 2 S. 3 BetrVG gebiete keinen Unterlassungsanspruch des Arbeitgebers.[791] Ein solcher könne nämlich mangels Vollstreckbarkeit ohnehin nicht die Einhaltung des parteipolitischen Betätigungsverbots durch den Betriebsrat gewährleisten. Schließlich, so das BAG, würden auch die Rechte des Arbeitgebers nicht verkürzt. Dieser habe – neben § 23 Abs. 1 S. 1 BetrVG – die Möglichkeit, die Zulässigkeit einer bestimmten Betätigung des Betriebsrats unter den Voraussetzungen des § 256 Abs. 1 ZPO im Wege eines Feststellungsantrags gerichtlich klären zu lassen.[792]

b) Schrifttum

Die neue Rechtsprechung des BAG zur Durchsetzung des parteipolitischen Betätigungsverbots ist im Schrifttum nur vereinzelt[793] auf Zustimmung gestoßen. Der ganz überwiegende Teil der Literatur[794] lehnt den Beschluss des Siebten Senats vom 17.03.2010 in diesem Punkt ab und geht nach wie vor davon aus, dass die in § 74 Abs. 2 S. 3 BetrVG normierte Unterlassungspflicht mit einem eigenständigen Unterlassungsanspruch der Gegenseite korrespondiert. Als Argument wird zunächst der Wortlaut der Norm angeführt. Dieser begründe ausdrücklich eine Unterlassungspflicht der Betriebsparteien und spreche daher für das Bestehen eines Unterlassungsanspruchs der Gegenseite.[795] Dass der Anspruchsberechtigte nicht genannt wird, spiele keine Rolle, da Anspruchsgrundlagen nicht zwingend so formuliert seien, dass sie neben dem Inhalt der Verpflichtung auch den Verpflichteten und den Berechtigten benennen.[796] So erwähne z.B. der vom BAG hervorgehobene § 1004

---

791 BAG 17.03.2010 – 7 ABR 95/08, juris, Rn. 28.

792 BAG 17.03.2010 – 7 ABR 95/08, juris, Rn. 29.

793 Berg in: D/K/K/W, BetrVG, § 74 Rn. 88 f.; Fitting, BetrVG, § 74 Rn. 74 f. und § 23 Rn. 1a; Ilbertz, ZBVR online 9/2010, S. 15; Lobinger, RdA 2011, 76 (80, Fn. 26); Schöne, SAE 2011, 184 (186).

794 Bauer/Willemsen, NZA 2010, 1089 (1091 f.); Burger/Rein, NJW 2010, 3613 (3614 ff.); Husemann, AP Nr. 12 zu § 74 BetrVG 1972 unter 4 a; Kania in: ErfK, BetrVG, § 74 Rn. 37; Kreutz in: GK-BetrVG, § 74 Rn. 126 ff.; Oetker in: GK-BetrVG, § 79 Rn. 70; Reichold, RdA 2011, 58 (61 f.); Richardi in: Richardi, BetrVG, § 74 Rn. 72; Rieble in: D/F/L, FAK ArbR, BetrVG, § 74 Rn. 15; Schwipper, Öffentliche Meinungsäußerungen des Betriebsrats, S. 271 ff.; Ulrici, jurisPR-ArbR 37/2010 Anm. 1 unter C; Wiebauer, BB 2010, 3091 (3094 f.); Wortmann, ArbRB 2011, 212 (213 f.); Worzalla in: H/W/G/N/R/H, BetrVG, § 74 Rn. 56 u. 61. Für einen Unterlassungsanspruch ferner: Galperin/Löwisch, BetrVG, § 74 Rn. 7b; Hofmann, Das Verbot parteipolitischer Betätigung, S. 129; Löwisch/Kaiser, BetrVG, § 74 Rn. 36; Preis in: W/P/K, BetrVG, § 74 Rn. 36; Sowka/Krichel, DB 1989, Beil. Nr. 11, S. 6.

795 Burger/Rein, NJW 2010, 3613 (3615 f.); Kania in: ErfK, BetrVG, § 74 Rn. 37; Kreutz in: GK-BetrVG, § 74 Rn. 126 f.; Reichold, RdA 2011, 58 (61).

796 Ulrici, jurisPR-ArbR 37/2010 Anm. 1, unter C I. 1. a; ähnlich Reichold, RdA 2011, 58 (61).

Abs. 1 S. 2 BGB nicht den Störer als Anspruchsgegner; dies folge vielmehr aus dem Zusammenhang mit Satz 1 der Bestimmung.[797] Ebenso selbstverständlich ergebe sich bei § 74 Abs. 2 S. 3 BetrVG der Inhaber des Unterlassungsanspruchs aufgrund des zwischen Arbeitgeber und Betriebsrat bestehenden Betriebsverhältnisses.[798] Im Übrigen sei das Wortlautargument des Siebten Senats widersprüchlich. Schließlich habe das BAG zur Sicherung bestimmter Mitbestimmungsrechte einen allgemeinen Unterlassungsanspruch des Betriebsrats gegen mitbestimmungswidrige Maßnahmen des Arbeitgebers anerkannt, ohne dass dies dem Wortlaut der §§ 87, 2 Abs. 1 BetrVG zu entnehmen wäre.[799]

Weiter stehe auch der systematische Zusammenhang zu § 23 BetrVG der Annahme eines Unterlassungsanspruchs aus § 74 Abs. 2 S. 3 BetrVG nicht entgegen.[800] § 23 BetrVG sei nicht als abschließende Regelung der Rechtsschutzmöglichkeiten von Arbeitgeber und Betriebsrat im Falle eines Pflichtverstoßes des jeweils anderen Teils zu verstehen. Die Vorschrift beziehe sich nur auf „grobe Pflichtverletzungen", d.h. auf offenkundige Verstöße gegen betriebsverfassungsrechtliche Vorschriften. Dabei habe der Antrag nach § 23 Abs. 1 BetrVG besonders hohe Hürden, weil er auf die Änderung der personellen Zusammensetzung des Betriebsrats gerichtet sei.[801] Hieraus könne aber nicht geschlossen werden, dass das Betriebsverfassungsrecht es dem Arbeitgeber zumute, „einfache" Verstöße des Betriebsrats gegen betriebsverfassungsrechtliche Pflichten ohne Weiteres hinzunehmen.[802] Eine solche Aussage könne auch nicht aus der Einseitigkeit der Regelung in § 23 Abs. 3 BetrVG gefolgert werden; vielmehr sei der Unterlassungsanspruch des Betriebsrats nur als Kompensation dafür gedacht, dass auch bei groben Pflichtverletzungen eine „Auflösung" des Arbeitgebers nicht in Betracht komme.[803]

Auch der Hinweis des BAG auf die fehlende Vollstreckbarkeit eines gegen den Betriebsrat gerichteten Unterlassungstitels könne nicht überzeugen, da das materielle Recht vom Vollstreckungsrecht zu trennen sei und die Rechtsordnung durchaus einklagbare aber nicht vollstreckbare Ansprüche kenne (z.B. in §§ 888 Abs. 3 ZPO,

---

797 Reichold, RdA 2011, 58 (61); Ulrici, jurisPR-ArbR 37/2010 Anm. 1, unter C I. 1. b.

798 Ulrici, jurisPR-ArbR 37/2010 Anm. 1, unter C I. 1. a; vgl. auch Burger/Rein, NJW 2010, 3613 (3615).

799 So Bauer/Willemsen, NZA 2010, 1089 (1091) unter Verweis auf BAG 03.05.1994 – 1 ABR 24/93, NZA 1995, 40; vgl. auch Husemann, AP Nr. 12 zu § 74 BetrVG 1972 unter 4 a; Kreutz in: GK-BetrVG, § 74 Rn. 127; Wiebauer, BB 2010, 3091 (3094).

800 Burger/Rein, NJW 2010, 3613 (3615); Kreutz in: GK-BetrVG, § 74 Rn. 127; Oetker in: GK-BetrVG, § 79 Rn. 70; Reichold, RdA 2011, 58 (61); Ulrici, jurisPR-ArbR 37/2010 Anm. 1, unter C I. 2. a; Wiebauer, BB 2010, 3091 (3094).

801 Burger/Rein, NJW 2010, 3613 (3615); Oetker in: GK-BetrVG, § 79 Rn. 70.

802 Burger/Rein, NJW 2010, 3613 (3615); zust. Oetker in: GK-BetrVG, § 79 Rn. 70.

803 Kreutz in: GK-BetrVG, § 74 Rn. 127; vgl. auch Reichold, RdA 2011, 58 (61); Ulrici, jurisPR-ArbR 37/2010 Anm. 1, unter C I. 2. a.

120 Abs. 3 FamFG).[804] Schließlich weist die herrschende Lehre darauf hin, dass die Verneinung eines Unterlassungsanspruchs aus § 74 Abs. 2 S. 3 BetrVG die Rechte des Arbeitgebers erheblich verkürze und daher einen schwerwiegenden Eingriff in die „Waffengleichheit" zwischen Arbeitgeber und Betriebsrat darstelle.[805] Der vom BAG hervorgehobene Feststellungantrag nach § 256 Abs. 1 ZPO sei für den Arbeitgeber wenig hilfreich, da die Anforderungen an das Feststellungsinteresse hoch seien. So trage der Arbeitgeber das Risiko der Antragsabweisung, für den Fall, dass der Betriebsrat im Zeitpunkt der gerichtlichen Entscheidung die streitgegenständliche Betätigung bereits beendet habe und eine konkrete Widerholungsgefahr nicht bestehe.[806] Auch der Auflösungsantrag nach § 23 Abs. 1 BetrVG sei wegen seiner besonders strengen Voraussetzungen in der Praxis selten erfolgreich.[807] Vor allem aber wird bemängelt, dass die Versagung eines Unterlassungsanspruchs für den Arbeitgeber den Verlust präventiven Rechtsschutzes zur Folge habe. Im Gegensatz zu einem Unterlassungsanspruch könnten weder der Feststellungsantrag noch der Auflösungsantrag nach § 23 Abs. 1 S. 1 BetrVG im Wege des einstweiligen Rechtsschutzes durchgesetzt werden.[808]

c) Stellungnahme

Der Beschluss des Siebten Senats vom 17.03.2010 hat in der Rechtslehre ein derart gewaltiges Echo hervorgerufen, dass das Bestehen eines Unterlassungsanspruchs nun zu den wohl umstrittensten Fragen im Zusammenhang mit dem betriebsverfassungsrechtlichen Verbot parteipolitischer Betätigung gezählt werden muss. Dabei reicht die Bedeutung der Entscheidung weit über den Anwendungsbereich des § 74 Abs. 2 S. 3 BetrVG hinaus. Die Argumentation des BAG, insbesondere der Hinweis auf das strukturelle Konzept des § 23 BetrVG sowie auf die fehlende Vollstreckbarkeit, lässt darauf schließen, dass das Gericht in Zukunft Unterlassungsansprüche des Arbeitgebers gegen den Betriebsrat bei Verletzung betriebsverfassungsrechtlicher Pflichten generell ausschließt.[809] In diesem Sinne wird die neue BAG-Rechtsprechung

804 Unter Verweis auch auf die frühere Rspr. des BAG (Beschl. v. 22.07.1980 – 6 ABR 5/78, juris, Rn. 23) Bauer/Willemsen, NZA 2010, 1089 (1091 f.); Burger/Rein, NJW 2010, 3613 (3615); Kreutz in: GK-BetrVG, § 74 Rn. 127; Reichold, RdA 2011, 58 (62); Wiebauer, BB 2010, 3091 (3094).

805 Bauer/Willemsen, NZA 2010, 1089 (1092); Burger/Rein, NJW 2010, 3613 (3616); Kreutz in: GK-BetrVG, § 74 Rn. 127; Reichold, RdA 2011, 58 (62).

806 Burger/Rein, NJW 2010, 3613 (3616); vgl. auch Niklas, DB 2013, 1665.

807 Burger/Rein, NJW 2010, 3613 (3616); vgl. auch Niklas, DB 2013, 1665.

808 Bauer/Willemsen, NZA 2010, 1089 (1092); Burger/Rein, NJW 2010, 3613 (3616); Husemann, AP Nr. 12 zu § 74 BetrVG 1972 unter 4 a; Kreutz in: GK-BetrVG, § 74 Rn. 127.

809 So nunmehr auch ausdrücklich BAG 28.05.2014 – 7 ABR 36/12, juris, Rn. 17 ff.

bereits durch die Instanzengerichte umgesetzt.[810] Und auch der Erste Senat[811] hat jüngst unter Hinweis auf das Urteil vom 17.10.2010 klargestellt, dass die Verletzung des Arbeitskampfverbotes aus § 74 Abs. 2 S. 1 BetrVG durch den Betriebsrat keinen betriebsverfassungsrechtlichen Unterlassungsanspruch des Arbeitgebers begründet. Vor diesem Hintergrund erscheint es nur noch als eine Frage der Zeit, bis das BAG auch den seit langem anerkannten Unterlassungsanspruch des Arbeitgebers bei Verstößen gegen die Geheimhaltungspflicht aus § 79 BetrVG[812] aufgeben wird.

Interessant an der Entscheidung des BAG vom 17.03.2010 ist, dass der Siebte Senat in seiner Begründung im Kern auf die Argumentation zurückgreift, mit der bereits das LAG Baden-Württemberg[813] vor mehreren Jahrzehnten einen Unterlassungsanspruch des Arbeitgebers gegen den Betriebsrat aus § 74 Abs. 2 S. 2 BetrVG verneint hatte. Dem war das BAG seinerzeit in einer Grundsatzentscheidung vom 22.07.1980[814] noch entschieden entgegengetreten. Insoweit kommt die nun vollzogene Kehrtwende überraschend.

Auch heute – nach über 30 Jahren – sprechen noch immer die weitaus überzeugenderen Argumente dafür, einen Unterlassungsanspruch unmittelbar aus § 74 Abs. 2 S. 3 BetrVG zu bejahen. Zu Recht wird der Wortlaut der Norm von der herrschenden Lehre als Argument für einen Unterlassungsanspruch angeführt. Diesem kann eindeutig eine Unterlassungspflicht der Betriebsparteien entnommen werden („haben ... zu unterlassen"). Das BAG selbst hatte noch in einer früheren Entscheidung im Zusammenhang mit § 79 Abs. 1 S. 1 BetrVG zutreffend darauf hingewiesen, dass es gesetzestechnisch nicht ungewöhnlich ist, Ansprüche lediglich durch die Normierung entsprechender Verpflichtungen zu begründen.[815] Es ist zwar richtig, dass § 74 Abs. 2 S. 3 BetrVG unmittelbar keine Anspruchsberechtigten nennt. Bedenkt man allerdings, dass das parteipolitische Betätigungsverbot als betriebsverfassungsrechtliche Verhaltenspflicht und Konkretisierung des Gebots der vertrauensvollen Zusammenarbeit aus § 2 Abs. 1 BetrVG[816] seine Grundlage im Betriebsverhältnis zwischen Arbeitgeber und Betriebsrat findet, so erscheint die Frage nach den Anspruchsberechtigten unproblematisch. Das Betriebsverhältnis ist ein

---

810 LAG DD 14.12.2010 – 17 TaBV 12/10, juris, Rn. 116 f. (kein Unterlassungsanspruch bei Verstößen gegen die Friedenspflicht bzw. gegen das Arbeitskampfverbot gem. § 74 Abs. 2 S. 1, 2 BetrVG); LAG BB 08.04.2011 – 9 TaBV 2765/10, juris, Rn. 21 f. (kein Unterlassungsanspruch bei Verletzung von Vorschriften über die Art und Weise der Durchführung von Betriebsversammlungen).

811 BAG 15.10.2013 – 1 ABR 31/12, juris, Rn. 26.

812 Bisher nahm das BAG an, dass aus § 79 Abs. 1 S. 1 BetrVG ein Unterlassungsanspruch des Arbeitgebers gegen den Betriebsrat im Bezug auf die Offenbarung von Betriebs- und Geschäftsgeheimnisse folgt, vgl. BAG 26.02.1987 – 6 ABR 46/84, juris, Rn. 13 f.

813 LAG BW 10.11.1977 – 2 TaBV 2/77, n.V.

814 BAG 22.07.1980 – 6 ABR 5/78, juris.

815 BAG 26.02.1987 – 6 ABR 46/84, juris, Rn. 13 (unter Verweis auf § 433 Abs. 2 BGB).

816 Siehe hierzu oben: § 2 II 1.

gesetzliches Dauerschuldverhältnis eigener Art.[817] Wie jedes Schuldverhältnis wirkt es relativ, d. h. seine Rechtswirkungen sind auf die hieran Beteiligten beschränkt.[818] Inhaber eines Unterlassungsanspruchs aus § 74 Abs. 2 S. 3 BetrVG kann demnach richtigerweise nur sein, wer in das betriebsverfassungsrechtliche Schuldverhältnis einbezogen ist. Anspruchsberechtigt sind damit der Arbeitgeber und der Betriebsrat. Der Gesamtbetriebsrat und der Konzernbetriebsrat sind nur im Rahmen ihres jeweiligen betriebsverfassungsrechtlichen Wirkungskreises, das heißt z. B. anlässlich einer Besprechung oder einer Verhandlung mit dem Arbeitgeber, als anspruchsberechtigt anzusehen. Nicht anspruchsberechtigt ist dagegen die Jugend- und Auszubildendenvertretung. Sie ist in rechtlicher Hinsicht dem Betriebsrat zugeordnet und nimmt lediglich eine Unterstützungsfunktion wahr.[819] Möchte sie sich gegenüber dem Arbeitgeber auf einen Unterlassungsanspruch berufen, bedarf sie der Mitwirkung des Betriebsrats. Ebenfalls vom Kreis der Anspruchsberechtigten ausgeschlossen sind die einzelnen Arbeitnehmer, die im Betrieb vertretene Gewerkschaft sowie sonstige Dritte.[820] Soweit das BetrVG solchen Dritten ausnahmsweise eigene Rechte zuweist, stellt es dies ausdrücklich klar (vgl. z. B. §§ 2 Abs. 2, 81 – 86a BetrVG).

Der vom BAG als zentrales Argument angeführte systematische Zusammenhang zu § 23 BetrVG spricht nicht gegen einen eigenständigen Unterlassungsanspruch aus § 74 Abs. 2 S. 3 BetrVG. Zu Recht verweist die herrschende Lehre darauf, dass § 23 BetrVG kein abschließendes Konzept bei Verletzung gesetzlicher Pflichten durch die Betriebsparteien beinhaltet und die Vorschrift daher speziellere betriebsverfassungsrechtliche Unterlassungsansprüche keineswegs ausschließen möchte. Irritierend erscheint in diesem Zusammenhang vor allem, dass das BAG die Ausschlusswirkung des § 23 BetrVG nur einseitig zu Lasten des Arbeitgebers annehmen möchte. Während dem Arbeitgeber unter Verweis auf das abschließende Konzept des § 23 Abs. 1 BetrVG betriebsverfassungsrechtliche Unterlassungsansprüche generell verwehrt werden, soll dies für den Betriebsrat nicht gelten. Das BAG geht davon aus, dass der außerhalb von § 23 Abs. 3 BetrVG zur Sicherung bestimmter Mitbestimmungsrechte anerkannte allgemeine Unterlassungsanspruch des Betriebsrats mit dem strukturellen Konzept des § 23 BetrVG vereinbar sei.[821] Eine solche Sichtweise führt zu einer

---

817 v. Hoyningen-Huene, NZA 1989, 121 (122 f.); ders. in: MüArbR II, § 213 Rn. 3 ff.

818 v. Hoyningen-Huene in: MüArbR II, § 213 Rn. 22.

819 Annuß in: Richardi, BetrVG, § 60 Rn. 13 f.

820 v. Hoyningen-Huene in: MüArbR II, § 213 Rn. 23 ff.

821 BAG 17.03.2010 – 7 ABR 95/08, juris, Rn. 27. Einen allgemeinen Unterlassungsanspruch des Betriebsrats hat das BAG im Bereich der Mitbestimmungsrechte des § 87 BetrVG (vgl. BAG 03.05.1994 – 1 ABR 24/93, juris, Rn. 23 ff; BAG 03.05.2006 – 1 ABR 14/05, juris, Rn. 14) und des § 95 BetrVG (BAG 26.07.2005 – 1 ABR 29/04, juris, Rn. 29 ff.) bejaht. Ferner nimmt es einen Unterlassungsanspruch des Betriebsrats bei einer Behinderung der Amtstätigkeit nach § 78 S. 1 BetrVG an, vgl. BAG 03.09.2003 – 7 ABR 12/03, juris Rn. 25. Bisher nicht geäußert hat sich das BAG zu der äußerst umstrittene Frage, ob dem Betriebsrat gegen den Arbeitgeber ein Anspruch auf Unterlassung von Betriebsänderungen zur Sicherung der Mitwirkungsrechte

einseitigen Benachteiligung des Arbeitgebers im Verhältnis zum Betriebsrat, die so vom Gesetz nicht gewollt sein kann. Das BetrVG normiert an unterschiedlichen Stellen Rechte und Pflichten der Betriebsparteien. Dass aber der Arbeitgeber gegen Pflichtverletzung des Betriebsrats im Allgemeinen nur unter weitaus schwierigeren Bedingungen vorgehen können soll, als dies umgekehrt der Fall ist, kann dem Gesetz nicht entnommen werden. Konsequent wäre die Entscheidung des BAG daher allenfalls dann, wenn das Gericht im selben Atemzug auch den allgemeinen Unterlassungsanspruch des Betriebsrats aufgegeben hätte. So aber wurde eine Situation geschaffen, die manch ein Arbeitgeber verständlicherweise als ungerecht empfinden mag. Zu Recht macht die herrschende Lehre an dieser Stelle auf die verloren gegangene „Waffengleichheit"[822] zwischen Arbeitgeber und Betriebsrat aufmerksam.

Die Verneinung eines Unterlassungsanspruchs hat überdies zur Folge, dass der Arbeitgeber das Verbot parteipolitischer Betätigung gegenüber dem Betriebsrat nicht mehr effektiv durchsetzen kann. Weder der Feststellungsantrag nach § 256 Abs. 1 ZPO noch der Antrag nach § 23 Abs. 1 S. 1 BetrVG stellen für ihn einen gleichwertigen Ersatz dar. Anders als der Unterlassungsanspruch setzt § 256 Abs. 1 ZPO ein besonderes Feststellungsinteresse voraus. Dies kann den Arbeitgeber in der Praxis vor erhebliche Schwierigkeiten stellen, da der Betriebsrat die streitgegenständliche parteipolitische Betätigung im Zeitpunkt der letzten mündlichen Verhandlung in der Regel bereits beendet haben wird.[823] Die aufgrund ihrer strengen Voraussetzungen ohnehin nur selten erfolgreiche gerichtlich erzwungene Auflösung des Betriebsrats nach § 23 Abs. 1 S. 1 BetrVG entspricht dagegen häufig nicht den Interessen des Arbeitgebers, da sie zur Folge hat, dass der Arbeitgeber mit den Kosten der dann nach § 23 Abs. 2 BetrVG notwendigen Neuwahl belastet wird.[824]

Zu Recht wurde dem BAG von der herrschenden Lehre zunächst auch vorgeworfen, mit der Verneinung eines Unterlassungsanspruchs verliere der Arbeitgeber jede Möglichkeit, gegen anhaltende oder bevorstehende Pflichtverletzungen des Betriebsrats im Wege des einstweiligen Rechtsschutzes vorzugehen.[825] Nach der Rechtsprechung ist eine einstweilige Feststellungsverfügung grundsätzlich unzulässig.[826] Dies gilt nach herrschender Meinung auch für den Auflösungsantrag nach

---

nach §§ 111 ff. BetrVG zusteht (bejahend z.B. LAG Hamm 20.04.2012 – 10 TaBVGa 3/12, juris, Rn. 46; LAG SH 15.12.2010 – 3 TaBVGa 12/10, juris, Rn. 22 ff.; zum Streitstand vgl. Kania in ErfK, BetrVG, § 111 Rn. 27).

822 So zutreffend Bauer/Willemsen, NZA 2010, 1089 (1092); Burger/Rein, NJW 2010, 3613 (3616); Reichold, RdA 2011, 58 (62).

823 Siehe hierzu im Einzelnen unten: § 8 II 3.

824 So auch Kreutz in: GK-BetrVG, § 74 Rn. 127.

825 Vgl. hierzu Bauer/Willemsen, NZA 2010, 1089 (1092); Burger/Rein, NJW 2010, 3613 (3616); Husemann, AP Nr. 12 zu § 74 BetrVG 1972 unter 4 a; Kreutz in: GK-BetrVG, § 74 Rn. 127.

826 LAG DD 06.09.1995 – 12 TaBV 69/95, NZA-RR 1996, 12; LAG München 01.12.2004 – 5 Sa 913/04, juris, Rn. 33; LAG Hamm 06.09.2013 – 7 TaBVGa 7/13, juris, Rn. 52; offen gelassen BAG 28.05.2014 – 7 ABR 36/12, juris, Rn. 21.

§ 23 Abs. 1 S. 1 BetrVG, da anderenfalls bis zur gerichtlichen Entscheidung in der Hauptsache eine betriebsratslose Zeit entstünde.[827] Dieser Kritik in Bezug auf die fehlende Möglichkeit der Inanspruchnahme einstweiligen Rechtsschutzes ist der Siebte Senat nun in seiner Entscheidung vom 28.05.2014[828] entgegengetreten. Demnach soll der Arbeitgeber wegen des aus dem Rechtsstaatsprinzip folgenden Gebots effektiven Rechtsschutzes im arbeitsgerichtlichen Beschlussverfahren unter den Voraussetzungen des § 940 ZPO eine Feststellungsverfügung zur vorläufigen Regelung eines Sachverhalts erwirken können, wenn Verstöße des Betriebsrats gegen betriebsverfassungsrechtliche Verpflichtungen in Rede stehen. Damit besteht zwar nun für den Arbeitgeber die Möglichkeit, in eiligen Fällen gegen unzulässige parteipolitische Betätigungen des Betriebsrats im einstweiligen Rechtsschutzverfahren vorzugehen. Eines solchen juristischen Kunstgriffes hätte es jedoch nicht bedurft, wenn das BAG – wie es der Wortlaut des § 74 Abs. 2 S. 3 BetrVG nahelegt – einen Unterlassungsanspruch von vornherein bejahen würde.

Nicht überzeugen kann schließlich das Argument, ein Unterlassungsanspruch könne die Einhaltung des parteipolitischen Betätigungsverbots durch den Betriebsrat mangels Vollstreckbarkeit nicht gewährleisten. Hat der Arbeitgeber einmal eine richterliche Unterlassungsanordnung erwirkt, ist nicht zu befürchten, dass sich der Betriebsrat darüber hinwegsetzen wird.[829] Es verwundert, dass das BAG an dieser Stelle derartig grundlegende Zweifel an der Rechtstreue der Betriebsräte hegt.

Nach alledem ist im Ergebnis mit der herrschenden Lehre davon auszugehen, dass § 74 Abs. 2 S. 3 BetrVG einen eigenständigen betriebsverfassungsrechtlichen Unterlassungsanspruch des Arbeitgebers gegen den Betriebsrat begründet.

2. Ansprüche außerhalb des BetrVG

a) Anspruch aus § 1004 Abs. 1 S. 2 BGB

Ein Unterlassungsanspruch des Arbeitgebers gegen parteipolitische Betätigungen des Betriebsrats kann sich weiterhin aus § 1004 Abs. 1 S. 2 BGB ergeben. Dies gilt selbst dann, wenn man mit dem BAG davon ausgeht, dass § 23 BetrVG ein abschließendes Konzept bei Verletzung betriebsverfassungsrechtlicher Pflichten durch die Betriebsparteien beinhaltet. Der Erste Senat[830] hat jüngst darauf hingewiesen, dass die betriebsverfassungsrechtliche Konzeption des § 23 BetrVG einen allgemeinen zivilrechtlichen Unterlassungsanspruch aus § 1004 Abs. 1 S. 2 BGB nicht ausschließt. Ein Verhältnis der Spezialität zwischen beiden Vorschriften bestehe nicht, weil sie

827 Fitting, BetrVG, § 23 Rn. 45; Oetker in: GK-BetrVG, § 23 Rn. 111; Trittin in: D/K/K/W, BetrVG, § 23 Rn. 187; vgl. auch ArbG Aachen 19.03.2009 - 8 BVGa 3/09 d, juris, Rn. 23.

828 BAG 28.05.2014 – 7 ABR 36/12, juris, Rn. 21.

829 So zutreffend Burger/Rein, NJW 2010, 3613 (3615 f.); Reichold, RdA 2011, 58 (62).

830 BAG 15.10.2013 – 1 ABR 31/12, juris, Rn. 27 unter Verweis auf BAG 20.04.1999 – 1 ABR 72/98, juris Rn. 86 f.

unterschiedlichen Zwecken dienten. Während § 23 BetrVG die betriebsverfassungsrechtliche Ordnung im Verhältnis des Arbeitgebers zum Betriebsrat und seinen Mitgliedern gewährleiste, gehe es bei § 1004 Abs. 1 S. 2 BGB um den privatrechtlichen Schutz des Eigentums gegenüber jedermann. Darüber hinaus hätten beide Normen unterschiedliche Voraussetzungen.

Auch wenn das BAG § 1004 Abs. 1 S. 2 BGB neben § 23 Abs. 1 BetrVG für anwendbar hält, wird man allerdings davon ausgehen müssen, dass das Gericht Unterlassungsansprüche des Arbeitgebers gegen den Betriebsrat als Gremium auch außerhalb des BetrVG kategorisch ausschließt. Letztlich behält das vom Siebten Senat vorgebrachte Argument der fehlenden Vollstreckbarkeit auch im Hinblick auf § 1004 Abs. 1 S. 2 BGB seine Gültigkeit. Dagegen erlangt § 1004 Abs. 1 S. 2 BGB in den Augen des BAG dann eine eigenständige Bedeutung, wenn es um Unterlassungsansprüche des Arbeitgebers gegen das einzelne Betriebsratsmitglied geht.[831]

Nach § 1004 Abs. 1 S. 2 BGB kann der Eigentümer, dessen Eigentum in anderer Weise als durch Entziehung oder Vorenthaltung des Besitzes beeinträchtigt wird, vom Störer Unterlassung künftiger Beeinträchtigungen verlangen. Ein Unterlassungsanspruch des Arbeitgebers aus § 1004 Abs. 1 S. 2 BGB setzt demnach eine abzuwehrende Eigentumsbeeinträchtigung voraus. Eine solche liegt immer dann vor, wenn der Betriebsrat bei seiner parteipolitischen Betätigung vom Arbeitgeber zur Verfügung gestellte Sachmittel i.S.v. § 40 BetrVG nutzt.[832] Zu denken ist hier etwa an das Veröffentlichen von Aufrufen am schwarzen Brett oder im Intranet, an das Herstellen oder Vervielfältigen von Handzetteln auf Kosten des Arbeitgebers oder an das Führen von Telefonaten über den Betriebsratsanschluss.[833] Stellt der Arbeitgeber dem Betriebsrat Sachmittel zur Verfügung, so verbleiben diese im Eigentum des Arbeitgebers.[834] Der Betriebsrat ist lediglich berechtigt, diese für seine Betriebsratsarbeit innerhalb seines Aufgabenbereichs und im Rahmen der vom BetrVG gesetzten Grenzen zu nutzen.[835] Dagegen beeinträchtigt eine betriebsverfassungswidrige Nutzung der bereitgestellten Sachmittel das Eigentumsrecht des Arbeitgebers.[836] Betriebsverfassungswidrig ist die Nutzung insbesondere dann,

---

831 Hierzu siehe unten: § 9 I 2. Die Ausführungen zur Anwendbarkeit des § 1004 Abs. 1 S. 2 BGB neben § 23 BetrVG machte das BAG im Zusammenhang mit einem Unterlassungsanspruch des Arbeitgebers gegen den stellvertretenden Betriebsratsvorsitzenden wegen eines Verstoßes gegen das Arbeitskampfverbot aus § 74 Abs. 2 S. 1 BetrVG, vgl. BAG 15.10.2013 – 1 ABR 31/12, juris.

832 Wiebauer, BB 2010, 3091 (3095); Wortmann, ArbRB 2011, 212 (214).

833 Vgl. Wiebauer, BB 2010, 3091 (3095).

834 Böhm, RdA 1974, 88 (89 f.); Joost in: MüArbR II, § 221 Rn. 49; Thüsing in: Richardi, BetrVG, § 40 Rn. 74; Weber in: GK-BetrVG, § 40 Rn. 205; a.M. für verbrauchbare Sachen: Fitting, BetrVG, § 40 Rn. 107; Wiebauer, BB 2010, 3091 (3095).

835 Zur Nutzung des schwarzen Bretts durch den Betriebsrat: Böhm, RdA 1974, 88 (93); Thüsing in: Richardi, BetrVG, § 40 Rn. 78; vgl. auch Wiebauer, BB 2010, 3091 (3095); BAG 15.10.2013 – 1 ABR 31/12, juris, Rn. 29.

836 BAG 15.10.2013 – 1 ABR 31/12, juris, Rn. 29.

wenn der Betriebsrat gegen das Verbot des § 74 Abs. 2 S. 3 BetrVG verstößt. Darüber hinaus besteht ein Unterlassungsanspruch des Arbeitgebers aus § 1004 Abs. 1 S. 2 BGB auch in solchen Fällen, in denen der Betriebsrat bei der Nutzung von Sachmitteln seine gesetzlichen Kompetenzen überschreitet.[837] Relevant wird dies vor allem bei allgemeinpolitischen Äußerungen ohne unmittelbaren Betriebsbezug.[838]

§ 1004 Abs. 1 S. 2 BGB setzt ferner voraus, dass weitere Beeinträchtigungen zu besorgen sind. Hat eine Beeinträchtigung bereits einmal stattgefunden, besteht eine tatsächliche Vermutung für eine Wiederholungsgefahr.[839] Im Übrigen steht dem Eigentümer ein präventiver Unterlassungsanspruch nur dann zu, wenn eine erstmalige Beeinträchtigung drohend bevorsteht (sog. Erstbegehungsgefahr).[840]

b) Anspruch aus § 1004 Abs. 1 S. 2 i.V.m. § 823 Abs. 1 BGB

Ein Unterlassungsanspruch des Arbeitgebers gegen parteipolitische Betätigungen des Betriebsrats kann sich ferner aus § 1004 Abs. 1 S. 2 i.V.m. § 823 Abs. 1 BGB ergeben. Nach allgemeiner Auffassung[841] findet § 1004 Abs. 1 S. 2 BGB bei der drohenden Verletzung eines absolut geschützten Rechtsguts i.S.v. § 823 Abs. 1 BGB entsprechend Anwendung. Damit kann der Arbeitgeber insbesondere bevorstehende Eingriffe in sein Recht am eingerichteten und ausgeübten Gewerbebetrieb abwehren.[842] Voraussetzung ist allerdings, dass die parteipolitische Betätigung des Betriebsrats einen betriebsbezogenen Eingriff in den Gewerbebetrieb des Arbeitgebers bewirkt[843], was nur in extremen Ausnahmefällen der Fall sein wird. Denkbar ist beispielsweise, dass der Betriebsrat im Zusammenhang mit einem parteipolitischen Protest zu einer Betriebsblockade[844] oder zu einem Boykott[845] aufruft.

---

837 So zutreffend Wiebauer, BB 2010, 3091 (3095).

838 Solche Äußerungen fallen zwar nicht unter § 74 Abs. 2 S. 3 BetrVG; dennoch fehlt es dem Betriebsrat insoweit mangels allgemeinpolitischem Mandat an einer Zuständigkeit, Siehe dazu oben: § 2 III 5 b aa sowie § 5 II 3 a.

839 Ganz h.M. vgl. nur BGH 30.10.1998 – V ZR 64/98, juris, Rn. 19 sowie BAG 15.10.2013 – 1 ABR 31/12, juris, Rn. 32.

840 BGH 19.06.1951 – I ZR 77/50, BGHZ 2, 394 (395); Baldus in: MüKo, BGB, § 1004 Rn. 289; Bauer, JZ 1966, 381 (381 f.); Baur/Stürner, SachenR, § 12 Rn. 25; Berger in: Jauernig, BGB, § 1004 Rn. 11; Münzberg, JZ 1967, 689 (690 ff.).

841 Vgl. nur BGH 13.03.1998 – V ZR 190/97, juris, Rn. 17.

842 BAG 08.11.1988 – 1 AZR 417/86, juris, Rn. 26 ff.; BAG 20.01.2009 – 1 AZR 515/08, juris, Rn. 24; BAG 22.09.2009 – 1 AZR 972/08, juris, Rn. 21; vgl. auch Wortmann, ArbRB 2011, 212 (214).

843 Zum Erfordernis des betriebsbezogenen Eingriffs vgl. Wagner in: MüKo, BGB, § 823 Rn. 257.

844 Vgl. Wagner in: MüKo, BGB, § 823 Rn. 286.

845 Vgl. Wagner in: MüKo, BGB, § 823 Rn. 278 ff.

c) Anspruch aus § 1004 Abs. 1 S. 2 i.V.m. § 823 Abs. 2 BGB

Ein Unterlassungsanspruch gegen den Betriebsrat als Gremium könnte sich ferner aus § 1004 Abs. 1 S. 2 i.V.m. § 823 Abs. 2 BGB ergeben. Es ist allgemein anerkannt[846], dass § 1004 Abs. 1 S. 2 BGB bei widerrechtlichen Eingriffen in gem. § 823 Abs. 2 BGB geschützte Rechtsgüter entsprechend anwendbar ist. Demzufolge ist derjenige, der gegen ein den Schutz eines anderen bezweckendes Gesetz i.S.v. § 823 Abs. 2 BGB verstößt, dem anderen entsprechend § 1004 Abs. 1 S. 2 BGB zur Unterlassung verpflichtet.[847]

Fraglich ist insoweit, ob es sich bei § 74 Abs. 2 S. 3 BetrVG um ein Schutzgesetz i.S.v. § 823 Abs. 2 BGB handelt. Ein Schutzgesetz ist jede Rechtsnorm, die nach ihrem Inhalt und Zweck zumindest auch dazu dienen soll, den Einzelnen oder einzelne Personenkreise gegen die Verletzung eines bestimmten Rechtsguts zu schützen.[848] In der Literatur[849] wird der Schutzgesetzcharakter des § 74 Abs. 2 S. 3 BetrVG zum Teil bejaht. Das Verbot parteipolitischer Betätigung schütze sowohl die Betriebspartner als auch die Belegschaft und ihre Individualinteressen.[850] Dieser Auffassung kann jedoch nicht gefolgt werden. Richtigerweise ist mit der Gegenmeinung[851] davon auszugehen, dass § 74 Abs. 2 S. 3 BetrVG kein Schutzgesetz i.S.v. § 823 Abs. 2 BGB ist. Das parteipolitische Betätigungsverbot dient in erster Linie dem Schutz des Betriebsfriedens. Damit soll jedoch kein Individualschutz zu Gunsten des Arbeitgebers oder zu Gunsten des Betriebsrats erreicht werden. Vielmehr handelt es sich um eine reine Ordnungsvorschrift, die das Gebot der vertrauensvollen Zusammenarbeit aus § 2 Abs. 1 BetrVG konkretisiert[852] und den Betriebspartnern eine besondere Verhaltenspflicht auferlegt, um auf diese Weise das „Funktionieren" der Betriebsverfassung zu gewährleisten.[853] Soweit mit dem Schutz des Betriebsfriedens mittelbar auch eine

846 BGH 18.01.1952 – I ZR 87/51, juris, Rn. 22; BGH 17.07.2008 – I ZR 219/05, juris, Rn. 13; Baldus in: MüKo, BGB, § 1004 Rn. 35; F. Ebbing in: Erman, BGB, § 1004 Rn. 10; Palandt, BGB, § 1004 Rn. 4; Teichmann in: Jauernig, BGB, Vorbem. § 823 Rn. 6.

847 BGH 17.07.2008 – I ZR 219/05, juris, Rn. 13.

848 St. Rspr. vgl. BGH 27.01.1954 – VI ZR 309/52, NJW 1954, 675 (675); BGH 27.11.1963 – V ZR 201/61, NJW 1964, 396 (397); BGH 03.02.1987 – VI ZR 32/86, juris, Rn. 9; BGH 18.11.2003 – VI ZR 385/02, juris, Rn. 12; BGH 22.06.2010 – VI ZR 212/09, juris, Rn. 26; BGH 11.06.2013 – II ZR 80/12, juris, Rn. 35.

849 Fitting, BetrVG, § 1 Rn. 218; Kloppenburg in: Düwell, BetrVG, § 1 Rn. 164; Löwisch/Kaiser, BetrVG, § 74 Rn. 37; Rieble in: D/F/L, FAK ArbR, BetrVG, § 74 Rn. 14; Schwipper, Öffentliche Meinungsäußerungen des Betriebsrats, S. 250.

850 Bauer/Willemsen, NZA 2010, 1089 (1094).

851 Isele, RdA 1962, 373, (374 – zur Vorgängernorm des § 51 S. 2 BetrVG 1952); Preis in: W/P/K, BetrVG, § 74 Rn. 37; Rosset, Rechtssubjektivität des Betriebsrats, S. 137; zu § 74 Abs. 2 S. 1 und 2 BetrVG: Kreutz in: GK-BetrVG, § 74 Rn. 94; Richardi in: Richardi, BetrVG, § 74 Rn. Rn. 56.

852 Siehe hierzu oben: § 2 II 1.

853 Vgl. Rosset, Rechtssubjektivität des Betriebsrats, S. 137.

Sicherung der Vermögensinteressen des Arbeitgebers verbunden ist, handelt es sich hierbei um einen bloßen Rechtsreflex.[854]

Ferner ist zu beachten, dass nach der ständigen Rechtsprechung des BGH[855] bei der Ermittlung des Schutzgesetzcharakters einer Norm auch danach zu fragen ist, ob es – unter Würdigung des gesamten Regelungszusammenhangs, in den die Norm gestellt ist – in der Tendenz des Gesetzgebers liegen konnte, an die Verletzung des geschützten Interesses eine deliktische Einstandspflicht des Schädigers gem. § 823 Abs. 2 BGB zu knüpfen. Dies ist bei § 74 Abs. 2 S. 3 BetrVG nicht der Fall. Der vom Gesetzgeber gewollte Schutz des Betriebsfriedens erfordert keine deliktische Haftung der gegen das Verbot des § 74 Abs. 2 S. 3 BetrVG verstoßenden Personen. Unabhängig davon, dass der Betriebsrat als Kollegialorgan mangels genereller Rechts- und Vermögensfähigkeit nach allgemeiner Meinung[856] nicht deliktisch haftet, hat der Arbeitgeber nach dem BetrVG unterschiedliche Möglichkeiten gegen Pflichtverletzungen des Betriebsrats und seiner Mitglieder vorzugehen. Neben dem unmittelbar aus § 74 Abs. 2 S. 3 BetrVG folgenden Unterlassungsanspruch sieht § 23 I BetrVG bei groben Verstößen einen Ausschluss- bzw. Auflösungsantrag vor.[857] Es kann nicht davon ausgegangen werden, dass der Gesetzgeber dem Arbeitgeber darüber hinaus bei parteipolitischen Betätigungen des Betriebsrats oder einzelner Betriebsratsmitglieder einen deliktischen Schadensersatzanspruch aus § 823 Abs. 2 BGB geben wollte.

Das Verbot parteipolitischer Betätigung ist auch kein Schutzgesetz zu Gunsten der einzelnen Belegschaftsmitglieder. Zwar dient § 74 Abs. 2 S. 3 BetrVG auch der Sicherung der Meinungs- und Wahlfreiheit der Arbeitnehmer des Betriebs und damit dem Schutz eines individualisierten Personenkreises. Dieser Individualschutz kann aber nicht durch einen Schadensersatzanspruch gewährleistet werden. Eine deliktische Haftung der Betriebspartner muss schon deshalb ausscheiden, weil beim einzelnen Arbeitnehmer der Eintritt eines kausalen Vermögensschadens wegen Verletzung des parteipolitischen Betätigungsverbots praktisch nicht in Betracht kommt.

Mangels Schutzgesetzcharakters des § 74 Abs. 2 S. 3 BetrVG scheidet ein Unterlassungsanspruch gegen den Betriebsrat aus § 1004 Abs. 1 S. 2 i.V.m. § 823 Abs. 2 BGB aus.

---

854 Isele, RdA 1962, 373 (374).

855 BGH 29.06.1982 – VI ZR 33/81, juris Rn. 9; BGH 28.03.2006 – VI ZR 50/05, juris, Rn. 17; BGH 22.06.2010 – VI ZR 212/09, juris Rn. 26; BGH 11.06.2013 – II ZR 80/12, juris, Rn. 35; a.A. Wagner in: MüKo, BGB, § 823 Rn. 405.

856 Hierzu siehe unten: § 8 IV.

857 Zudem kann der Arbeitgeber gegen das einzelne Betriebsratsmitglied auch individualvertraglich vorgehen, sofern dessen parteipolitische Betätigung zugleich eine Verletzung arbeitsvertraglicher Pflichten darstellt; Siehe dazu unten: § 9 III.

II. Feststellungsantrag

1. Bedeutung des Feststellungsantrags

Geht man mit dem BAG und entgegen der hier vertretenen Auffassung davon aus, dass § 74 Abs. 2 S. 3 BetrVG keinen eigenständigen betriebsverfassungsrechtlichen Unterlassungsanspruch des Arbeitgebers gegen den Betriebsrat begründet, so tritt die Möglichkeit eines Feststellungsantrags nach § 256 Abs. 1 ZPO in den Vordergrund.[858] Ein solcher kommt immer dann in Betracht, wenn die hohen Anforderungen, die § 23 Abs. 1 BetrVG an eine „groben Verletzung gesetzlicher Pflichten"[859] stellt, nicht erfüllt sind. In diesem Fall bleibt dem Arbeitgeber nur die Möglichkeit, die Unzulässigkeit der parteipolitischen Betätigung gem. § 256 Abs. 1 ZPO gerichtlich feststellen zu lassen. Das BAG betont überdies, dass die gerichtliche Feststellung eines Verstoßes gegen das parteipolitische Betätigungsverbot bei einer späteren gleichartigen Pflichtverletzung von erheblicher Bedeutung für einen Auflösungsantrag des Arbeitgebers nach § 23 Abs. 1 BetrVG sei. So könne die Missachtung der gerichtlichen Feststellung durch den Betriebsrat dazu führen, dass ein erneuter gleichartiger Verstoß als grob pflichtwidrig i.S.v. § 23 Abs. 1 BetrVG anzusehen ist.[860]

Keine eigenständige Bedeutung kommt dem Feststellungsantrag hingegen dann zu, wenn man mit der hier vertretenen Auffassung einen selbstständigen Unterlassungsanspruch aus § 74 Abs. 2 S. 3 BetrVG bejaht. Hat der Arbeitgeber die Möglichkeit, sein Rechtsschutzziel im Wege einer Unterlassungsklage zu erreichen, so ist der Feststellungsantrag mangels Feststellungsinteresse grundsätzlich unzulässig.[861]

2. Antragsbefugnis

Die gerichtliche Feststellung, dass eine bestimmte Betätigung des Betriebsrats wegen Verstoß gegen das Verbot parteipolitischer Betätigung unzulässig ist, kann nicht von jeder beliebigen Person oder Stelle beantragt werden. Der Antragsteller muss antragsbefugt sein. Bei einem Feststellungsantrag im arbeitsgerichtlichen Beschlussverfahren ist die Antragsbefugnis gegeben, wenn der Antragsteller durch die begehrte Entscheidung in seiner kollektivrechtlichen Rechtsposition betroffen sein kann.[862] Das ist in der Regel nur dann der Fall, wenn er eigene Rechte geltend

858 BAG 17.03.2010 – 7 ABR 95/08, juris, Rn. 29; vgl. auch Berg in: D/K/K/W, BetrVG, § 74 Rn. 88.

859 Zu den Anforderungen des § 23 Abs. 1 BetrVG siehe unten: § 8 III.

860 BAG 17.03.2010 – 7 ABR 95/08, juris, Rn. 29. Siehe hierzu auch unten: § 8 III.

861 Zum Vorrang der Leistungsklage vgl. BGH 04.04.1952 – III ZR 20/52, juris, Rn. 3; BGH 09.06.1983 – III ZR 74/82, juris, Rn. 14; BAG 26.10.2010 – 3 AZR 496/08, juris, Rn. 16; Becker-Eberhardt in: MüKo, ZPO, § 256 Rn. 49.

862 BAG 17.06.2009 – 7 ABR 96/07, juris, Rn. 9; BAG 05.03.2013 – 1 ABR 75/11, juris, Rn. 17.

macht und dies nicht von vornherein als aussichtslos erscheint.[863] Entscheidend ist damit, welchem Personenkreis § 74 Abs. 2 S. 3 BetrVG eine eigene, gerichtlich durchsetzbare Rechtsposition einräumen möchte. Der Wortlaut der Norm gibt hierüber keinen Aufschluss. Allerdings kann an dieser Stelle auf die oben gemachten Ausführungen[864] zur Anspruchsberechtigung im Zusammenhang mit dem betriebsverfassungsrechtlichen Unterlassungsanspruch aus § 74 Abs. 2 S. 3 BetrVG verwiesen werden. Das Verbot parteipolitischer Betätigung findet seine Grundlage in dem zwischen Arbeitgeber und Betriebsrat bestehenden Betriebsverhältnis. Steht eine mögliche Verletzung des parteipolitischen Betätigungsverbots durch den Betriebsrat im Raum, so ist daher ausschließlich der Arbeitgeber antragsbefugt.[865] Nicht antragsbefugt sind dagegen insbesondere die einzelnen Arbeitnehmer, die im Betrieb vertretene Gewerkschaft sowie sonstige Dritte.

3. Feststellungsinteresse

Nach §§ 80 Abs. 1, 46 Abs. 2 ArbGG, 256 Abs. 1 ZPO benötigt der Antragsteller ein rechtliches Interesses an der alsbaldigen gerichtlichen Feststellung. Das besondere Feststellungsinteresse ist Prozessvoraussetzung und eine qualifizierte Form des sonst erforderlichen Rechtsschutzbedürfnisses.[866] Es ist gegeben, wenn dem Recht oder der Rechtslage des Antragsstellers eine gegenwärtige Gefahr der Unsicherheit droht und die gerichtliche Feststellung geeignet ist, diese Gefahr zu beseitigen.[867] Damit wird deutlich, vor welchen Schwierigkeiten der Arbeitgeber bei der Darlegung eines Feststellungsinteresses steht. Typischerweise äußert sich der Betriebsrat zu tagespolitischen Themen, die sich bereits nach kurzer Zeit erledigt haben und die dann in der öffentlichen Diskussion keine Rolle mehr spielen.[868] Da sich das gerichtliche Verfahren bis zu einer rechtskräftigen Entscheidung aber über viele Monate oder gar Jahre hinziehen kann, wird der Betriebsrat seine streitige parteipolitische Betätigung im Zeitpunkt der letzten mündlichen Verhandlung in der Regel bereits beendet haben.[869] Bei einem in der Vergangenheit liegenden Rechtsverhältnis besteht ein Feststellungsinteresse allerdings nur dann, wenn sich aus ihm noch

---

863 BAG 17.06.2009 – 7 ABR 96/07, juris, Rn. 9; BAG 05.03.2013 – 1 ABR 75/11, juris, Rn. 17.

864 Siehe oben: § 8 I 1 c.

865 Zur Antragsbefugnis bei einer möglichen Verletzung des § 74 Abs. 2 S. 3 BetrVG durch den Arbeitgeber siehe unten: § 10 III.

866 Foerste in: Musielak, ZPO, § 256 Rn. 7.

867 St. Rspr. BGH, vgl. BGH 08.12.1954 – II ZR 291/53 (KG), BGHZ 15, 382 (390); BGH 22.06.1977 – VIII ZR 5/76, juris, Rn. 11; BGH 07.02.1986 – V ZR 201/84, juris, Rn. 12; BGH 10.10.1991 – IX ZR 38/91, juris, Rn. 14; BGH 16.09.2008 – VI ZR 244/07, juris, Rn. 13; BGH 12.07.2011 – VI ZR 214/10, juris, Rn. 11; vgl. auch Becker-Eberhardt in: MüKo, ZPO, § 256 Rn. 37.

868 Bauer/Willemsen, NZA 2010, 1089 (1093).

869 Vgl. auch Niklas, DB 2013, 1665 (1669).

Rechtsfolgen für die Gegenwart oder Zukunft ergeben.[870] Der Arbeitgeber muss demnach das Vorliegen einer Wiederholungsgefahr im Bezug auf die konkrete, streitgegenständliche parteipolitische Betätigung des Betriebsrats darlegen und beweisen.[871] Gelingt ihm dies nicht, ist der Feststellungsantrag unzulässig.

III. Auflösungsantrag nach § 23 Abs. 1 S. 1 BetrVG

1. Grobe Pflichtverletzung

Verstößt der Betriebsrat gegen das Verbot parteipolitischer Betätigung im Betrieb, so kann nach § 23 Abs. 1 S. 1 BetrVG die Auflösung des Betriebsratsgremiums beantragt werden, wenn es sich bei der unzulässigen Betätigung im Einzelfall um eine grobe Pflichtverletzung handelt.[872] Die Anforderungen hieran sind allerdings hoch. Eine grobe Verletzung der gesetzlichen Pflichten des Betriebsrats i.S.v. § 23 Abs. 1 S. 1 BetrVG liegt nur vor, wenn die Pflichtverletzung objektiv erheblich und offensichtlich schwerwiegend ist.[873] Die weitere Amtsausübung des Betriebsrats muss unter Berücksichtigung aller Umstände des Einzelfalls untragbar erscheinen.[874] Denkbar sind hier sowohl einmalige Verstöße, als auch wiederholte leichtere Pflichtverletzungen.[875] Bei einmaligen Verstößen wird man aufgrund des Erfordernisses der Offensichtlichkeit eine grobe Pflichtverletzung in der Regel ausschließen müssen, wenn die Frage nach der Zulässigkeit einer bestimmten Betätigung durch die Rechtsprechung bzw. die Rechtslehre noch nicht abschließend geklärt ist und daher eine gewisse Rechtsunsicherheit im Raum steht. Bei wiederholten gleichartigen Pflichtverletzungen stellt das BAG hingegen entscheidend darauf ab, ob die fehlende Berechtigung des Betriebsrats zu einem bestimmten Verhalten bereits gerichtlich festgestellt worden ist. Demnach kann die Missachtung der gerichtlichen Feststellung dazu führen, dass ein erneutes gleichartiges Verhalten als grob pflichtwidrig

870 St. Rspr. BAG, vgl. BAG 23.04.1997 – 5 AZR 727/95, juris, Rn. 14; BAG 05.10.2000 – 1 ABR 52/99, juris, Rn.13; BAG 28.05.2002 – 1 ABR 35/01, juris, Rn. 18; BAG 02.03.2004 – 1 ABR 15/03, juris, Rn. 10; vgl. auch Greger in: Zöller, ZPO, § 256 Rn. 3a.

871 BAG 17.03.2010 – 7 ABR 95/08, juris, Rn. 32 und Rn. 34.

872 Verstöße gegen § 74 Abs. 2 S. 3 BetrVG begründet nach allg. Auffassung eine Verletzung gesetzlicher Pflichten i.S.v. § 23 Abs. 1 S. 1 BetrVG, vgl. nur Kreutz in: GK-BetrVG, § 74 Rn. 129.

873 BAG 22.06.1993 – 1 ABR 62/92, juris, LS. 2 und Rn. 53; Bauer/Willemsen, NZA 2010, 1089 (1093); Thüsing in: Richardi, BetrVG, § 23 Rn. 53; Trittin in: D/K/K/W, BetrVG, § 23 Rn. 155.

874 BAG 22.06.1993 – 1 ABR 62/92, juris, LS. 2 und Rn. 53; Koch in: ErfK, BetrVG, § 23 Rn. 12; Thüsing in: Richardi, BetrVG, § 23 Rn. 53.

875 Fitting, BetrVG, § 23 Rn. 17; Hofmann, Das Verbot parteipolitischer Betätigung, S. 134; Koch in: ErfK, § 23 Rn. 4; Oetker in: GK-BetrVG, § 23 Rn. 44 f.; Thüsing in: Richardi, BetrVG, § 23 Rn. 27; Trittin in: D/K/K/W, BetrVG, § 23 Rn. 20.

anzusehen ist.[876] Richtigerweise wird man es in solchen Fällen allerdings bereits für ausreichend erachten können, wenn der Betriebsrat zuvor durch den Arbeitgeber auf die Pflichtverletzung aufmerksam gemacht wurde.[877]

Zu berücksichtigen ist ferner, ob die parteipolitische Betätigung Diffamierungen enthält und ob sie im Einzelfall eine konkrete Beeinträchtigung des Betriebsfriedens oder des Arbeitsablaufs bewirkt hat.[878] Es ginge jedoch zu weit, in diesem Zusammenhang von einer faktischen Angleichung des absoluten Verbots des § 74 Abs. 2 S. 3 BetrVG an das relative Verbot des § 74 Abs. 2 S. 2 BetrVG zu sprechen.[879] Richtigerweise setzt eine grobe Pflichtverletzung nicht zwingend voraus, dass die parteipolitische Betätigung im Einzelfall tatsächlich eine Unruhe im Betrieb hervorgerufen hat.[880] Gerade bei wiederholten gleichartigen Pflichtverletzungen kann eine Auflösung des Betriebsrats auch dann gerechtfertigt sein, wenn der Betriebsfrieden nicht oder nur geringfügig gestört wurde. Entscheidend sind in einem solchen Fall weniger die tatsächlichen Auswirkungen der parteipolitischen Betätigung als vielmehr der Umstand, dass bei einem beharrlich fortgesetzten Verstoß gegen § 74 Abs. 2 S. 3 BetrVG generelle Zweifel an einer gesetzmäßigen Amtsausübung des Betriebsrats begründet sind und daher eine vertrauensvolle Zusammenarbeit für die Zukunft unmöglich erscheint.

Voraussetzung für einen Auflösungsantrag nach § 23 Abs. 1 S. 1 BetrVG ist schließlich, dass die Pflichtverletzung von dem Betriebsrat als Gremium begangen wurde.[881] Dabei ist nicht erforderlich, dass der Betriebsrat als Ganzes, d.h. gemeinschaftlich durch alle Mitglieder aktiv wird. Es genügt vielmehr, wenn die parteipolitische Betätigung einzelner Mitglieder durch einen Mehrheitsbeschluss gem. § 33 BetrVG gedeckt ist.[882] Fehlt es an einem Betriebsratsbeschluss, so kommt grundsätzlich nur ein Antrag auf Ausschluss des einzelnen Betriebsratsmitglieds

876 BAG 17.03.2010 – 7 ABR 95/08, juris, Rn. 29.

877 So zutreffend Trittin in: D/K/K/W, BetrVG, § 23 Rn. 20; ähnlich Koch in: ErfK, BetrVG, § 23 Rn. 4, der eine vorangegangene förmliche Abmahnung für ausreichend hält.

878 BVerfG 28.04.1976 – 1 BvR 71/73, juris, Rn. 30; BAG 21.02.1978 – 1 ABR 54/76, juris Rn. 73.

879 So aber Reuter, JuS 1976, 681 (682); zust. Hofmann, Das Verbot parteipolitischer Betätigung, S. 134; Schwipper, Öffentliche Meinungsäußerungen des Betriebsrats, S. 243.

880 So auch Bohn, SAE 1979, 67 (69). Das BVerfG hat das Fehlen einer konkreten Beeinträchtigung des Betriebsfriedens lediglich als einen von mehreren zu berücksichtigenden Aspekten genannt, vgl. BVerfG 28.04.1976 – 1 BvR 71/73, juris, Rn. 30.

881 Fitting, BetrVG, § 23 Rn. 39; Koch in: ErfK, BetrVG, § 23 Rn. 12. Zur Abgrenzung zwischen der Betätigung des Gremiums und des einzelnen Mitglieds siehe oben: § 4 I 2 b.

882 Koch in: ErfK, BetrVG, § 23 Rn. 12; Oetker in: GK-BetrVG, § 23 Rn. 120; Trittin in: D/K/K/W, BetrVG, § 23 Rn. 156.

in Betracht.[883] Hat der Betriebsrat allerdings Kenntnis von einer parteipolitischen Betätigung seines Mitglieds und schreitet er dennoch nicht dagegen ein, so ist die parteipolitische Betätigung des Mitglieds dem gesamten Gremium auch dann zuzurechnen, wenn es an einem entsprechenden Beschluss fehlt.[884]

Die Verletzung gesetzlicher Pflichten setzt nach allgemeiner Auffassung kein Verschulden des Betriebsrats voraus, da der Betriebsrat als Gremium nicht schuldhaft handeln kann.[885]

2. Berücksichtigung des Art. 5 Abs. 1 GG?

Soweit das Erfordernis einer restriktive Auslegung des Begriffs der „groben Pflichtverletzung" in § 23 Abs. 1 S. 1 BetrVG unter anderem mit der grundrechtseinschränkenden Wirkung des § 74 Abs. 2 S. 3 BetrVG begründet wird[886], kann dem nicht uneingeschränkt zugestimmt werden. Richtig ist, dass das BVerfG[887] in seiner Entscheidung vom 28.04.1976 klargestellt hat, dass bei der gebotenen zurückhaltenden Auslegung derjenigen Bestimmungen, die im Interesse anderer Rechtsgüter – wie der Gewährleistung des Betriebsfriedens – das Grundrecht aus Art. 5 Abs. 1 GG beschränken, auch die Sanktionen des § 23 Abs. 1 S. 1 BetrVG und ihre Voraussetzungen im Licht des eingeschränkten Grundrechts zu sehen sind. Diese Aussage hat das BVerfG allerdings im Zusammenhang mit einem Antrag auf Ausschluss eines Mitglieds aus dem Betriebsrat getroffen. Sie kann nicht ohne Weiteres auf den Auflösungsantrag übertragen werden. Dies verbietet sich jedenfalls dann, wenn man – wie hier – davon ausgeht, dass sich der Betriebsrat als Gremium nicht auf den Schutz des Art. 5 Abs. 1 GG berufen kann.[888] In diesem Fall kann bei der Bestimmung der Rechtsfolgen einer parteipolitischen Betätigung des Betriebsratsratsgremiums das Grundrecht der Meinungsfreiheit konsequenterweise keine Rolle spielen. Dies ändert im Ergebnis gleichwohl nichts an dem grundsätzlichen Erfordernis einer restriktiven Auslegung des § 23 Abs. 1 S. 1 BetrVG. Nur ist der Grund hierfür nicht in der Wechselwirkung mit Art. 5 Abs. 1 GG zu sehen, sondern vielmehr in dem Umstand, dass die Auflösung des Betriebsrats eine ganz besonders einschneidende Sanktion ist, welche nur als ultima ratio zur Anwendung kommen darf.

Eine Wechselwirkung mit dem Grundrecht auf Meinungsfreiheit findet hingegen bei dem gegen das einzelne Betriebsratsmitglied gerichteten Antrag auf Ausschluss nach § 23 Abs. 1 S. 1 BetrVG sowie bei dem gegen den Arbeitgeber gerichteten Antrag nach § 23 Abs. 3 BetrVG statt. Das parteipolitische Betätigungsverbot bewirkt

883 Siehe hierzu unten: § 9 II.
884 Siehe hierzu oben: § 4 I 2 b und § 5 III 1 b.
885 Vgl. nur Oetker in: GK-BetrVG, § 23 Rn. 123.
886 Vgl. etwa BAG 21.02.1978 – 1 ABR 54/76, juris, Rn. 73; Hofmann, Das Verbot parteipolitischer Betätigung, S. 134; Kreutz in: GK-BetrVG, § 74 Rn. 129; Löwisch/Kaiser, BetrVG, § 74 Rn. 38; Richardi in: Richardi, BetrVG, § 74 Rn. 73.
887 BVerfG 28.04.1976 – 1 BvR 71/73, juris, Rn. 30.
888 Siehe hierzu oben: § 3 II 3.

insoweit einen Eingriff in Art. 5 Abs. 1 GG, als es sich an den Arbeitgeber richtet und den Betriebsratsmitgliedern auch private Meinungsäußerungen bei Gelegenheit der Amtsausübung untersagt.[889]

3. Antragsbefugnis

Antragsberechtigt sind nach § 23 Abs. 1 S. 1 BetrVG mindestens ein Viertel der wahlberechtigten Arbeitnehmer, der Arbeitgeber oder eine im Betrieb vertretene Gewerkschaft. § 23 Abs. 1 S. 1 BetrVG benennt den Kreis der Antragsberechtigten abschließend.[890]

4. Schwierigkeiten in der Praxis

Der Antrag auf Auflösung des Betriebsrats nach § 23 Abs. 1 S. 1 BetrVG ist für den Antragsteller in der Praxis mit zahlreichen Schwierigkeiten verbunden. Für den Arbeitgeber gilt es daher, die Vor- und Nachteile sorgfältig gegeneinander abzuwägen. Dass ein Auflösungsantrag das vermutlich ohnehin bereits angespannte Verhältnis zwischen den Betriebsparteien weiter verschlechtern wird, liegt auf der Hand. Ferner muss der Arbeitgeber – neben den hohen Hürden für die Annahme einer groben Pflichtverletzung – vor allem bedenken, dass die Auflösung des Betriebsrats nicht im Wege einer einstweiligen Verfügung durchgesetzt werden kann.[891] Bis zur Rechtskraft des Auflösungsbeschlusses muss daher ausreichend Zeit eingeplant werden. Aufgrund der zu erwartenden langen Verfahrensdauer läuft der Auflösungsantrag nach § 23 Abs. 1 S. 1 BetrVG faktisch leer, wenn der Betriebsrat in der zweiten Hälfte der Amtszeit einen groben Verstoß gegen das parteipolitische Betätigungsverbot begeht.[892] Schließlich kann der Betriebsrat nur wegen der von ihm selbst begangenen Pflichtverletzungen aufgelöst werden; die Auflösung eines zwischenzeitlich neu gewählten Betriebsrats wegen Pflichtverletzungen aus der vorhergehenden Amtszeit ist nicht zulässig.[893] Mit der Neuwahl des Betriebsrats erledigt sich ein bereits anhängiges Auflösungsverfahren.

Selbst wenn der Arbeitgeber mit seinem Auflösungsantrag Erfolg hat, muss er mit finanziellen Einbußen rechnen. In diesem Fall trägt er die Kosten der dann nach § 23 Abs. 2 BetrVG notwendigen Neuwahl.[894]

---

889 Siehe hierzu oben: § 3 III 1 und § 4 I 2 b.

890 Mathes/Spinner in: G/M/P, ArbGG, § 81 Rn. 59; Oetker in: GK-BetrVG, § 23 Rn. 74; Weth in: Schwab/Weth, ArbGG, § 81 Rn. 63.

891 Siehe oben: § 8 I 1 c.

892 Kania in: ErfK, BetrVG, § 74 Rn. 37.

893 Düwell in: Düwell, BetrVG, § 23 Rn. 29; Fitting, BetrVG, § 23 Rn. 39a; Oetker in: GK-BetrVG, § 23 Rn. 121; Trittin in: D/K/K/W, BetrVG, § 23 Rn. 156; a.A. für den Fall, dass der Betriebsrat in der gleichen Zusammensetzung wieder gewählt wird: Huke in: H/W/G/N/R/H, BetrVG, § 23 Rn. 44.

894 Vgl. Kreutz in: GK-BetrVG, § 74 Rn. 127.

IV. Schadensersatz

Fraglich ist, ob der Betriebsrat im Falle eines Verstoßes gegen § 74 Abs. 2 S. 3 BetrVG für einen etwaig entstandenen Schaden deliktisch haftet. Eine Einstandspflicht wäre etwa aus § 823 Abs. 1 BGB denkbar, wenn es im Zusammenhang mit der parteipolitischen Betätigung zu einem Eingriff in das Eigentum des Arbeitgebers oder in dessen Recht am eingerichteten und ausgeübten Gewerbebetrieb kommt. Es erscheint grundsätzlich nicht ausgeschlossen, dass der Betriebsrat als Kollegialorgan den Tatbestand einer unerlaubten Handlung erfüllt.[895] Allerdings geht die herrschende Meinung[896] zu Recht davon aus, dass der Betriebsrat mangels genereller Rechts- und Vermögensfähigkeit nicht Schuldner von deliktischen Schadensersatzansprüchen sein kann. Seine Teilrechtsfähigkeit bezieht sich allein auf die ihm durch das BetrVG zugewiesenen Rechtspositionen; die Begehung unerlaubter Handlungen ist hiervon nicht umfasst.[897] Da der Betriebsrat zudem über kein Vermögen verfügt, kann er einen entstandenen Schaden gar nicht ersetzen.[898] In diesem Zusammenhang verbietet es sich insbesondere, die Schadensersatzleistung nach § 40 Abs. 1 BetrVG dem Arbeitgeber aufzuerlegen, da dieser lediglich die Kosten rechtmäßiger, nicht aber rechtswidriger Betriebsratsarbeit zu übernehmen hat.[899] Zudem wäre es sinnwidrig, wenn der Arbeitgeber über § 40 Abs. 1 BetrVG die ihm entstandenen Schäden selbst zu ersetzen hätte.[900]

Vereinzelt[901] werden deliktische Schadensersatzansprüche gegen den Betriebsrat ausnahmsweise dann für möglich gehalten, wenn dieser seine haftungsbegründende Handlung nachträglich wieder rückgängig machen kann, ohne dass dazu eine Vermögensverschiebung erforderlich ist. Solche Fälle seien allerdings äußerst selten. Hat der Betriebsrat beispielsweise den Arbeitgeber und die Belegschaft öffentlich verunglimpft, so könne die Naturalrestitution nach § 249 Abs. 1 BGB darin bestehen, dass der Betriebsrat eine Erklärung abgibt, durch die der Betriebsfrieden wieder hergestellt

---

895 Fitting, BetrVG, § 1 Rn. 210; Thüsing in: Richardi, BetrVG, Vorbem. § 26 Rn. 12.

896 Bauer/Willemsen, NZA 2010, 1089 (1094); Fitting, BetrVG, § 1 Rn. 210; Franzen in: GK-BetrVG, § 1 Rn. 77; v. Hoyningen-Huene in: MüArbR II, § 212 Rn. 16; Kloppenburg in: Düwell, BetrVG § 1 Rn. 153; Koch in: ErfK, BetrVG, § 1 Rn. 19; Preis in: W/P/K, BetrVG, § 1 Rn. 45; Rose in: H/W/G/N/R/H, BetrVG, Einl. Rn. 102; Rosset, Rechtssubjektivität des Betriebsrats, S. 135; Thüsing in: Richardi, BetrVG, Vorbem. § 26 Rn. 8 und 12; Wedde in: D/K/K/W, BetrVG, Einl. Rn. 149; im Grds. auch Belling, Die Haftung des Betriebsrats, S. 287 f. und 359.

897 Fitting, BetrVG, § 1 Rn. 210; Wedde in: D/K/K/W, BetrVG, Einl. Rn. 149.

898 Belling, Die Haftung des Betriebsrats, S. 287 f. und 359; Thüsing in: Richardi, BetrVG, Vorbem. § 26 Rn. 12.

899 Belling, Die Haftung des Betriebsrats, S. 288.

900 Vgl. Hitzfeld, Geheimnisschutz im Betriebsverfassungsrecht, S. 84.

901 Belling, Die Haftung des Betriebsrats, S. 359; Gamillscheg in: FS Otto, S. 93 (94); Schwipper, Öffentliche Meinungsäußerungen des Betriebsrats, S. 256 f.

wird, etwa durch Richtigstellung oder Widerruf der beanstandeten Äußerung.[902] Mit diesem Lösungsansatz kann zwar in der Tat dem Problem der fehlenden Vermögensfähigkeit des Betriebsrats begegnet werden. Dennoch erscheint auch in solchen Fällen eine Schadensersatzpflicht mit Blick auf die fehlende Rechtsfähigkeit des Betriebsrats zweifelhaft. Es bleibt dabei, dass es an einer ausdrücklichen gesetzlichen Regelung, die dem Betriebsrat als Kollegialorgan die Erfüllung von Schadensersatzpflichten auferlegt, fehlt. Wegen der fehlenden Rechtspersönlichkeit könnte der Betriebsrat nicht als Schuldner eines deliktischen Schadensersatzanspruchs verklagt werden.[903]

Eine deliktische Haftung des Betriebsrats bei Verstößen gegen das parteipolitische Betätigungsverbot scheidet daher im Ergebnis aus. Eine Rechtsschutzlücke ist deshalb allerdings nicht zu befürchten, da jedenfalls die verantwortlichen Betriebsratsmitglieder nach § 823 ff. BGB auf Schadensersatz in Anspruch genommen werden können.[904]

V. Prozessuale Durchsetzung

Über Streitigkeiten im Zusammenhang mit dem betriebsverfassungsrechtlichen Verbot parteipolitischer Betätigung im Betrieb entscheidet das Arbeitsgericht gem. § 2a Abs. 1 Nr. 1, Abs. 2, §§ 80 ff. ArbGG im Beschlussverfahren. Insbesondere bei der Geltendmachung eines Unterlassungsanspruchs ist darauf zu achten, dass der Antrag hinreichend bestimmt ist, vgl. § 253 Abs. 2 Nr. 2 ZPO. Voraussetzung ist, dass sich der Antrag auf einzelne, genau bezeichnete Handlungen bezieht.[905] Wie das BAG betont, muss für den Schuldner aus dem späteren Unterlassungstitel klar erkennbar sein, welche Handlungen oder Äußerungen er künftig zu unterlassen hat, um sich rechtmäßig verhalten zu können.[906] Ein pauschaler Antrag, der auf die Unterlassung „betriebsöffentlicher Äußerungen parteipolitischen Inhalts" gerichtet ist, genügt deshalb nicht, da hier unklar ist, welche konkreten Äußerungen von dem Unterlassungsbegehren erfasst werden sollen.[907] Dagegen hat das BAG den Antrag, „dem Antragsgegner aufzugeben, im Betrieb der Antragstellerin Äußerungen zum Irak-Krieg zu unterlassen" für zulässig erachtet.[908]

---

902 Belling, Die Haftung des Betriebsrats, S. 359 unter Verweis auf LAG Berlin 17.03.1988 – 7 TABV 9/87, BB 1988, 1045; vgl. auch Gamillscheg in: FS Otto, S. 93 (94).

903 V. Hoyningen-Huene, BetrVR, § 4 Rn. 7.

904 Hierzu siehe unten: § 9 V.

905 BAG 03.05.1994 – 1 ABR 24/93, juris, Rn. 21; BAG 17.03.2010 – 7 ABR 95/08, juris, Rn. 13.

906 BAG 17.03.2010 – 7 ABR 95/08, juris, Rn. 13 unter Verweis auf BAG 03.06.2003 – 1 ABR 19/02, juris, Rn. 17.

907 BAG 17.03.2010 – 7 ABR 95/08, juris, Rn. 14.

908 BAG 17.03.2010 – 7 ABR 95/08, juris, Rn. 22. Weitere praktische Beispiele für hinreichend bestimmte Unterlassungsanträge finden sich in BAG 12.06.1986 – 6 ABR 67/84, juris.

Der Unterlassungsanspruch des Arbeitgebers gegen den Betriebsrat kann bei Vorliegen der prozessualen Voraussetzungen auch im Wege eines Antrags auf Erlass einer einstweiligen Verfügung gem. § 85 Abs. 2 ArbGG i.V.m. §§ 935 ff., 916 ff. ZPO geltend gemacht werden.[909] Das gilt nach der Rechtsprechung des BAG ausnahmsweise auch für den Feststellungsantrag nach § 256 Abs. 1 ZPO, wenn Verstöße des Betriebsrats gegen seine betriebsverfassungsrechtlichen Verpflichtungen in Rede stehen.[910] Dagegen scheidet nach herrschender Meinung bei einem Antrag auf Auflösung des Betriebsrats nach § 23 Abs. 1 S. 1 BetrVG die Durchsetzung im einstweiligen Rechtsschutzverfahren aus.[911]

VI. Selbsthilfe

Vereinzelt[912] wird die Auffassung vertreten, dass der Arbeitgeber bereits aufgrund seines Hausrechts berechtigt sei, eine unzulässige parteipolitische Betätigung im Betrieb eigenmächtig im Wege der Selbsthilfe zu unterbinden. Demnach könne der Arbeitgeber z.B. die Verteilung politischer Druckschriften oder Flugblätter durch den Werkschutz verhindern, Plakate abhängen oder unzulässige Aufschriften entfernen lassen. Ein solches allgemeines Selbsthilferecht des Arbeitgebers ist richtigerweise abzulehnen. Hält der Arbeitgeber eine bestimmte Betätigung des Betriebsrats für unzulässig, so ist er angehalten, dagegen mit den zur Verfügung stehenden rechtlichen Mitteln, gegebenenfalls im Wege des einstweiligen Rechtsschutzes, vorzugehen.[913] Er darf grundsätzlich nicht selbst einschreiten, indem er beispielsweise eigenmächtig Aushänge des Betriebsrats vom schwarzen Brett entfernt oder vom Betriebsrat in das betriebsinterne Intranet eingestellte Beiträge löscht.[914] Eine Befugnis zur Abhilfe durch eigenes Verhalten besteht nur ausnahmsweise, wenn die Voraussetzungen eines Notwehr- oder Nothilferechts nach § 227 BGB erfüllt sind.[915]

---

909 Hofmann, Das Verbot parteipolitischer Betätigung, S. 133; Husemann, AP Nr. 12 zu § 74 BetrVG 1972 unter 4a; Kreutz in: GK-BetrVG, § 74 Rn. 126; Meisel, RdA 1976, 38 (45).

910 BAG 28.05.2014 – 7 ABR 36/12, juris, Rn. 21; siehe hierzu oben: § 8 I 1 c.

911 Siehe oben: § 8 I 1 c.

912 Meisel, RdA 1976, 38 (44).

913 Im Zusammenhang mit einem eigenmächtigen Entfernen von Beiträgen des Betriebsrats aus dem Intranet: BAG 03.09.2003 – 7 ABR 12/03, juris, Rn. 25; LAG Hamm 12.03.2004 – 10 TaBV 161/03, juris, Rn. 60; LAG Hessen, 05.11.2009 – 9 TaBV 241/08, juris, Rn. 30.

914 LAG Hamm 12.03.2004 – 10 TaBV 161/03, juris, Rn. 60; LAG Hessen 15.03.2007 – 9 TaBVGa 32/07, juris, Rn. 24; LAG Hessen, 05.11.2009 – 9 TaBV 241/08, juris, Rn. 30; Glock in: H/W/G/N/R/H, BetrVG, § 40 Rn. 138.

915 LAG Berlin 23.06.1980 – 9 TaBV 2/80, DB 1980, 1704; LAG Hamm 12.03.2004 – 10 TaBV 161/03, juris, Rn. 60; LAG Hessen 15.03.2007 – 9 TaBVGa 32/07, juris, Rn. 24; LAG Hessen, 05.11.2009 – 9 TaBV 241/08, juris, Rn. 30; Glock in: H/W/G/N/R/H, BetrVG, § 40 Rn. 138; Thüsing in: Richardi, BetrVG, § 40 Rn. 79; Weber in: GK-BetrVG, § 40 Rn. 164.

Hierfür genügt allerdings nicht bereits ein einfacher Verstoß gegen betriebsverfassungsrechtliche Vorschriften. Erforderlich ist vielmehr, dass der Betriebsrat im konkreten Fall die Grenze zur Straftat oder unerlaubten Handlung überschreitet.[916] Das ist beispielsweise der Fall, wenn ein Aushang am schwarzen Brett, ein Beitrag im Intranet oder ein im Betrieb verteiltes Informationsblatt den Straftatbestand der Beleidigung (§ 185 StGB) oder der Verleumdung (§ 187 StGB) erfüllt. Darüber hinaus wird man ein Selbsthilferecht nach § 229 BGB in Fällen annehmen können, in denen der Betriebsrat durch die parteipolitische Betätigung eine schwere Störung des Betriebsfriedens verursacht.[917]

In der Praxis ist dem Arbeitgeber ein eigenmächtiges Einschreiten gegen parteipolitische Betätigungen des Betriebsrats nicht zu empfehlen. Zum einen besteht die Gefahr, dass hierdurch ein bereits schwelender Konflikt weiter angeheizt wird. Zum anderen ist das Risiko einer Fehlbeurteilung durch den Arbeitgeber groß: Stellt sich nachträglich heraus, dass die Voraussetzungen der §§ 227, 229 BGB nicht erfüllt waren, so ist das Eingreifen des Arbeitgebers unter Umständen als Behinderung des Betriebsrats anzusehen, die nach § 119 Abs. 1 Nr. 2 BetrVG unter Strafe gestellt ist.[918] In subjektiver Hinsicht genügt für die Verwirklichung des § 119 Abs. 1 Nr. 2 BetrVG bereits bedingter Vorsatz.[919]

VII. Zusammenfassung

Verstößt der Betriebsrat gegen das Verbot parteipolitischer Betätigung im Betrieb, so steht dem Arbeitgeber unmittelbar aus § 74 Abs. 2 S. 3 BetrVG ein eigenständiger betriebsverfassungsrechtlicher Unterlassungsanspruch zu. Ferner kann der Arbeitgeber wegen einer Beeinträchtigung seines Eigentums nach § 1004 Abs. 1 S. 2 BGB Unterlassung verlangen, wenn der Betriebsrats bei seiner parteipolitischen Betätigung vom Arbeitgeber zur Verfügung gestellte Sachmittel i.S.v. § 40 BetrVG nutzt. Ein Unterlassungsanspruch des Arbeitgebers kann sich zudem aus § 1004 Abs. 1 S. 2 i.V.m. § 823 Abs. 1 BGB ergeben, wenn der Betriebsrat im Zusammenhang mit einem parteipolitischen Protest zu einer Betriebsblockade oder zu einem Boykott aufruft und damit das Recht am eingerichteten und ausgeübten Gewerbebetrieb verletzt. Dagegen scheidet ein Unterlassungsanspruch aus § 1004 Abs. 1 S. 2 i.V.m.

---

916 LAG Berlin 23.06.1980 – 9 TaBV 2/80, DB 1980, 1704; LAG Hamm 12.03.2004 – 10 TaBV 161/03, juris, Rn. 60; LAG Hessen, 05.11.2009 – 9 TaBV 241/08, juris, Rn. 30; Glock in: H/W/G/N/R/H, BetrVG, § 40 Rn. 138; Thüsing in: Richardi, BetrVG, § 40 Rn. 79; Weber in: GK-BetrVG, § 40 Rn. 164.

917 So auch Wortmann, ArbR 2011, 212 (215). Z.T. wird eine bloße Störung bzw. Beeinträchtigung des Betriebsfriedens für ausreichend erachtet, so Galperin/Löwisch, BetrVG, § 40 Rn. 45; Glock in: H/W/G/N/R/H, BetrVG, § 40 Rn. 138; Weber in: GK-BetrVG, § 40 Rn. 164.

918 Wortmann, ArbR 2011, 212 (215).

919 Annuß in: Richardi, BetrVG, § 119 Rn. 16; Oetker in: GK-BetrVG, § 119 Rn. 51.

§ 823 Abs. 2 BGB aus, da es sich bei dem parteipolitischen Betätigungsverbot nicht um ein Schutzgesetz i.S.v. § 823 Abs. 2 BGB handelt.

Folgt man – entgegen der hier vertretenen Auffassung – der neuen Rechtsprechung des BAG, wonach Verstöße des Betriebsrats gegen § 74 Abs. 2 S. 3 BetrVG keinen Unterlassungsanspruch des Arbeitgebers begründen, so bleibt dem Arbeitgeber lediglich die Möglichkeit, die Unzulässigkeit der parteipolitischen Betätigung nach § 256 Abs. 1 ZPO gerichtlich feststellen lassen.

Bei einem groben Verstoß gegen § 74 Abs. 2 S. 3 BetrVG können mindestens ein Viertel der wahlberechtigten Arbeitnehmer, der Arbeitgeber oder eine im Betrieb vertretene Gewerkschaft die Auflösung des Betriebsrats nach § 23 Abs. 1 S. 1 BetrVG beantragen. Hierbei ist der Begriff der „groben Pflichtverletzung" restriktiv auszulegen. Das Grundrecht der Meinungsfreiheit findet an dieser Stelle allerdings keine Berücksichtigung, da sich der Betriebsrat als Gremium nicht auf Art. 5 Abs. 1 GG berufen kann.

Mangels genereller Rechts- und Vermögensfähigkeit scheidet eine deliktische Haftung des Betriebsrats bei Verstößen gegen das Verbot parteipolitischer Betätigung aus. Eine Rechtsschutzlücke ist deshalb allerdings nicht zu befürchten, da jedenfalls die beteiligten Betriebsratsmitglieder nach § 823 ff. BGB in Anspruch genommen werden können.

Die Verletzung des parteipolitischen Betätigungsverbots ist im arbeitsgerichtlichen Beschlussverfahren gem. § 2a Abs. 1 Nr. 1, Abs. 2, §§ 80 ff. ArbGG geltend zu machen. Dabei kommt hinsichtlich des Unterlassungsanspruchs des Arbeitgebers in eiligen Fällen der Erlass einer einstweiligen Verfügung in Betracht. Dies gilt nach der Rechtsprechung des BAG ausnahmsweise auch für den Feststellungsantrag nach § 256 Abs. 1 ZPO. Dagegen scheidet bei einem Auflösungsantrag nach § 23 Abs. 1 S. 1 BetrVG die Durchsetzung im einstweiligen Rechtsschutzverfahren aus. Eine Befugnis des Arbeitgebers zur Abhilfe durch eigenes Verhalten besteht nur ausnahmsweise, wenn mit der parteipolitischen Betätigung des Betriebsrats eine Straftat, eine andere unerlaubte Handlung oder eine schweren Störung des Betriebsfriedens einhergeht. In diesen Fällen ist der Arbeitgeber nach §§ 227, 229 BGB unmittelbar zum Einschreiten berechtigt.

§ 9 Rechtliche Möglichkeiten gegen das einzelne Betriebsratsmitglied

I. Unterlassungsanspruch

1. Anspruch aus § 74 Abs. 2 S. 3 BetrVG

Der unmittelbar aus § 74 Abs. 2 S. 3 BetrVG folgende Unterlassungsanspruch des Arbeitgebers richtet sich nicht nur gegen den Betriebsrat als Gremium, sondern auch gegen die einzelnen Betriebsratsmitglieder.[920] Auch diese sind im Rahmen ihrer Amtsausübung an das Verbot parteipolitischer Betätigung gebunden.[921] Ebenso wie beim Betriebsratsgremium korrespondiert die Unterlassungspflicht mit einem eigenständigen Unterlassungsanspruch der Gegenseite.

Zwar hat das BAG in seinem Beschluss vom 17.03.2010[922] keine Aussage zu einem Unterlassungsanspruch des Arbeitgebers gegenüber den einzelnen Betriebsratsmitgliedern als Adressaten des parteipolitischen Betätigungsverbots getroffen. Es ist allerdings davon auszugehen, dass es auch insoweit einen Unterlassungsanspruch aus § 74 Abs. 2 S. 3 BetrVG verneint. Mit Ausnahme des Einwandes der fehlenden Vollstreckbarkeit behält die Argumentation des BAG auch im Hinblick auf das einzelne Betriebsratsmitglied seine Gültigkeit. Dies hat der Erste Senat[923] kürzlich bestätigt, indem er – unter Verweis auf die Entscheidung vom 17.03.2010 und unter Berufung auf die dort vorgebrachten Argumente – entschied, dass die Verletzung des Arbeitskampfverbotes aus § 74 Abs. 2 S. 1 BetrVG keinen betriebsverfassungsrechtlichen Unterlassungsanspruch des Arbeitgebers gegen einzelne Mitglieder des Betriebsrats begründet.

2. Ansprüche außerhalb des BetrVG

Nutzt das betreffende Betriebsratsmitglied bei seiner parteipolitischen Betätigung vom Arbeitgeber zur Verfügung gestellte Sachmittel i.S.v. § 40 BetrVG, oder kommt es gar zu einem Eingriff in das Recht am eingerichteten und ausgeübten Gewerbebetrieb, so kann der Arbeitgeber nach § 1004 Abs. 1 S. 2 BGB (ggf. i.V.m. § 823 Abs. 1 BGB) Unterlassung verlangen.[924] Auch das BAG[925] hat kürzlich in einem vergleichbaren

---

920 Hierüber besteht unter den Befürwortern eines Unterlassungsanspruchs Einigkeit, vgl. etwa Hofmann, Das Verbot parteipolitischer Betätigung, S. 133; Meisel, RdA 1976, 38 (45); Sowka/Krichel, DB 1989, Beil. Nr. 11 S. 6.

921 Siehe oben: § 4 I 2 b.

922 BAG 17.03.2010 – 7 ABR 95/08, juris.

923 BAG 15.10.2013 – 1 ABR 31/12, juris, Rn. 25 f.

924 Zu den Anspruchsvoraussetzungen siehe oben: § 8 I 2 a und b.

925 BAG 15.10.2013 – 1 ABR 31/12, juris, Rn. 27 ff.; siehe hierzu oben: § 8 I 2 a.

Fall einen Unterlassungsanspruch des Arbeitgebers gegen das einzelne Betriebsratsmitglied aus § 1004 Abs. 1 S. 2 BGB bejaht. Zwar ging es dort um eine Verletzung des Arbeitskampfverbots aus § 74 Abs. 2 S. 1 BetrVG – der stellvertretende Betriebsratsvorsitzende hatte über seinen vom Unternehmen zur Verfügung gestellten namensbezogenen E-Mail Account einen Streikaufruf der Gewerkschaft ver.di im Betrieb verbreitet. Es sind allerdings keine Gründe ersichtlich, weshalb das BAG bei Verstößen gegen das Verbot des § 74 Abs. 2 S. 3 BetrVG anders entscheiden sollte. Insoweit bleibt die Kernaussage des Gerichts, dass die betriebsverfassungsrechtliche Konzeption des § 23 BetrVG der Anwendbarkeit des § 1004 Abs. 1 S. 2 BGB nicht entgegen stehe[926], bestehen. Zudem verliert bei einem gegen das einzelne Betriebsratsmitglied gerichteten Unterlassungsanspruch das Argument der fehlenden Vollstreckbarkeit seine Gültigkeit. Damit kommt § 1004 Abs. 1 S. 2 BGB bei der Durchsetzung des parteipolitischen Betätigungsverbots in Zukunft eine herausragende Bedeutung zu. Die Norm bietet dem Arbeitgeber nach der Rechtsprechung des BAG die einzig verbleibende Möglichkeit gegen parteipolitische Betätigungen des einzelnen Betriebsratsmitglieds im Wege eines Unterlassungsanspruchs vorzugehen. Insbesondere lässt sich der Unterlassungsanspruch, bei Vorliegen der prozessualen Voraussetzungen, auch im einstweiligen Rechtsschutzverfahren durchsetzen.

Ein gegen das Betriebsratsmitglied gerichteter Unterlassungsanspruch aus § 1004 Abs. 1 S. 2 i.V.m. § 823 Abs. 2 BGB scheidet aus, da es sich bei dem parteipolitischen Betätigungsverbot nicht um ein Schutzgesetz i.S.v. § 823 Abs. 2 BGB handelt.[927]

II. Feststellungsantrag

Geht man mit dem BAG und entgegen der hier vertretenen Auffassung davon aus, dass § 74 Abs. 2 S. 3 BetrVG keinen gerichtlich durchsetzbaren Unterlassungsanspruch gegen das einzelne Betriebsratsmitglied begründet, so bleibt dem Arbeitgeber – außer in den Fällen des § 1004 Abs. 1 S. 2 BGB – nur die Möglichkeit, im Wege eines Feststellungsantrages gem. § 256 Abs. 1 ZPO gegen die parteipolitische Betätigung vorzugehen. Insoweit kann auf die obigen Ausführungen[928] zum Betriebsratsgremium verwiesen werden.

III. Antrag auf Amtsenthebung nach § 23 Abs. 1 S. 1 BetrVG

1. Grobe Pflichtverletzung

Voraussetzung für einen Antrag auf Amtsenthebung nach § 23 Abs. 1 S. 1 BetrVG ist, dass es sich bei der parteipolitischen Betätigung des Mitglieds im Einzelfall um

926 BAG 15.10.2013 – 1 ABR 31/12, juris, Rn. 27; siehe hierzu oben: § 8 I 2 a.
927 Siehe oben: § 8 I 2 c.
928 Siehe oben: § 8 II.

eine grobe, d.h. objektiv erhebliche und offensichtlich schwerwiegende Pflichtverletzung handelt.[929] Bei der Annahme eines groben Pflichtverstoßes ist Zurückhaltung geboten; gegebenenfalls ist dem Grundrecht der Meinungsfreiheit aus Art. 5 Abs. 1 GG Rechnung zu tragen.[930] Hierbei ist allerdings zu beachten, dass sich das einzelne Betriebsratsmitglied in seiner amtlichen Eigenschaft richtigerweise nur dann auf den Schutz des Art. 5 Abs. 1 GG berufen kann, wenn es sich bei der streitgegenständlichen parteipolitischen Betätigung um eine private Meinungsäußerung bei Gelegenheit der Amtsausübung handelt. Lediglich in diesen Fällen bewirkt § 74 Abs. 2 S. 3 BetrVG einen Eingriff in Art. 5 Abs. 1 GG.[931]

Nicht einheitlich beurteilt wird, ob eine Amtsenthebung nach § 23 Abs. 1 S. 1 BetrVG als subjektives Element ein Verschulden des Betriebsratsmitglieds voraussetzt. Teilweise[932] wird Vorsatz oder grobe Fahrlässigkeit verlangt. Andere wiederum lassen leichte Fahrlässigkeit genügen[933] oder verzichten gänzlich auf ein Verschuldenserfordernis[934]. Dem Meinungsstreit kommt zumindest bei Verstößen gegen § 74 Abs. 2 S. 3 BetrVG kaum eine praktische Bedeutung zu. Verletzt ein Betriebsratsmitglied in objektiv erheblicher und offensichtlich schwerwiegender Weise das Verbot parteipolitischer Betätigung, so wird man ihm in der Regel auch ein grob fahrlässiges Verhalten vorwerfen können.[935] Unabhängig davon sprechen die besseren Argumente gegen ein Verschuldenserfordernis. Zum einen liefert der Wortlaut des § 23 Abs. 1 S. 1 BetrVG hierfür keinen Anhaltspunkt. Zum anderen wird zutreffend eingewandt, dass der Zweck der Amtsenthebung nicht in der Sanktionierung pflichtwidrigen Verhaltens liegt, sondern darin, ein Mindestmaß gesetzmäßiger Amtsausübung sicherzustellen.[936] Auf die persönliche Vorwerfbarkeit der nach objektiven Maßstäben zu beurteilenden groben Pflichtverletzung kann es daher richtigerweise nicht ankommen.

---

929 Hierzu siehe oben: § 8 III 1.

930 BVerfG 28.04.1976 – 1 BvR 71/73, juris, Rn. 30; BAG 21.02.1978 – 1 ABR 54/76, juris, Rn. 73.

931 Siehe oben: § 3 III 1 und § 4 I 2 b.

932 ArbG Marburg 07.08.1996, NZA 1996, 1331 (1333); ArbG Wuppertal 05.07.2006 – 6 BV 9/06, juris, Rn. 15; Fitting, BetrVG, § 23 Rn. 16; Huke in: H/W/G/N/R/H, BetrVG, § 23 Rn. 17; Löwisch/Kaiser, BetrVG, § 23 Rn. 4.

933 Thüsing in: Richardi, BetrVG, § 23 Rn. 28; Trittin in: D/K/K/W, BetrVG, § 23 Rn. 24.

934 BAG 05.09.1967 – 1 ABR 1/67, juris, Rn. 42; Bohn, SAE 1979, 67 (69); Joost in: MüArbR II, § 222 Rn. 12; Kreft in: W/P/K, BetrVG, § 23 Rn. 13; Oetker in: GK-BetrVG, § 23 Rn. 47 ff.; Reichold in: H/W/K, AK, § 23 BetrVG Rn. 8; Schwipper, Öffentliche Meinungsäußerungen des Betriebsrats, S. 239.

935 So allgemein auch Oetker in: GK-BetrVG, § 23 Rn. 51.

936 Oetker in: GK-BetrVG, § 23 Rn. 48 f.; ebenso Joost in: MüArbR II, § 222 Rn. 12.

Die Rechtsprechung[937] und der überwiegende Teil der Literatur[938] gehen davon aus, dass das Betriebsratsmitglied die grobe Pflichtverletzung in zeitlicher Hinsicht innerhalb der laufenden Amtsperiode begangen haben muss. Kommt es zwischenzeitlich zu einer Neuwahl des Betriebsrats und wird das betreffende Mitglied wiedergewählt, so scheidet eine Amtsenthebung wegen eines in der vergangenen Amtszeit begangenen groben Verstoßes gegen das Verbot parteipolitischer Betätigung aus. In einem bereits anhängigen Ausschlussverfahren entfällt mit Ablauf der Amtsperiode das Rechtsschutzinteresse des Antragstellers; damit erledigt sich das Verfahren.[939] Der Ausschlussantrag ist in diesem Fall als unzulässig abzuweisen.[940]

2. Antragsbefugnis

Den Antrag auf Ausschluss eines Mitglieds aus dem Betriebsrat können nach § 23 Abs. 1 S. 1 BetrVG mindestens ein Viertel der wahlberechtigten Arbeitnehmer, der Arbeitgeber oder eine im Betrieb vertretene Gewerkschaft stellen. Antragsberechtigt ist ferner der Betriebsrat als Gremium, vgl. § 23 Abs. 1 S. 2 BetrVG.

IV. Individualvertragliche Sanktionen

1. Abmahnung und außerordentliche Kündigung

Verstößt das Betriebsratsmitglied gegen § 74 Abs. 2 S. 3 BetrVG, so kann die darin liegende Amtspflichtverletzung allein arbeitsvertragliche Sanktionen nicht rechtfertigen.[941] In diesem Fall stehen dem Arbeitgeber zunächst nur die oben aufgezeigten betriebsverfassungsrechtlichen Reaktionsmöglichkeiten offen (Unterlassungs- bzw. Feststellungsantrag, Antrag auf Amtsenthebung gem. § 23 Abs. 1 S. 1 BetrVG). Allerdings kann das Betriebsratsratsmitglied nach der heute praktisch unbestrittenen Simultantheorie mit ein und derselben Handlung sowohl gegen seine Amtspflichten als auch gegen seine Pflichten aus dem Arbeitsvertrag verstoßen.[942] Demnach ist stets

---

937 BAG 29.04.1969 – 1 ABR 19/68, juris, Rn. 17 ff.; LAG Berlin 19.06.1978 – 9 TaBV 1/78, DB 1979, 112; LAG Hamm, 20.03.2009 – 10 TaBV 149/08, juris, Rn. 64.

938 Fitting, BetrVG, § 23 Rn. 25; Joost in: MüArbR II, § 222 Rn. 10; Kreft in: W/P/K, BetrVG, § 23 Rn. 14; Trittin in: D/K/K/W, BetrVG, § 23 Rn. 27; a.A. Huke in: H/W/G/N/R/H, BetrVG, § 23 Rn. 19; Oetker in: GK-BetrVG, § 23 Rn. 55 f.; Thüsing in: Richardi, BetrVG, § 23 Rn. 26, die jeweils darauf abstellen, ob durch die früherer Pflichtverletzung die gegenwärtige Amtsführung noch belastet ist.

939 BAG 29.04.1969 – 1 ABR 19/68, juris, Rn. 13 ff.

940 Fitting, BetrVG, § 23 Rn. 25.

941 BAG 03.12.1954 – 1 AZR 150/54, juris, LS 3 und Rn. 17 (zu § 51 S. 2 BetrVG 1952); Fitting, BetrVG, 23 Rn. 21; Hofmann, Das Verbot parteipolitischer Betätigung, S. 135; v. Hoyningen-Huene in: MüArbR II, § 213 Rn. 41; Thüsing in: Richardi, BetrVG, § 23 Rn. 20.

942 Vgl. nur Oetker in: GK-BetrVG, § 23 Rn. 28. Wenn demgegenüber vereinzelt die Auffassung vertreten wird, dass für betriebsverfassungsrechtliche Funktionsträger

zu prüfen, ob die parteipolitische Betätigung im Einzelfall zugleich eine Verletzung arbeitsvertraglicher Individualpflichten darstellt (sog. Simultanpflichtverletzung).[943] Ist dies der Fall, so hat der Arbeitgeber die Wahl: Neben den betriebsverfassungsrechtlichen Reaktionsmöglichkeiten kommt dann eine Abmahnung[944], in schwerwiegenden Fällen auch der Ausspruch einer außerordentlichen Kündigung nach §§ 15 Abs. 1 S. 1 KSchG, 626 BGB[945] in Betracht. Eine ordentliche Kündigung gegenüber Betriebsratsmitgliedern scheidet gem. § 15 Abs. 1 S. 1 KSchG aus.

Vor Ausspruch einer außerordentlichen Kündigung hat der Arbeitgeber nach § 103 Abs. 1 BetrVG die Zustimmung des Betriebsrats einzuholen. Bei der Beratung und der Abstimmung über die Erteilung der Zustimmung ist das betroffene Betriebsratsmitglied wegen rechtlicher Verhinderung ausgeschlossen; an seine Stelle tritt nach § 25 Abs. 1 S. 2 BetrVG ein Ersatzmitglied.[946] Verweigert der Betriebsrat seine Zustimmung zur außerordentlichen Kündigung, so kann der Arbeitgeber nach § 103 Abs. 2 S. 1 BetrVG beim Arbeitsgericht die Zustimmungsersetzung beantragen.

---

die Pflichten aus dem Arbeitsverhältnis ruhen (sog. Amtshandlungstheorie, vgl. Säcker, RdA 1965, 372, (373 ff.)) bzw. dass bei Amtspflichtverletzungen das Verfahren nach § 23 Abs. 1 S. 1 BetrVG generell Vorrang vor arbeitsvertraglichen Sanktionen hat (sog. Trennungstheorie, vgl. Bieback, RdA 1978, 82, (84 ff.); Trittin in: D/K/K/W, BetrVG, § 23 Rn. 114), wird dies von der h.M. zutreffend abgelehnt. Bliebe die vom Betriebsratsmitglied gleichzeitig mit einer Amtspflichtverletzung begangene Arbeitsvertragsverletzung unbeachtet, so liefe dies auf eine nach § 78 S. 2 BetrVG unzulässige Begünstigung von Betriebsratsmitgliedern hinaus, vgl. Oetker in: GK-BetrVG, § 23 Rn. 32.

943 Zu den arbeitsvertraglichen Grenzen politischer Betätigung im Betrieb siehe oben: § 4 II 1 b.

944 Vgl. LAG München 04.10.1984 – 2 Sa 29/84, DB 1985, 1539; BAG 12.06.1986 – 6 AZR 559/84, juris, Rn. 26 ff.; Kreutz in: GK-BetrVG, § 74 Rn. 130; Löwisch/Kaiser, BetrVG, § 74 Rn. 37; Worzalla in: H/W/G/N/R/H, BetrVG, § 74 Rn. 55.

945 BAG 03.12.1954 – 1 AZR 150/54, juris Rn. 17 (zu § 51 S. 2 BetrVG 1952); Bauer/Willemsen, NZA 2010, 1089 (1094); Berg in: D/K/K/W, BetrVG, § 74 Rn. 94; Bohn, SAE 1979, 67 (67); Fitting, BetrVG, § 74 Rn. 74b; Gnade, ArbRdGgw, Bd. 14 (1977), S. 59 (60); Hofmann, Das Verbot parteipolitischer Betätigung, S. 136; Kreutz in: GK-BetrVG, § 74 Rn. 130; Löwisch/Kaiser, BetrVG, § 74 Rn. 37; Meisel, RdA 1976, 38 (45); Preis in: W/P/K, BetrVG, § 74 Rn. 37; Reichold in: H/W/K, AK, § 74 BetrVG Rn. 19; Richardi in: Richardi, BetrVG, § 74 Rn. 73; Sowka/Krichel, DB 1989, Beil. Nr. 11, S. 6; Worzalla in: H/W/G/N/R/H, BetrVG, § 74 Rn. 55.

946 BAG 23.08.1984 – 2 AZR 391/83, juris, Rn. 33 ff.; Kania in: ErfK, BetrVG, § 103 Rn. 7; Linck in: A/P/S, Kündigungsrecht, BetrVG, § 103 Rn. 11.

2. Gesteigerte Anforderungen an den wichtigen Grund i.S.v. §§ 15 Abs. 1 S. 1 KSchG, 626 Abs. 1 BGB

a) Rechtsprechung und herrschende Lehre

Eine außerordentliche Kündigung erfordert einen wichtigen Grund i.S.v. § 626 Abs. 1 BGB. Ein solcher besteht immer dann, wenn Tatsachen vorliegen, aufgrund derer dem Arbeitgeber unter Berücksichtigung aller Umstände des Einzelfalls und unter Abwägung der Interessen beider Vertragsteile die Fortsetzung des Arbeitsverhältnisses bis zum Ablauf der Kündigungsfrist oder bis zu dessen vereinbarter Beendigung nicht zugemutet werden kann. Da gegenüber Betriebsratsmitgliedern nach § 15 Abs. 1 S. 1 KSchG eine ordentliche Kündigung ausscheidet, ist im Rahmen der Prüfung eines wichtigen Grundes i.S.v. §§ 15 Abs. 1 S. 1 KSchG, 626 Abs. 1 BGB auf die Unzumutbarkeit einer Weiterbeschäftigung bis zum Ablauf der fiktiven ordentlichen Kündigungsfrist abzustellen.[947]

In den hier interessierenden Fällen der Simultanpflichtverletzung, in denen das Betriebsratsmitglied gleichzeitig gegen Amtspflichten und gegen Pflichten aus dem Arbeitsvertrag verstößt, werden bei der Beurteilung der Frage des Vorliegens eines wichtigen Grundes i.S.v. §§ 15 Abs. 1 S. 1 KSchG, 626 Abs. 1 BGB allgemein höhere Anforderungen gestellt als bei anderen Arbeitnehmern, die nicht dem Betriebsrat angehören. So ist nach Auffassung des BAG[948] und der herrschenden Lehre[949] die außerordentliche Kündigung des Betriebsratsmitglieds nur gerechtfertigt, wenn unter Anlegung eines besonders strengen Maßstabs das pflichtwidrige Verhalten als ein schwerer Verstoß gegen die Pflichten aus dem Arbeitsverhältnis zu werten ist. Damit soll dem Umstand Rechnung getragen werden, dass betriebsverfassungsrechtliche Amtsträger gerade aufgrund ihrer Betriebsratstätigkeit leichter in Gefahr geraten können, ihre arbeitsvertraglichen Pflichten zu verletzen. Nur durch die Gewährleistung eines gesteigerten Bestandsschutzes, könne daher die freie Betätigung des Betriebsratsmitglieds in seinem Amt gewährleistet werden.[950]

---

947 BAG 08.08.1968 – 2 AZR 348/67, juris, Rn. 40; BAG 17.03.1988 – 2 AZR 576/87, juris, Rn. 37; Kiel in: ErfK, KSchG, § 15 Rn. 22.

948 St. Rspr. vgl. BAG 03.12.1954 – 1 AZR 150/54, juris, Rn. 17; BAG 22.08.1974 – 2 ABR 17/74, juris, Rn. 39; BAG 25.05.1982 – 7 AZR 155/80, juris, Rn. 24; BAG 10.11.1993 – 7 AZR 682/92, juris Rn. 30; BAG 05.11.2009 – 2 AZR 487/08, juris, Rn. 30; BAG 19.07.2012 – 2 AZR 989/11, juris, Rn. 49.

949 Fitting, BetrVG, § 23 Rn. 23; Gnade, ArbRdGgw, Bd. 14 (1977), S. 59 (76); Hofmann, Das Verbot parteipolitischer Betätigung, S. 136 f.; Huke in: H/W/G/N/R/H, BetrVG, § 23 Rn. 26; Kreft in: W/P/K, BetrVG, § 23 Rn. 11; Oetker in: GK-BetrVG, § 23 Rn. 33; Thüsing in: Richardi, BetrVG, § 23 Rn. 23.

950 BAG 25.05.1982 – 7 AZR 155/80, juris, Rn. 24 unter Verweis auf BAG 20.12.1961 – 1 AZR 404/61, juris; BAG 16.10.1986 – 2 ABR 71/85, juris, Rn. 28.

b) Stellungnahme

Die herrschende Meinung geht zu Recht davon aus, dass die Ausübung eines betriebsverfassungsrechtlichen Amtes mit einer gesteigerten Gefahr der Begehung von Arbeitsvertragsverletzungen verbunden ist. Von Seiten der Belegschaft wird häufig eine aktive Interessenvertretung erwartet; das Betriebsratsmitglied soll seine Meinung gegenüber dem Arbeitgeber selbstbewusst vertreten. Dabei ist die Grenze des arbeitsvertraglich Zulässigen – auch was politische Meinungsäußerungen betrifft – tendenziell leichter überschritten, als dies bei einem gewöhnlichen Arbeitnehmer der Fall ist. Es ist daher richtig, wenn bei der Prüfung eines wichtigen Grundes i.S.v. §§ 15 Abs. 1 S. 1 KSchG, 626 Abs. 1 BGB der besonderen Situation des Betriebsratsmitglieds Rechnung getragen wird. Gleichwohl ist den Stimmen in der Literatur Recht zu geben, die darauf verweisen, dass der dogmatische Kern für diese notwendige Einschränkung vielfach nicht ausreichend klargestellt wird.[951] Rechtstechnisch wirken sich die bei der außerordentlichen Kündigung von Betriebsratsmitgliedern geltenden „strengeren Anforderungen" wie folgt aus: Zum einen ist bei der gem. §§ 15 Abs. 1 S. 1 KSchG, 626 Abs. 1 BGB durchzuführenden einzelfallbezogenen Interessenabwägung zu Gunsten des Betriebsratsmitglieds zu berücksichtigen, ob es gerade in Ausübung seines Amtes in Konflikt mit seinen arbeitsvertraglichen Pflichten geraten ist.[952] Zum anderen ist darauf zu achten, dass der Normzweck des § 23 Abs. 1 BetrVG nicht leerläuft.[953] Der vom Gesetz vorgesehene normale Weg, gegen grobe Pflichtverletzung eines Betriebsratsmitglieds vorzugehen, liegt für den Arbeitgeber darin, den Ausschluss aus dem Betriebsrat gem. § 23 Abs. 1 S. 1 BetrVG zu beantragen.[954] Verstößt nun das Betriebsratsmitglied mit ein und derselben Handlung sowohl gegen Amts- als auch gegen Vertragspflichten und sind hinsichtlich der Amtspflichtverletzung die strengen Voraussetzungen des § 23 Abs. 1 BetrVG nicht erfüllt, so soll der durch § 23 Abs. 1 BetrVG bezweckte Amtsschutz nicht mittelbar dadurch beseitigt werden, dass der Arbeitgeber das Betriebsratsmitglied außerordentlich kündigt. Da die Beendigung des Arbeitsverhältnisses immer auch zum Verlust des Betriebsratsamts führt (§ 24 Nr. 3 BetrVG), kann eine Vertragspflichtverletzung nur dann eine außerordentliche Kündigung rechtfertigen, wenn sie zugleich als grobe Verletzung der gesetzlichen Pflichten i.S.v. § 23 Abs. 1 S. 1 BetrVG zu werten ist.[955] Schließlich verlangt der Grundsatz der Verhältnismäßigkeit, dass der Arbeitgeber

---

951 So Oetker in: GK-BetrVG, § 23 Rn. 33; vgl. auch Linck in: A/P/S, Kündigungsrecht, KSchG, § 15 Rn. 135.

952 Klarstellend BAG 19.07.2012 – 2 AZR 989/11, juris, Rn. 49 unter Verweis auf BAG 25.05.1982 – 7 AZR 155/80, juris, Rn. 24; BAG 16.10.1986 – 2 ABR 71/85, juris, Rn. 28; Kiel in: ErfK, KSchG, § 15 Rn. 24; Linck in: A/P/S, Kündigungsrecht, KSchG, § 15 Rn. 135.

953 BAG 03.12.1954 – 1 AZR 150/54, juris, Rn. 17; Kreft in: W/P/K, BetrVG, § 23 Rn. 11; Oetker in: GK-BetrVG, § 23 Rn. 32.

954 BAG 03.12.1954 – 1 AZR 150/54, juris, Rn. 17.

955 Kreft in: W/P/K, BetrVG, § 23 Rn. 11; Oetker in: GK-BetrVG, § 23 Rn. 32.

vorrangig auf das Amtsenthebungsverfahren als gegenüber der Kündigung milderes Mittel zurückgreift, wenn im Einzelfall schon dadurch künftiges Fehlverhalten nicht mehr zu erwarten ist.[956]

Im Ergebnis kann unter Zugrundelegung dieses strengen Maßstabs die parteipolitische Betätigung des Betriebsratsmitglieds eine außerordentliche Kündigung nur in besonderen Ausnahmefällen rechtfertigen. Insoweit wird man verlangen müssen, dass das Mitglied mit seiner Betätigung den Betriebsfrieden oder den Arbeitsablauf schwerwiegend und nachhaltig stört bzw. seine Arbeitspflicht in erheblichem Maße verletzt.[957] Denkbar wäre dies etwa, wenn die Belegschaft im Zusammenhang mit einem politischen Protest zur Arbeitsniederlegung aufgefordert wird und es in der Folge zu merklichen Unruhen im Betrieb kommt.

V. Schadensersatz

1. Anspruch aus § 823 Abs. 1 BGB

Anders als das Betriebsratsgremium, welches mangels genereller Rechts- und Vermögensfähigkeit als Schuldner von Schadensersatzansprüchen ausscheidet, haften die Mitglieder des Betriebsrats unstreitig nach den allgemeinen Regeln des Bürgerlichen Rechts mit ihrem eigenen Vermögen. Demnach ist auch eine Einstandspflicht aus § 823 Abs. 1 BGB im Grundsatz denkbar.[958] Tatsächlich spielt die Problematik der deliktischen Haftung einzelner Betriebsratsmitglieder in der Praxis – soweit ersichtlich – jedoch bislang keine Rolle. Sie wird ausschließlich in der Rechtslehre diskutiert.

Ein Schadensersatzanspruch gegen das Betriebsratsmitglied aus § 823 Abs. 1 BGB setzt zunächst voraus, dass es im Zusammenhang mit der parteipolitischen Betätigung zu einem Eingriff in ein absolut geschütztes Rechtsgut kommt. Denkbar wäre hier etwa ein Eingriff in das Eigentum des Arbeitgebers oder in dessen Recht am eingerichteten und ausgeübten Gewerbebetrieb.[959] Weiterhin muss die Verletzungshandlung – sprich die parteipolitische Betätigung – dem betreffenden Betriebsratsmitglied zuzurechnen sein. Dies ist jedenfalls dann unproblematisch der

956 Bauer/Willemsen, NZA 2010, 1089 (1094); Kreft in: W/P/K, BetrVG, § 23 Rn. 11; Oetker in: GK-BetrVG, § 23 Rn. 34; Schwipper, Öffentliche Meinungsäußerungen des Betriebsrats, S. 290 f.; Thüsing in: Richardi, BetrVG, § 23 Rn. 23; vgl. auch BAG 23.10.2008 – 2 ABR 59/07, juris, Rn. 27 ff.

957 Ebenso Hofmann, Das Verbot parteipolitischer Betätigung, S. 137; vgl. auch Berg in: D/K/K/W, BetrVG, § 74 Rn. 94 („konkrete und nachhaltige Störung des ordnungsgemäßen Arbeitsablaufs oder des Betriebsfriedens").

958 Bauer/Willemsen, NZA 2010, 1089 (1094); Fitting, BetrVG, § 1 Rn. 214 ff.; Franzen in: GK-BetrVG, § 1 Rn. 81 ff.; Müller/Jahner, BB 2013, 440 (443); Preis in: W/P/K, BetrVG, § 1 Rn. 46; Rosset, Rechtssubjektivität des Betriebsrats, S. 136; Schwipper, Öffentliche Meinungsäußerungen des Betriebsrats, S. 258 f.; Thüsing in: Richardi, BetrVG, Vorbem. § 26 Rn. 14 ff.

959 Hierzu siehe oben: § 8 I 2 a und b.

Fall, wenn das Betriebsratsmitglied selbst unmittelbar tätig geworden ist. Im Übrigen trifft die Mitglieder des Betriebsrats keine generelle Einstandspflicht für ein Fehlverhalten des Betriebsratsgremiums.[960] Geht eine unerlaubte Handlung auf einen Beschluss des Betriebsrats zurück, so haften nur diejenigen Mitglieder, die durch Zustimmung zu dem entsprechenden Beschluss beigetragen haben.[961] Ferner nimmt die Rechtslehre beim Verschuldenserfordernis des § 823 Abs. 1 BGB zutreffend eine Haftungsprivilegierung zu Gunsten des Betriebsratsmitglieds an. Mit Blick darauf, dass es sich beim Betriebsratsamt um ein unentgeltliches Ehrenamt handelt (§ 37 Abs. 1 BetrVG) und zur Sicherung der persönlichen Unabhängigkeit der Betriebsratsmitglieder, ist ihre Haftung auf Vorsatz und grobe Fahrlässigkeit beschränkt.[962]

Die im Zusammenhang mit der parteipolitischen Betätigung verursachte Rechtsgutsbeeinträchtigung muss im Einzelfall beim Anspruchsberechtigten zu einem kausalen Vermögensschaden führen. Erstellt das Betriebsratsmitglied beispielsweise unter Nutzung der zur Verfügung gestellten Sachmittel i.S.v. § 40 BetrVG Flugblätter mit parteipolitischem Inhalt, so hat es dem Arbeitgeber die hierdurch entstandenen Kosten zu ersetzen. Ruft der Betriebsrat die Belegschaft im Zusammenhang mit einem parteipolitischen Protest zur Arbeitsniederlegung oder zur Betriebsblockade auf, so haften die verantwortlichen Betriebsratsmitglieder als Gesamtschuldner (§§ 830, 840 BGB)[963] für den durch den Produktionsausfall entstandenen wirtschaftlichen Schaden.

2. Anspruch aus § 823 Abs. 2 BGB i.V.m. § 74 Abs. 2 S. 3 BetrVG

Ein Schadensersatzanspruch gegen das Betriebsratsmitglied aus § 823 Abs. 2 BGB i.V.m. § 74 Abs. 2 S. 3 BetrVG scheidet aus, da es sich bei dem Verbot parteipolitischer Betätigung nicht um ein Schutzgesetz i.S.v. § 823 Abs. 2 BGB handelt.[964]

3. Anspruch aus § 280 Abs. 1 BGB

Verletzt das Betriebsratsmitglied mit seiner parteipolitischen Betätigung zugleich seine Pflichten aus dem Arbeitsvertrag, so kann sich ein Schadensersatzanspruch des Arbeitgebers ferner aus § 280 Abs. 1 BGB ergeben.

960 Bauer/Willemsen, NZA 2010, 1089 (1094); Fitting, BetrVG, § 1 Rn. 216; Thüsing in: Richardi, BetrVG, Vorbem. § 26 Rn. 14.

961 Bauer/Willemsen, NZA 2010, 1089 (1094); Fitting, BetrVG, § 1 Rn. 217; Franzen in: GK-BetrVG, § 1 Rn. 85; Gamillscheg in: FS Otto, S. 93 (101 f.); Schwipper, Öffentliche Meinungsäußerungen des Betriebsrats, S. 258; Thüsing in: Richardi, BetrVG, Vorbem. § 26 Rn. 16.

962 Belling, Die Haftung des Betriebsrats, S. 246 ff.; Fitting, BetrVG, § 1 Rn. 216.

963 Vgl. Fitting, BetrVG, § 1 Rn. 217; Franzen in: GK-BetrVG, § 1 Rn. 85; Preis in: W/P/K, BetrVG, § 1 Rn. 46.

964 Siehe hierzu oben: § 8 I 2 b.

VI. Prozessuale Durchsetzung

Über Streitigkeiten im Zusammenhang mit dem betriebsverfassungsrechtlichen Verbot parteipolitischer Betätigung im Betrieb entscheidet das Arbeitsgericht gem. § 2a Abs. 1 Nr. 1, Abs. 2, §§ 80 ff. ArbGG im Beschlussverfahren. Dies betrifft sowohl die Geltendmachung eines gegen das Betriebsratsmitglied gerichteten Unterlassungsanspruchs, als auch den Feststellungsantrag nach § 256 Abs. 1 ZPO und den Antrag auf Amtsenthebung nach § 23 Abs. 1 S. 1 BetrVG. Insbesondere beim Unterlassungsantrag ist auf eine hinreichende Bestimmtheit i.S.v. § 253 Abs. 2 Nr. 2 ZPO zu achten.[965]

Spricht der Arbeitgeber aufgrund der parteipolitischen Betätigung eine Abmahnung oder eine außerordentliche Kündigung aus, so besteht für das betreffende Betriebsratsmitglied die Möglichkeit, hiergegen im Wege einer Klage auf Entfernung der Abmahnung aus der Personalakte bzw. im Wege einer Kündigungsschutzklage vorzugehen. Da es sich insoweit um eine Streitigkeit aus dem Arbeitsverhältnis bzw. um eine Streitigkeit über das Bestehen oder Nichtbestehen eines Arbeitsverhältnisses handelt, ist das Arbeitsgericht im Urteilsverfahren zuständig, vgl. § 2 Abs. 1 Nr. 3a bzw. b, Abs. 5, §§ 46 ff. ArbGG. Verweigert hingegen der Betriebsrat die nach § 103 Abs. 1 BetrVG erforderliche Zustimmung zur außerordentlichen Kündigung des Betriebsratsmitglieds, so ist über den Zustimmungsersetzungsantrag des Arbeitgebers nach § 103 Abs. 2 BetrVG im arbeitsgerichtlichen Beschlussverfahren zu entscheiden, vgl. § 2a Abs. 1 Nr. 1, Abs. 2, §§ 80 ff. ArbGG.[966] Nach der Rechtsprechung des BAG[967] kann der Arbeitgeber den Antrag auf Ersetzung der Zustimmung des Betriebsrats zur außerordentlichen Kündigung (§ 103 Abs. 2 BetrVG) und den Antrag auf Ausschluss des Betriebsratsmitglieds (§ 23 Abs. 1 S. 1 BetrVG) prozessual dergestalt miteinander verbinden, dass ersterer als Haupt- und letzterer als Hilfsantrag gestellt wird. Zwar wird es in der Literatur[968] teilweise auch für zulässig erachtet, mit dem Hauptantrag den Ausschluss aus dem Betriebsrat zu verfolgen und hilfsweise die Ersetzung der Zustimmung zur außerordentlichen Kündigung zu beantragen. Dies erscheint allerdings aus prozesstaktischer Sicht wenig sinnvoll.[969] Handelt es sich bei der parteipolitischen Betätigung des Mitglieds nicht um eine grobe Amtspflichtverletzung i.S.v. § 23 Abs. 1 S. 1 BetrVG, so kann in ihr auch kein

---

965 Siehe hierzu bereits oben: § 8 V.

966 Linck in: A/P/S, Kündigungsrecht, BetrVG, § 103 Rn. 24; Matthes/Schlewing in: G/M/P, ArbGG, § 2a Rn. 20.

967 BAG 21.02.1978 – 1 ABR 54/76, juris, Rn. 67; vgl. auch LAG Hamm 09.02.2007 – 10 TaBV 54/06, juris, Rn. 70.

968 Bohn, SAE 1979, 67 (67 f.); Huke in: H/W/G/N/R/H, BetrVG, § 23 Rn. 27; Koch in: ErfK, BetrVG, § 23 Rn. 10; a.A. Kreft in: W/P/K, BetrVG, § 23 Rn. 11; Oetker in: GK-BetrVG, § 23 Rn. 93; Thüsing in: Richardi, BetrVG, § 23 Rn. 44.

969 Ebenso Bohn, SAE 1979, 67 (68).

wichtiger Grund für eine außerordentliche Kündigung des Arbeitsverhältnisses gesehen werden.[970]

Macht der Arbeitgeber gegenüber dem Betriebsratsmitglied einen Anspruch auf Ersatz des durch die parteipolitische Betätigung entstandenen Schadens geltend, so ist nach vorzugswürdiger Ansicht das Arbeitsgericht nach § 2 Abs. 1 Nr. 3d, V, §§ 46 ff. ArbGG im Urteilsverfahren zuständig.[971] Im Streit steht insoweit nicht in erster Linie eine Angelegenheit aus dem BetrVG, sondern eine unerlaubte Handlung, die zwar nicht unmittelbar, aber doch zumindest mittelbar mit dem Arbeitsverhältnis im Zusammenhang steht.[972] Soweit sich der Arbeitgeber nicht auf einen Verstoß gegen § 74 Abs. 2 S. 3 BetrVG beruft, sondern ausdrücklich darauf abstellt, dass das Betriebsratsmitglied mit seiner parteipolitischen Betätigung (auch) seine Pflichten aus dem Arbeitsvertrag verletzt hat, handelt es sich um eine Streitigkeit aus dem Arbeitsverhältnis, für die das Arbeitsgericht nach § 2 Abs. 1 Nr. 3a im Urteilsverfahren zuständig ist.

In dringlichen Fällen hat der Arbeitgeber die Möglichkeit, den gegen das Betriebsratsmitglied gerichteten Unterlassungsanspruch im Wege eines Antrags auf Erlass einer einstweiligen Verfügung gem. § 85 Abs. 2 ArbGG i.V.m. §§ 935 ff., 916 ff. ZPO geltend zu machen. Auch im Amtsenthebungsverfahren nach § 23 Abs. 1 S. 1 BetrVG besteht die Möglichkeit des einstweiligen Rechtsschutzes. So kann auf Antrag des Arbeitgebers dem Betriebsratsmitglied durch einstweilige Verfügung die weitere Amtsausübung bis zur rechtskräftigen Entscheidung in der Hauptsache untersagt werden.[973] Anders als bei dem Antrag auf Auflösung des Betriebsrats[974] hat der Arbeitgeber damit die Möglichkeit, zu verhindern, dass ein grober Verstoß des Betriebsratsmitglieds gegen § 74 Abs. 2 S. 3 BetrVG wegen zu langer Dauer des Ausschlussverfahrens faktisch folgenlos bleibt. Beim Feststellungsantrag nach § 256 Abs. 1 ZPO kommt nach der Rechtsprechung des BAG ausnahmsweise die Durchsetzung im einstweiligen Rechtsschutzverfahren in Betracht, wenn Verstöße des Betriebsrats gegen seine betriebsverfassungsrechtlichen Verpflichtungen in Rede stehen.[975]

---

970 Zu den besonders hohen Anforderungen an Annahme eines wichtigen Grundes für die außerordentliche Kündigung eines Betriebsratsmitglieds siehe oben: § 9 IV 2.

971 Vgl. Thüsing in: Richardi, BetrVG, § 79 Rn. 43 (zur Geltendmachung eines Schadensersatzanspruchs gegen das Betriebsratsmitglied wegen Verstoßes gegen die Geheimhaltungspflicht aus § 79 Abs. 1 BetrVG); Walker in: Schwab/Weth, ArbGG, § 2a Rn. 44; a.A. Matthes/Schlewing in: G/M/P, ArbGG, § 2a Rn. 22.

972 So zutreffend Thüsing in: Richardi, BetrVG, § 79 Rn. 43.

973 BAG 29.04.1969 – 1 ABR 19/68, juris, Rn. 36; LAG Hamm 18.09.1975 – 8 TaBV 65/75, BB 1975, 1302; Koch in: ErfK, BetrVG, § 23 Rn. 7; Thüsing in: Richardi, BetrVG, § 23 Rn. 49.

974 Hierzu siehe oben: § 8 I 1 c.

975 BAG 28.05.2014 – 7 ABR 36/12, juris, Rn. 21; siehe hierzu oben: § 8 I 1 c.

VII. Zusammenfassung

Dem Arbeitgeber steht gegen das einzelne Betriebsratsmitglied unmittelbar aus § 74 Abs. 2 S. 3 BetrVG ein Anspruch auf Unterlassung parteipolitischer Betätigungen zu. Nutzt das betreffende Betriebsratsmitglied bei seiner parteipolitischen Betätigung vom Arbeitgeber zur Verfügung gestellte Sachmittel i.S.v. § 40 BetrVG oder kommt es gar zu einem Eingriff in das Recht am eingerichteten und ausgeübten Gewerbebetrieb, so kann der Arbeitgeber ferner aus § 1004 Abs. 1 S. 2 BGB (ggf. i.V.m. § 823 Abs. 1 BGB) Unterlassung verlangen. Geht man demgegenüber mit dem BAG davon aus, dass § 74 Abs. 2 S. 3 BetrVG keinen gerichtlich durchsetzbaren Unterlassungsanspruch gegen das Betriebsratsmitglied begründet, so bleibt dem Arbeitgeber – außer in den Fällen des § 1004 Abs. 1 S. 2 BGB – nichts anderes übrig, als die Unzulässigkeit der parteipolitischen Betätigung gem. § 256 Abs. 1 ZPO gerichtlich feststellen zu lassen.

Handelt es sich bei der parteipolitischen Betätigung des Betriebsratsmitglieds im Einzelfall um eine grobe Verletzung gesetzlicher Pflichten, so können mindestens ein Viertel der wahlberechtigten Arbeitnehmer, der Arbeitgeber, eine im Betrieb vertretene Gewerkschaft oder der Betriebsrat selbst gem. § 23 Abs. 1 BetrVG den Ausschluss des Mitglieds aus dem Betriebsrat beantragen. Bei der Annahme eines groben Pflichtverstoßes ist Zurückhaltung geboten. Das Grundrecht der Meinungsfreiheit ist in diesem Zusammenhang zu berücksichtigen, wenn es sich bei der streitgegenständlichen parteipolitischen Betätigung um eine private Meinungsäußerung bei Gelegenheit der Amtsausübung handelt.

Ein Verstoß gegen § 74 Abs. 2 S. 3 BetrVG allein berechtigt den Arbeitgeber nicht zum Ausspruch individualvertraglicher Sanktionen gegenüber dem Betriebsratsmitglied. Vielmehr ist zu prüfen, ob die parteipolitische Betätigung im Einzelfall zugleich eine Verletzung arbeitsvertraglicher Pflichten darstellt. Ist dies der Fall, so kommen eine Abmahnung oder eine außerordentliche Kündigung in Betracht.

Verstößt das Betriebsratsmitglied gegen das Verbot parteipolitischer Betätigung, so ist eine deliktische Schadensersatzpflicht nach § 823 Abs. 1 BGB denkbar. Im Übrigen haftet das Mitglied aus § 280 Abs. 1 BGB, sofern es mit der parteipolitischen Betätigung zugleich seine Pflichten aus dem Arbeitsvertrag verletzt.

Über das Bestehen eines Unterlassungsanspruchs, über einen Feststellungsantrag sowie über einen Antrag auf Amtsenthebung nach § 23 Abs. 1 S. 1 BetrVG entscheidet das Arbeitsgericht im Beschlussverfahren (§ 2a Abs. 1 Nr. 1, Abs. 2, §§ 80 ff. ArbGG). Für einen Rechtsstreit über die Wirksamkeit einer gegenüber dem Betriebsratsmitglied ausgesprochenen Abmahnung oder Kündigung ist das Arbeitsgericht hingegen im Urteilsverfahren zuständig (§ 2 Abs. 1 Nr. 3a bzw. b, Abs. 5, §§ 46 ff. ArbGG). Kommt es im Zusammenhang mit der parteipolitischen Betätigung zu einem Schaden, so sind haftungsrechtliche Ansprüche gegen das Betriebsratsmitglied im arbeitsgerichtlichen Urteilsverfahren geltend zu machen (§ 2 Abs. 1 Nr. 3a bzw. d, V, §§ 46 ff. ArbGG).

§ 10 Rechtliche Möglichkeiten gegen den Arbeitgeber

I. Unterlassungsanspruch aus § 74 Abs. 2 S. 3 BetrVG

Verstößt der Arbeitgeber gegen das Verbot parteipolitischer Betätigung, so steht dem Betriebsrat unmittelbar aus § 74 Abs. 2 S. 3 BetrVG ein Unterlassungsanspruch zu. Der Anspruch kann auch durch den Gesamtbetriebsrat und den Konzernbetriebsrat geltend gemacht werden, allerdings nur, soweit sich der Arbeitgeber innerhalb des betriebsverfassungsrechtlichen Wirkungskreises des jeweiligen Gremiums, also z. B. anlässlich einer gemeinsamen Besprechung oder Verhandlung, parteipolitisch betätigt. Nicht anspruchsberechtigt sind dagegen die Jugend- und Auszubildendenvertretung, einzelne Arbeitnehmer, die im Betrieb vertretene Gewerkschaft sowie sonstige Dritte.[976]

Das BAG hat in seinem Beschluss vom 17.03.2010[977] unter Aufgabe seiner langjährigen Rechtsprechung lediglich entschieden, dass § 74 Abs. 2 S. 3 BetrVG keinen gerichtlich durchsetzbaren Unterlassungsanspruch des Arbeitgebers gegenüber dem Betriebsrat begründet. Für den umgekehrten Fall, in dem der Betriebsrat vom Arbeitgeber Unterlassung begehrt, hat das Gericht streng genommen keine Aussage getroffen. Folgt man – entgegen der hier vertretenen Auffassung – der Rechtsprechung des BAG, so wird man jedoch konsequenterweise auch in dieser Konstellation einen Unterlassungsanspruch verneinen müssen.[978] Schließlich begründet das BAG seine Entscheidung unter anderem mit dem Wortlaut des § 74 Abs. 2 S. 3 BetrVG und dem systematischen Zusammenhang zu § 23 BetrVG. Diese Argumentation lässt sich auch auf den Fall übertragen, in dem der Betriebsrat vom Arbeitgeber Unterlassung begehrt.

II. Feststellungsantrag

Geht man mit dem BAG davon aus, dass § 74 Abs. 2 S. 3 BetrVG keinen gerichtlich durchsetzbaren Unterlassungsanspruch begründet, so besteht lediglich die Möglichkeit, gegen eine unzulässige parteipolitische Betätigung des Arbeitgebers im Wege eines Feststellungsantrags nach § 256 Abs. 1 ZPO vorzugehen. Insoweit kann auf die obigen Ausführungen[979] im Zusammenhang mit den rechtlichen Möglichkeiten gegen den Betriebsrat verwiesen werden. Insbesondere ist auch hier zu beachten,

976 Hierzu siehe oben: § 8 I c.
977 BAG 17.03.2010 – 7 ABR 95/08, juris, Rn. 24 ff.
978 So auch Ulrici, jurisPR-ArbR 37/2010 Anm. 1, unter C I. 4.; a.A. Fitting, BetrVG, § 74 Rn. 74.
979 Hierzu siehe oben: § 8 II.

dass eine gerichtliche Feststellung nicht von jeder beliebigen Person oder Stelle beantragt werden kann. Antragsbefugt sind lediglich der Betriebsrat sowie der Gesamt- und der Konzernbetriebsrat innerhalb der oben[980] dargestellten Grenzen. Nicht antragsbefugt sind dagegen die Jugend- und Auszubildendenvertretung, einzelnen Arbeitnehmer, die im Betrieb vertretene Gewerkschaft sowie sonstige Dritte.

III. Zwangsverfahren nach § 23 Abs. 3 BetrVG

Bei groben Verstößen des Arbeitgebers gegen das Verbot parteipolitischer Betätigung besteht für den Betriebsrat oder eine im Betrieb vertretene Gewerkschaft die Möglichkeit, gegen den Arbeitgeber ein Zwangsverfahren nach § 23 Abs. 3 BetrVG einzuleiten.[981] § 23 Abs. 3 BetrVG sieht ein zweistufiges Verfahren vor[982]: Begeht der Arbeitgeber einen groben Verstoß gegen § 74 Abs. 2 S. 3 BetrVG, so kann zunächst nach § 23 Abs. 3 S. 1 BetrVG ein Unterlassungstitel erwirkt werden (Erkenntnisverfahren). Handelt der Arbeitgeber sodann der ihm durch rechtskräftige gerichtliche Entscheidung auferlegten Unterlassungspflicht zuwider, so ist er nach § 23 Abs. 3 S. 2 BetrVG auf Antrag vom Arbeitsgericht wegen jeder Zuwiderhandlung nach vorheriger Androhung zu einem Ordnungsgeld von bis zu 10.000,00 EUR zu verurteilen.

Unter welchen Voraussetzungen ein „grober Verstoß" gegen § 74 Abs. 2 S. 3 BetrVG anzunehmen ist, beurteilt sich grundsätzlich nach denselben Maßstäben wie bei § 23 Abs. 1 BetrVG.[983] Das Erfordernis einer restriktiven Auslegung rechtfertigt sich hier zusätzlich aus dem Umstand, dass sich der Arbeitgeber – anders als der Betriebsrat – uneingeschränkt auf das Grundrecht der Meinungsfreiheit aus Art. 5 Abs. 1 GG berufen kann. Im Übrigen setzt eine grobe Pflichtverletzung i.S.v. § 23 Abs. 3 BetrVG nach ganz herrschender Meinung[984] kein Verschulden des Arbeitgebers voraus.

Geht man zutreffend davon aus, dass ein Anspruch des Betriebsrats gegen den Arbeitgeber auf Unterlassung parteipolitischer Betätigungen bereits unmittelbar aus § 74 Abs. 2 S. 3 BetrVG folgt, so ist die Bedeutung des § 23 Abs. 3 BetrVG - zumindest für den Betriebsrat – relativ gering. § 23 Abs. 3 BetrVG verdrängt nämlich nicht das Recht des Betriebsrats, einen ihm durch das BetrVG gewährten speziellen Anspruch gerichtlich geltend zu machen und ggf. im Wege der Zwangsvollstreckung nach § 85 Abs. 1 ArbGG i.V.m. § 890 ZPO durchzusetzen.[985] Dabei hätte ein Vorgehen über § 23 Abs. 3 BetrVG für den Betriebsrat den Nachteil, dass ein grober Verstoß

---

980 Siehe oben § 10 I.

981 Berg in: D/K/K/W, BetrVG, § 74 Rn. 93; Glaubitz, DB 1972, 1277 (1278); Gnade, ArbRdGgw, Bd. 14 (1977), S. 59 (77); Hofmann, Das Verbot parteipolitischer Betätigung, S. 138 f.; Kania in: ErfK, BetrVG, § 74 Rn. 38; Kreutz in: GK-BetrVG, § 74 Rn. 129; Meisel, RdA 1976, 38 (44); Richardi in: Richardi, BetrVG, § 74 Rn. 74.

982 Vgl. hierzu Thüsing in: Richardi, BetrVG, § 23 Rn. 87.

983 Hierzu siehe oben: § 8 III 1.

984 Vgl. nur Oetker in: GK-BetrVG, § 23 Rn. 229.

985 Thüsing in: Richardi, BetrVG, § 23 Rn. 75.

des Arbeitgebers gegen § 74 Abs. 2 S. 3 BetrVG nachgewiesen werden muss. Eine eigenständige Bedeutung erlangt § 23 Abs. 3 BetrVG allerdings insoweit, als die Vorschrift auch der im Betrieb vertretenen Gewerkschaft ein gerichtliches Vorgehen gegen parteipolitische Betätigungen des Arbeitgebers ermöglicht.

IV. Prozessuale Durchsetzung

Über das Bestehen eines Unterlassungsanspruchs, über einen Feststellungsantrag und über den Antrag nach § 23 Abs. 3 S. 1 BetrVG entscheidet das Arbeitsgericht gem. § 2a Abs. 1 Nr. 1, Abs. 2, §§ 80 ff. ArbGG im Beschlussverfahren. Der Beschluss mit dem das Arbeitsgericht den Arbeitgeber gem. § 23 Abs. 3 S. 2 BetrVG zu einem Ordnungsgeld verurteilt, ergeht nicht nach §§ 80 ff. ArbGG, sondern im Zwangsvollstreckungsverfahren nach § 85 Abs. 1 ArbGG i.V.m. §§ 890, 891 ZPO.[986]

Der gegen den Arbeitgeber gerichtete Unterlassungsanspruch kann im einstweiligen Rechtsschutzverfahren gem. § 85 Abs. 2 ArbGG i.V.m. §§ 935 ff., 916 ff. ZPO geltend gemacht werden. Auch im Verfahren nach § 23 Abs. 3 BetrVG ist nach wohl überwiegender Auffassung[987] der Erlass einer einstweiligen Verfügung zulässig. Geht man mit dem BAG davon aus, dass der Arbeitgeber unter den Voraussetzungen des § 940 ZPO eine Feststellungsverfügung erwirken kann, wenn Verstöße des Betriebsrats gegen seine betriebsverfassungsrechtlichen Verpflichtungen in Rede stehen[988], so muss dies konsequenterweise auch umgekehrt für einen gegen den Arbeitgeber gerichteten Feststellungsantrag gelten.

V. Zusammenfassung

Dem Betriebsrat steht gegen den Arbeitgeber unmittelbar aus § 74 Abs. 2 S. 3 BetrVG ein Anspruch auf Unterlassung parteipolitischer Betätigungen zu. Der Anspruch kann auch durch den Gesamt- und den Konzernbetriebsrat geltend gemacht werden, soweit sich der Arbeitgeber innerhalb der betriebsverfassungsrechtlichen Grenzen des jeweiligen Gremiums parteipolitisch betätigt. Folgt man dagegen der Auffassung des BAG, so wird man einen Unterlassungsanspruch des Betriebsrats gegen den Arbeitgeber aus § 74 Abs. 2 S. 3 BetrVG konsequenterweise verneinen müssen. In diesem Fall besteht lediglich die Möglichkeit eines Feststellungsantrags nach § 256 Abs. 1 ZPO, wobei der Kreis der Antragsbefugten wiederum auf den Betriebsrat sowie auf den Gesamt- und den Konzernbetriebsrat innerhalb der oben genannten Grenzen beschränkt ist.

Bei groben Verstößen des Arbeitgebers gegen das Verbot parteipolitischer Betätigung können der Betriebsrat oder eine im Betrieb vertretene Gewerkschaft gegen den Arbeitgeber ein Zwangsverfahren nach § 23 Abs. 3 BetrVG einleiten.

---

986 Vgl. hierzu LAG Schleswig-Holstein v. 27.12.2001 – 1 TaBV 15 c/01, juris, Rn. 47.

987 Zum Streitstand vgl. Oetker in: GK-BetrVG, § 23 Rn. 254 f.

988 BAG 28.05.2014 – 7 ABR 36/12, juris, Rn. 21; siehe hierzu oben: § 8 I 1 c.

Über das Bestehen eines Unterlassungsanspruchs, über einen Feststellungsantrag und über den Antrag nach § 23 Abs. 3 S. 1 BetrVG entscheidet das Arbeitsgericht gem. § 2a Abs. 1 Nr. 1, Abs. 2, §§ 80 ff. ArbGG durch Beschluss. Die Verurteilung des Arbeitgebers zu einem Ordnungsgeld nach § 23 Abs. 3 S. 2 BetrVG erfolgt durch einen Beschluss des Arbeitsgerichts im Zwangsvollstreckungsverfahren nach § 85 Abs. 1 ArbGG i.V.m. §§ 890, 891 ZPO.

§ 11 Ergebnisse

Im Folgenden sollen die wichtigsten Erkenntnisse der vorliegenden Arbeit in Thesen zusammengefasst werden.

1. Der Verbotszweck des § 74 Abs. 2 S. 3 BetrVG liegt in erster Linie in der Wahrung des Betriebsfriedens und des Arbeitsablaufs. Darüber hinaus trägt das Verbot dem Umstand Rechnung, dass parteipolitische Betätigungen der Betriebspartner eine besondere Gefahr für die (positive und negative) Meinungsfreiheit sowie die Wahlfreiheit der Arbeitnehmer im Betrieb mit sich bringen. Weitere Verbotszwecke wie der Schutz des betriebsverfassungsrechtlichen Gleichbehandlungsgrundsatzes, die Bindung der betriebsverfassungsrechtlichen Organe an die ihnen zugewiesenen Kompetenzen oder die Wahrung der Chancengleichheit der politischen Parteien bestehen nicht.

2. Das Verbot parteipolitischer Betätigung im Betrieb beschränkt das Grundrecht der Meinungsfreiheit nicht generell. Es bewirkt nur in einigen Konstellationen einen Eingriff in den Schutzbereich des Art. 5 Abs. 1 S. 1 GG. So scheidet ein Grundrechtseingriff von vornherein aus, soweit das Verbot dem Betriebsrat als Gremium und seinen Mitgliedern in ihrer amtlichen Eigenschaft parteipolitische Betätigungen untersagt, denn dieser Adressatenkreis kann sich nicht auf den Schutz des Art. 5 Abs. 1 S. 1 GG berufen. § 74 Abs. 2 S. 3 BetrVG stellt sich in diesem Zusammenhang nicht als Beschränkung grundrechtlicher Freiheiten, sondern als Regelung über die Art und Weise der Wahrnehmung staatlich zugewiesener Kompetenzen dar. Dagegen sind der Arbeitgeber und die Betriebsratsmitglieder in ihrer Eigenschaft als natürliche Person vom persönlichen Schutzbereich des Art. 5 Abs. 1 S. 1 GG umfasst. Soweit ihnen eine parteipolitische Betätigung untersagt wird, greift § 74 Abs. 2 S. 3 BetrVG in das Grundrecht der Meinungsfreiheit ein.

3. Adressaten des parteipolitischen Betätigungsverbots sind nicht nur der Arbeitgeber und der Betriebsrat als Kollektivorgan, sondern auch die Betriebsratsmitglieder im Rahmen ihrer Amtsausübung, ferner der Gesamtbetriebsrat, der Konzernbetriebsrat, die Jugend- und Auszubildendenvertretung, der Wirtschaftsausschuss sowie der Wahlvorstand jeweils mit ihren Mitgliedern in amtlicher Funktion. Leitende Angestellte sind von § 74 Abs. 2 S. 3 BetrVG erfasst, soweit sie im Einzelfall vom Arbeitgeber mit der Wahrnehmung seiner betriebsverfassungsrechtlichen Rechte und Pflichten betraut werden.

4. Nicht verbotsgebunden sind die übrigen Arbeitnehmer des Betriebs, die keine betriebsverfassungsrechtliche Funktion ausüben, sowie die Mitglieder des Betriebsrats außerhalb ihrer amtlichen Betätigung. Für die Betriebsratsmitglieder ist § 74 Abs. 2 S. 3 BetrVG daher im Sinne eines strikten Trennungsgebots zu verstehen: Amtsausübung und persönliche Betätigung müssen auseinandergehalten

werden. Parteipolitische Meinungsäußerungen während der Amtsausübungen sind generell untersagt, selbst wenn es sich hierbei um private Äußerungen bei Gelegenheit der Amtswahrnehmung handelt. Nicht unter den persönlichen Anwendungsbereich des parteipolitischen Betätigungsverbots fallen ferner die Ersatzmitglieder des Betriebsrats, die Wahlbewerber, die Mitglieder des Aufsichtsrats sowie die Gewerkschaften und ihre Beauftragten.

5. § 74 Abs. 2 S. 3 BetrVG verbietet den Normadressaten nicht jegliche politische Betätigung im Betrieb. In Abgrenzung zur allgemeinen Politik ist unter Parteipolitik im Sinne von § 74 Abs. 2 S. 3 BetrVG jedes Eintreten für oder gegen eine politische Partei zu verstehen, wobei ausdrücklich oder zumindest aus den Umständen erkennbar auf die politische Partei Bezug genommen werden muss. Unter politischen Parteien sind dabei nicht nur solche im Sinne von Art. 21 GG, § 2 Abs. 1 PartG, sondern darüber hinaus auch alle konkreten politischen Gruppierungen zu verstehen, die eine auf Dauer angelegte Organisation besitzen und die nach ihrem Selbstverständnis auf die politische Willensbildung in der Bevölkerung Einfluss nehmen wollen.

6. Eine in diesem Sinne verstandene restriktive Auslegung des Begriffs „parteipolitisch“ in § 74 Abs. 2 S. 3 BetrVG hat nicht zur Folge, dass dem Betriebsrat Stellungnahmen zu allgemeinpolitischen Themen ohne Weiteres gestattet sind. Eine Äußerungskompetenz besitzt der Betriebsrat nur, soweit die Thematik einen unmittelbaren Bezug zum konkreten Betrieb aufweist. Dagegen darf sich der Betriebsrat – unabhängig vom Verbot des § 74 Abs. 2 S. 3 BetrVG – nicht zu allgemeinen politischen Themen ohne unmittelbaren betrieblichen Bezug äußern, weil es ihm an der hierfür notwendigen Zuständigkeit fehlt. Die allgemeine Politik gehört, sofern sie losgelöst vom betrieblichen Geschehen ist, nicht zum Aufgabenbereich des Betriebsrats. Diesem steht nach dem BetrVG kein allgemeines politisches Mandat zu.

7. In räumlicher Hinsicht gilt § 74 Abs. 2 S. 3 BetrVG nicht nur für Betätigungen, die unmittelbar auf dem Betriebsgelände selbst stattfinden. Auch Meinungskundgaben außerhalb des Betriebsgeländes sind erfasst, sofern sie aus Sicht eines objektiven Beobachters darauf gerichtet sind, ihre kommunikative Wirkung im Betrieb zu entfalten. Hierfür ist nicht Voraussetzung, dass die Betätigungshandlung in unmittelbarer Nähe zum Betriebsgelände stattfinden. Gerade wenn es um die vielfältigen Möglichkeiten der Kommunikation mit modernen technischen Hilfsmitteln geht, kann es keine Rolle spielen, ob sich der Verbotsadressat bei seiner Meinungskundgabe räumlich weit vom Betriebsgelände entfernt aufhält.

8. Den Adressaten des Verbots ist es gestattet, bei ihrer zulässigen parteipolitischen Betätigung außerhalb des Betriebs auf ihre betriebsverfassungsrechtliche Stellung hinzuweisen. Etwas anderes gilt nur dann, wenn sich der Arbeitgeber oder ein Betriebsratsmitglied ausdrücklich ein Auftreten im Namen der gesamten Belegschaft anmaßen.

9. Die Vorschrift des § 74 Abs. 2 S. 3 HS. 2 BetrVG erfüllt zwei Funktionen. Zum einen stellt sie klar, dass das BetrVG den Betriebspartnern innerhalb bestimmter Grenzen auch die Behandlung politischer Angelegenheiten gestattet und dass diese Befugnis von dem Verbot parteipolitischer Betätigung aus § 74 Abs. 2 S. 3 HS. 1 BetrVG unangetastet bleibt. Zum anderen kann der Norm entnommen werden, dass die Betriebspartner – insbesondere der Betriebsrat – kein allgemeines politisches Mandat besitzen. Mit dem Erfordernis der unmittelbaren Betroffenheit nennt das Gesetz eine generelle Grenze für die zulässige Behandlung politischer Sachthemen innerhalb der Betriebsverfassung. Diese Grenze korrespondiert mit dem Zuständigkeitsbereich von Arbeitgeber und Betriebsrat als Organe der Betriebsverfassung. Im Übrigen gilt das Verbot parteipolitischer Betätigung auch innerhalb des Anwendungsbereichs des § 74 Abs. 2 S. 3 HS. 2 BetrVG.

10. Durch die Verweisung in § 45 S. 1 HS. 2 BetrVG auf § 74 Abs. 2 S. 3 BetrVG sind sämtliche Teilnehmer der Betriebsversammlung unmittelbar an das Verbot parteipolitischer Betätigung gebunden. Für diejenigen Versammlungsteilnehmer, die nicht ohnehin zum Adressatenkreis des § 74 Abs. 2 S. 3 BetrVG gehören, gelten die strengen Grundsätze dieser Norm allerdings nur insoweit, als es um Referate und Diskussionsbeiträge, also um die in § 45 S. 1 HS. 1 BetrVG geregelte Behandlung von Angelegenheiten geht.

11. Das Verbot parteipolitischer Betätigung steht Politikerauftritten in der Betriebsversammlung nicht grundsätzlich entgegen. Ein Verstoß kann sich allerdings aus dem Inhalt des Referats oder den Begleitumständen des Auftritts ergeben. Demnach ist eine parteipolitische Betätigung vor allem dann anzunehmen, wenn ein parteipolitischer Kandidat während des Wahlkampfes in der Betriebsversammlung vorträgt. Bei der Beurteilung der Frage, ob es sich bei dem Betriebsbesuch um einen Wahlkampfauftritt handelt, ist darauf abzustellen, ob der betreffende Politiker von dem hierfür zuständigen Parteiengremium bereits offiziell als Kandidat für die Wahl bestimmt worden ist.

12. Verstößt der Betriebsrat oder ein Betriebsratsmitglied gegen das Verbot parteipolitischer Betätigung im Betrieb, so steht dem Arbeitgeber unmittelbar aus § 74 Abs. 2 S. 3 BetrVG ein eigenständiger betriebsverfassungsrechtlicher Unterlassungsanspruch zu. Entsprechendes gilt bei Verstößen des Arbeitgebers gegen das parteipolitische Betätigungsverbot. Anspruchsberechtigt sind in diesem Fall neben dem Betriebsrat auch der Gesamt- und der Konzernbetriebsrat, allerdings nur, soweit sich der Arbeitgeber innerhalb des betriebsverfassungsrechtlichen Wirkungskreises des jeweiligen Gremiums, also z.B. anlässlich einer gemeinsamen Besprechung oder Verhandlung, parteipolitisch betätigt. Nicht anspruchsberechtigt sind dagegen die Jugend- und Auszubildendenvertretung, einzelne Arbeitnehmer, die im Betrieb vertretene Gewerkschaft oder sonstige Dritte.

13. § 74 Abs. 2 S. 3 BetrVG ist kein Schutzgesetz i.S.v. § 823 Abs. 2 BGB.

Literaturverzeichnis

Ascheid, Reiner / *Preis*, Ulrich / *Schmidt*, Ingrid (Hrsg.): Kündigungsrecht, Großkommentar zum gesamten Recht der Beendigung von Arbeitsverhältnissen, 4. Auflage, München 2012 (zitiert als: Bearbeiter in: A/P/S, Kündigungsrecht).

Bauer, Jobst-Hubertus / *Willemsen*, Eva Maria: Der (partei)politische Betriebsrat, in: NZA 2010, S. 1089–1095.

Bäumer, Hartmut: Die Meinungsfreiheit im Arbeitsverhältnis, in: BlStSozArbR 1981, S. 337–341.

Baur, Fritz: Zu der Terminologie und einigen Sachproblemen der „vorbeugenden Unterlassungsklage", in: JZ 1966, S. 381–383.

Baur, Jürgen F. / *Stürner*, Rolf: Sachenrecht, 18. Auflage, München 2009 (zitiert als: Baur/Stürner, SachenR).

Beck'scher Online-Kommentar Arbeitsrecht, hrsg. von Rolfs, Christian / Giesen, Richard / Kreikebohm, Ralf / Udsching, Peter, Stand: 01.06.2014, Edition 32 (zitiert als: Bearbeiter in: BeckOK).

Behnes, Rudolf: Die politische Tätigkeit im Arbeitsverhältnis unter Berücksichtigung des öffentlichen Dienstverhältnisses, Würzburg 1968 (zitiert als: Behnes, Die politische Tätigkeit im Arbeitsverhältnis).

Belling, Detlev W.: Die Haftung des Betriebsrats und seiner Mitglieder für Pflichtverletzungen, Tübingen 1990 (zitiert als: Belling, Die Haftung des Betriebsrats).

Berg, Peter: Der Betrieb als „politikfreie Zone"? Zum Verbot der parteipolitischen Betätigung für Arbeitgeber und Betriebsrat im Betrieb, in: Däubler, Wolfgang / Bobke, Manfred / Kehrmann, Karl (Hrsg.), Festschrift für Albert Gnade, S. 215–223, Köln 1992 (zitiert als: Berg in: FS A. Gnade).

Berg, Peter / *Bobke*, Manfred H. / *Wolter*, Henner: Frieden und Abrüstung im Betrieb, in: BlStSozArbR 1983, S. 353–358.

Bethge, Herbert: Zur Problematik von Grundrechtskollisionen, München 1977 (zitiert als: Bethge, Grundrechtskollisionen).

–: Die Grundrechtsberechtigung juristischer Personen nach Art. 19 Abs. 3 Grundgesetz, Passau 1985 (zitiert als: Bethge, Die Grundrechtsberechtigung juristischer Personen).

Bettermann, Karl August / *Nipperdey*, Hans Carl: Die Grundrechte, Handbuch der Theorie und Praxis der Grundrechte, Band 4: Grundrechte und Institutionelle Garantien, 2. Halbband, Darmstadt 1972 (zit.: Bearbeiter in: Bettermann/Nipperdey, GR IV/2).

Bieback, Karl-Jürgen: Arbeitsverhältnis und Betriebsratsamt bei der außerordentlichen Kündigung von Betriebsratsmitgliedern, RdA 1978, S. 82–97.

Blomeyer, Wolfgang: Die rechtliche Bewertung des Betriebsfriedens im Individualarbeits- und Betriebsverfassungsrecht, in: ZfA 1972, S. 85–123.

Böhm, Wolfgang: Akten, Geschäftsräume und schwarzes Brett des Betriebsrats, RdA 1974, S. 88–94.

Bohn, Hans: Anmerkung zu BAG 21.02.1978 – 1 ABR 54/76, in: SAE 1979, S. 67–69.

Bonner Kommentar zum Grundgesetz, hrsg. von *Kahl*, Wolfgang / *Waldhoff*, Christian / *Walter*, Christian, Stand: 167. Ergänzungslieferung, Heidelberg 2014 (zitiert werden auch ältere Lieferungen, zitiert als: Bearbeiter in: BK).

Brötzmann, Ulrich K.: Probleme der Betriebsversammlung, in: BB 1990, S.1055–1060.

Bruder, Anette: Die Weitergabe von Insiderinformationen durch Arbeitnehmervertreter, Frankfurt am Main 2008 (zitiert als: Bruder, die Weitergabe von Insiderinformationen).

Buchner, Herbert: Reform des Betriebsverfassungsrechts, in: AG 1971, S. 135–142.

–: Betriebsverfassungsgesetz 1972, Zentrale Punkte des neuen Betriebsverfassungsrechts, in: AG 1973, S. 13–23.

–: Die persönliche Verantwortlichkeit der Betriebsratsmitglieder für rechtswidrige Betriebsratsbeschlüsse, in: Mayer-Maly, Theo / Richardi, Reinhard / Schambeck, Herbert / Zöllner, Wolfgang (Hrsg.), Arbeitsleben und Rechtspflege, Festschrift für Gerhard Müller, S. 93–113, Berlin 1981 (zitiert als: Buchner in: FS G. Müller).

–: Meinungsfreiheit im Arbeitsrecht, in: ZfA 1982, S. 49–76.

Burger, Stefan / *Rein*, Michael: Kein Unterlassungsanspruch des Arbeitgebers gegen betriebsverfassungswidriges Verhalten des Arbeitgebers?, in: NJW 2010, S. 3613–3616.

Buschmann, Rudolf / *Grimberg*, Herbert: Plaketten als Meinungsäußerungen im Betrieb, in: ArbuR 1989, S. 65–77.

Clodius, Anke: Die Bedeutung der Grundrechte im Betriebsverfassungsgesetz, Göttingen 2004.

Däubler, Wolfgang: Das Arbeitsrecht 1, 16. Auflage, Reinbek bei Hamburg 2006 (zitiert wird auch die 15. Auflage, Reinbeck bei Hamburg 1998).

–: Gewerkschaftsrechte im Betrieb, 10. Auflage, Baden-Baden 2000.

Däubler, Wolfgang / *Kittner*, Michael / *Klebe*, Thomas / *Wedde*, Peter (Hrsg.): Betriebsverfassungsgesetz, Kommentar für die Praxis, 14. Auflage, Frankfurt am Main 2014 (zitiert als: Bearbeiter in: D/K/K/W, BetrVG).

Derleder, Peter: Die politische Meinungsäußerung des Betriebsrats, in: ArbuR 1988, S. 17–25.

Dietz, Rolf: Betriebsverfassungsgesetz, Kommentar, 4. Auflage, Berlin, München 1967 (zitiert als: Dietz, BetrVG (4. Aufl.)).

Dohna-Jaeger, Verena zu: Meinungsfreiheit im Betrieb, in: AuR 2011, S. 428–430.

Dornbusch, Gregor / *Fischermeier*, Ernst / *Löwisch*, Manfred (Hrsg.): Fachanwaltskommentar Arbeitsrecht, 6. Auflage, Köln 2014 (zitiert als: Bearbeiter in: D/F/L, FAK ArbeitsR).

Dreier, Horst (Hrsg.): Grundgesetz, Kommentar, Band I: Art. 1 – 19, 3. Auflage, Tübingen 2013 (zitiert als: Bearbeiter in: Dreier, GG).

Dütz, Wilhelm: Der Grundrechtsschutz von Betriebsräten und Personalvertretungen, Reutlingen 1986 (zitiert als: Dütz, Der Grundrechtsschutz von Betriebsräten).

Düwell, Franz Josef (Hrsg.): Betriebsverfassungsgesetz, Handkommentar, 4. Auflage, Baden-Baden 2014 (zitiert als: Bearbeiter in: Düwell, BetrVG).

Ellenbeck, Frank: Die Grundrechtsfähigkeit des Betriebsrats, Berlin 1996.

Epping, Volker: Grundrechte, 6. Auflage, Berlin, Heidelberg 2014.

Erfurter Kommentar zum Arbeitsrecht, hrsg. von Müller-Glöge, Rudi / Preis, Ulrich / Schmidt, Ingrid, 14. Auflage, München 2014 (zitiert als: Bearbeiter in: ErfK).

Erman, Walter (Begr.): Bürgerliches Gesetzbuch, Band II, 14. Auflage, Köln 2014 (zitiert als: Bearbeiter in: Erman, BGB).

Fischer, Ilse: Industrialisierung, sozialer Konflikt und politische Willensbildung in der Stadtgemeinde, Ein Beitrag zur Sozialgeschichte Augsburgs 1840–1914, Augsburg 1977 (zitiert als: Fischer, Industrialisierung).

Fitting, Karl / *Auffarth*, Fritz / *Kraegeloh*, Walter: Betriebsverfassungsgesetz, Handkommentar für die Praxis, 9. Auflage, Berlin, Frankfurt am Main 1970 (zitiert als: Fitting/Kraegeloh/Auffarth, BetrVG (9. Aufl.)).

Fitting, Karl / *Auffarth*, Fritz / *Kaiser*, Heinrich / *Heither*, Friedrich: Betriebsverfassungsgesetz, Handkommentar, 15 Auflage, München 1987 (zitiert als: Fitting/Auffarth/Kaiser/Heither, BetrVG (15. Aufl.)).

Fitting, Karl / *Engels*, Gerd / *Schmidt*, Ingrid / *Trebinger*, Yvonne / *Linsenmaier*, Wolfgang: Betriebsverfassungsgesetz, Handkommentar, 27. Auflage, München 2014 (zitiert als: Fitting, BetrVG).

Flatow, Georg / *Kahn-Freund*, Otto: Betriebsrätegesetz, Kommentar, 13. Auflage, Berlin 1931 (zitiert als: Flatow/Kahn-Freund, BRG).

Flohr, Bernd: Arbeiter nach Maß, Die Disziplinierung der Fabrikarbeiterschaft während der Industrialisierung Deutschlands im Spiegel von Arbeitsordnungen, Frankfurt a. M., New York 1981 (zit.: Flohr, Arbeiter nach Maß).

Föhr, Horst: Arbeitsrecht für Arbeitnehmer, 2. Auflage, Köln 1980 (zitiert als: Föhr, Arbeitsrecht).

Galperin, Hans: Der Regierungsentwurf eines neuen Betriebsverfassungsgesetzes, Düsseldorf 1971.

Galperin, Hans / *Siebert*, Wolfgang: Kommentar zum Betriebsverfassungsgesetz, 4. Auflage, Heidelberg 1963 (zitiert als: Galperin/Siebert, BetrVG (4. Aufl.)).

Galperin, Hans / Löwisch, Manfred: Kommentar zum Betriebsverfassungsgesetz, 6. Auflage, Heidelberg 1982 (zitiert als: Galperin/Löwisch, BetrVG).

Gamillscheg, Franz: Hundert Jahre Betriebsverfassung, in: ArbuR 1991, S. 272–274.

–: Kollektives Arbeitsrecht, Band II: Betriebsverfassung, München 2008 (zitiert als: Gamillscheg, Kollektives Arbeitsrecht II).

–: Zur Haftung des Betriebsrats, in: Krause, Rüdiger / Schwarze, Roland (Hrsg.), Festschrift für Hansjörg Otto, S. 93–108, Berlin 2008 (zitiert als: Gamillscheg in: FS Otto).

Gemeinschaftskommentar zum Betriebsverfassungsgesetz, hrsg. von Fabricius, Fritz / Kraft, Alfons / Wiese, Günther / Kreutz, Peter / Oetker, Hartmut, 6. Auflage, Neuwied, Kriftel, Berlin 1997 (zitiert als: Bearbeiter in: GK-BetrVG (6. Aufl.)).

Gemeinschaftskommentar zum Betriebsverfassungsgesetz, hrsg. von Wiese, Günther / Kreutz, Peter / Oetker, Hartmut / Raab, Thomas / Weber, Christoph / Franzen, Martin / Gutzeit, Martin / Jacobs, Matthias, 10. Auflage, Köln 2014 (zitiert als: Bearbeiter in: GK-BetrVG).

Germelmann, Claas-Hinrich: Der Betriebsfrieden im Betriebsverfassungsrecht, Frankfurt am Main 1972 (zitiert als: Germelmann, Der Betriebsfrieden).

Germelmann, Claas-Hinrich / *Matthes*, Hans-Christoph / *Prütting*, Hanns: Arbeitsgerichtsgesetz, 8. Auflage, München 2013 (zitiert als: Bearbeiter in: G/M/P, ArbGG).

Glaubitz, Werner: Parteipolitische Betätigung im Betrieb, in: BB 1972, S. 1277–1278.

Gnade, Albert: Zur politischen und gewerkschaftlichen Betätigung – insbesondere von Betriebsratsmitgliedern – im Betrieb, in: Arbeitsrecht der Gegenwart, Band 14 (1977), S. 59–78.

Hachtmann, Rüdiger: Chaos und Ineffizienz in der Deutschen Arbeitsfront, Ein Evaluierungsbericht aus dem Jahr 1936, in: VfZ 2005, S. 43–78.

Hacker, Wolfgang: Parteipolitische Betätigung von Betriebsratsmitgliedern innerhalb und außerhalb des Betriebes, in: DB 1963, S. 962–965.

Hanau, Peter: Unklarheiten in dem Regierungsentwurf des Betriebsverfassungsgesetzes, in: BB 1971, S. 485–491.

–: Anmerkung zu BAG 13.09.1977 – 1 ABR 67/75, in: EzA § 45 BetrVG 1972, Nr. 1, S. 15–23.

Haßler, Konrad Dieterich (Hrsg.): Verhandlungen der Deutschen Verfassungsgebenden Reichsversammlung zu Frankfurt am Main, Zweiter Band, Frankfurt am Main 1948/49 (zitiert als: Haßler, Verhandlungen).

Henssler, Martin / *Willemsen*, Heinz Josef / *Kalb*, Heinz-Jürgen: Arbeitsrecht Kommentar, 6. Auflage, Köln 2014 (zitiert als: Bearbeiter in: H/W/K, AK).

Herschel, Wilhelm: Von der Freiheit des Betriebsrats und ihrer Grenzen, in: ZfA 1984, S. 65–66.

Hess, Harald / *Worzalla*, Michael / *Glock*, Dirk / *Nicolai*, Andrea / *Rose*, Franz-Josef / *Huke*, Kristina: Kommentar zum Betriebsverfassungsgesetz, 9. Auflage, Köln 2014 (zitiert als: Bearbeiter in: H/W/G/N/R/H, BetrVG).

Hitzfeld, Ulrike: Geheimnisschutz im Betriebsverfassungsrecht, Frankfurt am Main 1990.

Hofmann, Reinhard: Das Verbot parteipolitischer Betätigung im Betrieb, Berlin 1984 (zitiert als: Hofmann, Das Verbot parteipolitischer Betätigung).

Hohn, Hannsjosef: Parteipolitik und Betriebsversammlung, in: BB 1975, S. 376.

Hoyningen-Huene, Gerrick v.: Das Betriebsverhältnis, Eine Skizze zum betriebsverfassungsrechtlichen Kooperationsverhältnis, in: NZA 1989, S. 121–125.

–: Betriebsverfassungsrecht, 6. Auflage, München 2007 (zitiert als: v. Hoyningen-Huene, BetrVR).

Hoyningen-Huene, Gerrick v. / *Hofmann*, Reinhard: Politische Plaketten im Betrieb, in: BB 1984, S. 1050–1055.

Hromadka, Wolfgang: Arbeitsordnung und Arbeitsverfassung, in: ZfA 1979, S. 203–218.

Hueck, Alfred / *Nipperdey*, Hans Carl: Lehrbuch des Arbeitsrechts, Zweiter Band: Kollektives Arbeitsrecht, 6. Auflage, Berlin, Frankfurt am Main 1957 (zitiert als: Hueck/Nipperdey, Lehrbuch des Arbeitsrechts II (6. Aufl.)).

–: Lehrbuch des Arbeitsrechts, Zweiter Band: Kollektives Arbeitsrecht (Zweiter Halbband), 7. Auflage, Berlin, Frankfurt am Main 1970 (zitiert als: „Hueck/Nipperdey, Lehrbuch des Arbeitsrechts II/2 (7. Aufl.)).

Hufen, Friedhelm: Staatsrecht II, Grundrechte, 4. Auflage, München 2014 (zitiert als: Hufen, StaatsR II).

Hunold, Wolf: Betriebsversammlung, Abteilungsversammlung, in: AR-Blattei SD 530.11.

Husemann, Tim: Anmerkung zu BAG 17.03.2010 – 7 ABR 95/08, in: AP Nr. 12 zu § 74 BetrVG 1972.

–: Das Verbot der parteipolitischen Betätigung, Zur Auslegung des § 74 Abs. 2 S. 3 BetrVG, Baden-Baden 2013 (zitiert als: Husemann, Das Verbot der parteipolitischen Betätigung).

Ilbertz, Wilhelm: Anmerkung zu BAG 17.03.2010 – 7 ABR 95/08, in: ZBVR online 2010, Nr. 9, S. 13–15.

Isele, Hellmut Georg: Reflexwirkungen der Betriebsverfassung im Individualbereich, in: RdA 1962, S. 373–375.

Isensee, Josef / *Kirchhof*, Paul (Hrsg.): Handbuch des Staatsrechts, Band VII: Freiheitsrechte, 3. Auflage, Heidelberg 2009, Band IX: Allgemeine Grundrechtslehren, 3. Auflage, Heidelberg 2011 (zitiert als: Bearbeiter in: Isensee/Kirchhof, HStR VII / IX).

Jarass, Hans D. / *Pieroth*, Bodo: Grundgesetz für die Bundesrepublik Deutschland, Kommentar, 13. Auflage, München 2014 (zitiert als: Bearbeiter in: Jarass/Pieroth, GG).

Jauernig, Othmar (Begr.): Bürgerliches Gesetzbuch mit Allgemeinem Gleichbehandlungsgesetz, 15. Aufl., München 2014 (zitiert als: Bearbeiter in: Jauernig, BGB).

Jawad, Alexander: Die rechtliche Stellung und die Rechtsfähigkeit des Betriebsrats, Aachen 2004 (zitiert als: Jawad, Die rechtliche Stellung des Betriebsrats).

Joachim, Hans G.: Freie politische und gewerkschaftliche Betätigung im Betrieb und am Arbeitsplatz, Thesen, in: Posser, Diether / Wassermann, Rudolf (Hrsg.), Freiheit in der sozialen Demokratie, S. 255–263, Karlsruhe 1975 (zitiert als: Joachim in: Posser/Wassermann, Freiheit).

Kempff, Gilbert: Grundrechte im Arbeitsverhältnis, Zum Grundrechtsverständnis des Bundesarbeitsgerichts, Köln 1988 (zitiert als: Krempff, Grundrechte).

Kissel, Otto Rudolf: Arbeitsrecht und Meinungsfreiheit, in: NZA 1988, S. 145–154.

Klebe, Thomas / *Ratayczak*, Jürgen / *Heilmann*, Micha / *Spoo*, Sibylle: Betriebsverfassungsgesetz, Basiskommentar, 18. Auflage, Frankfurt a. M. 2014 (zitiert als: Klebe/Ratayczak/Heilmann/Spoo, BK-BetrVG).

Klein, Eckart: Die Kompetenz- und Rechtskompensation, in: DVBl. 1981, S. 661–667.

KR, Gemeinschaftskommentar zum Kündigungsschutzgesetz und zu sonstigen kündigungsschutzrechtlichen Vorschriften, hrsg. von Etzel, Gerhard u. a., 10. Auflage, Köln 2013 (zitiert als: Bearbeiter in: KR).

Kreutz, Peter: Grundsätze der Zusammenarbeit zwischen Arbeitgeber und Betriebsrat nach dem neuen Betriebsverfassungsgesetz, BlStSozArbR 1972, S. 44–51.

Lobinger, Thomas, Systemdenken im Betriebsverfassungsrecht, in: RdA 2011, S. 76–92.

Löffler, Martin: Die Meinungs- und Pressefreiheit im Abhängigkeitsverhältnis, in: NJW 1964, S. 1100–1108.

Löwisch, Manfred: Betriebsauftritte von Politikern, in: DB 1976, S. 676–677.

Löwisch, Manfred / *Kaiser*, Dagmar: Kommentar zum Betriebsverfassungsgesetz, 6. Auflage, Frankfurt am Main 2010 (zitiert als: Löwisch/Kaiser, BetrVG).

Lunk, Stefan: Die Betriebsversammlung – das Mitgliederorgan des Belegschaftsverbandes, Frankfurt a.M. 1991 (zitiert als: Lunk, Betriebsversammlung).

Mangoldt, Hermann v. / *Klein*, Friedrich / *Starck*, Christian (Hrsg.): Kommentar zum Grundgesetz, Band 1: Präambel, Art. 1–19, 6. Auflage, München 2010 (zitiert als: Bearbeiter in: Mangoldt/Klein/Starck, GG).

Mansfeld, Werner: Betriebsrätegesetz, Kommentar, 2. Auflage, Mannheim, Berlin, Leipzig 1930 (zitiert als: Mansfeld, BRG).

Maunz, Theodor / *Dürig*, Günter (Begr.): Grundgesetz Kommentar, Stand: 71. Ergänzungslieferung, München 2014 (zitiert werden auch ältere Lieferungen, zitiert als: Bearbeiter in: Maunz/Dürig, GG).

Meisel, Peter G.: Politik im Betrieb, in: RdA 1976, S. 38–46.

–: Anmerkung zu BAG 05.12.1975 – AZR 94/74, in: SAE 1977, S. 91–94.

Merten, Detlef: Zur negativen Meinungsfreiheit, in: DöV 1990, S. 761–769.

Merten, Detlef / *Papier*, Hans-Jürgen (Hrsg.): Handbuch der Grundrechte in Deutschland und Europa, Band II – Grundrechte in Deutschland: Allgemeine Lehren I, Heidelberg 2006, Band III – Grundrechte in Deutschland: Allgemeine Lehren II, Heidelberg 2009, Band IV – Grundrechte in Deutschland: Einzelgrundrechte I, Heidelberg 2011 (zitiert als: Bearbeiter in: Merten/Papier, HGR II / III / IV).

Michael, Lothar / *Morlok*, Martin: Grundrechte, 4. Auflage, Baden-Baden 2014 (zitiert als: Michael/Morlok, GR).

Milert, Werner / *Tschirbs*, Rudolf: Von den Arbeiterausschüssen zum Betriebsverfassungsgesetz, Köln 1991.

Molitor, Karl: Betätigung für außerbetriebliche Vereinigungen und Propaganda im Betrieb, in: BB 1954, S. 134–135.

–: Was ist eine parteipolitische Betätigung im Betriebe?, in: BB 1955, S. 167.

Moll, Wilhelm (Hrsg.): Münchener Anwaltshandbuch Arbeitsrecht, 3. Auflage, München 2012 (zitiert als: Bearbeiter in: Moll, MAH ArbR).

Müller, Stefan / *Jahner*, Kristina: Die Haftung des Betriebsrats und der Betriebsratsmitglieder, in: BB 2013, S. 440–444.

Müller-Boruttau, Dietmar: Presseerklärungen des Betriebsrats, in: NZA 1996, S. 1071–1075.

Müller-Franken, Sebastian: Die Befugnis zu Eingriffen in die Rechtsstellung des einzelnen durch Betriebsvereinbarung, Berlin 1997 (zitiert als: Müller-Franken, Die Befugnis zu Eingriffen).

Münch, Ingo v. / *Kunig*, Philip (Hrsg.): Grundgesetz Kommentar, Band 1: Präambel bis Art. 69, 6. Auflage, München 2012 (zitiert als: Bearbeiter in: v. Münch/Kunig, GG).

Münchener Handbuch zum Arbeitsrecht, hrsg. von Richardi, Reinhard / Wlotzke, Otfried / Wißmann, Hellmut / Oetker, Hartmut, Band 2: Kollektivarbeitsrecht/ Sonderformen, 3. Auflage, München 2009 (zitiert als: Bearbeiter in: MüArbR II).

Münchener Kommentar zum Bürgerlichen Gesetzbuch, hrsg. von Säcker, Franz-Jürgen / Rixecker, Roland, Band 5: Schuldrecht Besonderer Teil III, Band 6: Sachenrecht, 6. Auflage, München 2013 (zitiert als: Bearbeiter in: MüKo, BGB).

Münchener Kommentar zur Zivilprozessordnung, hrsg. von Krüger, Wolfgang / Rauscher, Thomas, Band 1: §§ 1–354, 4. Auflage, München 2013 (zitiert als: Bearbeiter in: MüKo, ZPO).

Münzberg, Wolfgang: Bemerkungen zum Haftungsgrund der Unterlassungsklage, in: JZ 1967, S. 689–694.

Neumann-Duesberg, Horst: Freie Meinungsäußerung in Tendenzbetrieben, in: NJW 1964, S. 1697–1702.

–: Betriebsverfassungsrechtliche Zulässigkeitsschranken der Mitgliederwerbung für eine Gewerkschaft durch Betriebsratsmitglieder, in: Arbeitsrecht der Gegenwart, Band 3 (1965), S. 101–123.

Niklas, Thomas: Wahlkampfgetöse im Betrieb – Die parteipolitische Betätigung des Betriebsrats, in: DB 2013, S. 1665–1669.

Oetker, Hartmut: Parteipolitische Betätigung von Betriebsräten im Spannungsfeld zwischen betriebsverfassungsrechtlicher Friedenspflicht und verfassungsrechtlich garantierter Meinungsfreiheit, in: BlStSozArbR 1983, S. 321–325.

–: Das Betriebsverfassungsrecht der DDR auf der Grundlage des AGB, in: ROW 1984, S. 60–66.

–: Die Ausprägung der Grundrechte des Arbeitnehmers in der Arbeitsrechtsordnung der Bundesrepublik Deutschland, in: RdA 2004, S. 8–19.

Otto, Sven-Joachim: Betriebliche Arbeitnehmervertretung im Spannungsfeld zwischen Betriebsrat und Gewerkschaft, Frankfurt am Main 1999 (zitiert als: Otto, Betriebliche Arbeitnehmervertretung).

Palandt, Otto (Begr.): Bürgerliches Gesetzbuch, 73. Auflage, München 2014 (zitiert als: Bearbeiter in: Palandt, BGB).

Picker, Eduard: Betriebsverfassung und Arbeitsverfassung, in: RdA 2001, S. 259–292.

Pieroth, Bodo / *Schlink*, Bernhard / *Kingreen*, Thorsten / *Poscher*, Ralf: Grundrechte, Staatsrecht II, 29. Auflage, Heidelberg, München, Landsberg, Frechen, Hamburg 2013 (zitiert als: Pieroth/Schlink/Kingreen/Poscher, Grundrechte).

Plander, Harro: Außenbeziehungen des Betriebsrats, in: ArbuR 1993, S. 161–169.

Preis, Ulrich: Arbeitsrecht – Kollektivarbeitsrecht, 3. Auflage, Köln 2012 (zitiert als: Preis, Kollektivarbeitsrecht).

Preis, Ulrich / *Stoffels*, Markus: Kündigung wegen politischer Betätigung, in: RdA 1996, S. 210–223.

Radke, Olaf: Parteipolitische Betätigung im Betrieb, in: BB 1957, S. 1112–1115.

Reichold, Hermann: Betriebsverfassung als Sozialprivatrecht, München 1995.

–: Kein Unterlassungsanspruch des Arbeitgeber bei parteipolitischer Betätigung des Betriebsrats nach § 74 Abs. 2 S. 3 BetrVG – Besprechung des Beschlusses BAG v. 17.3.2010 – 7 ABR 95/08, in: RdA 2011, 58–62.

Reuter, Dieter: Anmerkung zu BVerfG, Beschl. v. 28.04.1976 – 1 BvR 71/73, in: JuS 1976, S. 681–682.

Richardi, Reinhard: Gewerkschaftliche und politische Betätigung im Betrieb, in: NJW 1962, S. 1374–1377.

Richardi, Reinhard (Hrsg.): Betriebsverfassungsgesetz mit Wahlordnung, Kommentar, 14. Auflage, München 2014 (zitiert als: Bearbeiter in: Richardi, BetrVG).

Ridder, Helmut: Die soziale Ordnung des Grundgesetzes, Opladen, 1975.

Rieble, Volker: Zur Teilbarkeit von Betriebsversammlungen, in: ArbuR 1995, S. 245–251.

–: Die Betriebsverfassungsgesetz-Novelle 2001 in ordnungspolitischer Sicht, in: ZIP 2001, S. 133–143.

Rieble, Volker / *Wiebauer*, Bernd: Meinungskampf im Betrieb, in: ZfA 2010, S. 63–159.

Rosset, Christoph: Rechtssubjektivität des Betriebsrats und Haftung seiner Mitglieder, Heidelberg 1985 (zitiert als: Rosset, Rechtssubjektivität des Betriebsrats).

Rüthers, Bernd: Die Betriebsverfassung im Nationalsozialismus, in: ArbuR 1970, S. 97–109.

–: Rechtsprobleme der Organisation und der Thematik von Betriebsversammlungen, in: ZfA 1974, S. 207–233.

Rüttgers, Jürgen: Das Verbot parteipolitischer Betätigung im Betrieb, Köln 1979 (zitiert als: Rüttgers, Das Verbot parteipolitischer Betätigung).

Sachs, Michael (Hrsg.): Grundgesetz, Kommentar, 6. Auflage, München 2011 (zitiert als: Bearbeiter in: Sachs, GG).

Säcker, Franz-Jürgen: Betriebs- oder Unternehmensbezogene Verhaltenspflichten des Arbeitnehmers und des Betriebsrates bei parteipolitischer Betätigung i.S. des § 51 S. 2 BetrVG?, in: ArbuR 1965, S. 353–361.

–: Rechtsfragen der außerordentlichen Kündigung von Betriebsratsmitgliedern (II), in: DB 1967, S. 2072–2077.

–: Informationsrechte der Betriebs- und Aufsichtsratsmitglieder und Geheimsphäre des Unternehmens, Heidelberg 1979 (zitiert als: Säcker, Informationsrechte).

–: Gewerkschaftliches Zutrittsrecht zum Betrieb, in: ArbuR 1979, S. 39–42.

Schaub, Günter: Die Freiheit der Meinungsäußerung im Individualarbeits- und Betriebsverfassungsrecht, in: RdA 1979, S. 137–143.

–: (Begr.): Arbeitsrechts-Handbuch, 15. Auflage, München 2013 (zitiert als: Bearbeiter in: Schaub, ArbRHdb).

Schäcker, Hanns: Sind Hinweise auf die betriebliche Stellung bei politischer Betätigung außerhalb des Betriebes unzulässig?, in BB 1963, S. 856–857.

Scherer, Julia: Vereinbarte Mitbestimmung als Frage der (Teil-)Rechtsfähigkeit des Betriebsrats, Berlin 2002 (zitiert als: Scherer, Vereinbarte Mitbestimmung).

Schiefer, Bernd / *Korte*, Walter: Der Referentenentwurf eines Gesetzes zur Reform des Betriebsverfassungsgesetzes, in: NZA 2001, S. 71–89.

Schöne, Steffen: Der Betriebsrat im Spannungsfeld von Parteien und Politik, in: SAE 2011, S. 184–186.

Schwab, Norbert / *Weth,* Stephan: Arbeitsgerichtsgesetz Kommentar, 3. Auflage, Köln 2011 (zitiert als: Bearbeiter in: Schwab/Weth, ArbGG).

Schwacke, Peter: Juristische Methodik, 5. Auflage, Stuttgart 2011.

Schwipper, Markus, Öffentliche Meinungsäußerungen des Betriebsrats und seiner Mitglieder – Zulässigkeit und Grenzen, Hamburg 2012 (zitiert als: Schwipper, Öffentliche Meinungsäußerungen des Betriebsrats).

Siebert, Gerd / *Becker,* Knut: Betriebsverfassungsgesetz, Kommentar für die Praxis, 12. Auflage, Münster 2009 (zitiert: Bearbeiter in: Siebert/Becker, BetrVG).

Sodan, Helge (Hrsg.): Grundgesetz, 2. Auflage, München 2011 (zitiert als: Bearbeiter in: Sodann, GG).

Sowka, Hans-Harald / *Krichel,* Ulrich: Politische und gewerkschaftliche Betätigung im Betrieb, in: BB 1989, Beilage Nr. 11.

Spohn, Wolfgang: Betriebsgemeinschaft und Volksgemeinschaft, Berlin 1987.

Stege, Dieter / *Weinspach,* F.K. / *Schiefer,* Bernd: Betriebsverfassungsgesetz, Handkommentar für die Praxis, 9. Auflage, Köln 2002 (zitiert als: Stege/Weinspach/ Schiefer, BetrVG).

Stern, Klaus: Das Staatsrecht der Bundesrepublik Deutschland, Band III, 1. Halbband, München 1988, Band IV, 1. Halbband, München 2006 (zitiert als: Stern, StaatsR III/1 bzw. IV/1).

Stolleis, Michael: Gemeinwohlformeln im nationalsozialistischen Recht, Berlin 1974 (zitiert als: Stolleis, Gemeinwohlformeln).

Sünner, Dorothee Sabine: Zur Entwicklung des Arbeitsrechts zwischen Weimar, dem Dritten Reich und der Bundesrepublik, Lohmar, Köln 2001 (zitiert als: Sünner, Zur Entwicklung des Arbeitsrechts).

Teuteberg, Hans Jürgen: Geschichte der industriellen Mitbestimmung in Deutschland, Tübingen 1961.

Ulrici, Bernhard: Unterlassungsanspruch bei parteipolitischer Betätigung des Betriebsrats – Anmerkung zu BAG 7. Senat, Beschluss vom 17.03.2010 – 7 ABR 95/08, in: jurisPR-ArbR 37/2010 Anm. 1.

Vogt, Aloys, Die Betriebs- und Abteilungsversammlung, 3. Auflage, Heidelberg 1977.

Vollmer, Herbert: Grenzen der politischen Betätigung im Betrieb, Bielefeld 1977.

Walker, Wolf-Dietrich: Die freie Unternehmerentscheidung im Arbeitsrecht, in: ZfA 2004, S. 501–535.

Wassermann, Rudolf (Hrsg.): Kommentar zum Grundgesetz für die Bundesrepublik Deutschland (Reihe Alternativkommentare), 2. Auflage, Neuwied 1989 (zitiert als: Bearbeiter in: Wassermann, AK-GG).

Wiebauer, Bernd: Unterlassungsanspruch gegen politische Betätigung des Betriebsrats, in: BB 2010, S. 3091–3095.

Wiese, Günther: Entwicklung des Rechts der Betriebs- und Unternehmensverfassung, in: JuS 1994, S. 99–106.

–: Beteiligung des Betriebsrats beim betrieblichen Umweltschutz nach dem Gesetz zur Reform des Betriebsverfassungsgesetzes, in: BB 2002, S. 674–681.

–: Zur Freiheit der Meinungsäußerung des Betriebsrats und seiner Mitglieder im Außenverhältnis, in: Oetker, Hartmut (Hrsg.), 50 Jahre Bundesarbeitsgericht, S. 1125–1147, München 2004 (zitiert als: Wiese in: FS 50 Jahre BAG).

–: Individuum und Kollektiv im Betriebsverfassungsrecht, in: NZA 2006, S. 1–10.

Willoweit, Dietmar: Historische Grundlagen des Privatrechts, in: JuS 1977, S. 573–578.

Wißmann, Hellmut: Die Suche nach dem Arbeitgeber in der Betriebsverfassung, in NZA 2001, S. 409–414.

Wlotzke, Otfried / *Preis*, Ulrich / *Kreft*, Burghard: Betriebsverfassungsgesetz, Kommentar, 4. Auflage, München 2009 (zitiert als: Bearbeiter in: W/P/K, BetrVG).

Wortmann, Florian: Das Aus für den Unterlassungsanspruch gegen den Betriebsrat? BAG verweist Arbeitgeber neuerdings auf Maßnahmen nach § 23 Abs. 1 BetrVG, in: ArbRB 2011, S. 212–215.

Zachert, Ulrich: Anmerkung zu BAG vom 13.09.1977 – 1 ABR 67/75, in: ArbuR 1978, S. 222–224.

Zielke, Oliver: Politische Betätigung von Arbeitnehmern, Sinsheim 1999.

Zippelius, Reinhold: Juristische Methodenlehre, 11. Auflage, München 2012.

Zöller, Richard (Begr.): Zivilprozessordnung, Kommentar, 30. Auflage, Köln 2014 (zitiert als: Bearbeiter in: Zöller, ZPO).

Zöllner, Wolfgang / *Loritz*, Karl-Georg / *Hergenröder*, Curt Wolfgang: Arbeitsrecht, 6. Auflage, München 2008.

Zumkeller, Alexander *R.* / *Karwatzki*, Constance: Die Neutralitätspflicht von Wahlvorstand und Mitgliedern des Wahlvorstandes nach dem BetrVG, in: BB 2011, S. 2101–2103.

Abkürzungsverzeichnis

Hinsichtlich der verwendeten Abkürzungen wird verwiesen auf

Kirchner, Hildebert (Hrsg.): Abkürzungsverzeichnis der Rechtssprache, 7. Auflage, Berlin 2013.

Schriften zum Arbeitsrecht und Wirtschaftsrecht

Herausgegeben von Abbo Junker

Band 1 Christoph-N. Lerche: Der Europäische Betriebsrat und der deutsche Wirtschaftsausschuß. Eine vergleichende Analyse der betrieblichen Mitwirkung der Arbeitnehmer vor dem Hintergrund der Globalisierung der Märkte. 1997.

Band 2 Christian Walter Mecke: Zur rechtlichen Verbindlichkeit kollektiver Vereinbarungen in England. 1997.

Band 3 Katja Francke: Die betriebliche Mitwirkung der Arbeitnehmer in Belgien. Unter Berücksichtigung vergleichender Aspekte zum deutschen Betriebsverfassungsrecht. 1997.

Band 4 Christian Schulze: Die Zulässigkeit einstweiliger Verfügungen gegen Betriebsänderungen. 1998.

Band 5 Stefan Miersch: Die Rechtsfolgen mitbestimmungswidriger Maßnahmen für das Arbeitsverhältnis. Eine zivilrechtsdogmatische Untersuchung. 1998.

Band 6 Heike Wegner: Internationaler Verbraucherschutz beim Abschluß von Timesharingverträgen: § 8 Teilzeitwohnrechtegesetz. 1998.

Band 7 Julia Wichmann: Dienstleistungsfreiheit und grenzüberschreitende Entsendung von Arbeitnehmern. 1998.

Band 8 Johann-Volker Peter: Société par actions simplifiée (S.A.S.). Die Vereinfachte Aktiengesellschaft in Frankreich, eine Rechtsform für die Kooperation von Unternehmen. 1999.

Band 9 Sylvia Schnelle: Der Europäische Betriebsrat in Spanien. Zugleich eine Einführung in das spanische Recht der Arbeitnehmervertretung. 1999.

Band 10 Viktoria Bornhagen: Die Zumutbarkeit als Rechtsgedanke im Arbeitsrecht. 1999.

Band 11 Thorsten Schacht: Der Übereilungsschutz beim arbeitsrechtlichen Aufhebungsvertrag. Arbeitnehmerschutz bereits de lege lata? 2000.

Band 12 Marcus Hellmann: Immobilienkauf nach spanischem Recht. 1999.

Band 13 Nicolaus Johannes Ehinger: Die juristischen Personen des öffentlichen Rechts als herrschende Unternehmen. 2000.

Band 14 Alexander Lentz: Das kollektive Arbeitsrecht der Republik Südafrika. Eine Untersuchung mit Bezügen zum deutschen Recht. 2000.

Band 15 Michaela Brunssen: Der Arbeitgeberverbandswechsel. Tarifrechtliche und arbeitskampfrechtliche Konsequenzen. 2000.

Band 16 Morten Petersenn: Das Recht des Grundstückskaufs in Südafrika. 2000.

Band 17 Stefan Krüger: Die umwandlungsrechtliche Haftungsregelung bei der Betriebsaufspaltung und ihre Analogiefähigkeit. 2001.

Band 18 Jürgen Kitzinger: Der GmbH-Geschäftsführer zwischen Arbeits- und Gesellschaftsrecht. Im Blickpunkt: Zuständigkeit der Arbeitsgerichte. 2001.

Band 19 Anja Ruge: Die Lohnersatzansprüche ehemaliger Zwangsarbeiter gegen deutsche Industrieunternehmen. 2001.

Band 20 Michael Knoll: Die Sozialauswahl im Arbeitsrecht. 2001.

Band 21 Britta Albrecht: Mediation im Arbeitsrecht. Individualarbeitsrecht und Betriebsverfassungsrecht. 2001.

Band 22 Annusch Barten: Das System der Arbeitnehmervertretung in Frankreich. 2001.

Band 23 Diane Westera: Der Wiedereinstellungsanspruch nach wirksamer Kündigung. 2001.

Band 24 Kristin Doerlich: Die Tariffähigkeit der Gewerkschaft. Eine Analyse der Mächtigkeitsrechtsprechung des Bundesarbeitsgerichts im Lichte neuerer Erfahrungen. 2002.

Band 25 Tina Witten: Vertragsgestaltung und Gesetzesbindung im Recht der Zeitarbeit. 2002.

Band 26 Martin Hellfeier: Die Leistungszeit im Arbeitsverhältnis. Eine Untersuchung zum Fixschuldcharakter der Arbeitspflicht und zu den Folgen ihrer Nichterfüllung. 2003.

Band 27 Almut Maulshagen: Betriebliche Arbeitskampfregelungen. 2003.

Band 28 Maren Band: Tarifkonkurrenz, Tarifpluralität und der Grundsatz der Tarifeinheit. 2003.

Band 29 Manuela Schulz: Der Bereitschaftsdienst in öffentlich-rechtlich organisierten Krankenhäusern. Eine rechtliche Bewertung. 2003.

Band 30 Felix Benedikt: Die Kürzung von Tariflöhnen zur Sanierung. Eine verfassungskonforme Auslegung des § 3 III TVG entsprechend § 626 BGB. 2003.

Band 31 Tim Kaden: Individuelle Bündnisse für Arbeit und Günstigkeitsprinzip. 2003.

Band 32 Simone Kreiling: Die Erstreckung betrieblicher und betriebsverfassungsrechtlicher Tarifnormen auf Außenseiter. 2004.

Band 33 Carsten Beck: Betriebliche Mitbestimmung und Kündigungsschutz. Die Funktionen betrieblicher Mitbestimmung im und deren Einfluß auf den Kündigungsschutz nach dem KSchG. 2004.

Band 34 Jost Eder: Die Regelungsabrede als Alternative zur Betriebsvereinbarung bei der Gestaltung materieller Arbeitsbedingungen. 2004.

Band 35 Christian Pfab: Wirkungsweise und Reichweite tarifvertraglicher Öffnungsklauseln. 2004.

Band 36 Julia Amlang: Die unternehmerische Entscheidungsfreiheit bei „betriebsbedingten Kündigungen" im europäischen Rechtsvergleich. Kündigung aus wirtschaftlichen Gründen in Deutschland, Frankreich, Spanien, Großbritannien und Schweden. 2005.

Band 37 Alida Milthaler: Das Fragerecht des Arbeitgebers nach den Vorstrafen des Bewerbers. 2006.

Band 38 Doreen Peter: Nebentätigkeiten von Arbeitnehmern. Interessenkollisionen von Arbeitgebern und Arbeitnehmern. 2006.

Band 39 Julia V. C. Bartlog: Das Verhältnis von Gesetz und Tarifvertrag. 2006.

Band 40 Michael Fuhlrott: Der geschädigte Arbeitnehmer. Zur Verfassungsmäßigkeit des Ausschlusses von Schmerzensgeld in der Unfallversicherung sowie zur Herleitung der Haftung bei Eigenschäden im Hinblick auf das Verschuldensprinzip. 2006.

Band 41 Femke Reinecke: Leistungsbestimmung des Arbeitnehmers. 2006.

Band 42 Maria M. Bausback: Der Bestandsschutz des Arbeitsverhältnisses auf europäischer und internationaler Ebene. Entwicklungen vom Mittelalter bis zur Gegenwart. Teil 1 / Teil 2. 2007.

Band 43 Jens Günther: AGB-Kontrolle von Arbeitsverträgen. Analyse der deutschen Rechtslage nach der Schuldrechtsreform und vergleichende Betrachtung des österreichischen Kontrollsystems. 2007.

Band 44 Claudiana Triskatis: Ethikrichtlinien im Arbeitsrecht. 2008.

Band 45 Annette Bruder: Die Weitergabe von Insiderinformationen durch Arbeitnehmervertreter. 2008.

Band 46 Ute Dietrich: Nichtraucherschutz am Arbeitsplatz. 2008.

Band 47 Markus Ebert: Übertragung und Zuordnung von Versorgungsverpflichtungen gegenüber Arbeitnehmern im Rahmen einer umwandlungsrechtlichen Spaltung. 2008.

Band 48 Susanne Schneider: Broad-based Black Economic Empowerment in der Republik Südafrika. 2008.

Band 49 Mandy Reichel: Die Einbeziehung des Außenseiter-Arbeitgebers in den Verbandsarbeitskampf. 2008.

Band 50 Abbo Junker (Hrsg.): Betriebsübergang in Europa. Symposion aus Anlass des 10-jährigen Bestehens der Schriften zum Arbeitsrecht und Wirtschaftsrecht am 10.10.2008 in München. 2009.

Band 51 Till Bender: Vorschläge zur Neuordnung des Sonderkündigungsschutzes nach MuSchG und SGB IX. 2009.

Band 52 Manuela Rauch: Die geschlechtsbezogene Diskriminierung am Arbeitsplatz nach kalifornischem Recht. 2009.

Band 53 Tina Luise Allenberg: Das französische règlement intérieur d'entreprise. Die Arbeitsordnung im französischen Arbeitsrecht. 2009.

Band 54 Bernd Haas: Anwaltliches Mandatsverhältnis zum Betriebsrat. 2009.

Band 55 Martin Fröhlich: Die erweiterte Weisungsbefugnis des Arbeitgebers im spanischen Recht. 2009.

Band 56 Stefanie Lorenzen: Inhaltskontrolle beim Betriebsübergang. Die Anpassung tariflicher Arbeitnehmerpflichten nach Privatisierungen. 2009.

Band 57 Oliver E. Aldea: Das französische Kündigungsrecht im Spannungsfeld von Abfindungen und Bestandsschutz. 2010.

Band 58 Wolfgang Stock: Die Einsetzung einer Transfergesellschaft. Unter besonderer Berücksichtigung betriebsverfassungs- und arbeitsförderungsrechtlicher Vorgaben. 2010.

Band 59 Claudia Hagedorn: Zulässigkeit und Grenzen von Tarifsozialplänen. 2010.

Band 60 Daniela Quink: Inhaltskontrolle von Freiwilligkeitsvorbehalten in Arbeitsverträgen. 2010.

Band 61 Kathrin Kentner: Arbeitskampfmittel der Arbeitgeber. 2010.

Band 62 Angela Nunes Fernandes Gil Wolf: Arbeitnehmereinsatz im Ausland. Das auf doppelte Arbeitsverhältnisse anwendbare Recht am Beispiel der Vertragsgestaltung eines internationalen Konzerns. 2010.

Band 63 Annemarie Berthold: Whistleblowing in der Rechtsprechung des Bundesarbeitsgerichts. 2010.

Band 64 Malte Koch: Die Beteiligung von Arbeitnehmervertretern an Aufsichtsrats- und Verwaltungsratsausschüssen einer Europäischen Aktiengesellschaft. 2011.

Band 65 Agnes Maria Kollerbaur: Die französische Arbeitsinspektion. Eine Untersuchung unter besonderer Berücksichtigung ihrer Rolle bei Kündigungen. 2011.

Band 66 Marcus Christian Leinenweber: Landesschlichtungsgesetze? 2011.

Band 67 Frederike Cathérine Gärtner: Die gesetzliche Regulierung von Bahnstreiks in Frankreich. Arbeitskampf vs. Kontinuität öffentlicher Dienstleistungen. 2011.

Band 68 Carolin van Straelen: Der Rollenkonflikt des Arbeitnehmervertreters zwischen Betriebsratsmitglied und Gewerkschaftsfunktionär. 2012.

Band 69 Anna Maria Jordan: Entgeltdiskriminierung in Frauenberufen? 2012.

Band 70 Dominic Köstner: Compliance-Richtlinien im Unternehmen. Arbeits- und datenschutzrechtliche Implementierungsaspekte. 2012.

Band 71 Michael Kobler: Fremdeinflüsse auf die tarifliche Willensbildung. 2012.

Band 72 Anne Kraas: Zulässigkeit und Grenzen der arbeitsvertraglichen Entgeltflexibilisierung. 2012.

Band 73 Melanie Amann: Die Belegschaftsabstimmung. 2012.

Band 74 Christina Mennemeyer: „Dritter Weg“ und rechtliche Grenzen der Flexibilisierung des Arbeitsrechts der katholischen Kirche. 2012.

Band 75 Joël Philipp Hofmann: Rechtsmissbrauch und Verwirkung bei Widerspruch gegen den Übergang des Arbeitsverhältnisses nach § 613a BGB. 2013.

Band 76 Jennifer Junker: Das Recht der Arbeitnehmerüberlassung in Japan. 2013.

Band 77 Gabriele Geiselhart: Tarifliche Regelungsmacht bei Haustarifverträgen und Unternehmerfreiheit. Dargestellt am Beispiel von Standortgarantien und Zeitarbeitsquoten. 2013.

Band 78 Lorenz Sylvester Mitterer: AGB-Korrektur in Dauer- und Langzeitschuldverhältnissen. 2013.

Band 79 Janina Morgenweck: Die Arbeitsgerichtsbarkeit in England. 2013.

Band 80 Christoph B. Kistler: Die Rechtmäßigkeit von Spartenstreiks. Alte Kriterien in neuem Licht. 2013.

Band 81 Julia Strasser: Die Haftung bei Lohnwucher im Arbeitsrecht der USA. 2014.

Band 82 Stephanie Amschler: Constructive dismissal. Fingierte Arbeitgeberkündigung im englischen Kündigungsschutzrecht. 2014.

Band 83 Felix Berding: Die Urabstimmung im britischen Arbeitskampfrecht im Licht der EMRK. 2014.

Band 84 Christine Kumpf: Multinationalität der SE-Mitbestimmungsordnung. 2014.

Band 85 Florian Schiffer: Der Leistungsmaßstab im Arbeitsverhältnis. 2014.

Band 86 Stefan Hoffmann: Unterrichtungspflicht und Widerspruchsrecht bei Betriebsübergang gemäß § 613a Abs. 5 und 6 BGB – Grenzen, weitere aktuelle Rechtsprobleme und Strategien zur Risikominimierung. 2015.

Band 87 Marie-Theres Boetzkes: Die Konzernmutter als Mitarbeitgeberin im französischen Recht. 2015.

Band 88 Ines Kranz: Landesarbeitskampfgesetze? 2015.

Band 89 Hendrik Schulte-Wrede: Die Beteiligung der Arbeitnehmer in der Europäischen Privatgesellschaft – SPE. 2015.

Band 90 Kathrin Charlotte Enke: Beteiligungsvereinbarungen nach § 21 SEBG. 2015.

Band 91 Tom Christopher Pröstler: Modelle betrieblicher Arbeitnehmerbeteiligung. Ein historisch-europäischer Rechtsvergleich zwischen Deutschland und dem Vereinigten Königreich. 2015.

Band 92 Achim Engel: Collective Governance in Tarifverbänden. 2015.

Band 93 Michaela Felisiak: Reglierungsbedarf grenzüberschreitender Betriebsübergänge. Zweifel an der grenzüberschreitenden Anwendbarkeit des § 613a BGB. (Urteil des BAG vom 26. Mai 2011). 2015.

Band 94 Robert Cornelius Richard: Inhaltliche Grenzen des Zeugnisanspruchs des Arbeitnehmers. 2015.

Band 95 Martina Reiser: Umgehung des § 613a BGB durch Aufhebungsvereinbarung und Neuvertrag. 2015.

Band 96 Peter Illes: Das betriebsverfassungsrechtliche Verbot parteipolitischer Betätigung im Betrieb. 2016.

www.peterlang.com

www.ingramcontent.com/pod-product-compliance
Ingram Content Group UK Ltd.
Pitfield, Milton Keynes, MK11 3LW, UK
UKHW022101051026
15623UKWH00003B/602